भारत के प्रधानमंत्री
(Prime Ministers of India)

भारत के प्रधानमंत्री
(PRIME MINISTERS OF INDIA)

डॉ. मनवीर सिंह

विश्वभारती पब्लिकेशन्स

नई दिल्ली-110 002

भारत के प्रधानमंत्री
(Prime Ministers of India)

•

डॉ. मनवीर सिंह

ISBN : 978-93-81907-02-3

संस्करण : 2025

Price : ₹ 895/-

Published by
Vishvabharti Publications, 4378/4B, Ansari Road, Daryaganj, New Delhi-2
Ph. : 011-43526979, 011-23285119
E-mail : vishvabhartipublications@rediffmail.com

Type setting by
Vanshikha Computer, Delhi-110094

Printed at
Tarun Offset Printers, Delhi-110053

प्राक्कथन

सरकार और मंत्रिपरिषद् के प्रमुख होने के नाते, प्रधानमंत्री लोक सभा में बहुमत और सत्तापक्ष के नेता और प्रमुख प्रतिनिधि हैं। इस सन्दर्भ में, सदन में सरकार और सत्तापक्ष का प्रतिनिधित्व करना प्रधानमंत्री का कर्त्तव्य माना जाता है। साथ ही यह आशा की जाती है कि सदन में सरकार द्वारा लिए गए महत्त्वपूर्ण विधेयक और घोषणाएं प्रधानमंत्री करेंगे तथा उन महत्त्वपूर्ण निर्णयों के विषय में सत्तापक्ष की तरफ से प्रधानमंत्री उत्तर देंगे। लोक सभा अध्यक्ष का चुनाव, निर्वाचन द्वारा होता है, अतः साधारणतः, सभापति भी बहुमत दल का होता है। अतः, बहुमत दल के नेता होने के नाते, सभापति के जरिए, प्रधानमंत्री, लोक सभा की कार्रवाई को भी सीमित रूप से प्रभावित करने की क्षमता रखते हैं, क्योंकि सभापति, सभा का अधिष्ठाता होता है, और सदन में चर्चा की विषय सूची भी सभापति ही निर्धारित करता है, हालांकि सदन की कार्रवाई को अधिक हद तक प्रभावित नहीं किया जा सकता है। संविधान का अनुच्छेद 85, लोक सभा के सत्र बुलाने और सत्रांत करने का अधिकार, भारत के राष्ट्रपति को देता है, परंतु इस मामले में राष्ट्रपति को प्रधानमंत्री की सलाह के अनुसार कार्य करना पड़ता है। अर्थात् वास्तविक रूप, लोक सभा का सत्र बुलाना और अंत करना प्रधानमंत्री के हाथों में होता है। यह अधिकार, निःसंदेह, प्रधानमंत्री के हाथों में दिया गया सबसे महत्त्वपूर्ण अधिकार है, जोकि उनको न केवल अपने दल पर, बल्कि विपक्ष के सांसदों की गतिविधियों पर भी सीमित नियंत्रण का अवसर प्रदान करता है।

भारत के प्रधानमंत्री पद के राजनैतिक महत्त्व एवं उसके पदाधिकारी की जननायक और राष्ट्रीय नेतृत्वकर्ता की छवि के लिहाज से, प्रधानमंत्री पद के पदाधिकारी से यह आशा की जाती है, कि वे भारत के जनमानस को भली-भांति जाने, समझें एवं राष्ट्र को उचित दिशा प्रदान करें। जनमानस के प्रतिनिधि होने के नाते, महत्त्वपूर्ण राष्ट्रीय दिवसों और समारोहों में प्रधानमंत्री के अहम पारम्परिक एवं चिन्हात्मक किरदार रहा है। समय के साथ, प्रधानमंत्री पर अनेक परम्परागत कर्त्तव्य विकसित हुए हैं। इन कर्तव्यों में प्रमुख है, स्वतंत्रता दिवस के अवसर पर प्रतिवर्ष, दिल्ली के लाल किले की प्राचीर से प्रधानमंत्री का राष्ट्र को संबोधन।

स्वतत्रंता पश्चात्, वर्ष 1947 से ही यह परंपरा चली आ रही है, जिसमें, प्रधानमंत्री, स्वयं दिल्ली के ऐतिहासिक लाल किले की प्राचीर पर, राष्ट्रीय ध्वज फहराते हैं और जनता को संबोधित करते हैं। इन भाषणों में अमूमन प्रधानमंत्रीगण, बीते वर्ष में सरकार की उपलब्धियों को उजागर करते हैं, तथा आगामी वर्षो में सरकार की कार्यसूची और मनोदशा से लोगों को प्रत्यक्ष रूप से अवगत कराते हैं। 15 अगस्त, वर्ष 1947 को सर्वप्रथम, भारत के प्रथम प्रधानमंत्री, जवाहरलाल नेहरू ने लाल किले की प्राचीर से देश को संबोधित किया था। लाल किले से जनता को संबोधित करने की इस परंपरा को उन्होंने अपने 17 वर्षीय कार्यकाल में प्रतिवर्ष जारी रखा। तत्पश्चात्, उनके द्वारा शुरू की गयी इस परंपरा को उनके प्रत्येक उत्तराधिकारी ने बरकार रखा है, और यह परंपरा आज तक चली आ रही है। वर्तमान समय में, प्रधानमंत्री का भाषण वर्ष के सबसे अहम राजनैतिक घटनाओं में से एक माना जाता है, जिसमे प्रधानमंत्री स्वयं प्रत्यक्ष रूप से जनता के समक्ष सरकार की उपलब्धियों और मनोदशा को प्रस्तुत करता है। 15 अगस्त के भाषण के अलावा, प्रतिवर्ष, 26 जनवरी को गणतंत्रत दिवस के दिन, राजपथ पर गणतंत्रत दिवस के समारोह की प्रारंभ से पूर्व, प्रधानमंत्री, देश के तरफ से, अमर जवान ज्योति पर पुष्पमाला अर्पित कर, भारतीय सुरक्षा बलों के शहीद सैनिकों को श्रद्धांजलि अर्पित करते हैं। इस परंपरा की शुरुआत, प्रधानमंत्री इंदिरा गांधी के शासन काल के समय हुई थी, जब 1971 के युद्ध में पाकिस्तान की पराजय और बांग्लादेश की मुक्ति के पश्चात् देश की रक्षा के लिए शहीद हुए सैनिकों के उपलक्ष में दिसंबर 1971 को अमर जवान ज्योति को स्थापित किया गया। सर्वप्रथम, इंदिरा गांधी ने अमर जवान ज्योति पर, शहीद सैनिकों 26 जनवरी 1979 को, 23वें गणतंत्रत दिवस पर पुष्पमाला अर्पित की थी। तत्पश्चात्, प्रतिवर्ष, प्रत्येक प्रधानमंत्री इस परंपरा को निभा रहे हैं।

इस पुस्तक के लेखन में अनेक पुस्तकों, पत्र-पत्रिकाओं एवं प्रतिवेदनों से प्रत्यक्ष एवं अप्रत्यक्ष रूप से सहायता ली गई है, अतः उन सभी विद्वान लेखकों, सहायक ग्रन्थों तथा पत्र-पत्रिकाओं के सम्पादकों और मूल स्रोतों के व्यवस्थापकों का मैं हृदय से आभार प्रकट करता हूँ और अन्त में, विश्वभारती पब्लिकेशन्स के स्वामी, श्री विशाल गर्ग जी का धन्यवाद देता हूँ जिन्होंने अल्प समय में इस पुस्तक का प्रकाशन सम्भव कराया।

–डॉ. मनवीर सिंह

अनुक्रम

1

भारत का प्रधानमंत्री
(Prime Minister of India)

भारत गणराज्य के प्रधानमंत्री का पद भारतीय संघ के शासन प्रमुख का पद है। भारतीय संविधान के अनुसार, प्रधानमंत्री केंद्र सरकार के मंत्रिपरिषद् का प्रमुख और राष्ट्रपति का मुख्य सलाहकार होता है। वह भारत सरकार को कार्यपालिका का प्रमुख होता है और सरकार के कार्यों के प्रति संसद में जवाबदेह होता है। भारत की संसदीय राजनैतिक प्रणाली में राष्ट्र प्रमुख और शासन प्रमुख के पद को पूर्णतः विभक्त किया गया है। सैद्धांतिक रूप में संविधान भारत के राष्ट्रपति को देश का राष्ट्र प्रमुख घोषित करता है और सैद्धांतिक रूप में, शासन तंत्र की सारी शक्तियों को राष्ट्रपति पर निहित करता है तथा संविधान यह भी निर्दिष्ट करता है कि राष्ट्रपति इन अधिकारों का प्रयोग अपने अधीनस्थ अधिकारियों की सलाह पर करेगा। संविधान द्वारा राष्ट्रपति के सारे कार्यकारी अधिकारों का प्रयोग करने की शक्ति, लोकतांत्रिक रूप से निर्वाचित, प्रधानमंत्री को दी गयी है। संविधान अपने भाग 5 के विभिन्न अनुच्छेदों में प्रधानमंत्री पद के संवैधानिक अधिकारों और कर्तव्यों को निर्धारित करता है।

भारत गणराज्य के प्रधानमंत्री

भारतीय संविधान के अनुच्छेद 74 में स्पष्ट रूप से मंत्रिपरिषद् की अध्यक्षता तथा संचालन हेतु प्रधानमंत्री की उपस्थिति को आवश्यक माना गया है। उसकी मृत्यु या पदत्याग की दशा मे समस्त परिषद् को पद छोड़ना पड़ता है। वह स्वेच्छा से ही मंत्रिपरिषद् का गठन करता है। राष्ट्रपति मंत्रिगण की नियुक्ति उसकी सलाह से ही करते हैं। मंत्रिगण के विभाग का निर्धारण भी वही करता है। कैबिनेट के कार्य का निर्धारण भी वही करता है। देश के प्रशासन को निर्देश भी

वही देता है तथा सभी नीतिगत निर्णय भी वही लेता है। राष्ट्रपति तथा मंत्रिपरिषद् के मध्य संपर्क सूत्र भी वही है। मंत्रिपरिषद् का प्रधान प्रवक्ता भी वही है। वह सत्तापक्ष के नाम से लड़ी जाने वाली संसदीय बहसों का नेतृत्व करता है। संसद मे मंत्रिपरिषद् के पक्ष मे लड़ी जा रही किसी भी बहस मे वह भाग ले सकता है। मंत्रिगण के मध्य समन्वय भी वही करता है। वह किसी भी मंत्रालय से कोई भी सूचना आवश्यकतानुसार मंगवा सकता है।

प्रधानमंत्री, लोक सभा में बहुमत-धारी दल का नेता होता है, और उसकी नियुक्ति भारत के राष्ट्रपति द्वारा लोक सभा में बहुमत सिद्ध करने पर होती है। इस पद पर किसी प्रकार की समय-सीमा निर्धारित नहीं की गई है परंतु एक व्यक्ति इस पद पर केवल तब तक रह सकता है जब तक लोक सभा में बहुमत उसके पक्ष में हो।

संविधान, विशेष रूप से, प्रधानमंत्री को केंद्रीय मंत्रिमंडल पर पूर्ण नियंत्रण प्रदान करता है। इस पद के पदाधिकारी को सरकारी तंत्र पर दी गयी अत्यधिक नियंत्रणात्मक शक्ति, प्रधानमंत्री को भारतीय गणराज्य का सबसे शक्तिशाली और प्रभावशाली व्यक्ति बनाती है। विश्व की छठी सबसे बड़ी अर्थव्यवस्था, दूसरी सबसे बड़ी जनसंख्या, सबसे बड़े लोकतंत्र और विश्व की तीसरी सबसे बड़ी सैन्य बलों समेत एक परमाणु-शस्त्र राज्य के नेता होने के कारण भारतीय प्रधानमंत्री को विश्व के सबसे शक्तिशाली और प्रभावशाली व्यक्तियों में गिना जाता है। वर्ष 2010 में फोर्ब्स पत्रिका ने अपनी, विश्व के सबसे शक्तिशाली लोगों की, सूची में तत्कालीन प्रधानमंत्री मनमोहन सिंह को 18वें स्थान पर रखा था तथा 2012 और 2013 में उन्हें क्रमशः 19वें और 28वें स्थान पर रखा था। उनके उत्तराधिकारी, नरेंद्र मोदी को वर्ष 2014 में 15वें स्थान पर तथा वर्ष 2015 में विश्व का 9वां सबसे शक्तिशाली व्यक्ति नामित किया था।

इस पद की स्थापना, वर्तमान कर्तव्यों और शक्तियों के साथ, 26 जनवरी 1947 में, संविधान के प्रवर्तन के साथ हुई थी। उस समय से वर्तमान समय तक, इस पद पर कुल 15 पदाधिकारियों ने अपनी सेवा दी है। इस पद पर नियुक्त होने वाले पहले पदाधिकारी जवाहरलाल नेहरू थे जबकि भारत के वर्तमान प्रधानमंत्री नरेंद्र मोदी हैं, जिन्हें 26 मई 2014 को इस पद पर नियुक्त किया गया था और आज तक सत्ता पर काबिज हैं।

संवैधानिक पद व व्युत्पत्ति

भारत के संविधान-निर्माताओं ने भारतीय राजनैतिक प्रणाली को वेस्ट्मिन्स्टर प्रणाली से प्रभावित होकर एक संसदीय गणराज्य का रूप दिया था, जिसमें राष्ट्र प्रमुख तथा शासन प्रमुख के पदों को पूर्णतः विभक्त रखा गया था। भारतीय राजनैतिक प्रणाली में प्रधानमंत्री का पद संविधान द्वारा स्थापित शासन प्रमुख का पद है, जिस पर सार्वभौमिक वयस्क मताधिकार के आधार पर प्रजातांत्रिक रूप से निर्वाचित व्यक्ति को नियुक्त किया जाता है। वहीं भारत के राष्ट्रपति का पद भारत गणराज्य के राष्ट्र प्रमुख का पद है, जिन्हें संसद द्वारा अप्रत्यक्ष रूप से निर्वाचित किया जाता है। प्रधानमंत्री का पद निःसंदेह भारतीय राजनैतिक प्रणाली का सबसे शक्तिशाली एवं वर्चस्वपूर्ण पद है। संघीय सरकार तथा केंद्रीय मंत्रिमंडल की सारी गतिविधियों व नीतियों पर नियंत्रण प्रधानमंत्री के पास ही होता है। केंद्रीय मंत्रियों की नियुक्ति व निष्कासन भी प्रधानमंत्री ही करते हैं।

हालांकि, मंत्रियों की नियुक्ति, निष्कासन व अन्य ऐसे कार्य प्रधानमंत्री स्वयं नहीं कर सकता है। मंत्रियों की नियुक्ति व निष्कासन राष्ट्रपति द्वारा प्रधानमंत्री की सलाह पर होता है। भारतीय संविधान क्रमशः ऐसे कई विधान प्रेषित करता है, जिनके द्वारा वैधिक रूप से यह सुनिश्चित किया गया है कि सामान्य (गैर-आपातकालीन) हालातों में, कार्यपालिका के मामले में राष्ट्रपति पर केवल नाममात्र शक्तियां निहित हों, जबकि वास्तविक शक्तियां प्रधानमंत्री के हाथों में हो। संविधान ने प्रधानमंत्री और राष्ट्रपति की शक्तियों को भाग 5 के विभिन्न अनुच्छेदों में कुछ इस प्रकार अंकित किया गया है–

संघ की कार्यपालिका शक्ति राष्ट्रपति में निहित होगी और वह इसका प्रयोग इस संविधान के अनुसार स्वयं या अपने अधीनस्थ अधिकारियों के द्वारा करेगा। —पंचम् भाग, 53वीं अनुच्छेद(1)

राष्ट्रपति को सहायता और सलाह देने के लिए एक मंत्रि-परिषद् होगी जिसका प्रधान, प्रधानमंत्री होगा और राष्ट्रपति अपने कृत्यों का प्रयोग करने में ऐसी सलाह के अनुसार कार्य करेगा, परंतु राष्ट्रपति मंत्रि-परिषद् से ऐसी सलाह पर साधारणतया या अन्यथा पुनर्विचार करने की अपेक्षा कर सकेगा और राष्ट्रपति ऐसे पुनर्विचार के पश्चात् दी गई सलाह के अनुसार कार्य करेगा।

—पंचम् भाग, 74वीं अनुछेद(1)

प्रधानमंत्री की नियुक्ति राष्ट्रपति करेगा और अन्य मंत्रियों की नियुक्ति राष्ट्रपति, प्रधानमंत्री की सलाह पर करेगा। —पंचम् भाग, 75वीं अनुछेद(1)

नियुक्ति

साधारणतः प्रधानमंत्री को संसदीय आम चुनाव के परिणाम के आधार पर राष्ट्रपति द्वारा नियुक्त किया जाता है। प्रधानमंत्री, लोक सभा में बहुमत-धारी दल (या गठबंधन) के नेता होते हैं। हालांकि, प्रधानमंत्री का स्वयं लोक सभा सांसद होना अनिवार्य नहीं है परंतु उन्हें लोक सभा में बहुमत सिद्ध करना होता है और नियुक्ति के छह महीनों के भीतर ही संसद का सदस्य बनना पड़ता है। प्रधानमंत्री संसद के दोनों सदनों में से किसी भी एक सदन के सदस्य हो सकते हैं। ऐतिहासिक तौर पर ऐसे कई प्रधानमंत्री हुए हैं, जोकि राज्य सभा—सांसद थे; 1966 में इंदिरा गांधी, देवगौड़ा (1996) और हाल ही में मनमोहन सिंह (2004, 2009), राज्य सभा-सांसद थे। प्रत्येक चुनाव पश्चात्, नवीन सभा की बैठक में बहुमत दल के नेता के चुनाव के बाद, राष्ट्रपति, बहुमत-धारी दल के नेता को प्रधानमंत्री बनने हेतु आमंत्रित करते हैं, आमंत्रण स्वीकार करने के पश्चात्, संबंधित व्यक्ति को लोक सभा में मतदान द्वारा विश्वास मत प्राप्त करना होता है। तत्पश्चात् विश्वास मत—प्राप्ति की आदेश को राष्ट्रपति तक पहुंचाया जाता है, जिसके बाद एक समारोह में प्रधानमंत्री तथा अन्य मंत्रियों को पद की शपथ दिलाई जाती है और उन्हें प्रधानमंत्री नियुक्त किया जाता है। यदि कोई एक दल या गठबंधन, लोक सभा में बहुमत प्राप्त करने में अक्षम होता है, तो, यह पूर्णतः महामहिम राष्ट्रपति के विवेक पर निर्भर होता है कि वे किस व्यक्ति को प्रधानमंत्री पद प्राप्त करने हेतु आमंत्रित करें। ऐसी स्थिति को त्रिशंकु सभा की स्थिति कहा जाता है। त्रिशंकु सभा की स्थिति में राष्ट्रपति साधारणतः सबसे बड़े दल के नेता को निम्नसदन में बहुमत सिद्ध करने हेतु आमंत्रित करते है (हालांकि संवैधानिक तौर पर वे इस विषय में अपने पसंद के किसी भी व्यक्ति को आमंत्रित करने हेतु पूर्णतः स्वतंत्र हैं)। निमंत्रण स्वीकार करने वाले व्यक्ति का लोक सभा में विश्वास मत सिद्ध करना अनिवार्य है और उसके बाद ही वह व्यक्ति प्रधानमंत्री नियुक्त किया जा सकता है। ऐतिहासिक तौर पर, इस विशेषाधिकार का प्रयोग अनेक अवसरों पर विभिन्न राष्ट्रपतिगण कर चुके हैं। वर्ष 1977 में राष्ट्रपति नीलम संजीव रेड्डी ने प्रधानमंत्री मोरारजी देसाई के इस्तीफे के पश्चात्, चौधरी चरण सिंह को इसी विशेषाधिकार का प्रयोग कर, प्रधानमंत्री नियुक्त किया था। इसके अलावा

भी इस विशेषाधिकार का उपयोग कर, राष्ट्रपतिगण ने 1989 में राजीव गांधी और विश्वनाथ प्रताप सिंह, 1991 में नरसिंह राव तथा 1996 और 1998 में अटल बिहारी वाजपेयी को प्रधानमंत्री पद पर नियुक्त किया कैबिनेट, प्रधानमंत्री द्वारा चयनित और राष्ट्रपति द्वारा नियुक्त मंत्रियों से बना होता है।

पात्रता

भारतीय संविधान, प्रधानमंत्री पद हेतु किसी प्रकार की विशेष अर्हताएं निर्दिष्ट नहीं करता है। परंतु एक आवश्यकता जरूर निर्धारित की गई है– प्रधानमंत्री के पास लोक सभा अथवा राज्य सभा की सदस्यता होनी चाहिए, और उनके पास लोक सभा में बहुमत का समर्थन होना चाहिए। यदि नियुक्ति के समय पात्र, भारतीय संसद के दो सदनों में से किसी भी सदन का सदस्य नहीं होता है तो नियुक्ति के 6 महीनों के मध्य ही उन्हें संसद की सदस्यता प्राप्त करना अनिवार्य है अन्यथा उनका प्रधानमंत्रित्व खारिज हो जाएगा। अतः प्रधानमंत्रित्व के दावेदार के पास, एक सांसद होने की सारी अर्हताएं होना चाहिए। भारतीय संविधान के पंचम् भाग का 84वां अनुच्छेद, एक सांसद की अर्हताओं को निर्दिष्ट करता है, उसके अनुसार–कोई व्यक्ति संसद् के किसी स्थान को भरने के लिए चुने जाने के लिए अर्हित तभी होगा जब–

- वह भारत का नागरिक है और निर्वाचन आयोग द्वारा इस निमित्त प्राधिकृत किसी व्यक्ति के समक्ष तीसरी अनुसूची में इस प्रयोजन के लिए दिए गए प्रारूप के अनुसार शपथ लेता है या प्रति ज्ञान करता है और उस पर अपने हस्ताक्षर करता है।

- वह राज्य सभा में स्थान के लिए कम से कम तीस वर्ष की आयु का और लोक सभा में स्थान के लिए कम से कम पच्चीस वर्ष की आयु का है; और

- उसके पास ऐसी अन्य अर्हताएं हैं जो संसद् द्वारा बनाई गई किसी विधि द्वारा या उसके अधीन इस निमित्त विहित की जाएं।

जैसा कि तीसरे बिंदु में विनिर्दिष्ट है, पात्र को संसद द्वारा भविष्य में पारित पात्रता के किसी भी योग्यता पर खरा उतारना होगा तथा क्योंकि प्रधानमंत्री का सांसद होना अनिवार्य है, अतः प्रधानमंत्रित्व के पात्र को लोक सभा या राज्य सभा

का सदस्य होने योग्य कुछ अन्य अर्हताओं पर भी खरा उतरना होता है, जिनमें उसका विकृत चरित्र वाला व्यक्ति या दिवालिया घोषित ना होना, स्वेच्छा से किसी विदेशी राज्य की नागरिकता प्राप्त कर लेना, किसी न्यायालय द्वारा उसका निर्वाचन शून्य घोषित कर दिया जाना, तथा राष्ट्रपति या राज्यपाल नियुक्त होना शामिल हैं। साथ ही, पात्र का, केंद्रीय सरकार, किसी भी राज्य सरकार अथवा पूर्वकथित किसी भी सरकार के अधीन किसी भी कार्यालय तथा प्रशासनिक या गैर-प्रशासनिक निकाय की सेवा में किसी भी लाभकारी पद का कर्मचारी नहीं होना चाहिए। साथ ही सदन से प्रस्ताव-स्वीकृत निष्कासन से भी पात्र की सदस्यता समाप्त हो जाती है। नियुक्ति के पश्चात्, इनमें से, पूर्वकथित किसी भी अर्हताओं पर, प्रधानमंत्री की अयोग्यता, किसी विधिक न्यायालय में सिद्ध की जाती है, तो, उस व्यक्ति का निर्वाचन शून्य घोषित कर दिया जाता है, और उसे प्रधानमंत्री के पद से निष्कासित कर दिया जाता है।

कार्यपद की शपथ

प्रधानमंत्री को पद की शपथ राष्ट्रपति द्वारा दिलाई जाती है। पद पर नियुक्ति हेतु, भावी पदाधिकारी को दो शपथ लेने की अनिवार्यता है। ये दोनों शपथ भारतीय संविधान की तीसरी अनुसूची में विनिर्दिष्ट हैं [अनुच्छेद 75 (4), 99, 124 (6), 148 (2), 164 (3), 188 और 219]

शपथ या प्रतिज्ञान के प्रारूप

1. मंत्रिपद की शपथ का प्रारूप–"मैं, ईश्वर की शपथ लेता हूं/सत्यनिष्ठा से प्रतिज्ञान करता हूं कि मैं विधि द्वारा स्थापित भारत के संविधान के प्रति सच्ची श्रद्धा और निष्ठा रखूंगा, (संविधान (सोलहवां संशोधन) अधिनियम, 1963 की धारा 5 द्वारा अंतःस्थापित।) मैं भारत की प्रभुता और अखंडता अक्षुण्ण रखूंगा, मैं संघ के प्रधानमंत्री के रूप में अपने कर्तव्यों का श्रद्धापूर्वक और शुद्ध अंतःकरण से निर्वहन करूंगा तथा मैं भय या पक्षपात, अनुराग या द्वेष के बिना, सभी प्रकार के लोगों के प्रति संविधान और विधि के अनुसार न्याय करूंगा।"

2. गोपनीयता की शपथ का प्रारूप–"मैं, ईश्वर की शपथ लेता हूं/सत्यनिष्ठा से प्रतिज्ञान करता हूं कि जो विषय संघ के प्रधानमंत्री के रूप में मेरे विचार के लिए लाया जाएगा अथवा मुझे ज्ञात होगा उसे किसी व्यक्ति या

व्यक्तियों को, तब के सिवाय जबकि ऐसे मंत्री के रूप में अपने कर्तव्यों के सम्यक् निर्वहन के लिए ऐसा करना अपेक्षित हो, मैं प्रत्यक्ष अथवा अप्रत्यक्ष रूप से संसूचित या प्रकट नहीं करूंगा।"

कार्यकाल व निलंबन

सैद्धान्तिक रूपतः, पदस्थ प्रधानमंत्री, "राष्ट्रपति के प्रसादपर्यंत", अपने पद पर बना रहता है। राष्ट्रपति पद के विपरीत, प्रधानमंत्री के कार्यकाल के लिए कोई काल-सीमा निर्धारित नहीं की गई है। अतः एक पदस्थ प्रधानमंत्री अनिश्चित काल तक प्रधानमंत्री पद पर बना रह सकता है, बशर्ते कि राष्ट्रपति को उस पर "विश्वास" हो। इसका वास्तविक अर्थ यह है कि एक व्यक्ति केवल तब तक प्रधानमंत्री पद पर बना रह सकता है, जब तक लोक सभा में बहुमत का विश्वास उसके पक्ष में है। बहरहाल, लोक सभा का पूरा कार्यकाल 5 वर्ष होता है, जिसके बाद नए चुनाव कराए जाते हैं, और नवीन सभा पुनः प्रधानमंत्री के पक्ष में विश्वास मत पारित करती है, यदि नव-निर्वाचित सभा प्रधानमंत्री में अविश्वास घोषित कर देती है तो फिर प्रधानमंत्री का कार्यकाल समाप्त हो जाता है। अतः यह कहा जा सकता है कि प्रधानमंत्री का एक पूरा कार्यकाल 5 वर्ष का होता है, जिसके बाद उसकी पुनःसमीक्षा होती है।

प्रधानमंत्री का कार्यकाल 5 वर्षों से पूर्व भी समाप्त हो सकता है, यदि किसी कारणवश, लोक सभा सरकार के विरोध में अविश्वास मत पारित करे अथवा यदि किसी कारणवश, प्रधानमंत्री की संसद की सदस्यता शून्य घोषित हो जाए तो प्रधानमंत्री, किसी भी समय, अपने पद का त्याग, राष्ट्रपति को एक लिखित त्याग-पत्र सौंप के कर सकते हैं। प्रधानमंत्री मोरारजी देसाई देश के पहले प्रधानमंत्री थे, जिन्होंने कार्यकाल के बीच अपना पद त्याग दिया था। प्रधानमंत्री के कार्यकाल पर ना ही किसी प्रकार की समय-सीमा है ना कोई आयु सीमा निर्दिष्ट की गई है।

कार्य व शक्तियां

भारतीय संविधान के अनुच्छेद 74 में स्पष्ट रूप से मंत्रिपरिषद् की अध्यक्षता तथा संचालन हेतु प्रधानमंत्री की उपस्थिति को आवश्यक मानता है। उसकी मृत्यु या त्याग-पत्र की दशा मे समस्त परिषद् को पद छोड़ना पड़ता है। वह

अकेले ही मंत्री परिषद् का गठन करता है। राष्ट्रपति मंत्रिगण की नियुक्ति उसकी सलाह से ही करते हैं। मंत्रिगण के विभाग का निर्धारण भी वही करता है। कैबिनेट के कार्य का निर्धारण भी वही करता है। देश के प्रशासन को निर्देश भी वही देता है। सभी नीतिगत निर्णय वही लेता है। राष्ट्रपति तथा मंत्री परिषद् के मध्यसंपर्क सूत्र भी वही है। मंत्रिपरिषद् का प्रधान प्रवक्ता भी वही है। वह परिषद् के नाम से लड़ी जाने वाली संसदीय बहसों का नेतृत्व करता है। संसद मे परिषद् के पक्ष मे लड़ी जा रही किसी भी बहस में वह भाग ले सकता है। मंत्रिगण के मध्य समन्वय भी वही करता है। वह किसी भी मंत्रालय से कोई भी सूचना मंगवा सकता है। इन सब कारणों के चलते प्रधानमंत्री को भारत का सबसे महत्त्वपूर्ण राजनैतिक व्यक्तित्व माना जाता है।

कार्यकारी शक्तियां

भारतीय प्रधानमंत्री पद के वर्चस्व व महत्त्व का सबसे अहम् कारण है, उसके पदाधिकारी को प्रदान की गई कार्यकारी शक्तियां। संविधान का अनुच्छेद 74 प्रधानमंत्री के पद को स्थापित करता है, एवं यह निर्दिष्ट करता है कि एक मंत्रिपरिषद् होगी जिसका मुखिया प्रधानमंत्री होगा, जो भारत के राष्ट्रपति को "सलाह और सहायता" प्रदान करेंगे। तथा अनुच्छेद 75 यह स्थापित करता है कि मंत्रियों की नियुक्ति, राष्ट्रपति द्वारा प्रधानमंत्री की सलाह के अनुसार की जाएगी, एवं मंत्री को विभिन्न कार्यभार भी राष्ट्रपति, प्रधानमंत्री की सलाह के अनुसार ही देंगे। अतः संविधान यह निर्दिष्ट करता है कि जहां संवैधानिक कार्यकारी अधिकार भारत के राष्ट्रपति के पास है, परंतु क्योंकि इन संबंधों में भारत के राष्ट्रपति केवल प्रधानमंत्री की सलाहनुसार कार्य करते हैं, अतः वास्तविक रूप से, इन कार्यकारी अधिकारों का प्रयोग प्रधानमंत्री अपनी इच्छानुसार करते हैं। इन विधानों द्वारा संविधान यह स्थापित करता है, कि भारत के राष्ट्र प्रमुख होने के नाते, राष्ट्रपति पर निहित सारे कार्यकारी अधिकार, अप्रत्यक्ष रूप से , प्रधानमंत्री ही किया करेंगे, तथा संपूर्ण मंत्रिपरिषद् के प्रधान होंगे तथा अनुच्छेद 75 द्वारा मंत्रिपरिषद् का गठन, मंत्रियों की नियुक्ति एवं उनका कार्यभार सौंपना भी प्रधानमंत्री की इच्छा पर छोड़ दिया गया है, बल्कि मंत्रियों और मंत्रालयों के संबंध में संविधान, प्रधानमंत्री को पूरी खुली छूट प्रदान करता है। प्रधानमंत्री, अपने मंत्रिमंडल में किसी भी व्यक्ति को शामिल कर सकते हैं, निकाल सकते हैं, नियुक्त कर सकते हैं या

निलंबित करवा सकते हैं। क्योंकि मंत्रियों की नियुक्ति राष्ट्रपति द्वारा केवल प्रधानमंत्री की सलाह पर होती है, अतः इसका अर्थ यह है कि केंद्रीय मंत्रिपरिषद् वास्तविक रूप से प्रधानमंत्री की पसंद के लोगों द्वारा निर्मित होती है, जिसमें वे अपनी पसंदानुसार कभी भी फेर-बदल कर सकते है। साथ ही मंत्रियों को विभिन्न कार्यभार प्रदान करना भी पूर्णतः प्रधानमंत्री की इच्छा पर निर्भर करता है; वे अपने मंत्रियों में से किसी को भी कोई भी मंत्रालय या कार्यभार सौंप सकते हैं, छीन सकते हैं या दूसरा कोई कार्यभार/मंत्रालय सौंप सकते हैं। इन मामलों में संबंधित मंत्रियों से सलाह-मश्वरा करने की, या उनकी अनुमति प्राप्त करने की, प्रधानमंत्री पर किसी भी प्रकार की कोई संवैधानिक बाध्यता नहीं है। बल्कि मंत्रियों व मंत्रालयों के विषय में पूर्वकथित किसी भी मामले में संबंधित मंत्री या मंत्रियों की सलाह या अनुमति प्राप्त करने की, प्रधानमंत्री पर किसी भी प्रकार की संवैधानिक बाध्यता नहीं है। वे कभी भी अपनी इच्छानुसार, किसी भी मंत्री को मंत्रिपद से इस्तीफा देने के लिए भी कह सकते हैं, और यदि वह मंत्री, इस्तीफा देने से इंकार कर देता है, तो वे राष्ट्रपति से कह कर उसे पद से निलंबित भी करवा सकते हैं।

मंत्रियों की नियुक्ति एवं मंत्रालयों के आवंटन के अलावा, मंत्रिमंडलीय सभाएं, कैबिनेट की गतिविधियां और सरकार की नीतियों पर भी प्रधानमंत्री का पूरा नियंत्रण होता है। प्रधानमंत्री, मंत्रिपरिषद् के संवैधानिक प्रमुख एवं नेता होते हैं। वे संसद एवं अन्य मंचों पर मंत्रिपरिषद् का प्रतिनिधित्व करते हैं। वे मंत्रिमंडलीय सभाओं की अध्यक्षता करते हैं, तथा इन बैठकों की कार्यसूची, तथा चर्चा के अन्य विषय भी वही तय करते हैं। कैबिनेट बैठकों में उठने वाले सारे मामले व विषय सूची, प्रधानमंत्री की ही स्वीकृति व सहमति से निर्धारित किए जाते हैं। कैबिनेट की बैठकों में उठने वाले विभिन्न प्रस्तावों को मंजूर या नामंजूर करना, प्रधानमंत्री की इच्छा पर होता है। हालांकि, चर्चा करने और अपने निजी सुझाव व प्रस्तावों को बैठक के समक्ष रखने की स्वतंत्रता हर मंत्री को है, परंतु अंततः वही प्रस्ताव या निर्णय लिया जाता है, जिस पर प्रधानमंत्री की सहमति हो और निर्णय पारित किए जाने के पश्चात् उसे पूरे मंत्रिपरिषद् का अंतिम निर्णय माना जाता है, और सभी मंत्रियों को प्रधानमंत्री के उस निर्णय के साथ चलना होता है। अतः यह कहा जा सकता है की संवैधानिक रूप से, केंद्रीय मंत्रिमंडल पर प्रधानमंत्री को पूर्ण नियंत्रण व चुनौतीहीन प्रभुत्व हासिल है। नियंत्रण के

मामले में प्रधानमंत्री, मंत्रिपरिषद् का सर्वेसर्वा होता है, और उसके इस्तीफे से पूरी सरकार गिर जाती है, अर्थात् सारे मंत्रियों का मंत्रित्व समाप्त हो जाता है। मंत्रिपरिषद् की अध्यक्षता के अलावा संविधान, प्रधानमंत्री पर एक और ख़ास विशेषाधिकार निहित करता है, यह विशेषाधिकार है मंत्रिपरिषद् और राष्ट्रपति के बीच का मध्यसंपर्क सूत्र होना। यह विशेषाधिकार केवल प्रधानमंत्री को दिया गया है, जिसके माध्यम से प्रधानमंत्री समय-समय पर, राष्ट्रपति को मंत्री सभा में लिए जाने वाले निर्णय और चर्चाओं से संबंधित जानकारी द्वारा राष्ट्रपति को अधिसूचित कराते रहते हैं। प्रधानमंत्री के अलावा कोई भी अन्य मंत्री, स्वेच्छा से मंत्री सभा में चर्चित किसी भी विषय को राष्ट्रपति के समक्ष उद्घाटित नहीं कर सकता है। इस विशेषाधिकार का महत्त्व व अर्थ यह है कि मंत्रिमंडलीय सभाओं में चर्चित विषयों में से किन जानकारियों को गोपनीय रखना है, एवं किन जानकारियों को दुनिया के सामने प्रस्तुत करना है, यह तय करने का अधिकार भी प्रधानमंत्री के पास है।

प्रशासनिक शक्तियां

प्रधानमंत्री, राज्य के विभिन्न अंगों के मुख्य प्रबंधक के रूप में कार्य करते हैं, जिसका कार्य, राज्य के सारे विभागों व अंगों से, अपनी इच्छानुसार कार्य करवाना है। सरकार के विभिन्न विभागों और मंत्रालयों के बीच समन्वय बनाना, और कैबिनेट द्वारा लिए गए निर्णयों को कार्यान्वित करवाना तथा विभिन्न विभागों को निर्देशित करना भी उनका काम है। मंत्रालयों और विभागों के बीच के प्रशासनिक मतभेद सुलझना और अंतिम निर्णय लेना भी उनका काम है।

सरकारी कार्यों के कार्यान्वयन के अलावा भी, सरकारी तंत्र पर प्रधानमंत्री का अत्यधिक प्रभाव और पकड़ होती है। शासन व सरकार के प्रमुख होने के नाते, कार्यकारिणी की तमाम नियुक्तियां वास्तविक तौर पर प्रधानमंत्री द्वारा की जाती हैं। सारे उच्चस्तरीय अधिकारी व पदाधिकारी प्रधानमंत्री, अपने पसंद के ही नियुक्त करते हैं। इन नियुक्तियों में, उच्च-सलाहकारों तथा सरकारी मंत्रालयों और कार्यालयों के उच्चाधिकारी समेत, विभिन्न राज्यों के राज्यपाल, महान्यायवादी, महालेखा परीक्षक, लोक सेवा आयोग के अधिपति, व अन्य सदस्य, विभिन्न देशों के राजदूत, वाणिज्यदूत इत्यादि, सब शामिल हैं। यह सारी उच्चस्तरीय नियुक्तियां, भारत के राष्ट्रपति द्वारा, प्रधानमंत्री की सलाह पर की जाती हैं।

विधानमंडलीय शक्तियां

सरकार और मंत्रिपरिषद् के प्रमुख होने के नाते, प्रधानमंत्री लोक सभा में बहुमत और सत्तापक्ष के नेता और प्रमुख प्रतिनिधि हैं। इस सन्दर्भ में, सदन में सरकार और सत्तापक्ष का प्रतिनिधित्व करना प्रधानमंत्री का कर्त्तव्य माना जाता है। साथ ही यह आशा की जाती है कि सदन में सरकार द्वारा लिए गए महत्त्वपूर्ण विधेयक और घोषणाएं प्रधानमंत्री करेंगे तथा उन महत्त्वपूर्ण निर्णयों के विषय में सत्तापक्ष की तरफ से प्रधानमंत्री उत्तर देंगे। लोक सभा अध्यक्ष का चुनाव, निर्वाचन द्वारा होता है, अतः साधारणतः, सभापति भी बहुमत दल का होता है। अतः, बहुमत दल के नेता होने के नाते, सभापति के जरिए, प्रधानमंत्री, लोक सभा की कार्रवाई को भी सीमित रूप से प्रभावित करने की क्षमता रखते हैं, क्योंकि सभापति, सभा का अधिष्ठाता होता है, और सदन में चर्चा की विषय सूची भी सभापति ही निर्धारित करता है, हालांकि सदन की कार्रवाई को अधिक हद तक प्रभावित नहीं किया जा सकता है। संविधान का अनुच्छेद 85, लोक सभा के सत्र बुलाने और सत्रांत करने का अधिकार, भारत के राष्ट्रपति को देता है, परंतु इस मामले राष्ट्रपति को प्रधानमंत्री की सलाह के अनुसार कार्य करना पड़ता है। अर्थात् वास्तविक रूप, लोक सभा का सत्र बुलाना और अंत करना प्रधानमंत्री के हाथों में होता है। यह अधिकार, निःसंदेह, प्रधानमंत्री के हाथों में दिया गया सबसे महत्त्वपूर्ण अधिकार है, जोकि उनको न केवल अपने दल पर, बल्कि विपक्ष के सांसदों की गतिविधियों पर भी सीमित नियंत्रण का अवसर प्रदान करता है।

वैश्विक संबंधों में भूमिका

सरकार और देश के नेता होने के नाते, वैश्विक मंच पर भारत का प्रतिनिधित्व करना प्रधानमंत्री की सबसे महत्त्वपूर्ण जिम्मेदारियों में से एक है। सरकार और मंत्रिपरिषद् पर अपने अपार नियंत्रण के कारण, भारतीय राज्य की वैश्विक नीति निर्धारित करने में प्रधानमंत्री की सबसे अहम भूमिका होती है। देश की विदेश नीति से संबंधित निर्णय, देश की सामरिक, कूटनीतिक, आर्थिक, वाणिज्यिक इत्यादि आवश्यकताओं के अनुसार आमतौर पर मंत्रिपरिषद् में चर्चा द्वारा निर्धारित की जाती है, जिनमे अंतिम निर्णय प्रधानमंत्री लेते हैं। वैश्विक संबंधों और उनसे जुड़े मामलों को भारत का विदेश मंत्रालय संभालता है, जिसके लिए विदेश मंत्री के नाम से एक स्वतंत्र कैबिनेट मंत्री भी नियुक्त किया जाता

रहा है (कई बार प्रधानमंत्री स्वयं भी विदेश मंत्रालय का प्रभार संभालते हैं), परंतु क्योंकि विदेश नीतियां, इत्यादि, प्रधानमंत्री निधारित करते हैं, अतः, विदेश मंत्री प्रधानमंत्री द्वारा लिए गए निर्णयों और नीतियों को कार्यान्वित करने का काम करता है।

विभिन्न देशों से सामरिक, आर्थिक, कूटनीतिक, वाणिज्यिक और संसाधनिक, इत्यादि संधियां और समझौते, तथा उनसे जुड़ी कूटनीतिक बहस और वार्ताओं में प्रधानमंत्री की भूमिका सबसे महत्त्वपूर्ण होती है, और ऐसी वार्ताओं में वे देश का प्रतिनिधित्व करते हैं।

विभिन्न देशों के राष्ट्राध्यक्षों व प्रतिनिधिमंडलों का स्वागत-सत्कार करना व उनकी मेजबानी करना भी प्रधानमंत्री की जिम्मेदारी होती है। विदेशी प्रतिनिधियों की मेजबानी के अलावा, प्रधानमंत्री, जन-प्रतिनिधि व शासन प्रमुख होने के नाते, विदेशों में भारत का प्रतिनिधित्व भी करते हैं। वे संयुक्त राष्ट्र संघ, जी-20, ब्रिक्स, सार्क, गुट निरपेक्ष आंदोलन, राष्ट्रमंडल, इत्यादि जैसे अंतर्राष्ट्रीय संगठनों में भारत का प्रतिनिधित्व करते हैं, और भारत का पक्ष रखते हैं। अंतर्राष्ट्रीय मंच पर देश की छवि बनाने, और कूटनीतिक वार्ताओं द्वारा देश के हित की आपूर्ति क़रने में प्रधानमंत्री का स्थान बेहद महत्त्वपूर्ण है।

भारतीय संविधान, राष्ट्र प्रमुख और सर्व सामरिक बलों के अधिपति होने के नाते, किसी अन्य देश से युद्ध व शांति घोषित करने का अधिकार भारत के राष्ट्रपति को देता है, परंतु इसका वास्तविक अधिकार प्रधानमंत्री को है, क्योंकि राष्ट्रपति इस मामले में प्रधानमंत्री की सलाह के अनुसार कार्य करने हेतु बाध्य हैं। युद्ध की घोषणा के अलावा, युद्ध की रणनीति निर्धारित करना तथा सामरिक बलों को नियंत्रित करना भी प्रधानमंत्री द्वारा ही होता है तथा शांति-घोषणा करना और शांति-समझौता करना भी प्रधानमंत्री का कर्त्तव्य है।

विभिन्न मंत्रालयों/विभागों का प्रभार

भारत सरकार के कुछ विशेष, संवेदनशील एवं उच्चस्तरीय विभाग व मंत्रालय ऐसे हैं, जिनकी विशेषता, संवेदनशीलता या अन्य किसी कारणवश प्रधानमंत्री के अलावा अन्य किसी भी मंत्री को इनका कार्यभार नहीं सौंपा जाता है। इन विभिन्न विभागों के कार्यों के प्रति वे संसद के प्रति जवाबदेह है, और

आवश्यकता पड़ने पर उन्हें संसद् में पूछे गए प्रश्नो का उत्तर देना पड़ता है। आमतौर पर, प्रधानमंत्री इन निम्नलिखित विभागों के प्रभारी होते हैं–

- कैबिनेट नियुक्ति आयोग
- नीति आयोग
- परमाणु ऊर्जा विभाग
- अंतरिक्ष विभाग
- नाभिकीय कमान प्राधिकरण
- कार्यकर्मी, जन-शिकायत व पेंशन मंत्रालय

परंपरागत कर्त्तव्य

भारत के प्रधानमंत्री पद के राजनैतिक महत्त्व एवं उसके पदाधिकारी की जननायक और राष्ट्रीय नेतृत्वकर्ता की छवि के लिहाज से, प्रधानमंत्री पद के पदाधिकारी से यह आशा की जाती है, कि वे भारत के जनमानस को भली-भांति जाने, समझें एवं राष्ट्र को उचित दिशा प्रदान करें। जनमानस के प्रतिनिधि होने के नाते, महत्त्वपूर्ण राष्ट्रीय दिवसों और समारोहों में प्रधानमंत्री के अहम पारंपरिक एवं चिन्हात्मक किरदार रहा है। समय के साथ, प्रधानमंत्री पर अनेक परांमरगत कर्त्तव्य विकसित हुए हैं। इन कर्तव्यों में प्रमुख है, स्वतंत्रता दिवस के अवसर पर प्रतिवर्ष, दिल्ली के लाल किले की प्राचीर से प्रधानमंत्री का राष्ट्र को संबोधन। स्वतत्रंता पश्चात्, वर्ष 1947 से ही यह परंपरा चली आ रही है, जिसमें, प्रधानमंत्री, स्वयं दिल्ली के ऐतिहासिक लाल किले की प्राचीर पर, राष्ट्रीय ध्वज फहराते हैं और जनता को संबोधित करते हैं। इन भाषणों में अमूमन प्रधानमंत्रीगण, बीते वर्ष में सरकार की उपलब्धियों को उजागर करते हैं, तथा आगामी वर्षो में सरकार की कार्यसूची और मनोदशा से लोगों को प्रत्यक्ष रूप से अवगत कराते हैं। 15 अगस्त, वर्ष 1947 को सर्वप्रथम, भारत के प्रथम प्रधानमंत्री, जवाहरलाल नेहरू ने लाल किले की प्राचीर से देश को संबोधित किया था। लाल किले से जनता को संबोधित करने की इस परंपरा को उन्होंने अपने 17 वर्षीय कार्यकाल में प्रतिवर्ष जारी रखा। तत्पश्चात्, उनके द्वारा शुरू की गयी इस परंपरा को उनके प्रत्येक उत्तराधिकारी ने बरकार रखा है, और यह परंपरा आज तक चली आ रही है।

वर्तमान समय में, प्रधानमंत्री का भाषण वर्ष के सबसे अहम राजनैतिक घटनाओं में से एक माना जाता है, जिसमे प्रधानमंत्री स्वयं प्रत्यक्ष रूप से जनता के समक्ष सरकार की उपलब्धियों और मनोदशा को प्रस्तुत करता है। 15 अगस्त के भाषण के अलावा, प्रतिवर्ष, 26 जनवरी को गणतंत्रत दिवस के दिन, राजपथ पर गणतंत्रत दिवस के समारोह की प्रारंभ से पूर्व, प्रधानमंत्री, देश के तरफ से, अमर जवान ज्योति पर पुष्पमाला अर्पित कर, भारतीय सुरक्षा बलों के शहीद सैनिकों को श्रद्धांजलि अर्पित करते हैं। इस परंपरा की शुरुआत, प्रधानमंत्री इंदिरा गांधी के शासन काल के समय हुई थी, जब 1971 के युद्ध में पाकिस्तान की पराजय और बांग्लादेश की मुक्ति के पश्चात् देश की रक्षा के लिए शहीद हुए सैनिकों के उपलक्ष में दिसंबर 1971 को अमर जवान ज्योति को स्थापित किया गया। सर्वप्रथम, इंदिरा गांधी ने अमर जवान ज्योति पर, शहीद सैनिकों 26 जनवरी 1979 को, 23वें गणतंत्रत दिवस पर पुष्पमाला अर्पित की थी। तत्पश्चात्, प्रतिवर्ष, प्रत्येक प्रधानमंत्री इस परंपरा को निभा रहे हैं।

प्रधानमंत्री कोष

प्रधानमंत्री, विभिन्न राहत कोषों के अध्यक्ष हैं, जिनका उपयोग विभिन्न प्रकार की प्राकृतिक, सामरिक तथा अन्य आपदाओं में आर्थिक सहायता देने के लिए किया जाता है। ये कोष, पूर्णतः सार्वजनिक-अंशदान पर निर्भर होती हैं। इन्हें सरकार द्वारा किसी प्रकार की वित्तीय सहायता उपलब्ध नहीं कराई जाती है, और इन्हें प्रधानमंत्री कार्यालय द्वारा एक न्यास की तरह प्रबंधित किया जाता है।

प्रधानमंत्री राष्ट्रीय राहत कोष

प्रधानमंत्री राष्ट्रीय राहत कोष जनता के अंशदान से बना एक न्यास है जिसका प्रबंधन प्रधानमंत्री अथवा विविध नामित अधिकारियों द्वारा राष्ट्रीय प्रयोजनों के लिए किया जाता है। इस कोष के अध्यक्ष स्वयं प्रधानमंत्री होते हैं। इस राहत कोष की धनराशि का इस्तेमाल अब प्रमुखतया बाढ़, चक्रवात और भूकंप आदि जैसी प्राकृतिक आपदाओं में मारे गए लोगों के परिजनों तथा बड़ी दुर्घटनाओं एवं दंगों के पीड़ितों को तत्काल राहत पहुंचाने के लिए किया जाता है। इसके अलावा हृदय शल्य-चिकित्सा, गुर्दा प्रत्यारोपण, कैंसर आदि के उपचार के लिए भी इस कोष से सहायता दी जाती है। इसे वर्ष 1948 में तत्कालीन प्रधानमंत्री पंडित

जवाहरलाल नेहरू की अपील पर जनता के अंशदान से पाकिस्तान से विस्थापित लोगों की मदद करने के लिए स्थापित किया गया था।

यह कोष केवल जनता के अंशदान से बना है और इसे कोई भी बजटीय सहायता नहीं मिलती है। समग्र निधि का सार्वजनिक क्षेत्र के बैंकों में विभिन्न रूपों में निवेश किया जाता है। कोष से धनराशि प्रधानमंत्री के अनुमोदन से वितरित की जाती है। प्रधानमंत्री राष्ट्रीय राहत कोष का गठन संसद द्वारा नहीं किया गया है। इस कोष की निधि को आयकर अधिनियम के तहत एक ट्रस्ट के रूप में माना जाता है और इसका प्रबंधन प्रधानमंत्री अथवा विविध नामित अधिकारियों द्वारा राष्ट्रीय प्रयोजनों के लिए किया जाता है। इस कोष का संचालन प्रधानमंत्री कार्यालय, साउथ ब्लॉक, नई दिल्ली से किया जाता है। प्रधानमंत्री राष्ट्रीय राहत कोष को आयकर अधिनियम 1961 की धारा 10 और 139 के तहत आयकर रिटर्न भरने से छूट प्राप्त है।

प्रधानमंत्री, प्रधानमंत्री राष्ट्रीय राहत कोष के अध्यक्ष हैं और अधिकारी/कर्मचारी अवैतनिक आधार पर इसके संचालन में उनकी सहायता करते हैं। प्रधानमंत्री राष्ट्रीय राहत कोष में किए गए अंशदान को आयकर अधिनियम, 1961 की धारा 80 (छ) के तहत कर योग्य आय से पूरी तरह छूट हेतु अधिसूचित किया जाता है। प्रधानमंत्री राष्ट्रीय राहत कोष में किसी व्यक्ति और संस्था से केवल स्वैच्छिक अंशदान ही स्वीकार किए जाते हैं। सरकार के बजट स्रोतों से अथवा सार्वजनिक क्षेत्र के उपक्रमों के बैलेंस शीटों से मिलने वाले अंशदान स्वीकार नहीं किए जाते हैं।

प्रधानमंत्री राष्ट्रीय रक्षा निधि

राष्ट्रीय रक्षा प्रयासों को बढ़ावा देने हेतु नकद एवं वस्तुओं के रूप में प्राप्त स्वैच्छिक दान की जिम्मेदारी लेने और उसके इस्तेमाल पर निर्णय लेने के लिए राष्ट्रीय रक्षा कोष स्थापित किया गया था। इस कोष का इस्तेमाल सशस्त्र बलों तथा अर्द्ध सैनिक बलों के सदस्यों और उनके आश्रितों के कल्याण के लिए किया जाता है। यह कोष एक कार्यकारिणी समिति के प्रशासनिक नियंत्रण में होता है। इस समिति के अध्यक्ष प्रधानमंत्री होते हैं और रक्षा, वित्त तथा गृहमंत्री इसके सदस्य होते हैं। वित्तमंत्री इस कोष के कोषपाल होते हैं तथा इस विषय को देख रहे प्रधानमंत्री कार्यालय के संयुक्त सचिव कार्यकारिणी समिति के सचिव होते हैं।

कोष का लेखा भारतीय रिजर्व बैंक में रखा जाता है। यह कोष भी जनता के स्वैच्छिक अंशदान पर पूरी तरह से निर्भर होता है और इसे किसी भी तरह की बजटीय सहायता नहीं मिलती है।

वेतन व पेंशन

भारतीय संविधान के अनुच्छेद 75 के अनुसार, प्रधानमंत्री तथा संघ के अन्य मंत्रियों को मिलने वाली प्रतिश्रमक इत्यादि का निर्णय संसद करती है। इस राशि को समय-समय पर संसदीय अधिनियम द्वारा पुनरावृत किया जाता है। मंत्रियों के वेतन से संबंधित मूल राशियों का उल्लेख संविधान की दूसरी अनुसूची के भाग 'ख' में दिया गया था, जिसे बाद में संवैधानिक संशोधन द्वारा हटा दिया गया था। वर्ष 2010 में जारी की गयी आधिकारिक सूचना में प्रधानमंत्री कार्यालय ने यह सूचित किया था कि प्रधानमंत्री की कुल आय उनकी मूल वेतन से अधिक उन्हें प्रदान किए जाने वाले विभिन्न भत्तों के रूप में होती है। वर्ष 2013 में आए, एक सूचना अधिकार आवेदन के उत्तर में यह स्पष्ट किया गया था कि प्रधानमंत्री का मूल वेतन 50,000 प्रति माह था, जिसके साथ 3,000 का मासिक, व्यय भत्ता भी प्रदान किया जाता है। इसके अतिरिक्त, प्रधानमंत्री को 2,000 की दैनिक दर से प्रतिमाह 62,000 का दैनिक भत्ता मुहैया कराया जाता है, साथ ही 45,000 का निर्वाचन क्षेत्र भत्ता भी प्रधानमंत्री को प्रदान किया जाता है। इन सब भत्तों और राशियों को मिला कर, प्रधानमंत्री की मासिक आय का कुल मूल्य 1,60,000, प्रतिमाह तथा 20 लाख प्रतिवर्ष है। अमरीकी पत्रिका, द एकॉनोमिस्ट की एक रिपोर्ट के अनुसार, पर्चेजिंग पावर प्रॉरिटी के अनुपात के आधार पर भारतीय प्रधानमंत्री 4106 के समानांतर वेतन प्राप्त करते हैं। प्रति-व्यक्ति जीडीपी के अनुपात के आधार पर यह आंकड़ा विश्व में सबसे कम है। प्रधानमंत्री की सेवानिवृत्ति के पश्चात् प्रधानमंत्री को 20,000 की मासिक पेंशन प्रदान की जाती है एवं सीमित सचिवीय सहायता के साथ 6,000 का कार्यालय खर्च भी प्रदान किया जाता है।

सुविधाएं

प्रधानमंत्री कार्यालय

प्रधानमंत्री कार्यालय, भारत सरकार का उच्चतम कार्यालय है, जो प्रधानमंत्री को सचिवीय सहायता प्रदान करता है। इसमें प्रधानमंत्री के तत्काल कार्यकारिणी

एवं सलाहकार शामिल रहते हैं, साथ ही संबंधित वरिष्ठाधिकारियों की सहकारिणी भी इस कार्यालय का भाग होते हैं। इस कार्यालय के विभिन्न विभाग होते हैं, जोकि प्रधानमंत्री को शासन चलाने, विभिन्न मंत्रालयों के बीच समन्वय बनाने तथा जनता की शिकायतों का निपटान करने में प्रधानमंत्री की सहायता करती हैं। यह कार्यालय प्रधानमंत्री तथा उनके द्वारा प्रशासनिक सेवाओं के कुछ गिने-चुने वरिष्ठ अधिकारियों की मेजबानी करता है। प्रधानमंत्री कार्यालय की अध्यक्षता प्रधानमंत्री के प्रधान सचिव करते हैं। इसी कार्यालय के माध्यम से सभी मंत्रिमंडलीय मंत्रिगण, स्वतंत्र-प्रभारी राज्य मंत्रिगण, मंत्रालयों, राज्य सरकारों तथा राज्यपालगण के साथ आधिकारिक संबंध तथा समन्वय साधते हैं। यह कार्यालय केंद्र सरकार का ही एक हिस्सा है और रायसीना पहाड़ी, नई दिल्ली के सचिवीय भवनों के साउथ ब्लॉक से कार्य करता है।

प्रधानमंत्री आवास

भारत के प्रधानमंत्री का वर्तमान आधिकारिक निवास, 7, लोक कल्याण मार्ग पर अवस्थित है, जिसे पूर्वतः 7, रेस कोर्स रोड कहा जाता था। इस आवास का आधिकारिक नाम "पंचवटी" है। नई दिल्ली के लोक कल्याण मार्ग पर स्थित यह संपत्ति 12 एकड़ भूमि पर फैली हुई है, जिसमें कुल पांच बंगले शामिल हैं। कुल मिला कर, इन पांच भवनों, बगीचों तथा कुछ अन्य सामरिक संरचनाओं का यह समुच्च्य भारतीय प्रधानमंत्री का आधिकारिक निवास तथा प्रमुख कार्यगार है। इस संपत्ति में प्रधानमंत्री का निजी आवासीय क्षेत्र, कार्य गृह, सभा गृह एवं अतिथिशाला स्थित हैं। भारत के सप्तम् प्रधानमंत्री एवं राजीव गांधी के उत्तराधिकारी, प्रधानमंत्री विश्वनाथ प्रताप सिंह ने पहली बार इसे स्वयं एवं भविष्य के प्रधानमंत्रियों के लिए आधिकारिक प्रधानमंत्री आवास निर्दिष्ट किया था।

अमूमन प्रधानमंत्रीगण अपने सारे आधिकारिक और राजनैतिक बैठकें यहीं किया करते हैं, हालांकि, प्रधानमंत्री का मूल कार्यालय रायसीना की पहाड़ी पर स्थित, केंद्रीय सचिवालय में अवस्थित है, परंतु पंचवटी में भी प्रधानमंत्री के लिए एक कार्यगृह एवं सभागृह विद्यमान है, जहां प्रधानमंत्री यहीं रहते हुए अपने कार्यों का निर्वाह कर सकते हैं। यह एक अतितीव्र-सुरक्षा क्षेत्र है और हर क्षण विशेष सुरक्षा दल के पहरे में रहता है। साधारण जनमानस का प्रवेश यहां पूर्णतः निषेध

होता है। लोक कल्याण मार्ग का नाम पूर्वतः रेस कोर्स रोड था। सितंबर 2016 में इसके नाम को परिवर्तित कर लोक कल्याण मार्ग कर दिया गया था।

सुरक्षा

भारतीय प्रधानमंत्री पर प्रति क्षण मण्डरा रहे आत्मघाती संकट के मद्देनजर, प्रधानमंत्री की सुरक्षा बेहद महत्त्वपूर्ण और चुनौतीपूर्ण विषय है। प्रधानमंत्री की सुरक्षा, संघ की एक विशेष सुरक्षा बल, विशेष सुरक्षा दल (एसपीजी) की जिम्मेदार होती है, यह विशिष्ट बल सीधे केंद्र सरकार के मंत्रिमंडलीय सचिवालय के अधीन है, और आसूचना ब्यूरो (आईबी) के अंतर्गत उसके एक विभाग के रूप में कार्य करती है। एसपीजी के जवान प्रधानमंत्री को 24 घंटे एक विशेष सुरक्षा घेरा प्रदान करते हैं, तथा उनकी अंगरक्षा, अनुरक्षण एवं उनके आवासों, विमानों और वाहनों की सुरक्षा, आरक्षा एवं अनुरक्षणिक जांच प्रदान करती है। एसपीजी देश की सबसे पेशेवर एवं आधुनिकतम सुरक्षा बलों में से एक है। एसपीजी के जवानों को सुरक्षा, अंगरक्षा, अनुरक्षण एवं अनुरक्षणिक जांच हेतु विशेष एवं पेशेवर परिक्षण, उपकरण और पोशाक प्रदान की जाती है तथा दृढ अनुशासन में रखा जाता है, ताकि प्रधानमंत्री को सुरक्षा प्रदान करने में वे लोग पूर्णतः सक्षम रहें।

राष्ट्रीय राजधानी क्षेत्र, देश के अन्य हिस्से, तथा विदेशी दौरों पर, हर स्थान, हर क्षण, प्रधानमंत्री की अंगरक्षा एवं किसी भी प्रकार के हमले से उनकी सुरक्षा, विशेष सुरक्षा दल (एसपीजी) की जिम्मेदारी होती है। प्रधानमंत्री की अंगरक्षा के अलावा एसपीजी प्रधानमंत्री आवास, प्रधानमंत्री कार्यालय तथा हर वह स्थान जहां प्रधानमंत्री वास करते हैं, उनकी सुरक्षा करती है। साथ ही प्रधानमंत्री के तत्काल परिवार एवं पूर्व प्रधानमंत्रियों और उनके परिवारों की सुरक्षा (पदत्याग के बाद 1 वर्ष तक) भी एसपीजी करती है। प्रधानमंत्री की अंगरक्षा हेतु एक विशेष सुरक्षा दल की आवश्यकता पहली बार प्रधानमंत्री इंदिरा गांधी की हत्या के बाद महसूस हुई थी, तत्पश्चात्, 1988 में एसपीजी को आईबी की एक विशेष अंग के रूप में, सीधे केंद्र सरकार के अंतर्गत एक सुरक्षा टुकड़ी के रूप में गठित किया गया था।

एसपीजी के गठन से पूर्व, 1981 से पहले राष्ट्रीय राजधानी में, प्रधानमंत्री की सुरक्षा दिल्ली पुलिस की एक विशेष अंग के अंतर्गत थी। तत्पश्चात् प्रधानमंत्री की अनुरक्षण एवं विशिष्ट सुरक्षा घेरा प्रदान करने हेतु, आसूचना ब्यूरो ने एक विशेष कार्य बल गठित किया। इंदिरा गांधी की हत्या के पश्चात् विशेष सुरक्षा दल

को एक स्वतंत्र निर्देशक के अंतर्गत स्थापित किया गया, जोकि राजधानी, देश तथा विश्व के हर कोने में, जहां प्रधानमंत्री जाएं, वहां उनको सुरक्षा प्रदान करे।

अन्य सुविधाएं

सचिवीय सहायता, निःशुल्क आवास एवं 24 घंटे-365 दिन की एसपीजी सुरक्षा के अलावा और भी कई सुविधाएं प्रधानमंत्री को मुहैया कराई जाती हैं। प्रधानमंत्री को देश एवं दुनिया भर में असंख्य निःशुल्क यात्राएं करने की सुविधा प्राप्त होती हैं। प्रधानमंत्री की आवाजाही हेतु विशिष्ट एवं अत्याधुनिक सुरक्षा-उपकरणों से लैस वाहन प्रदान किए जाते हैं, जोकि बुलेट-प्रूफ और बम-प्रूफ होने के साथ साथ इस तरह से बनाए जाते हैं कि उसके ईंधन टंकी को नुकसान पहुंचने के बावजूद भी उसमे विस्फोट नहीं होता है। साथ ही प्रधानमंत्री का विशेष वाहन फ्लॅट टायर के साथ भी मीलों तक बिना रुके चल सकता है। इसके अलावा, गैस या रासायनिक हमले के समय, इस वाहन की अंदरुनी कक्ष, एक गैस-चैम्बर में तबदील होने में भी सक्षन है, ताकि बाहरी वायु भीतर प्रवेश ना कर सके, और कक्ष में ऑक्सीजन की सप्लाई भी मौजूद रहती है। प्रधानमंत्री के विशेष वाहन के अलावा, प्रधानमंत्री अपने विशेष काफिले के साथ चलते हैं, जिनमे करीब दर्जन-भर और गाड़ियां होती हैं, जिनमें प्रधानमंत्री की सुरक्षा में मशगूल एसपीजी के जवान प्रधानमंत्री के अनुरक्षण हेतु उपस्थित रहते हैं। इसके अलावा काफिले में एक एम्बुलेंस और एक जेमर भी हमेशा मौजूद रहता है।

विशेष वाहन के अलावा प्रधानमंत्री के लिए विशेष विमान भी उपलब्ध कराया जाता है। भारतीय प्रधानमंत्री की मेजबानी कर रहे किसी भी विमान का आधिकारिक कॉल-साइन एयर इण्डिया वन होता है। इन विमानों को भारतीय वायु सेना द्वारा वीवीआईपी विमानों की तरह चलाया जाता है। वायु सेना, प्रधानमंत्री, राष्ट्रपति एवं उपराष्ट्रपति की वायु यात्राओं के लिए कुछ विशेष विमान रखती है। वायुसेना दो प्रकार के विमान रखती है, एक जिन्हें देश के भीतर यात्रा करने के लिए उपयोग किया जाता है, एवं दूसरे वह जिन्हें प्रधानमंत्री के विदेश दौरों के लिए रखा जाता है। यह सभी विमान विशिष्ट उपकरणों और अत्याधुनिक उपकरणों से लैस होते हैं, और प्रधानमंत्री के विमानों की सुरक्षा एसपीजी के नियंत्रण में रहती है।

यातायात की सुविधाओं के अलावा, प्रधानमंत्री को संपर्क और दूरभाष की

भी अनेक सुविधाएं प्राप्त हैं। प्रधानमंत्री अपने सरकारी फोन से देश और दुनिया-भर में असंख्य निःशुल्क फोन कॉल कर सकते हैं।

सेवानिवृत्ति पश्चात्

सेवानिवृत्ति पश्चात्, पूर्व पदाधिकारियों को जीवन-भर की निःशुल्क आवास तहत सेवानिवृत्ति के बाद के पांच वर्षों तक मेडिकल सुविधा, 14 सचिवीय कार्यकारिणी, कार्यकारी खर्च, वार्षिक तौर पर 6 एक्सिक्यूटिव कलास की अप्रवासीय वायु यात्राएं एवं असंख्य मुफ्त ट्रेन यात्राएं प्रदान की जाती हैं। सेवानिवृत्ति के एक वर्ष बाद तक उन्हें एसपीजी सुरक्षा प्रदान की जाती है। पांच वर्षों की समाप्ति के पश्चात् उन्हें एक निजी सहायक, एक संत्री तथा निःशुल्क वायु और ट्रेन टिकट तथा मासिक तौर पर 6000 के कार्यालय खर्च प्रदान किया जाता है।

पद का इतिहास

वर्ष 1947 से 2017 तक, प्रधानमंत्री के इस पद पर कुल 14 पदाधिकारी अपनी सेवा दे चुके हैं और यदि गुलजारीलाल नंदा को भी गिनती में शामिल किया जाए, जोकि दो बार कार्यवाहक प्रधानमंत्री के रूप में अल्पकाल हेतु अपनी सेवा दे चुके हैं, तो यह आंकड़ा 15 तक पहुंचता है। 1947 के बाद के कुछ दशकों ने भारत के राजनैतिक मानचित्र पर कांग्रेस पार्टी ने लगभग चुनौतीहीन राज देखा। इस काल के दौरान, कांग्रेस के नेतृत्व में कई मजबूत सरकारों का राज देखा, जिनका नेतृत्व कई शक्तिशाली व्यक्तित्व के प्रधानमंत्रीगण ने किया। भारत के पहले प्रधानमंत्री, जवाहरलाल नेहरू थे, जिन्होंने 15 अगस्त 1947 में कार्यकाल की शपथ ली थी। उन्होंने अविरल 17 वर्षों तक सेवा दी। उन्होंने 3 पूर्ण और एक निषपूर्ण कार्यकालों तक इस पद पर विराजमान रहे। उनका कार्यकाल, मई 1964 में उनकी मृत्यु पर समाप्त हुआ। वे इस समय तक, सबसे लंबे समय तक शासन संभालने वाले प्रधानमंत्री हैं। जवाहरलाल नेहरू की मृत्यु के बाद, उन्हीं के पार्टी के, लाल बहादुर शास्त्री इस पद पर विद्यमान हुए, जिनके लघुकालीय 19 महीने के कार्यकाल ने वर्ष 1965 की कश्मीर युद्ध और उसमें पाकिस्तान की पराजय देखी। युद्ध के पश्चात्, ताशकंद के शांति-समझौते पर हस्ताक्षर करने के बाद, ताशकंद में ही उनकी अकारण व अकस्मात् मृत्यु हो गयी। शास्त्री के बाद, प्रधानमंत्री पद पर, नेहरू की पुत्री, इंदिरा गांधी इस पद पर, देश की पहली महिला

प्रधानमंत्री के तौर पर निर्वाचित हुईं। इंदिरा का यह पहला कार्यकाल 11 वर्षों तक चला, जिसमें उन्होंने, बैंकों का राष्ट्रीयकरण और पूर्व राजपरिवारों को मिलने वाले शाही भत्ते और राजकीय उपादियों की समाप्ति, जैसे कठोर कदम उठाए। साथ ही 1971 का युद्ध और बांग्लादेश की स्थापना, जनमत-संग्रह द्वारा सिक्किम का भारत में अभिगमन और पोखरण में भारत का पहला परमाणु परिक्षण जैसे ऐतिहासिक घटनाएं भी इंदिरा गांधी के इस शासन काल में हुई। परंतु इन तमाम उपलब्धियों के बावजूद, 1975 से 1977 तक का कुख्यात आपातकाल भी इंदिरा गांधी ने ही लगवाया था। यह समय सरकार द्वारा, आंतरिक उथल-पुथल और अराजकता को "नियंत्रित" करने हेतु, लोकतांत्रिक नागरिक अधिकारों की समाप्ति और राजनैतिक विपक्ष के दमन के लिए कुख्यात रहा।

इस आपातकाल के कारण, इंदिरा के खिलाफ उठे विरोध की लहर के कारण, विपक्ष की तमाम राजनैतिक दलों ने आपातकाल के समापन के बाद, 1977 के चुनावों में, संगठित रूप से जनता पार्टी के छत्र के नीचे, कांग्रेस के खिलाफ एकजुट होकर लड़ा, और कांग्रेस को बुरी तरह परास्त करने में सफल रही तथा जनता पार्टी की गठबंधन के तरफ से मोरारजी देसाई देश के पहले गैर-कांग्रेसी प्रधानमंत्री बने। प्रधानमंत्री मोरारजी देसाई की सरकार अत्यंत विस्तृत एवं कई विपरीत विचारधाराओं की राजनीतिक दलों द्वारा रचित थी, जिनका एकजुट होकर साथ चलना और विभिन्न राजनैतिक निर्णयों पर एकमत व समन्वय बरकरार रखना बहुत कठिन था। अंततः ढाई वर्षों के बाद, 28 जुलाई 1979 को मोरारजी के इस्तीफे के साथ ही उनकी सरकार गिर गई। तत्पश्चात्, क्षणिक समय के लिए, मोरारजी की सरकार में उप-प्रधानमंत्री रहे, चौधरी चरण सिंह ने कांग्रेस के समर्थन से, बहुमत सिद्ध किया और प्रधानमंत्री की शपथ ली। उनका कार्यकाल केवल 5 महीनों तक चला (जुलाई 1979 से जनवरी 1980)। उन्हें भी घटक दलों के साथ समन्वय बना पाना कठिन हो रहा था, और अंततः कांग्रेस के समर्थन वापस लेने के कारण उन्होंने भी बहुमत खो दिया, और उन्हें भी इस्तीफा देना पड़ा। इन लगभग 3 वर्षों की सत्ता से बेदखली के बाद, कांग्रेस पुनः भारी बहुमत के साथ सत्ता में आई, और इंदिरा गांधी को अपने दूसरे कार्यकाल के लिए निर्वाचित किया गया। इस दौरान, उनके द्वारा लिया गया सबसे कठोर एवं विवादस्पद कदम था ऑपरेशन ब्लू स्टार, जिसे अमृतसर के हरिमंदिर साहिब में छुपे हुए खालिस्तानी आतंकवादियों के खिलाफ किया गया था। अंततः, उनका

कार्यकाल, 31 अक्टूबर 1984 की सुबह को उनकी हत्या के साथ समाप्त हो गया।

इंदिरा के बाद, भारत के प्रधानमंत्री बने, उनके बड़े पुत्र, राजीव गांधी, जिन्हें, 31 अक्टूबर की शाम को ही कार्यकाल की शपथ दिलाई गयी। उन्होंने पुनः निर्वाचन करवाया और इस बार, कांग्रेस ऐतिहासिक बहुमत प्राप्त कर, विजयी हुई। 1984 के चुनाव में कांग्रेस ने लोक सभा में 401 सीटों को आसानी से प्राप्त किया था, जोकि किसी भी राजनैतिक दल द्वारा प्राप्त की गई अधिकतम संख्या है। 40 वर्ष की आयु में प्रधानमंत्री पद की शपथ लेने वाले राजीव गांधी, इस पद पर विराजमान होने वाले सबसे युवा व्यक्ति थे। राजीव गांधी के बाद, राष्ट्रीय मंच पर उभरा, विश्वनाथ प्रताप सिंह, जोकि राजीव गांधी की कैबिनेट में, वित्तमंत्री और रक्षामंत्री के पद पर थे। अपनी साफ छवि के लिए जाने वाले विश्वनाथ प्रताप सिंह ने अपने वित्तमंत्रित्व और रक्षामंत्रित्व के समय, भ्रष्टाचार, कला-बाजारी और टैक्स-चोरी जैसी समस्याओं के खिलाफ कई कदम उठाए थे, ऐसा अनुमान लगाया जाता है कि इन कदमों में कई ऐसे भी थे, जिनके कारण कांग्रेस की पूर्व सरकारों के समय किए गए घोटालों पर से पर्दा उठ सकता था, और इसीलिए अपनी पार्टी की साख पर खतरे को देखते हुए, उन्हें राजीव गांधी ने मंत्रिमंडल से 1987 में निष्कासित कर दिया था। 1988 में उन्होंने जनता दल नामक राजनैतिक दल की स्थापना की, और अनेक कांग्रेस-विरोधी दलों की मदद से नेशनल फ्रंट नामक गठबंधन का गठन किया। 1989 के चुनाव में कांग्रेस 64 सीटों तक सीमित रह गयी, जबकि नेशनल फ्रंट, सबसे बड़ा गुट बनकर उबरा। भारतीय जनता पार्टी और वामपंथी दलों के बाहरी समर्थन के साथ नेशनल फ्रंट ने सरकार बनाई, जिसका नेतृत्व विश्वनाथ प्रताप सिंह को दिया गया। वी.पी. सिंह के कार्यकाल में सामाजिक न्याय की दिशा में कई कदम उठाए गए थे, जिनमे से एक था, मंडल आयोग की सुझावों को मानते हुए, अन्य पिछड़े वर्ग में आने वाले लोगों के लिए नौकरी और शिक्षण संस्थानों में आरक्षण कोटे का प्रावधान पारित करना। इसके अलावा, उन्होंने, राजीव गांधी के काल में, श्रीलंका में तमिल आतकंवादियों के खिलाफ जारी सेना की कार्रवाई पर भी रोक लगा दी। अमृतसर के हरिमंदिर साहिब में ऑपरेशन ब्लू स्टार हेतु क्षमा-याचना के लिए उनकी यात्रा, और उसके बाद के घटनाक्रमों ने बीते बरसों से पंजाब में तनाव को लगभग पूरी तरह शांत कर दिया था। परंतु अयोध्या में "कारसेवा" के लिए जा रहे लालकृष्ण आडवाणी

की "रथ यात्रा" को रोक, आडवाणी की गिरफ्तारी के बाद, भाजपा ने सरकार से अपना समर्थन वापस ले लिया। वी.पी. सिंह ने 7 नवंबर 1990 को अपना त्याग-पत्र राष्ट्रपति को सौंप दिया। सिंह के इस्तीफे के बाद, उनके पूर्व साथी, चंद्रशेखर ने 64 सांसदों के साथ समाजवादी जनता पार्टी गठित की और कांग्रेस के समर्थन के साथ, लोक सभा में बहुमत सिद्ध किया। परंतु उनका प्रधानमंत्री काल अधिक समय तक टिक नहीं सका। कांग्रेस की समर्थन वापसी के कारण, नवंबर 1991 को चंद्रशेखर का एक वर्ष से भी कम का कार्यकाल समाप्त हुआ, और नए चुनाव घोषित किए गए।

प्रधानमंत्री चंद्रशेखर के 6 महीनों के शासन काल के पश्चात्, कांग्रेस पुनः सत्ता में आई, इस बार, नरसिंह राव के नेतृत्व में। नरसिंह राव, दक्षिण भारतीय मूल के पहले प्रधानमंत्री थे। साथ ही वे न केवल नेहरू-गांधी परिवार से बाहर के पहले कांग्रेसी प्रधानमंत्री थे, जिन्होंने अपना पूरे पांच वर्षों का कार्यकाल पूरा किया था। नरसिंह राव जी का कार्यकाल, भारतीय अर्थव्यवस्था के लिए निर्णायक एवं ऐतिहासिक परिवर्तन का समय था। अपने वित्तमंत्री, मनमोहन सिंह के माध्यम से, नरसिंह राव ने भारतीय अर्थव्यवस्था की उदारीकरण की शुरुआत की, जिसके कारण, भारत की अबतक सुस्त पड़ी, खतरों से जूझती अर्थव्यवस्था को पूरी तरह बदल दिया। इस उदारीकरण के निर्णयों से भारत को एक दृढतः नियंत्रित, कृषि-उद्योग मिश्रित अर्थव्यवस्था से एक बाजार-निर्धारित अर्थव्यवस्था में तबदील कर दिया गया। इन आर्थिक नीतियों को, आगामी सरकारों ने जारी रखा, और भारतीय अर्थव्यवस्था को विश्व की सबसे गतिशील अर्थव्यवस्थाओं में से एक बनाया। इन आर्थिक परिवर्तनों के अलावा, नरसिंह राव के कार्यकाल ने अयोध्या की बाबरी मस्जिद—राम जन्म भूमि के विवादित ढ़ांचे का विध्वंसन और भारतीय जनता पार्टी का एक राष्ट्रीय स्तर के दल के रूप में उदय भी देखा। नरसिंह राव जी का कार्यकाल, मई 1996 को समाप्त हुआ, जिसके बाद, देश ने अगले तीन वर्षों में चार, लघुकालीन प्रधानमंत्रियों को देखा; पहले अटल बिहारी वाजपेयी का 13 दिवसीय शासन काल, तत्पश्चात्, प्रधानमंत्री एच.डी. देवगौड़ा (1 जून, 1996 से 21 अप्रैल, 1997) और इंद्र कुमार गुजराल (21 अप्रैल, 1997 से 19 मार्च, 1998), दोनों की एक वर्ष से कम समय का कार्यकाल एवं तत्पश्चात्, पुनः प्रधानमंत्री अटल बिहारी वाजपेयी की 19 माह की सरकार। 1998 में निर्वाचित हुए प्रधानमंत्री अटल बिहारी वाजपेयी की सरकार ने कुछ अत्यंत ठोस और चुनौती

पूर्ण कदम उठाए। मई 1998 में सरकार के गठन के एक महीने के बाद, सरकार ने पोखरण में पांच भूतलीय परमाणु विस्फोट करने की घोषणा की। इन विस्फोटों के विरोध में अमरीका समेत कई पश्चिमी देशों ने भारत पर आर्थिक प्रतिबंध लगा दिए, परंतु रूस, फ्रांस, खाड़ी देशों और कुछ अन्य के समर्थन के कारण, पश्चिमी देशों का यह प्रतिबंध, पूर्णतः विफल रहा। इस आर्थिक प्रतिबंध की परिस्थिति को बखूबी संभालने के लिए अटल सरकार की बेहतरीन कूटनीतिक जीत के रूप में देखा गया। भारतीय परमाणु परीक्षण के जवाब में कुछ महीने बाद, पाकिस्तान ने भी परमाणु परिक्षण किया। दोनों देशों के बीच बिगड़ते हालातों को देखते हुए, सरकार ने रिश्ते बेहतर करने की कोशिश की। फरवरी 1999 में दोनों देशों ने लाहौर घोषणा पर हस्ताक्षर किए, जिसमें दोनों देशों ने आपसी रंजिश खत्म करने, व्यापार बढ़ाने और अपनी परमाणु क्षमता को शांतिपूर्ण कार्यों के लिए इस्तेमाल करने की घोषणा की।

2000-वर्तमान

17 अप्रैल 1999 को जयललिता की पार्टी ने सरकार से अपना समर्थन हटा लिया, और नए चुनावों की घोषणा करनी पड़ी तथा अटल सरकार को चुनाव तक, सामायिक शासन के स्तर पर घटा दिया गया। इस बीच, कारगिल में पाकिस्तानी घुसपैठ की खबर आई, और अटलजी की सरकार ने सैन्य कार्रवाई के आदेश दे दिए। यह कार्रवाई सफल रही और करीब 2 महीनों के भीतर, भारतीय सेना ने पाकिस्तान पर विजय प्राप्त कर ली। 1999 के चुनाव में भाजपा के नेतृत्व की राष्ट्रीय जनतांत्रिक गठबंधन ने बहुमत प्राप्त की, और प्रधानमंत्री अटल बिहारी वाजपेयी अपनी कुसी पर बरकरार रहे। अटल ने आर्थिक उदारीकरण की प्रक्रिया को बरकरार रखा और उनके शासन काल में भारत ने अभूतपूर्व आर्थिक विकास दर प्राप्त किया की। साथ ही इंफ्रास्ट्रक्चर और बुनियादी सुविधाओं के विकास के लिए सरकार ने कई निर्णायक कदम उठाए, जिनमें राजमार्गों और सड़कों के विकास के लिए राष्ट्रीय राजमार्ग विकास परियोजना और प्रधानमंत्री ग्राम सड़क योजना जैसी योजनाएं शामिल हैं। परंतु, उनके शासन काल के दौरान, वर्ष 2002 में, गुजरात में गोधरा कांड के बाद भड़के हिन्दू-मुस्लिम दंगों ने विशेष कर गुजरात एवं देश के अन्य कई हिस्सों में, स्वतंत्रता-पश्चात् भारत के सबसे हिंसक और दर्दनाक सामुदायिक दंगों को भड़का दिया। सरकार पर और गुजरात के तत्कालीन

मुख्यमंत्री, नरेंद्र मोदी, पर उस समय, दंगों के दौरान रोकथाम के उचित कदम नहीं उठाने का आरोप लगाया गया था। प्रधानमंत्री वाजपेयी का कार्यकाल मई 2004 को समाप्त हुआ। वे देश के पहले ऐसे गैर-कांग्रेसी प्रधानमंत्री थे, जिन्होंने अपना पूरे पांच वर्षों का कार्यकाल पूर्ण किया था। 2004 के चुनाव में राष्ट्रीय जनतांत्रिक गठबंधन, लोक सभा में बहुमत प्राप्त करने में अक्षम रहा, और कांग्रेस सदन में सबसे बड़ी दल बन कर उभरी। वामपंथी पार्टियों और कुछ अन्य दलों के समर्थन के साथ, कांग्रेस के नेतृत्व में यूपीए (संयुक्त विकासवादी गठबंधन) की सरकार स्थापित हुई, और प्रधानमंत्री बने मनमोहन सिंह। वे देश के पहले सिख प्रधानमंत्री थे। उन्होंने दो पूर्ण कार्यकालों तक इस पद पर अपनी सेवा दी। उनके कार्यकाल में, देश ने प्रधानमंत्री वाजपेयी के समय हासिल की गयी आर्थिक गति को बरकरार रखा। इसके अलावा, सरकार ने आधार (विशिष्ट पहचान पत्र) और सूचना अधिकार जैसी सुविधाएं पारित की। इसके अलावा, मनमोहन सिंह के कार्यकाल में अनेक सामरिक और सुरक्षा-संबंधित चुनौतियों का सामना करना पड़ा। 26 नवंबर 2008 को मुम्बई पर हुए आतंकवादी हमले के बाद, देश में कई सुरक्षा सुधार कार्यान्वित किए गए। उनके पहले कार्यकाल के अंत में अमेरिका के साथ, नागरिक परमाणु समझौते के मुद्दे पर, लेफ्ट फ्रंट के समर्थन-वापसी से सरकार लगभग गिरने के कागार पर पहुंच चुकी थी, परंतु सरकार बहुमत सिद्ध करने में सक्षम रही। 2009 के चुनाव में कांग्रेस और भी मजबूत जनादेश के साथ सदन में आई और प्रधानमंत्री मनमोहन सिंह प्रधानमंत्री के आसान पर विद्यमान रहे। प्रधानमंत्री मनमोहन सिंह का दूसरा कार्यकाल, अनेक उच्चस्तरीय घोटालों और भ्रष्टाचार के आरोपों से घिरा रहा। साथ ही आर्थिक उदारीकरण के बाद आई प्रशंसनीय आर्थिक गति भी सुस्त पड़ गयी और अनेक महत्त्वपूर्ण परिस्थितियों में ठोस व निर्णायक कदम न उठा पाने के कारण सरकार की छवि काफी ख़राब हुई थी। प्रधानमंत्री मनमोहन सिंह का कार्यकाल, 2014 में समाप्त हो गया। 2014 के चुनाव में भारतीय जनता पार्टी, जिसने भ्रष्टाचार और आर्थिक विकास के मुद्दे पर चुनाव लड़ा था, ने अभूतपूर्व बहुमत प्राप्त किया, और नरेंद्र मोदी को प्रधानमंत्री नियुक्त किया गया। वे पहले ऐसे गैर-कांग्रेसी प्रधानमंत्री हैं, जोकि पूर्ण बहुमत के साथ सत्ता पर विद्यमान हुए हैं। 2019 में पुनः अपने जादुई करिश्में के कारण तथा नीतियों के प्रभाव से पुनः प्रधानमंत्री चुने गए साथ ही वे पहले ऐसे प्रधानमंत्री हैं, जिनका जन्म आजाद भारत में हुआ है।

प्रधानमंत्रीगण की सूची

भारत के उपप्रधानमंत्री का पद, तकनीकी रूप से एक संवैधानिक पद नहीं है, ना ही संविधान में इसका कोई उल्लेख है। परंतु ऐतिहासिक रूप से, अनेक अवसरों पर विभिन्न सरकारों ने अपने किसी एक वरिष्ठ मंत्री को "उपप्रधानमंत्री" निर्दिष्ट किया है। इस पद को भरने की कोई संवैधानिक अनिवार्यता नहीं है, नाही यह पद किसी प्रकार की विशेष शक्तियां प्रदान करता हैं। आम तौर पर वित्तमंत्री या गृहमंत्री जैसे वरिष्ठ कैबिनेट मंत्रियों को इस पद पर स्थापित किया जाता है, जिन्हें प्रधानमंत्री के बाद, सबसे वरिष्ठ माना जाता है। अमूमन इस पद का उपयोग, गठबंधन सरकारों में मजबूती लाने हेतु किया जाता रहा है। इस पद के पहले धारक सरदार वल्लभभाई पटेल थे, जोकि जवाहरलाल नेहरू की कैबिनेट में गृहमंत्री थे। कई अवसरों पर ऐसा होता रहा है की प्रधानमंत्री की अनुपस्थिति में उपप्रधानमंत्री संसद या अन्य स्थानों पर उनके स्थान पर सरकार का प्रतिनिधित्व करते हैं।

भारत के प्रधानमंत्रियों की सूची

- जवाहर लाल नेहरू (1947-1964)
- गुलजारी लाल नंदा (1964) (कार्यवाहक)
- लाल बहादुर शास्त्री (1964-1966)
- गुलजारी लाल नंदा (1966) (कार्यवाहक)
- इंदिरा गांधी (1966-1977)
- मोरारजी देसाई (1977-1979)
- चौधरी चरण सिंह (1979-1980)
- चौधरी चरण सिंह (1979-1980)
- इंदिरा गांधी (1980-1984)
- राजीव गांधी (1984-1989)
- विश्वनाथ प्रताप सिंह (1989-1990)

- चन्द्रशेखर (1990-1991)
- नरसिंह राव (1991-1996)
- अटल बिहारी वाजपेयी (1996)
- एच.डी. देवगौड़ा (1996-1997)
- इंद्र कुमार गुजराल (1997-1998)
- अटल बिहारी वाजपेयी (1998-2004)
- मनमोहन सिंह (2004-2014)
- नरेन्द्र मोदी (2014-2019)
- नरेन्द्र मोदी (2019 से अब तक)

भारत के प्रधानमंत्री भारत गणराज्य की सरकार के मुखिया हैं। भारत के प्रधानमंत्री, का पद, भारत के शासन प्रमुख (शासनाध्यक्ष) का पद है। संविधान के अनुसार, वह भारत सरकार के मुखिया, भारत के राष्ट्रपति का मुख्य सलाहकार, मंत्रिपरिषद् का मुखिया, तथा लोक सभा में बहुमत वाले दल का नेता होता है। वह भारत सरकार के कार्यपालिका का नेतृत्व करता है। भारत की राजनैतिक प्रणाली में, प्रधानमंत्री, मंत्रिमंडल का वरिष्ठ सदस्य होता है।

❖❖❖

2

भारत का संविधान (Constitution of India)

भारत का संविधान, भारत का सर्वोच्च विधान है जो संविधान सभा द्वारा 26 नवम्बर 1949 को पारित हुआ तथा 26 जनवरी 1950 से प्रभावी हुआ। यह दिन (26 नवम्बर) भारत के संविधान दिवस के रूप में घोषित किया गया है जबकि 26 जनवरी का दिन भारत में गणतंत्र दिवस के रूप में मनाया जाता है। भारत का संविधान विश्व के किसी भी गणतांत्रिक देश का सबसे लंबा लिखित संविधान है।

भारतीय संविधान में वर्तमान समय में 448 अनुच्छेद, तथा 12 अनुसूचियां हैं और ये 25 भागों में विभाजित हैं। परन्तु इसके निर्माण के समय मूल संविधान में 395 अनुच्छेद जो 22 भागों में विभाजित थे इसमें केवल 8 अनुसूचियां थीं। संविधान में सरकार के संसदीय स्वरूप की व्यवस्था की गई है जिसकी संरचना कुछ अपवादों के अतिरिक्त संघीय है। केंद्रीय कार्यपालिका का सांविधानिक प्रमुख राष्ट्रपति है। भारत के संविधान की धारा 79 के अनुसार, केंद्रीय संसद की परिषद् में राष्ट्रपति तथा दो सदन हैं जिन्हें राज्यों की परिषद् राज्य सभा तथा लोगों का सदन लोक सभा के नाम से जाना जाता है। संविधान की धारा 74(1) में यह व्यवस्था की गई है कि राष्ट्रपति की सहायता करने तथा उसे सलाह देने के लिए एक मंत्रिपरिषद् होगा जिसका प्रमुख प्रधानमंत्री होगा, राष्ट्रपति इस मंत्रिपरिषद् की सलाह के अनुसार अपने कार्यों का निष्पादन करेगा। इस प्रकार वास्तविक कार्यकारी शक्ति मंत्रिपरिषद्, में निहित है जिसका प्रमुख प्रधानमंत्री है जो वर्तमान में नरेन्द्र मोदी हैं।

मंत्रिपरिषद् सामूहिक रूप से लोगों के सदन (लोक सभा) के प्रति उत्तरदायी है। प्रत्येक राज्य में एक विधानसभा है। जम्मू और कश्मीर, उत्तर प्रदेश, बिहार,

महाराष्ट्र, कर्नाटक, आंध्रप्रदेश और तेलंगाना में एक ऊपरी सदन है जिसे विधान परिषद् कहा जाता है। राज्यपाल राज्य का प्रमुख है। प्रत्येक राज्य का एक राज्यपाल होगा तथा राज्य की कार्यकारी शक्ति उसमें निहित होगी। मंत्रिपरिषद्, जिसका प्रमुख मुख्यमंत्री है, राज्यपाल को उसके कार्यकारी कार्यों के निष्पादन में सलाह देती है। राज्य की मंत्रिपरिषद् सामूहिक रूप से राज्य की विधान सभा के प्रति उत्तरदायी है।

संविधान की सातवीं अनुसूची में संसद तथा राज्य विधायिकाओं के बीच विधायी शक्तियों का वितरण किया गया है। अवशिष्ट शक्तियां संसद में विहित हैं। केंद्रीय प्रशासित भू-भागों को संघ राज्य क्षेत्र कहा जाता है।

इतिहास

द्वितीय विश्वयुद्ध की समाप्ति के बाद जुलाई 1945 में ब्रिटेन ने भारत संबंधी अपनी नई नीति की घोषणा की तथा भारत की संविधान सभा के निर्माण के लिए एक कैबिनेट मिशन भारत भेजा जिसमें 3 मंत्री थे। 15 अगस्त 1947 को भारत के आजाद हो जाने के बाद संविधान सभा की घोषणा हुई और इसने अपना कार्य 9 दिसम्बर 1947 से आरम्भ कर दिया। संविधान सभा के सदस्य भारत के राज्यों की सभाओं के निर्वाचित सदस्यों के द्वारा चुने गए थे। जवाहरलाल नेहरू, डॉ. भीमराव अम्बेडकर, डॉ. राजेन्द्र प्रसाद, सरदार वल्लभ भाई पटेल, मौलाना अबुल कलाम आजाद आदि सभी इस सभा के प्रमुख सदस्य थे। इस संविधान सभा ने 2 वर्ष, 11 माह, 18 दिन में कुल 114 दिन बहस की। संविधान सभा में कुल 12 अधिवेशन किए तथा अंतिम दिन 284 सदस्यों ने इस पर हस्ताक्षर किया और संविधान बनने में 166 दिन बैठक की गई इसकी बैठकों में प्रेस और जनता को भाग लेने की स्वतंत्रता थी। भारत के संविधान के निर्माण में संविधान सभा के सभी 389 सदस्यों ने महत्त्वपूर्ण भूमिका निभाई, और इसे 26 जनवरी 1950 को लागू किया गया था।

भारतीय संविधान की संरचना

यह वर्तमान समय में भारतीय संविधान के निम्नलिखित भाग हैं—

- एक उद्देशिका
- 448 अनुच्छेद से युक्त 25 भाग

- 12 अनुसूचियां
- 5 अनुलग्नक
- 101 संशोधन।

(अब तक 124 संविधान संशोधन विधेयक जनवरी, 2019 तक संसद में लाए गए हैं जिनमें से 103 संविधान संशोधन विधेयक पारित हो चुके हैं। 8 अगस्त 2016 को संसद ने वस्तु और सेवा कर (जी.एस.टी.) पारित कर 101वां संविधान संशोधन किया। इसके पश्चात 102वां नेशनल कमिशन बैकवर्ड क्लास 11 अगस्त, 2018 तथा 103वां 12 जनवरी, 2019 आर्थिक रूप से पिछड़े वर्ग के लोगों के लिए सरकारी तथा निजी शैक्षिक संस्थानों में 10% शिक्षा के लिए आरक्षित सीटों का प्रावधान।)

अनुसूचियां

पहली अनुसूची–(अनुच्छेद 1 तथा 4)–राज्य तथा संघ राज्य क्षेत्र का वर्णन।

दूसरी अनुसूची–[अनुच्छेद 59(3), 65(3), 75(6), 97, 125, 148(3), 158(3), 164(5), 186 तथा 221]–मुख्य पदाधिकारियों के वेतन-भत्ते।

- भाग-क–राष्ट्रपति और राज्यपाल के वेतन-भत्ते।
- भाग-ख–लोक सभा तथा विधानसभा के अध्यक्ष तथा उपाध्यक्ष, राज्य सभा तथा विधान परिषद् के सभापति तथा उपसभापति के वेतन-भत्ते।
- भाग-ग–उच्चतम न्यायालय के न्यायाधीशों के वेतन-भत्ते।
- भाग-घ–भारत के नियंत्रक-महालेखा परीक्षक के वेतन-भत्ते।

तीसरी अनुसूची–[अनुच्छेद 75(4), 99, 124(6), 148(2), 164(3), 188 और 219]–व्यवस्थापिका के सदस्य, मंत्री, राष्ट्रपति, उपराष्ट्रपति, न्यायाधीशों आदि के लिए शपथ लिए जाने वाले प्रतिज्ञान के प्रारूप दिए हैं।

चौथी अनुसूची–[अनुच्छेद 4(1), 80(2)]–राज्य सभा में स्थानों का आबंटन राज्यों तथा संघ राज्य क्षेत्रों से।

पांचवी अनुसूची–[अनुच्छेद 244(1)]–अनुसूचित क्षेत्रों और अनुसूचित जन-जातियों के प्रशासन और नियंत्रण से संबंधित उपबंध।

छठी अनुसूची–[अनुच्छेद 244(2), 275(1)]–असम, मेघालय, त्रिपुरा और मिजोरम राज्यों के जनजाति क्षेत्रों के प्रशासन के विषय में उपबंध।

सातवीं अनुसूची–[अनुच्छेद 246]–विषयों के वितरण से संबंधित सूची-1 संघ सूची, सूची-2 राज्य सूची, सूची-3 समवर्ती सूची।

आठवीं अनुसूची–[अनुच्छेद 344(1), 351]–भाषाएं–22 भाषाओं का उल्लेख।

नवीं अनुसूची–[अनुच्छेद 31 ख]–कुछ भूमि सुधार संबंधी अधिनियमों का विधिमान्यकरण।

दसवीं अनुसूची–[अनुच्छेद 102(2), 191(2)]–दल परिवर्तन संबंधी उपबंध तथा परिवर्तन के आधार पर।

ग्यारहवीं अनुसूची–[अनुच्छेद 243 छ]–पंचायती राज/ जिला पंचायत से संबंधित यह अनुसूची संविधान में 73वें संवैधानिक संशोधन (1993) द्वारा जोड़ी गई।

बारहवीं अनुसूची–यह अनुसूची संविधान में 74वें संवैधानिक संशोधन द्वारा जोड़ी गई।

आधारभूत विशेषताएं

संविधान प्रारूप समिति तथा सर्वोच्च न्यायालय ने भारतीय संविधान को संघात्मक संविधान माना है, परन्तु विद्वानों में मतभेद है। अमेरीकी विद्वान इस को 'छद्‌म-संघात्मक-संविधान' कहते हैं, हालांकि पूर्वी संविधानवेत्ता कहते हैं कि अमेरिकी संविधान ही एकमात्र संघात्मक संविधान नहीं हो सकता। संविधान का संघात्मक होना उसमें निहित संघात्मक लक्षणों पर निर्भर करता है, किन्तु माननीय सर्वोच्च न्यायालय ने इसे पूर्ण संघात्मक माना है।

भारतीय संविधान के प्रस्तावना के अनुसार भारत एक सम्प्रभुता सम्पन्न, समाजवादी, धर्म-निरपेक्ष, लोकतांत्रिक, गणराज्य है।

सम्प्रभुता

सम्प्रभुता शब्द का अर्थ है सर्वोच्च या स्वतंत्र होना। भारत किसी भी विदेशी और आंतरिक शक्ति के नियंत्रण से पूर्णतः मुक्त सम्प्रभुता सम्पन्न राष्ट्र है। यह

सीधे लोगों द्वारा चुने गए एक मुक्त सरकार द्वारा शासित है तथा यही सरकार कानून बनाकर लोगों पर शासन करती है।

समाजवादी

समाजवादी शब्द संविधान के 1976 में हुए 42वें संशोधन अधिनियम द्वारा प्रस्तावना में जोड़ा गया। यह अपने सभी नागरिकों के लिए सामाजिक और आर्थिक समानता सुनिश्चित करता है। जाति, रंग, नस्ल, लिंग, धर्म या भाषा के आधार पर कोई भेदभाव किए बिना सभी को बराबर का दर्जा और अवसर देता है। सरकार केवल कुछ लोगों के हाथों में धन जमा होने से रोकेगी तथा सभी नागरिकों को एक अच्छा जीवन स्तर प्रदान करने की कोशिश करेगी।

भारत ने एक मिश्रित आर्थिक मॉडल को अपनाया है। सरकार ने समाजवाद के लक्ष्य को प्राप्त करने के लिए कई कानूनों जैसे अस्पृश्यता उन्मूलन, जमींदारी अधिनियम, समान वेतन अधिनियम और बाल श्रम निषेध अधिनियम आदि बनाया है।

पंथ-निरपेक्ष

धर्म-निरपेक्ष शब्द संविधान के 1976 में हुए 42वें संशोधन अधिनियम द्वारा प्रस्तावना में जोड़ा गया। यह सभी धर्मों की समानता और धार्मिक सहिष्णुता सुनिश्चित करता है। भारत का कोई आधिकारिक धर्म नहीं है। यह ना तो किसी धर्म को बढावा देता है, ना ही किसी से भेदभाव करता है। यह सभी धर्मों का सम्मान करता है व एक समान व्यवहार करता है। हर व्यक्ति को अपने पसन्द के किसी भी धर्म की उपासना, पालन और प्रचार का अधिकार है। सभी नागरिकों, चाहे उनकी धार्मिक मान्यता कुछ भी हो कानून की नजर में बराबर होते हैं। सरकारी या सरकारी अनुदान प्राप्त स्कूलों में कोई धार्मिक अनुदेश लागू नहीं होता।

लोकतांत्रिक

भारत एक स्वतंत्र देश है, किसी भी जगह से वोट देने की आजादी, संसद में अनुसूचित सामाजिक समूहों और अनुसूचित जनजातियों को विशिष्ट सीटें आरक्षित की गई हैं। स्थानीय निकाय चुनाव में महिला उम्मीदवारों के लिए एक निश्चित अनुपात में सीटें आरक्षित की जाती हैं। सभी चुनावों में महिलाओं के

लिए एक तिहाई सीटें आरक्षित करने का एक विधेयक लम्बित है। हालांकि इसकी क्रियान्वयन कैसे होगा, यह निश्चित नहीं हैं। भारत का चुनाव आयोग स्वतंत्र और निष्पक्ष चुनावों के राजशाही, जिसमें राज्य के प्रमुख वंशानुगत आधार पर एक जीवन भर या पदत्याग करने तक के लिए नियुक्त किया जाता है, के विपरीत एक गणतांत्रिक राष्ट्र के प्रमुख एक निश्चित अवधि के लिए प्रत्यक्ष या परोक्ष रूप से जनता द्वारा निर्वाचित होते हैं। भारत के राष्ट्रपति पांच वर्ष की अवधि के लिए चुने जाते हैं।

शक्ति विभाजन

यह भारतीय संविधान का सर्वाधिक महत्त्वपूर्ण लक्षण है, राज्य की शक्तियां केंद्रीय तथा राज्य सरकारों में विभाजित होती हैं। दोनों सत्ताएं एक-दूसरे के अधीन नहीं होती हैं, वे संविधान से उत्पन्न तथा नियंत्रित होती हैं।

संविधान की सर्वोच्चता

संविधान के उपबंध संघ तथा राज्य सरकारों पर समान रूप से बाध्यकारी होते हैं। केंद्र तथा राज्य शक्ति विभाजित करने वाले अनुच्छेद निम्न दिए गए हैं–

- अनुच्छेद 54, 55, 73, 162, 241।
- भाग-5 सर्वोच्च न्यायालय, उच्च न्यायालय राज्य तथा केंद्र के मध्य वैधानिक संबंध।
- अनुच्छेद 7 के अंतर्गत कोई भी सूची।
- राज्यों का संसद में प्रतिनिधित्व।
- संविधान में संशोधन की शक्ति अनुच्छेद 368। इन सभी अनुच्छेदों में संसद अकेले संशोधन नहीं ला सकती है उसे राज्यों की सहमति भी चाहिए।

अन्य अनुच्छेद शक्ति विभाजन से संबंधित नहीं हैं–

- लिखित संविधान अनिवार्य रूप से लिखित रूप में होगा क्योंकि उसमें शक्ति विभाजन का स्पष्ट वर्णन आवश्यक है। अतः संघ में लिखित संविधान अवश्य होगा।

- संविधान की कठोरता इसका अर्थ है संविधान संशोधन में राज्य केंद्र दोनों भाग लेंगे।
- न्यायालयों की अधिकारिता–इसका अर्थ है कि केंद्र-राज्य कानून की व्याख्या हेतु एक निष्पक्ष तथा स्वतंत्र सत्ता पर निर्भर करेंगे।

विधि द्वारा स्थापित

- न्यायालय ही संघ-राज्य शक्तियों के विभाजन का पर्यवेक्षण करेंगे।
- न्यायालय संविधान के अंतिम व्याख्याकर्ता होंगे भारत में यह सत्ता सर्वोच्च न्यायालय के पास है।

ये पांच शर्तें किसी संविधान को संघात्मक बनाने हेतु अनिवार्य हैं। भारत में ये पांचों लक्षण संविधान में मौजूद हैं अतः यह संघात्मक है। परंतु भारतीय संविधान में कुछ विभेदकारी विशेषताएं भी हैं–

1. यह संघ राज्यों के परस्पर समझौते से नहीं बना है।

2. राज्य अपना पृथक् संविधान नहीं रख सकते हैं, केवल एक ही संविधान केंद्र तथा राज्य दोनों पर लागू होता है।

3. भारत में द्वैध नागरिकता नहीं है। केवल भारतीय नागरिकता है।

4. भारतीय संविधान में आपातकाल लागू करने के उपबन्ध है (352 अनुच्छेद) के लागू होने पर राज्य-केंद्र शक्ति पृथक्करण समाप्त हो जाएगा तथा वह एकात्मक संविधान बन जाएगा। इस स्थिति में केंद्र-राज्यों पर पूर्ण सम्प्रभु हो जाता है।

5. राज्यों का नाम, क्षेत्र तथा सीमा केंद्र कभी भी परिवर्तित कर सकता है (बिना राज्यों की सहमति से) (अनुच्छेद 3) अतः राज्य भारतीय संघ के अनिवार्य घटक नहीं हैं। केंद्र संघ को पुर्ननिर्मित कर सकती है।

6. संविधान की 7वीं अनुसूची में तीन सूचियां हैं संघीय, राज्य, तथा समवर्ती। इनके विषयों का वितरण केंद्र के पक्ष में है।

- संघीय सूची मे सर्वाधिक महत्त्वपूर्ण विषय हैं।

- इस सूची पर केवल संसद का अधिकार है।
- राज्य सूची के विषय कम महत्त्वपूर्ण हैं, 5 विशेष परिस्थितियों मे राज्य सूची पर संसद विधि निर्माण कर सकती है किंतु किसी एक भी परिस्थिति मे राज्य, केंद्र हेतु विधि निर्माण नहीं कर सकते–
  - अनुच्छेद 249–राज्य सभा यह प्रस्ताव पारित कर दे कि राष्ट्र हित हेतु यह आवश्यक है 2/3 बहुमत से, किंतु यह बन्धन मात्र 1 वर्ष हेतु लागू होता है।
  - अनुच्छेद 250–राष्ट्र आपातकाल लागू होने पर संसद को राज्य सूची के विषयों पर विधि निर्माण का अधिकार स्वतः मिल जाता है।
  - अनुच्छेद 25–दो या अधिक राज्यों की विधायिका प्रस्ताव पास कर राज्य सभा को यह अधिकार दे सकती है–केवल संबंधित राज्यों पर।
  - अनुच्छेद 253–अंतराष्ट्रीय समझौते के अनुपालन के लिए संसद राज्य सूची विषय पर विधि निर्माण कर सकती है।
  - अनुच्छेद 356–जब किसी राज्य मे राष्ट्रपति शासन लागू होता है, उस स्थिति में संसद उस राज्य हेतु विधि निर्माण कर सकती है।

7. अनुच्छेद 155–राज्यपालों की नियुक्ति पूर्णतः केंद्र की इच्छा से होती है इस प्रकार केंद्र राज्यों पर नियंत्रण रख सकता है।

8. अनुच्छेद 360–वित्तीय आपातकाल की दशा में राज्यों के वित्त पर भी केंद्र का नियंत्रण हो जाता है। इस दशा में केंद्र राज्यों को धन व्यय करने हेतु निर्देश दे सकता है।

9. प्रशासनिक निर्देश (अनुच्छेद 256-257)–केंद्र राज्यों को राज्यों की संचार व्यवस्था किस प्रकार लागू की जाए, के बारे में निर्देश दे सकता है, ये निर्देश किसी भी समय दिए जा सकते हैं, राज्य इनका पालन करने हेतु बाध्य है।

यदि राज्य इन निर्देशों का पालन न करे तो राज्य में संवैधानिक तंत्र असफल होने का अनुमान लगाया जा सकता है।

10. अनुच्छेद 312 में अखिल भारतीय सेवाओं का प्रावधान है ये सेवक नियुक्ति, प्रशिक्षण, अनुशासनात्मक क्षेत्रों में पूर्णतः केंद्र के अधीन हैं जबकि ये सेवा राज्यों में देते हैं राज्य सरकारों का इन पर कोई नियंत्रण नहीं है।

11. एकीकृत न्यायपालिका।

12. राज्यों की कार्यपालिक शक्तियां संघीय कार्यपालिक शक्तियों पर प्रभावी नहीं हो सकती है।

संविधान की प्रस्तावना

संविधान के उद्देश्यों को प्रकट करने हेतु प्रायः उनसे पहले एक प्रस्तावना प्रस्तुत की जाती है। भारतीय संविधान की प्रस्तावना अमेरिकी संविधान से प्रभावित तथा विश्व में सर्वश्रेष्ठ मानी जाती है। प्रस्तावना के नाम से भारतीय संविधान का सार, अपेक्षाएं, उद्देश्य उसका लक्ष्य तथा दर्शन प्रकट होता है। प्रस्तावना यह घोषणा करती है कि संविधान अपनी शक्ति सीधे जनता से प्राप्त करता है इसी कारण यह 'हम भारत के लोग'—इस वाक्य से प्रारम्भ होती है। केहर सिंह बनाम भारत संघ के वाद में कहा गया था कि संविधान सभा भारतीय जनता का सीधा प्रतिनिधित्व नहीं करती अतः संविधान विधि की विशेष अनुकृपा प्राप्त नहीं कर सकता, परंतु न्यायालय ने इसे खारिज करते हुए संविधान को सर्वोपरि माना है जिस पर कोई प्रश्न नहीं उठाया जा सकता है।

हम भारत के लोग, भारत को एक सम्पूर्ण प्रभुत्व सम्पन्न, समाजवादी, धर्म-निरपेक्ष, लोकतंत्रात्मक गणराज्य बनाने के लिए तथा उसके समस्त नागरिकों को सामाजिक, आर्थिक और राजनीतिक न्याय, विचार, अभिव्यक्ति, विश्वास, धर्म और उपासना की स्वतंत्रता, प्रतिष्ठा और अवसर की समता प्राप्त करने के लिए तथा उन सबमें व्यक्ति की गरिमा और राष्ट्र की एकता और अखण्डता सुनिश्चित करने वाली बंधुता बढ़ाने के लिए दृढ़ संकल्प होकर अपनी इस संविधान सभा में आज तारीख 26 नवम्बर 1949 ई. (मिति मार्ग शीर्ष शुक्ल सप्तमी, सम्वत् दो हजार छह विक्रमी) को एतत् द्वारा इस संविधान को अंगीकृत, अधिनियमित और आत्मार्पित करते हैं।

संविधान की प्रस्तावना 13 दिसम्बर 1946 को जवाहर लाल नेहरू द्वारा सविधान सभा मे प्रस्तुत की गयी प्रस्तावना को आमुख भी कहते हैं।

- के.एम. मुंशी ने प्रस्तावना को 'राजनीतिक कुण्डली' नाम दिया है।
- 42वें संविधान संशोधन अधिनियम 1976 द्वारा भारतीय संविधान की प्रस्तावना में समाजवाद, पंथ-निरपेक्ष व अखण्डता शब्द जोड़े गए।

संविधान भाग 3 व 4 : नीति निर्देशक तत्व

भाग 3 तथा 4 मिलकर 'संविधान की आत्मा तथा चेतना' कहलाते हैं क्योंकि किसी भी स्वतंत्र राष्ट्र के लिए मौलिक अधिकार तथा नीति-निर्देश देश के निर्माण में महत्त्वपूर्ण भूमिका निभाते हैं। नीति निर्देशक तत्व जनतांत्रिक संवैधानिक विकास के नवीनतम तत्व हैं। सर्वप्रथम ये आयरलैंड के संविधान में लागू किए गए थे। ये वे तत्व हैं जो संविधान के विकास के साथ ही विकसित हुए हैं। इन तत्वों का कार्य एक जनकल्याणकारी राज्य की स्थापना करना है। भारतीय संविधान के इस भाग में नीति निर्देशक तत्वों का रूपाकार निश्चित किया गया है, मौलिक अधिकार तथा नीति निर्देशक तत्व में भेद बताया गया है और नीति निदेशक तत्वों के महत्त्व को समझाया गया है।

भाग 4क : मूल कर्तव्य

मूल कर्तव्य, मूल सविधान में नहीं थे, 42 वें संविधान संशोधन में मूल कर्तव्य (10) जोड़े गए हैं। ये रूस से प्रेरित होकर जोड़े गए तथा संविधान के भाग 4(क) के अनुच्छेद 51(अ) में रखे गए हैं। वर्तमान में ये 11 हैं। 11वां मूल कर्तव्य 86 वें संविधान संशोधन में जोड़ा गया।

51क. मूल कर्तव्य–भारत के प्रत्येक नागरिक का यह कर्तव्य होगा कि वह–

- संविधान का पालन करे और उस के आदर्शों, संस्थाओं, राष्ट्रध्वज और राष्ट्रगान का आदर करे।
- स्वतंत्रता के लिए हमारे राष्ट्रीय आंदोलन को प्रेरित करने वाले उच्च आदर्शों को हृदय में संजोए रखे और उनका पालन करे।

- भारत की प्रभुता, एकता और अखंडता की रक्षा करे और उसे अक्षुण्ण रखे।
- देश की रक्षा करे और आह्वान किए जाने पर राष्ट्र की सेवा करे।
- भारत के सभी लोगों में समरसता और समान भ्रातृत्व की भावना का निर्माण करे जो धर्म, भाषा और प्रदेश या वर्ग पर आधारित सभी भेदभाव से परे हो, ऐसी प्रथाओं का त्याग करे जो स्त्रियों के सम्मान के विरुद्ध है।
- हमारी सामासिक संस्कृति की गौरवशाली परंपरा का महत्त्व समझे और उस का परिरक्षण करे।
- प्राकृतिक पर्यावरण की, जिस के अंतर्गत वन, झील नदी और वन्य जीव हैं, रक्षा करे और उस का संवर्धन करे तथा प्राणि मात्र के प्रति दयाभाव रखे।
- वैज्ञानिक दृष्टिकोण, मानववाद और ज्ञानार्जन तथा सुधार की भावना का विकास करे।
- सार्वजनिक संपत्ति को सुरक्षित रखे और हिंसा से दूर रहे।
- व्यक्तिगत और सामूहिक गतिविधियों के सभी क्षेत्रों में उत्कर्ष की ओर बढ़ने का सतत प्रयास करे जिस से राष्ट्र निरंतर बढ़ते हुए प्रयत्न और उपलब्धि की नई ऊंचाइयों को छू ले।
- यदि माता-पिता या संरक्षक है, छह वर्ष से चौदह वर्ष तक की आयु वाले अपने, यथास्थिति, बालक या प्रतिपाल्य के लिए शिक्षा का अवसर प्रदान करे।

संशोधन

भारतीय संविधान का संशोधन भारत के संविधान में परिवर्तन करने की प्रक्रिया है। एक संशोधन के प्रस्ताव की शुरुआत संसद में होती है जहां इसे एक बिल के रूप में पेश किया जाता है। भारतीय संविधान में अब तक 124 बार संशोधन किया जा चुका है।

❖❖❖

3

भारत सरकार
(Indian Government)

भारत सरकार, जिसे आधिकारिक तौर से संघीय सरकार व आमतौर से केंद्रीय सरकार के नाम से जाना जाता है, 28 राज्यों तथा 9 केंद्र शासित प्रदेशों के संघीय इकाई जो संयुक्त रूप से भारतीय गणराज्य कहलाता है, की नियंत्रक प्राधिकारी है। भारतीय संविधान द्वारा स्थापित भारत सरकार नई दिल्ली, दिल्ली से कार्य करती है।

भारत के नागरिकों से संबंधित बुनियादी दीवानी और फौजदारी कानून जैसे नागरिक प्रक्रिया संहिता, भारतीय दंड संहिता, अपराध प्रक्रिया संहिता, आदि मुख्यतः संसद द्वारा बनाया जाता है। संघ और हरेक राज्य सरकार तीन अंगों कार्यपालिका, विधायिका व न्यायपालिका के अन्तर्गत काम करती है। संघीय और राज्य सरकारों पर लागू कानूनी प्रणाली मुख्यतः अंग्रेजी साझा और वैधानिक कानून (English Common and Statutory Law) पर आधारित है। भारत कुछ अपवादों के साथ अंतर्राष्ट्रीय न्यायालय के न्याय अधिकारिता को स्वीकार करता है। स्थानीय स्तर पर पंचायती राज प्रणाली द्वारा शासन का विकेंद्रीकरण किया गया है।

भारत का संविधान भारत को एक सार्वभौमिक, समाजवादी गणराज्य की उपाधि देता है। भारत एक लोकतांत्रिक गणराज्य है, जिसका द्विसदनात्मक संसद वेस्टमिन्स्टर शैली के संसदीय प्रणाली द्वारा संचालित है। इसके शासन में तीन मुख्य अंग हैं—न्यायपालिका, कार्यपालिका और व्यवस्थापिका।

राष्ट्रपति

भारत के राष्ट्रपति, जो कि राष्ट्र के प्रमुख हैं, की अधिकांशतः औपचारिक भूमिका है। उनके कार्यों में संविधान का अभिव्यक्तिकरण, प्रस्तावित कानूनों (विधेयक) पर अपनी सहमति देना और अध्यादेश जारी करना आदि हैं। वह भारतीय सेनाओं का मुख्य सेनापति भी हैं। राष्ट्रपति और उपराष्ट्रपति को एक अप्रत्यक्ष मतदान विधि द्वारा 5 वर्षों के लिए चुना जाता है। प्रधानमंत्री सरकार का प्रमुख है और कार्यपालिका की सारी शक्तियां उसी के पास होती हैं। इसका चुनाव राजनैतिक पार्टियों या गठबन्धन के द्वारा प्रत्यक्ष विधि से संसद में बहुमत प्राप्त करने पर होता है। बहुमत बने रहने की स्थिति में प्रधानमंत्री का कार्यकाल 5 वर्षों का होता है। संविधान में किसी उप-प्रधानमंत्री का प्रावधान नहीं है पर समय-समय पर इसमें फेरबदल होता रहा है।

व्यवस्थापिका

व्यवस्थापिका संसद को कहते हैं जिसके दो सदन हैं—उच्च सदन राज्य सभा और निम्न सदन लोक सभा। राज्य सभा में 250 सदस्य होते हैं जबकि लोक सभा में 552। राज्य सभा के सदस्यों का चुनाव, अप्रत्यक्ष विधि से 6 वर्षों के लिए होता है, जबकि लोक सभा के सदस्यों का चुनाव प्रत्यक्ष विधि से, 5 वर्षों की अवधि के लिए। 18 वर्ष से अधिक आयु के सभी भारतीय नागरिक मतदान कर लोक सभा के सदस्यों का चुनाव कर सकते हैं।

कार्यपालिका

कार्यपालिका के तीन अंग हैं—राष्ट्रपति, उपराष्ट्रपति और मंत्रिमंडल। मंत्रिमंडल का प्रमुख प्रधानमंत्री होता है। मंत्रिमंडल के प्रत्येक मंत्री को संसद का सदस्य होना अनिवार्य है। कार्यपालिका, व्यवस्थापिका से नीचे होता है।

न्यायपालिका

भारत की स्वतंत्र न्यायपालिका का शीर्ष सर्वोच्च न्यायालय है, जिसका प्रमुख प्रधान न्यायाधीश होता है। सर्वोच्च न्यायालय को अपने नए मामलों तथा उच्च न्यायालयों के विवादों, दोनों को देखने का अधिकार है। भारत में 25 उच्च न्यायालय हैं, जिनके अधिकार और उत्तरदायित्व सर्वोच्च न्यायालय की अपेक्षा

सीमित हैं। न्यायपालिका और व्यवस्थापिका के परस्पर मतभेद या विवाद का सुलह राष्ट्रपति करता है।

संघ और राज्य

भारत की शासन व्यवस्था केंद्रीय और राज्यीय दोनों सिद्धांतों का मिश्रण है। लोक सभा, राज्य सभा सर्वोच्च न्यायालय की सर्वोच्चता, संघ लोक सेवा आयोग इत्यादि इसे एक संघीय ढ़ांचे का रूप देते हैं तो राज्यों के मंत्रिमंडल, स्थानीय निकायों की स्वायत्ता इत्यादि जैसे तत्व इसे राज्यों से बनी शासन व्यवस्था की ओर ले जाते हैं। प्रत्येक राज्य का एक राज्यपाल होता है जो राष्ट्रपति द्वारा 5 वर्षों के लिए नियुक्त किए जाते हैं।

संघीय कार्यपालिका

संघीय कार्यपालिका में राष्ट्रपति, उपराष्ट्रपति, मंत्रिपरिषद् तथा महान्यायवादी आते हैं। रामजवाया कपूर बनाम पंजाब राज्य वाद में सुप्रीम कोर्ट ने कार्यपालिका शक्ति को निम्न प्रकार से परिभाषित किया है–

- विधायिका न्यायपालिका के कार्यों को पृथक् करने के पश्चात् सरकार का बचा कार्य ही कार्यपालिका है।
- कार्यपालिका में देश का प्रशासन, विधियों का पालन सरकारी नीति का निर्धारण, विधेयकों की तैयारी करना, कानून व्यवस्था बनाए रखना सामाजिक आर्थिक कल्याण को बढावा देना विदेश नीति निर्धारित करना आदि आता है।

राष्ट्रपति संघ का कार्यपालक अध्यक्ष है। संघ के सभी कार्यपालक कार्य उसी के नाम से किए जाते है। अनुच्छेद 53 के अनुसार संघ की कार्यपालक शक्ति राष्ट्रपति में निहित हैं इन शक्तियों/कार्यों का प्रयोग क्रियान्वन राष्ट्रपति संविधान के अनुरूप ही सीधे अथवा अधीनस्थ अधिकारियों के माध्यम से करता है। वह सशस्त्र सेनाओं का सर्वोच्च सेनानायक भी होता है, सभी प्रकार के आपातकाल लगाने व हटाने वाला, युद्ध/शांति की घोषणा करने वाला होता है। वह देश का प्रथम नागरिक है तथा राज्य द्वारा जारी वरीयता क्रम में उसका सदैव प्रथम स्थान होता है। भारतीय राष्ट्रपति का भारतीय नागरिक होना आवश्यक है तथा

उसकी आयु कम से कम 35 वर्ष होनी चाहिए। राष्ट्रपति को महाभियोग द्वारा उसके पद से हटाया जा सकता है।

मंत्रिपरिषद्

संसदीय लोकतंत्र के महत्त्वपूर्ण सिद्धांत

- राज्य प्रमुख, सरकार प्रमुख न होकर मात्र संवैधानिक प्रमुख ही होता है।
- वास्तविक कार्यपालिका शक्ति, मंत्रिपरिषद् जो कि सामूहिक रूप से संसद के निचले सदन के सामने उत्तरदायी होगा, के पास होगी।
- मंत्रिपरिषद् के सदस्य संसद के सदस्यों से लिए जाएंगे।

परिषद् का गठन

- प्रधानमंत्री के पद पर आते ही यह परिषद् गठित हो जाती है। यह आवश्यक नहीं है कि प्रधानमंत्री के साथ कुछ अन्य मंत्री भी शपथ लें। केवल प्रधानमंत्री भी मंत्रिपरिषद् हो सकता है।
- मंत्रिपरिषद् की सदस्य संख्या पर मौलिक संविधान में कोई रोक नहीं थी किंतु 91वें संशोधन के द्वारा मंत्रिपरिषद् की संख्या लोक सभा के सदस्य संख्या के 15% तक सीमित कर दी गयी वहीं राज्यों में भी मंत्रिपरिषद् की संख्या विधानसभा के 15% से अधिक नहीं होगी परंतु न्यूनतम 12 मंत्री होंगे।

मंत्रियों की श्रेणियां

संविधान मंत्रियों की श्रेणी निर्धारित नहीं करता यह निर्धारण अंग्रेजी प्रथा के आधार पर किया गया है। कुल तीन प्रकार के मंत्री माने गए हैं–

1. कैबिनेट मंत्री–सर्वाधिक वरिष्ठ मंत्री है उनसे ही कैबिनेट का गठन होता है मंत्रालय मिलने पर वे उसके अध्यक्ष होते हैं उनकी सहायता हेतु राज्य मंत्री तथा उपमंत्री होते हैं उन्हें कैबिनेट बैठक में बैठने का अधिकार होता है अनुच्छेद 352 उन्हें मान्यता देता है।

2. राज्य मंत्री–द्वितीय स्तर के मंत्री होते हैं सामान्यत उन्हें मंत्रालय का स्वतंत्र प्रभार नहीं मिलता किंतु प्रधानमंत्री चाहे तो यह कर सकता है उन्हें कैबिनेट बैठक में आने का अधिकार नहीं होता।

3. उपमंत्री–कनिष्ठतम मंत्री है उनका पद सृजन कैबिनेट या राज्य मंत्री को सहायता देने हेतु किया जाता है वे मंत्रालय या विभाग का स्वतंत्र प्रभार भी नहीं लेते है।

4. संसदीय सचिव–सत्तारूढ दल के संसद सदस्य होते हैं इस पद पर नियुक्त होने के पश्चात् वे मंत्रिगण की संसद तथा इसकी समितियों में कार्य करने में सहायता देते हैं वे प्रधान मंत्री की इच्छा से पद ग्रहण करते हैं वे पद गोपनीयता की शपथ भी प्रधानमंत्री के द्वारा ग्रहण करते हैं वास्तव में वे मंत्री परिषद् के सद्स्य नहीं होते हैं केवल मंत्री का दर्जा प्राप्त होता है।

मंत्रिमंडल

मंत्रिपरिषद् एक संयुक्त निकाय है जिसमें 1, 2 या 3 प्रकार के मंत्री होते हैं। यह बहुत कम मिलता है, चर्चा करता है, या निर्णय लेता है, वहीं मंत्रिमंडल में मात्र कैबिनेट प्रकार के मंत्री होते हैं, यह समय समय पर मिलती है तथा समस्त महत्त्वपूर्ण निर्णय लेती है। इस के द्वारा स्वीकृत निर्णय अपने आप परिषद् द्वारा स्वीकृत निर्णय मान लिए जाते हैं यही देश का सर्वाधिक महत्त्वपूर्ण निर्णय लेने वाला निकाय है।

- **सम्मिलित उत्तरदायित्व** अनुच्छेद 75 के अनुसार मंत्रिपरिषद् संसद के सामने सम्मिलित रूप से उत्तरदायी है इसका लक्ष्य मंत्रिपरिषद् में संगति लाना है ताकि उसमे आंतरिक रूप से विवाद पैदा ना हो।
- **व्यक्तिगत उत्तरदायित्व** अनुच्छेद 75 के अनुसार मंत्री व्यक्तिगत रूप से राष्ट्रपति के सामने उत्तरदायी होते हैं किंतु यदि प्रधानमंत्री की सलाह ना हो तो राष्ट्रपति मंत्री को पद्च्युत नहीं कर सकता है।

भारत का महान्यायवादी

भारत का महान्यायवादी संसद के किसी भी सदन का सदस्य न रहते हुए भी संसद की कार्रवाई में भाग ले सकता है। वह भारत का नागरिक होना चाहिए।

वह अपनी निजी वकालत कर सकता है, परन्तु वह भारत सरकार के खिलाफ कोई मुकदमा नहीं लड़ सकता है।

प्रधानमंत्री

अनुच्छेद 74 स्पष्ट रूप से मंत्रिपरिषद् की अध्यक्षता तथा संचालन हेतु प्रधानमंत्री की उपस्थिति आवश्यक मानता है। उसकी मृत्यु या त्याग-पत्र की दशा में समस्त मंत्रिपरिषद् को पद छोडना पड़ता है। वह अकेले ही मंत्रिपरिषद् का गठन करता है। राष्ट्रपति मंत्रिगण की नियुक्ति उस की सलाह से ही करता है। मंत्रिगण के विभाग का निर्धारण भी वही करता है, कैबिनेट के कार्य का निर्धारण भी वही करता है, देश के प्रशासन को निर्देश भी वही देता है, सभी नीतिगत निर्णय वही लेता है, राष्ट्रपति तथा मंत्री परिषद् के मध्य संपर्क सूत्र भी वही है, परिषद् का प्रधान प्रवक्ता भी वही है, परिषद् के नाम से लड़ी जाने वाली संसदीय बहसों का नेतृत्व करता है, संसद में परिषद् के पक्ष में लड़ी जा रही किसी भी बहस में वह भाग ले सकता है, मंत्रिगण के मध्य समन्वय भी वही करता है तथा वह किसी भी मंत्रालय से कोई भी सूचना मंगवा सकता है। इन सब कारणों के चलते प्रधानमंत्री को देश का सबसे महत्त्वपूर्ण राजनैतिक व्यक्तित्व माना जाता है।

प्रधानमंत्री सरकार के प्रकार

प्रधानमंत्री सरकार संसदीय सरकार का ही प्रकार है जिसमे प्रधानमंत्री मंत्रिपरिषद् का नेतृत्व करता है वह कैबिनेट की निर्णय लेने की क्षमता को प्रभावित करता है वह कैबिनेट से अधिक शक्तिशाली है उसके निर्णय ही कैबिनेट के निर्णय है देश की सामान्य नीतियां कैबिनेट द्वारा निर्धारित नहीं होती हैं यह कार्य प्रधानमंत्री अपने निकट सहयोगी चाहे वो मंत्रिपरिषद् के सद्स्य ना हो की सहायता से करता है जैसे कि इंदिरा गांधी अपने किचन कैबिनेट की सहायता से करती थीं।

प्रधानमंत्री सरकार के लाभ

- तीव्र तथा कठोर निर्णय ले सकती है।
- देश को राजनैतिक स्थायित्व मिलता है।

इससे कुछ हानि भी हैं–

- कैबिनेट ऐसे निर्णय लेती है जो सत्तारूढ दल के हित में हो न कि देश के हित में।
- इसके द्वारा गैर-संवैधानिक शक्ति केंद्रों का जन्म होता है।

कैबिनेट सरकार

संसदीय सरकार का ही प्रकार है इसमें नीति गत निर्णय सामूहिक रूप से कैबिनेट (मंत्रिमंडल) लेता है इसमें प्रधानमंत्री कैबिनेट पर छा नहीं जाता है इसके निर्णय सामान्यत संतुलित होते हैं लेकिन कभी कभी वे इस तरह के होते हैं जो अस्पष्ट तथा साहसिक नहीं होते हैं। 1989 के बाद देश में प्रधानमंत्री प्रकार का नहीं बल्कि कैबिनेट प्रकार का शासन रहा है।

प्रधानमंत्री के कार्य

- मंत्रिपरिषद् के गठन का कार्य।
- प्रमुख शासक।
- नीति निर्माता।
- संसद का नेता।
- विदेश नीति का निर्धारक।

कार्यकारी सरकार

बहुमत समाप्त हो जाने के बाद जब मंत्रिपरिषद् त्याग-पत्र दे देती है तब कार्यकारी सरकार अस्तित्व में आती है अथवा प्रधानमंत्री की मृत्यु/त्याग-पत्र की दशा में यह स्थिति आती है। यह सरकार अंतरिम प्रकृति की होती है। यह तब तक स्थापित रहती है जब तक नयी मंत्रिपरिषद् शपथ ना ले ले। यह इसलिए काम करती है ताकि अनुच्छेद 74 के अनुरूप एक मंत्रिपरिषद् राष्ट्रपति की सहायता हेतु रहे। वी.एन.राव बनाम भारत संघवाद में उच्चतम न्यायालय ने माना था कि मंत्रिपरिषद् सदैव मौजूद रहनी चाहिए। यदि यह अनुपस्थित हुई तो राष्ट्रपति अपने काम स्वयं करने लगेगा, जिससे सरकार का रूप बदल कर राष्ट्रपति हो जाएगा, जो कि संविधान के मूल ढ़ांचे के खिलाफ होगा। यह कार्यकारी सरकार कोई भी वित्तीय/नीतिगत निर्णय नहीं ले सकती है क्योंकि उस

समय लोक सभा मौजूद नहीं रहती है। वह केवल देश का दैनिक प्रशासन चलाती है। इस प्रकार की सरकार के सामने सबसे विकट स्थिति तब आ गयी थी जब अटल बिहारी वाजपेयी की सरकार को 1999 में कारगिल युद्ध का संचालन करना पड़ा था। किंतु विकट दशा में इस प्रकार की सरकार भी कोई भी नीतिगत निर्णय ले सकती है।

सुस्थापित परम्पराएं

एक संसदीय सरकार में ये परम्पराएं ऐसी प्रथाएं मानी जाती हैं जो सरकार के सभी अंगों पर वैधानिक रूप से लागू मानी जाती हैं। उनका वर्णन करने के लिए कोई विधान नहीं होता है ना ही संविधान में किसी देश के शासन के बारे में पूर्ण वर्णन किया जा सकता है। संविधान निर्माता भविष्य में होने वाले विकास तथा देश के शासन पर उनके प्रभाव का अनुमान नहीं लगा सकते। अतः वे उनके संबंध में संविधान में प्रावधान भी नहीं कर सकते हैं।

इस तरह संविधान एक जीवित शरीर तो है परंतु पूर्ण वर्णन नहीं है। इस वर्णन में बिना संशोधन लाए परिवर्तन भी नहीं हो सकता है। वही परम्पराएं संविधान के प्रावधानों की तरह वैधानिक नहीं होती वे सरकार के संचालन में स्नेहक का कार्य करते हैं तथा सरकार का प्रभावी संचालन करने में सहायक हैं।

परम्पराएं इसलिए पालित की जाती हैं क्योंकि उनके अभाव में राजनैतिक कठिनाइयां आ सकती हैं। इसी कारण उन्हें संविधान का पूरक माना जाता है। ब्रिटेन में हम इनका सबसे विकसित तथा प्रभावशाली रूप देख सकते हैं।

इनके दो प्रकार हैं—

- प्रथम वे जो संसद तथा मंत्रिपरिषद् के मध्य संयोजन का कार्य करती है यथा अविश्वास प्रस्ताव पारित होने पर परिषद् का त्याग-पत्र दे देना।
- द्वितीय वे जो विधायिका की कार्यवाहियों से संबंधित है जैसे—किसी बिल का तीन बार वाचन संसद के तीन सत्र राष्ट्रपति द्वारा धन बिल को स्वीकृति देना उप-स्पीकर का चुनाव विपक्ष से करना जब स्पीकर सत्ता पक्ष से चुना गया हो आदि।

सरकार के संसदीय तथा राष्ट्रपति प्रकार

संसदीय शासन के समर्थन में तर्क

- राष्ट्रपति शासन में राष्ट्रपति वास्तविक कार्य पालिका होता है जो जनता द्वारा निश्चित समय के लिए चुना जाता है वह विधायिका के प्रति उत्तरदायी भी नहीं होता है उसके मंत्री भी विधायिका के सदस्य नहीं होते हैं तथा उसी के प्रति उत्तरदायी होंगे न कि विधायिका के प्रति वही संसदीय शासन में शक्ति मंत्रिपरिषद् के पास होती हैं जो विधायिका के प्रति उत्तरदायी होती है।
- भारत की विविधता को देखते हुए संसदीय शासन ज्यादा उपयोगी है इसमें देश के सभी वर्गों के लोग मंत्रिपरिषद् में लिए जा सकते हैं।
- इस शासन में संघर्ष होने (विधायिका तथा मंत्रिपरिषद् के मध्य) की संभावना कम रहती है क्योंकि मंत्री विधायिका के सदस्य भी होते हैं।
- भारत जैसे–विविधता पूर्ण देश में सर्वमान्य रूप से राष्ट्रपति का चुनाव करना लगभग असंभव है।
- मिंटे मार्ले सुधार 1909 के समय से ही संसदीय शासन से भारत के लोग परिचय रखते हैं।

❖❖❖

4

पंडित जवाहर लाल नेहरू
(Pt. Jawahar Lal Nehru)

पंडित जवाहर लाल नेहरू

भारत के प्रथम प्रधानमंत्री

कार्यकाल : 15 अगस्त 1947 से 27 मई 1964

जन्म : 14 नवम्बर 1889, इलाहाबाद, उ.प्र.

मृत्यु : 27 मई 1964 (उम्र 74), नई दिल्ली

पिता का नाम : श्री मोती लाल नेहरू

माता का नाम : श्रीमति स्वरूप रानी

जीवन संगीनी : श्रीमति कमला नेहरू

बच्चे : इंदिरा गांधी

पेशा : बैरिस्टर, लेखक राजनीतिज्ञ

राजनीतिक दल : भारतीय राष्ट्रीय कांग्रेस

सम्मान : भारत रत्न (1955)

जवाहरलाल नेहरू (नवंबर 14, 1889—मई 27, 1964) भारत के प्रथम प्रधानमंत्री थे और स्वतंत्रता के पूर्व और पश्चात् की भारतीय राजनीति में केंद्रीय व्यक्तित्व थे। महात्मा गांधी के संरक्षण में, वे भारतीय स्वतंत्रता आन्दोलन के सर्वोच्च नेता के रूप में उभरे और उन्होंने 1947 में भारत के एक स्वतंत्र राष्ट्र के रूप में स्थापना से लेकर 1964 तक अपने निधन तक, भारत का शासन किया।

वे आधुनिक भारतीय राष्ट्र—राज्य एक सम्प्रभु, समाजवादी, धर्म-निरपेक्ष, और लोकतांत्रिक गणतंत्र के वास्तुकार मानें जाते हैं। कश्मीरी पण्डित समुदाय के साथ उनके मूल की वजह से वे पण्डित नेहरू भी बुलाएं जाते थे, जबकि भारतीय बच्चे उन्हें चाचा नेहरू के रूप में जानते हैं।

स्वतंत्र भारत के प्रथम प्रधानमंत्री का पद संभालने के लिए कांग्रेस द्वारा नेहरू निर्वाचित हुए, यद्यपि नेतृत्व का प्रश्न बहुत पहले 1941 में ही सुलझ चुका था, जब गांधीजी ने नेहरू को उनके राजनीतिक वारिस और उत्तराधिकारी के रूप में अभिस्वीकार किया। प्रधानमंत्री के रूप में, वे भारत के सपने को साकार करने के लिए चल पड़े। भारत का संविधान 1950 में अधिनियमित हुआ, जिसके बाद उन्होंने आर्थिक, सामाजिक और राजनीतिक सुधारों के एक महत्त्वाकांक्षी योजना की शुरुआत की। मुख्यतः, एक बहुवचनी, बहु-दलीय लोकतंत्र को पोषित करते हुए, उन्होंने भारत के एक उपनिवेश से गणराज्य में परिवर्तन होने का पर्यवेक्षण किया। विदेश नीति में, भारत को दक्षिण एशिया में एक क्षेत्रीय नायक के रूप में प्रदर्शित करते हुए, उन्होंने गुट-निरपेक्ष आन्दोलन में एक अग्रणी भूमिका निभाई।

नेहरू के नेतृत्व में, कांग्रेस राष्ट्रीय और राज्य-स्तरीय चुनावों में प्रभुत्व दिखाते हुए और 1951, 1957, और 1962 के लगातार चुनाव जीतते हुए, एक सर्व-ग्रहण पार्टी के रूप में उभरी। उनके अन्तिम वर्षों में राजनीतिक मुसीबतों और 1962 के चीनी-भारत युद्ध में उनके नेतृत्व की असफलता के बावजूद, वे भारत के लोगों के बीच लोकप्रिय बने रहें। भारत में, उनका जन्मदिन बाल दिवस के रूप में मनाया जाता हैं।

जीवन

जवाहरलाल नेहरू का जन्म 14 नवम्बर 1889 को ब्रिटिश भारत में इलाहाबाद में हुआ। उनके पिता, मोतीलाल नेहरू (1861-1931), एक धनी बैरिस्टर जो कश्मीरी पण्डित समुदाय से थे, स्वतंत्रता संग्राम के दौरान भारतीय राष्ट्रीय कांग्रेस के दो बार अध्यक्ष चुने गए। उनकी माता स्वरूप रानी थुस्सू (1868-1938), जो लाहौर में बसे एक सुपरिचित कश्मीरी ब्राह्मण परिवार से थी, मोतीलाल की दूसरी पत्नी थी व पहली पत्नी की प्रसव के दौरान मृत्यु हो गई थी। जवाहरलाल तीन बच्चों में से सबसे बड़े थे, जिनमें बाकी दो लड़कियां थी। बड़ी बहन, विजया लक्ष्मी, बाद में संयुक्त राष्ट्र महासभा की पहली महिला अध्यक्ष

बनी। सबसे छोटी बहन, कृष्णा हठीसिंग, एक उल्लेखनीय लेखिका बनी और उन्होंने अपने परिवार-जनों से संबंधित कई पुस्तकें लिखीं।

जवाहरलाल नेहरू ने दुनिया के कुछ बेहतरीन स्कूलों और विश्वविद्यालयों में शिक्षा प्राप्त की थी। उन्होंने अपनी स्कूली शिक्षा हैरो से और कॉलेज की शिक्षा ट्रिनिटी कॉलेज, कैम्ब्रिज (लंदन) से पूरी की थी। इसके बाद उन्होंने अपनी लॉ की डिग्री कैम्ब्रिज विश्वविद्यालय से पूरी की। इंग्लैंड में उन्होंने सात साल व्यतीत किए जिसमें वहां के फैबियन समाजवाद और आयरिश राष्ट्रवाद के लिए एक तर्कसंगत दृष्टिकोण विकसित किया।

जवाहरलाल नेहरू 1912 में भारत लौटे और वकालत शुरू की। 1916 में उनकी शादी कमला कौल से हुई। 1917 में जवाहर लाल नेहरू होम रुल लीग में शामिल हो गए। राजनीति में उनकी असली दीक्षा दो साल बाद 1919 में हुई जब वे महात्मा गांधी के संपर्क में आए। उस समय महात्मा गांधी ने रॉलेट अधिनियम के खिलाफ एक अभियान शुरू किया था। नेहरू, महात्मा गांधी के सक्रिय लेकिन शांतिपूर्ण, सविनय अवज्ञा आंदोलन के प्रति खासे आकर्षित हुए।

नेहरू ने महात्मा गांधी के उपदेशों के अनुसार अपने परिवार को भी ढाल लिया। जवाहरलाल और मोतीलाल नेहरू ने पश्चिमी कपडों और महंगी संपत्ति का त्याग कर दिया। वे अब एक खादी कुर्ता और गांधी टोपी पहनने लगे। जवाहर लाल नेहरू ने 1920-1922 में असहयोग आंदोलन में सक्रिय हिस्सा लिया और इस दौरान पहली बार गिरफ्तार किए गए। कुछ महीनों के बाद उन्हें रिहा कर दिया गया।

जवाहरलाल नेहरू 1924 में इलाहाबाद नगर निगम के अध्यक्ष चुने गए और उन्होंने शहर के मुख्य कार्यकारी अधिकारी के रूप में दो वर्ष तक सेवा की। 1926 में उन्होंने ब्रिटिश अधिकारियों से सहयोग की कमी का हवाला देकर इस्तीफा दे दिया।

1926 से 1928 तक, जवाहर लाल नेहरू ने अखिल भारतीय कांग्रेस समिति के महासचिव के रूप में सेवा की। 1928-29 में, कांग्रेस के वार्षिक सत्र का आयोजन मोतीलाल नेहरू की अध्यक्षता में किया गया। उस सत्र में जवाहरलाल नेहरू और सुभाष चन्द्र बोस ने पूरी राजनीतिक स्वतंत्रता की मांग का समर्थन किया, जबकि मोतीलाल नेहरू और अन्य नेताओं ने ब्रिटिश साम्राज्य के

भीतर ही प्रभुत्व सम्पन्न राज्य का दर्जा पाने की मांग का समर्थन किया। मुद्दे को हल करने के लिए, गांधी ने बीच का रास्ता निकाला और कहा कि ब्रिटेन को भारत के राज्य का दर्जा देने के लिए दो साल का समय दिया जाएगा और यदि ऐसा नहीं हुआ तो कांग्रेस पूर्ण राजनीतिक स्वतंत्रता के लिए एक राष्ट्रीय संघर्ष शुरू करेगी। नेहरू और बोस ने मांग की कि इस समय को कम कर के एक साल कर दिया जाए। ब्रिटिश सरकार ने इसका कोई जवाब नहीं दिया।

दिसम्बर 1929 में, कांग्रेस का वार्षिक अधिवेशन लाहौर में आयोजित किया गया जिसमें जवाहरलाल नेहरू कांग्रेस पार्टी के अध्यक्ष चुने गए। इसी सत्र के दौरान एक प्रस्ताव भी पारित किया गया जिसमें 'पूर्ण स्वराज्य' की मांग की गई। 26 जनवरी 1930 को लाहौर में जवाहरलाल नेहरू ने स्वतंत्र भारत का झंडा फहराया। गांधी जी ने भी 1930 में सविनय अवज्ञा आंदोलन का आह्वान किया। आंदोलन खासा सफल रहा और इसने ब्रिटिश सरकार को प्रमुख राजनीतिक सुधारों की आवश्यकता को स्वीकार करने के लिए मजबूर कर दिया।

जब ब्रिटिश सरकार ने भारत अधिनियम 1935 प्रख्यापित किया तब कांग्रेस पार्टी ने चुनाव लड़ने का फैसला किया। नेहरू चुनाव के बाहर रहे लेकिन जोरों के साथ पार्टी के लिए राष्ट्रव्यापी अभियान चलाया। कांग्रेस ने लगभग हर प्रांत में सरकारों का गठन किया और केंद्रीय असेंबली में सबसे ज्यादा सीटों पर जीत हासिल की।

नेहरू कांग्रेस के अध्यक्ष पद के लिए 1936 और 1937 में चुने गए थे। उन्हें 1942 में भारत छोड़ो आंदोलन के दौरान गिरफ्तार भी किया गया और 1945 में छोड़ दिया गया। 1947 में भारत और पाकिस्तान की आजादी के समय उन्होंने अंग्रेजी सरकार के साथ हुई वार्ताओं में महत्त्वपूर्ण भागीदारी की।

भारत के प्रथम प्रधानमंत्री

सन् 1947 में भारत को आजादी मिलने पर जब भावी प्रधानमंत्री के लिए कांग्रेस में मतदान हुआ तो सरदार पटेल को सर्वाधिक मत मिले। उसके बाद सर्वाधिक मत आचार्य कृपलानी को मिले थे। किन्तु गांधीजी के कहने पर सरदार पटेल और आचार्य कृपलानी ने अपना नाम वापस ले लिया और जवाहरलाल नेहरू को प्रधानमंत्री बनाया गया।

1947 में वे स्वतंत्र भारत के पहले प्रधानमंत्री बने। अंग्रेजों ने करीब 500 देशी रियासतों को एक साथ स्वतंत्र किया था और उस वक्त सबसे बडी चुनौती थी उन्हें एक झंडे के नीचे लाना। उन्होंने भारत के पुनर्गठन के रास्ते में उभरी हर चुनौती का समझदारी पूर्वक सामना किया। जवाहरलाल नेहरू ने आधुनिक भारत के निर्माण में महत्त्वपूर्ण भूमिका अदा की। उन्होंने योजना आयोग का गठन किया, विज्ञान और प्रौद्योगिकी के विकास को प्रोत्साहित किया और तीन लगातार पंचवर्षीय योजनाओं का शुभारंभ किया। उनकी नीतियों के कारण देश में कृषि और उद्योग का एक नया युग शुरु हुआ। नेहरू ने भारत की विदेश नीति के विकास में एक प्रमुख भूमिका निभायी।

जवाहर लाल नेहरू ने जोसिप बरोज टिटो और अब्दुल गमाल नासिर के साथ मिलकर एशिया और अफ्रीका में उपनिवेशवाद के खात्मे के लिए एक गुट निरपेक्ष आंदोलन की रचना की। वह कोरियाई युद्ध का अंत करने, स्वेज नहर विवाद सुलझाने और कांगो समझौते को मूर्त रूप देने जैसे अन्य अंतर्राष्ट्रीय समस्याओं के समाधान में मध्यस्थ की भूमिका में रहे। पश्चिम बर्लिन, ऑस्ट्रिया और लाओस के जैसे कई अन्य विस्फोटक मुद्दों के समाधान में पर्दे के पीछे रह कर भी उनका महत्त्वपूर्ण योगदान रहा। उन्हें वर्ष 1955 में भारत रत्न से सम्मानित किया गया।

लेकिन नेहरू पाकिस्तान और चीन के साथ भारत के संबंधों में सुधार नहीं कर पाए। पाकिस्तान के साथ एक समझौते तक पहुंचने में कश्मीर मुद्दा और चीन के साथ मित्रता में सीमा विवाद रास्ते के पत्थर साबित हुए नेहरू ने चीन की तरफ मित्रता का हाथ भी बढाया, लेकिन 1962 में चीन ने धोखे से आक्रमण कर दिया। नेहरू के लिए यह एक बड़ा झटका था और शायद उनकी मौत भी इसी कारण हुई। 27 मई 1964 को जवाहरलाल नेहरू को दिल का दौरा पड़ा जिसमें उनकी मृत्यु हो गयी।

जवाहर लाल नेहरू के प्रमुख विचार

राष्ट्रवाद

जवाहर लाल नेहरू आधुनिक भारत के सर्वाधिक प्रभावशाली व्यक्तियों में से एक थे। नेहरू ने भारत की सामाजिक-आर्थिक तथा राजनीतिक चिंतन प्रक्रिया एवं कार्यक्रमों को गहरे रूप में प्रभावित किया। 'गहन राष्ट्रवाद' नेहरू के उस

वैचारिक दृष्टिकोण का अभिन्न अंग था, जो राष्ट्रीय आंदोलन के मंथन से उत्पन्न हुआ था। प्रखर अंतरराष्ट्रीयतावादी होने के बावजूद नेहरू की मान्यता थी कि राष्ट्रवाद और अंतरराष्ट्रवाद की धाराएं परस्पर सौहार्दपूर्ण ढंग से मिश्रित हैं। नेहरू की इस मान्यता के पृष्ठ में स्वतंत्रता संघर्ष में भागीदार जनता की इच्छाओं का उत्प्रेरण भी मौजूद था।

नेहरू के अनुसार "प्रत्येक राष्ट्र में राष्ट्रवाद का विशिष्ट स्थान है और उसे प्रसार मिलना चाहिए किंतु इसे आक्रामक तथा अंतरराष्ट्रीय विकास में बाधक नहीं बनने देना चाहिए।" राष्ट्रवाद की भावना राष्ट्रीय उन्नति के लिए अनिवार्य है क्योंकि यह नागरिकों में एकता उत्साह व सहयोगी प्रवृत्ति को जन्म देती है, लेकिन राष्ट्रवाद की कुछ सीमाएं होना जरूरी हैं। नेहरू द्वारा धार्मिक और कट्टर राष्ट्रवाद को नकारा गया। नेहरू के अनुसार संकीर्ण और मतांध राष्ट्रवाद एक अभिशाप है। उन्होंने आक्रामक राष्ट्रवाद की कड़ी आलोचना की, क्योंकि यह विध्वंसात्मक तथा पड़ोसी देशों के दिमाग में भय और संदेह पैदा करने वाला होता है। नेहरू द्वारा ऐसे राष्ट्रवाद को अस्वीकृत किया गया जो विस्तारवाद को प्रोत्साहित करता है। उनके अनुसार राष्ट्रवाद की प्रकृति उदार, सीमित तथा संतुलित होनी चाहिए।

अपनी आत्मकथा में भारतीय राष्ट्रवाद पर अपने विचार प्रकट करते हुए नेहरू ने लिखा है कि "राष्ट्रवाद एक विरोधाभास है जो अन्य राष्ट्रीय समूहों के विरुद्ध घृणा और क्रोध पर पोषित एवं पल्लवित होता है। 1921 के दौरान भारत में यह घृणा एवं क्रोध अंग्रेजों के विरुद्ध व्याप्त था किंतु अन्य राष्ट्रों के प्रति यह असाधारणतः न के बराबर था।" नेहरू ने भारतीय राष्ट्रवाद को यूरोप के फासीवादी राष्ट्रवाद से पूर्णतः पृथक रूप में व्याख्यायित किया। उनके अनुसार "भारतीय राष्ट्रवाद स्वतंत्रता प्राप्ति के लिए एक ऐतिहासिक लहर के रूप में जन्मा था जबकि फासीवाद प्रतिक्रिया का अंतिम आश्रय था।"

नेहरू के मतानुसार भारतीय राष्ट्रवाद अपने आरंभ से ही एक व्यापक 'बुद्धिवाद' की सार्वभौमिक मान्यताओं में मौजूद थीं।

सम्प्रदायवाद और धर्म-निरपेक्षता

जवाहर लाल नेहरू भारतीय पुनर्जागरण की संतान थे। अपने स्वभाव, अध्ययन एवं अभिधारणाओं के कारण वे रूढ़िवाद, सम्प्रदायवाद तथा कट्टरवाद के विरोधी थे।

सम्प्रदायवाद के बारे में उनके विचार अभिनव और शिक्षाप्रद थे, विशेषतः वर्तमान परिप्रेक्ष्य में जब संकुचित धार्मिक मतों, अविवेकपूर्ण प्रतिमानों तथा विखण्डनवादी प्रवृत्तियों द्वारा राष्ट्रत्व को खतरा पैदा किया जा रहा है। नेहरू भारत के प्रथम नेता थे जिन्होंने सम्प्रदायवाद के सामाजिक, आर्थिक व राजनीतिक आयामों, उसकी प्रकृति, लक्षणों तथा कारणों को ठीक प्रकार से समझा। अपने राजनीतिक जीवन के शुरुआती वर्षों से ही नेहरू सम्प्रदाय के विरोधी थे, किंतु उस समय ये विरोध साम्प्रदायिक दंगों, धार्मिक असहिष्णुता और कट्टरवाद की सामान्य आलोचना से अधिक नहीं था। उस समय नेहरू द्वारा साम्प्रदायिकता का निदान भी परम्परागत 'हिन्दू-मुस्लिम भाई-भाई' के राष्ट्रवादी उपागम तथा स्वराज्य प्राप्ति हेतु हिंदू-मुस्लिम एकता की अपील में सीमित समझा गया। 1928 के दौरान की गयी नेहरू की राजनीतिक यात्राओं तथा विभिन्न युवा एवं विद्यार्थी सम्मेलनों में दिए गए भाषणों में साम्प्रदायिकता को मुख्य निशाना बनाया गया। नेहरू तथा अन्य राष्ट्रवादियों द्वारा स्थापित 'स्वतंत्र भारत लीग' में किसी भी सम्प्रदायवादी या साम्प्रदायिक संगठन से जुड़े व्यक्ति को सदस्यता प्रदान करने का निषेध किया गया था।

नेहरू द्वारा भी महात्मा गांधी की भांति धर्म की नैतिक अनिवार्यता को व्यावहारिक आवश्यकता के रूप में स्वीकार किया गया। नेहरू की भारत के बारे में समझ तथा ऐतिहासिक ज्ञान ने उन्हें भारतीय सभ्यता के उन विशिष्ट लक्षणों से परिचित कराया, जो भारत को एक पृथक पहचान तथा मजबूती प्रदान करते हैं।

नेहरू के अनुसार भारतीय सभ्यता के विशिष्ट लक्षणों में विविधता में मौलिक एकता की उपस्थिति तथा विभिन्न प्रभावों को ग्रहण करने, आत्मसात करने तथा संश्लेषित करने की क्षमता शामिल है। नेहरू का विचार था कि भारत भविष्य में इन विशेषताओं के माध्यम से ही अपनी शक्ति प्राप्त करेगा तथा जो अनुदारवाद और संकीर्णतावाद की प्रवृत्तियों को भी कम करने में सहायक होगी।

नेहरू के दृष्टिकोण में लोकतंत्र, समाजवाद तथा धर्म-निरपेक्षवाद आपस में घनिष्ठ रूप से जुड़े हुए थे तथा ये संयुक्त रूप से एक ऐसे मज़बूत भारत की नींव रखेंगे जो मानव की महत्ता तथा उसके व्यक्तित्व के संपूर्ण विकास पर आधारित हो और जिसमें गरीबों एवं दलितों के जीवन स्तर में सुधार दिखाई दें।

नेहरू ने सहिष्णुता और संश्लेषण की परंपरा में से समकालीन धर्म-निरपेक्षता के राजनीतिक प्रतिमानों को प्राप्त किया। यही वे परंपराएं थीं, जिनके कारण

हजारों वर्षों से भारतीय सभ्यता अनेक उतार-चढ़ावों (सैनिक, आर्थिक, सामाजिक) के बावजूद अपना अस्तित्व बनाए रखने में सफल रही थी। नेहरू ने लिखा था कि "हम धर्म-निरपेक्ष भारत के बारे में बात करते हैं, क्या इसका तात्पर्य ऐसे राज्य से है जो सभी प्रकार के मतों को समान अवसर तथा सम्मान देता है, जो एक राज्य के रूप में खुद को किसी भी धर्म या विश्वास से सम्बद्ध नहीं रखता, इस प्रकार यह एक राज्य धर्म बन जाता है। भारत में धार्मिक सहिष्णुता का लम्बा इतिहास रहा है। यह धर्म-निरपेक्ष राज्य का मात्र एक पहलू है। भारत जैसे बहुधर्मी देश में धर्म-निरपेक्षता के अभाव में वास्तविक राष्ट्रवाद का निर्माण करना दुष्कर है। कोई भी संकीर्ण सोच जनसंख्या का अनिवार्य रूप से विभाजन करती है और उस स्थिति में राष्ट्रवाद भी अपने सीमित अर्थों में सामने आता है।"

नेहरू का दृष्टिकोण पश्चिमी एवं आधुनिक था। साथ ही वे भारतीय परिस्थितियों की जटिलताओं को भी समझते थे। वे एक अज्ञेयवादी थे जिन्होंने धर्म को मात्र एक सांस्कृतिक प्रेरणा तथा विरासत के रूप में ही स्वीकार किया। वे संगठित धर्म के विरोधी थे। उनके अनुसार "कोई भी संगठित धर्म-निरपवाद रूप से एक निहित स्वार्थ बन जाता है, जो अनिवार्यतः प्रगति एवं परिवर्तन विरोधी प्रतिक्रियावादी शक्ति के रूप में परिवर्तित हो जाता है।" नेहरू ने धर्म के राजनीतिकरण का तिरस्कार किया।

नेहरू ने सम्प्रदायवाद के प्रभाव को सबसे अधिक उस जन-समूह पर माना, जिसके न तो अपने कोई निहित स्वार्थ थे और न ही जिसका ब्रिटिश साम्राज्यवाद से कोई लेन-देन था। नेहरू का विश्वास था कि साम्प्रदायिकता एक मध्य वर्गीय प्रपंच है और जब तक मध्यवगीय तत्वों का राजनीति पर प्रभाव कायम है, तब तक कोई भी व्यक्ति पूर्णरूपेण साम्प्रदायिकता से दूर नहीं जा सकता।

नेहरू द्वारा साम्प्रदायिकता की आर्थिक पृष्ठभूमि को पहचाना गया किंतु उनका मानना था कि इसका कारण राजनीतिक अधिक था। उन्होंने स्पष्ट किया कि धार्मिक शत्रुता या विरोध द्वारा साम्प्रदायिकता के प्रसार में बहुत ही अल्प भूमिका निभाई गई है। वर्तमान साम्प्रदायिक प्रश्न धार्मिक नहीं है, यद्यपि कभी-कभी यह धार्मिक भावनाओं का शोषण अवश्य करता है, जो संकटकारी है। नेहरू के अनुसार धर्म-निरपेक्ष राज्य का अर्थ यह नहीं है कि लोग अपने-अपने धर्मों का त्याग कर दें, बल्कि इसका अर्थ है कि राज्य सभी धर्मों की सुरक्षा करे

किंतु दूसरों की कीमत पर किसी धर्म का पक्षपोषण न करे और न ही किसी धर्म को राज्यधर्म के रूप में स्वीकार करे। इसी भावना को महत्त्व देते हुए भारतीय संविधान में सभी धर्मां को संवैधानिक सुरक्षा प्रदान की गई।

स्वतंत्र भारत में सम्प्रदायवाद के अंत के लिए प्रतिबद्ध नेहरू द्वारा अनंतशेनम आयंगर के माध्यम से संसद में एक संकल्प पारित कराया गया। नेहरू साम्प्रदायिकता को किसी भी वाह्य आक्रमण से अधिक खतरनाक मानते थे। वाह्य आक्रमण के विरुद्ध कोई भी पूरी प्रतिबद्धता के साथ लड़ सकता है किंतु अन्य आक्रमण (साम्प्रदायिकता) अधिक बुरा है क्योंकि यह हमें अपने पूर्ण महत्त्व और खतरे से अनभिज्ञ रखकर हमारे मस्तिष्क को क्रमिक रूप से अपने शिकंजे में ले लेता है। नेहरू द्वारा विज्ञान एवं तकनीक के प्रचार-प्रसार पर बल दिया गया ताकि बुद्धिवादी और धर्म-निरपेक्ष शक्तियां मजबूती प्राप्त कर सकें। उन्होंने भाखड़ा नंगल जैसे बांधों को आधुनिक मंदिर, मकबरा या विश्वविद्यालय की संज्ञा दी। उन्होंने धर्म-निरपेक्षता को एक आदर्श के रूप में सामने रखा और समाज में उसके प्रचार-प्रसार हेतु गंभीरता से कार्य किया।

नेहरू द्वारा अपने जीवन के अंतिम चरण में अनेक साम्प्रदायिक दंगों की श्रृंखला देखी गयी जो 1961 से 1964 के मध्य उत्तरी भारत तथा उत्तर-पूर्वी भारत के शहरों व कस्बों में व्याप्त थी। 1962 में जबलपुर के दंगों ने नेहरू को पूरी तरह झकझोर दिया और उन्होंने राष्ट्रीय एकता परिषद का गठन किया। नेहरू बहुसंख्यकों से अल्पसंख्यकों के प्रति उदारतापूर्वक व्यवहार की आशा करते थे।

वे साम्प्रदायिकता की उत्पत्ति तथा विकास एवं 'बांटो और शासन करो' की ब्रिटिश नीति के मध्य घनिष्ठ संबंध की स्पष्ट समझ रखते थे लेकिन वे इस प्रचलित और सरलीकृत मत को स्वीकार नहीं करते थे कि साम्प्रदायिकता मूल रूप से ब्रिटिश नीतियों की उपज है। उनके अनुसार साम्प्रदायिकता के उदय का कारण भारतीय समाज में मौजूद कुछ निश्चित परिस्थितियों में निहित था। उपनिवेशवादी शासन द्वारा साम्प्रदायिकता को विभिन्न तरीकों से मात्र इसलिए प्रोत्साहित किया गया क्योंकि यह उसके औपनिवेशिक प्रभुत्व की अनेक जरूरतें पूरी करती थी। सम्प्रदायवाद से उन धार्मिक सम्प्रदायों को भी कोई लाभ नहीं पहुंचा, जिनके हितों को नुकसान पहुंचाने या बढ़ाने का यह दावा करता था।

नेहरू ने साम्प्रदायिकता को अपने समय की सबसे खतरनाक प्रवृति के

रूप में चिन्हित किया, जिसके साथ सभी मोर्चों पर लड़ा जाना चाहिए। नेहरू द्वारा सार्वजानिक भाषणों, रेडियों प्रसारणों, संसदीय व्यक्तव्यों, निजी पत्रों तथा मुख्यमंत्रियों को प्रेषित पत्रों के माध्यम से साम्प्रदायिकता के विरुद्ध व्यापक सार्वजनिक एवं निजी अभियान चलाए गए।

धर्म-निरपेक्षता के प्रति नेहरू की प्रतिबद्धता संपूर्ण, व्यापक और शर्तरहित थी। स्वतंत्रता के पश्चात की सर्वाधिक असहज परिस्थितियों में एक धर्म-निरपेक्ष संविधान का निर्माण तथा धर्म-निरपेक्ष राष्ट्र और समाज की नींव स्थापना, नेहरू के प्रयासों से ही संभव हो सकी।

समाजवाद

स्वतंत्रता प्राप्ति से पहले ही नेहरू पर समाजवादी विचारधारा का प्रभाव पड़ चुका था। 1917 की रूसी क्रांति ने नेहरू को गहरे रूप में प्रभावित किया। नेहरू का लक्ष्य भारत के लोगों के लिए राजनीतिक स्वतंत्रता के साथ-साथ सामाजिक एवं आर्थिक स्वतंत्रता प्राप्त करना था। 1936 में नेहरू ने लिखा था कि "मैं इस बात से अश्वस्त हूं कि विश्व की और भारत की समस्याओं का अंतिम समाधान समाजवाद में निहित है और मैं इस शब्द का प्रयोग एक अस्पष्ट मानवतावादी उपाय के बजाय आर्थिक एवं वैज्ञानिक अर्थों में करता हूं। समाजवाद मात्र एक आर्थिक सिद्धांत ही नहीं बल्कि एक जीवन दर्शन भी है और अपने इसी स्वरूप में मुझे प्रेरित करता है।" उनके अनुसार विश्व स्तर पर समाजवाद के विस्तार के पश्चात् ही वास्तविक विश्वशांति एवं व्यवस्था कायम हो सकती है।

नेहरू द्वारा मार्क्सवाद से भिन्न प्रकार के 'लोकतांत्रिक समाजवाद' को स्वीकार किया गया। लोकतांत्रिक समाजवाद, लोकतंत्र का एक तार्किक एवं वैज्ञानिक उपागम है जो नियोजित कार्यक्रमों के द्वारा आय के समान वितरण पर बल देता है। तत्कालीन भारत में पूंजीवाद की गहरी जड़ों के कारण नेहरू द्वारा आमूलचूल परिवर्तन को कठिन और हानिकारक माना गया। नेहरू का विचार था कि पूंजीवाद और राज्य स्वामित्व के मध्य समझौता करना देश के लिए अधिक हितकर होगा। उनकी आर्थिक विचारधारा इस तथ्य पर आधारित थी कि भारतीय अर्थव्यवस्था की सतत उन्नति इसे दो क्षेत्रों-सार्वजनिक एवं निजी में बांटकर ही संभव हैं। ये क्षेत्र स्थायी और सहन वृद्धि के लिए मिलकर कार्य करेंगे। नेहरू के अनुसार समाजवाद राष्ट्रहित में पूंजी का नियंत्रण था न कि निजी उद्यमों पर लादा

गया प्राधिकार। अधिनायकवाद की बजाय सामाजिक नियंत्रण में विश्वास रखने वाले नेहरू द्वारा सभी प्रकार के विशेषाधिकारों और सुविधाओं का तिरस्कार किया गया। उन्होंने प्राधिकारवाद से नीचे आकर व्यक्तिगत स्वतंत्रता पर बल दिया। नेहरू का वैज्ञानिक एवं व्यावहारिक समाजवाद, जो व्यक्तियों को अपेक्षित आजादी और अनुशासन प्रदान करके प्राप्त हो सकता था, सैद्धांतिक एवं आदर्शवादी प्रकार के निरंकुश समाजवाद से भिन्न था। यह एक ऐसे आदर्श समाज की संकल्पना थी, जो भावनात्मक रूप से भारतीय, दृष्टिकोणात्मक रूप से धर्म-निरपेक्ष तथा कार्यात्मक रूप से लोकतान्त्रिक हो।

नेहरू के मतानुसार उत्पादन ही संपदा है, जिसे व्यापक श्रम शक्ति द्वारा प्रचुरता में प्राप्त किया जा सकता है किंतु इसके लिए श्रम की महत्ता को हर प्रकार से प्रोत्साहन मिलना चाहिए। उन्होंने प्रबंधन कुशलता तथा तकनीकी प्रशिक्षण हेतु शिक्षा के विस्तार पर बल दिया ताकि औद्योगिक विकास की गति को तीव्र किया जा सके।

नियोजन संबंधी दृष्टिकोण

स्वतंत्रता संग्राम के दौरान ही नेहरू में आर्थिक नियोजन की चेतना का निर्माण हो चुका था, जिसने उन्हें कांग्रेस को उग्र सुधारवाद की दिशा ले जाने की प्रेरणा दी। 1930 के दशक के अंतिम वर्षों में वे इस निष्कर्ष पर पहुंचे कि भारत में पूंजीवादी व्यवस्था को पूर्णतः समाप्त करना न तो संभव है और न ही अनिवार्य। नेहरू चाहते थे कि पूंजीवादी व्यवस्था में समाजवाद के कुछ मूल सिद्धांतों को अपनाकर क्रमिक समाजवाद दोनों को समायोजित करने की प्रक्रिया पूर्ण कर सके। स्वतंत्रता प्राप्ति से काफी समय पूर्व ही नेहरू ने अनुभव कर लिया था कि उन्नतशील आधुनिक जीवन के लिए आर्थिक पुनर्संरचना एक पूर्व शर्त है, जो मात्र संगठित नियोजन द्वारा ही पूरी की जा सकती है। सामाजिक एवं आर्थिक पुनर्निर्माण हेतु नियोजन का आग्रह, नेहरू के विचारों का मूलभूत तत्व बन गया था। वे नियोजन के माध्यम से की गई पूर्व सोवियत संघ की आर्थिक प्रगति से अत्यधिक प्रभावित थे।

1935 के अधिनियम के अंतर्गत हुए निर्वाचन के उपरांत कांग्रेस ने कई राज्यों में प्रशासन का कार्यभार संभाला, जिससे नेहरू के आर्थिक नियोजन के विचार को नवीन आयाम प्राप्त हुए। 1938 में नेहरू, कांग्रेस द्वारा स्थापित राष्ट्रीय

योजना समिति के अध्यक्ष बने। इस दायित्व को पूरी गंभीरता एवं उत्साह से निभाते हुए नेहरू द्वारा एक व्यापक आधार वाली समिति गठित की गई वैज्ञानिकों की सेवाओं को भी सूचीबद्ध किया गया। किंतु द्वितीय विश्व युद्ध भड़कने तथा नेहरू के जेल चले जाने के कारण यह कार्य अधूरा रह गया। नेहरू के लिए नियोजन, समाजवादी अर्थव्यवस्था का लोकतांत्रिक संरचना में अनिवार्य मिश्रण था। वे समाजवादी पहलू पर अत्यधिक बल देकर समाज के किसी भी वर्ग को भयभीत करना नहीं चाहते थे। इसी कारण नियोजन का लक्ष्य तय करते समय थोड़ी-सी अस्पष्टता और अनिश्चितता मौजूद रही थी। उनके अनुसार "कांग्रेस का आदर्श भारत में एक स्वतंत्र और लोकतांत्रिक राज्य स्थापित करना है। ऐसे स्वतंत्र लोकतांत्रिक राज्य में एक आत्मनिर्भर समाज शामिल है, जिसमें सभी सदस्यों को आत्म अभिव्यक्ति और आत्मसंतुष्टि के समान अवसर उपलब्ध हैं। ऐसे समाज में सभी लोगों को पर्याप्त न्यूनतम सभ्य जीवन स्तर की गारंटी हासिल है ताकि वे समान अवसरों की उपलब्धियों को यथार्थविक बना सकें। यही हमारी योजना की पृष्ठभूमि या आधारशिला होनी चाहिए।"

नेहरू की नियोजन की अवधारणा किसी पूर्वाग्रह या सैद्धांतिक विचार पर आधारित नहीं थीं। वे किसी विचारधारात्मक समझ की बजाय त्वरित परिणामों की अभिलाषा द्वारा निर्देशित थे। उनकी इच्छा मात्र यह थी कि लोगों को स्थायी आर्थिक एवं सामाजिक प्रगति के पथ पर लाया जाय। उनके अनुसार 'मैं इस बात की परवाह नहीं करता कि कौन-सा 'वाद' लोगों को उस रास्ते पर ले जाने में सहायता करेगा। यदि एक चीज असफल हो जाती है तो हम दूसरे प्रयास करेगें।" यही वह व्यावहारिक और लचीली सोच थी, जो नेहरू को उस दृढ़ विश्वास तक ले गयी जिसके अनुसार भारत के लिए मिश्रित अर्थव्यवस्था को ही सर्वाधिक उपयुक्त समझा गया।

नेहरू की नियोजन की अवधारणा के अंतर्गत निजी और सार्वजनिक क्षेत्र की संयुक्त भागीदारी को विकास गतिविधियों के लिए आवश्यक माना गया। अर्थव्यवस्था के महत्त्वपूर्ण क्षेत्रों को राज्य के पूर्ण नियंत्रण में रखा जाना था जबकि अन्य क्षेत्रों को निजी हाथों में। लेकिन निजी क्षेत्र को राज्य की अधीनता में कार्य करना था ताकि वे राष्ट्रीय योजना के उद्देश्यों से विरत न हों। नेहरू के अनुसार "निजी क्षेत्र पर नियंत्रण का विस्तार उसके लाभांशों और मुनाफे तक ही सीमित नहीं होगा बल्कि यह नियंत्रण देश की अर्थव्यवस्था के रणनीतिक बिंदुओं तक व्याप्त होगा।"

राष्ट्रीय योजना के विशाल ढांचे के अंतर्गत निजी उद्यमों को विभिन्न क्षेत्रों में अपने कार्यों को संचालित करने के लिए पर्याप्त प्रोत्साहन दिया जाना था। नेहरू के मतानुसार निजी क्षेत्र पर राज्य के नियंत्रण को धीरे-धीरे समय के साथ-साथ बढ़ाना था ताकि मिश्रित अर्थव्यवस्था खुद को परिवर्तित परिस्थितियों में ढालने की पर्याप्त क्षमता जुटा सके।

नेहरू मानते थे कि भारत के लिए किसी अन्य देश के आर्थिक प्रारूप का अनुसरण करना बुद्धिसंगत नहीं था। भारत को ऐसी व्यवस्था का विकास करना चाहिए, जो उसकी प्रकृति और आवश्यकताओं के अनुकूल हो। अतः मिश्रित अर्थव्यवस्था के विचार को सबसे श्रेष्ठ समझा गया। नेहरू ने पूर्णतः आश्वस्त होकर यह घोषित किया कि "परिवर्तन लोकतांत्रिक रूप से नियोजित समष्टिवाद की दिशा में ही निर्देशित होने चाहिए। लोकतांत्रिक समष्टिवाद के अंतर्गत निजी सम्पत्ति के उन्मूलन की बजाय आधारभूत और प्रमुख उद्योगों पर सार्वजनिक स्वामित्व को वरीयता दी जाएगी। विशेषतः भारत में बड़े उद्योगों को ऐसे स्वामित्व में रखा जाना आवश्यक होगा। जबकि लघु और ग्रामीण उद्योगों को सहकारी स्वामित्व में रखा जाएगा। ऐसे लोकतांत्रिक समष्टिवाद हेतु सतर्क और निरंतर नियोजन एवं लोगों की बदलती जरूरतों के साथ समायोजन की आवश्यकता होगी।"

लेकिन भारत की वर्तमान परिस्थितियों में नियोजन एवं आर्थिक विकास के बावजूद गरीबी की समस्या का अंत नहीं किया जा सका है। नियोजन के श्रेष्ठ प्रयासों के पश्चात् भी समाज का एक बहुत बड़ा भाग सुनिश्चित न्यूनतम जीवन स्तर को प्राप्त कर पाने में असमर्थ है। निजी पूंजी की त्वरित वृद्धि एवं नियोजन की अनुचित राष्ट्रीय प्राथमिकताओं के फलस्वरूप हुए राष्ट्रीय संसाधनों के विशाल अपव्यय ने गरीब और अमीर के बीच की खाई को निरंतर बढ़ाया है।

हालांकि यह नियोजन की अवधारणा नहीं है, जो असफल सिद्ध हुई है बल्कि अधिकांश मामलों में विफलता का उत्तरदायी निकृष्ट कार्यान्वयन है जिसने असंतुलित विकास एवं एकपक्षीय वृद्धि को विस्तारित किया है।

राजनीति में जवाहर लाल नेहरू

भारत लौटने के बाद नेहरू जी ने पहले वकील के रूप में स्थापित होने का प्रयास किया लेकिन अपने पिता के विपरीत उनकी इस पेशे में कोई खास रूची

नहीं थी और उन्हें वकालत और वकीलों का साथ, दोनों ही नापसंद थे। उस समय वह अपनी पीढ़ी के कई अन्य लोगों की भांति भीतर से एक ऐसे राष्ट्रवादी थे, जो अपने देश की आजादी के लिए बेताब हो, लेकिन अपने अधिकांश समकालीनों की तरह उसे हासिल करने की ठोस योजनाएं न बना पाया हो।

गांधी जी से मुलाकात

1916 ई। के लखनऊ अधिवेशन में वे सर्वप्रथम महात्मा गांधी के सम्पर्क में आए। गांधी उनसे 20 साल बड़े थे। दोनों में से किसी ने भी आरंभ में एक-दूसरे को बहुत प्रभावित नहीं किया। बहरहाल, 1929 में कांग्रेस के ऐतिहासिक लाहौर अधिवेशन का अध्यक्ष चुने जाने तक नेहरू भारतीय राजनीति में अग्रणी भूमिका में नहीं आ पाए थे। इस अधिवेशन में भारत के राजनीतिक लक्ष्य के रूप में संपूर्ण स्वराज्य की घोषणा की गई उससे पहले मुख्य लक्ष्य औपनिवेशिक स्थिति की मांग था। नेहरू जी के शब्दों में–

कुटिलता की नीति अंत में चलकर फायदेमन्द नहीं होती। हो सकता है कि अस्थायी तौर पर इससे कुछ फायदा हो जाए।

अगर हम इस देश की गरीबी को दूर करेंगे, तो कानूनों से नहीं, शोरगुल मचाते नहीं, शिकायत करके नहीं, बल्कि मेहनत करके। एक-एक आदमी बूढ़ा और छोटा, मर्द, औरत और बच्चा मेहनत करेगा। हमारे सामने आराम नहीं है।

समय के साथ-साथ पंडित नेहरू की रुचि भारतीय राजनीति में बढ़ती गयी। जलियांवाला बाग हत्याकाण्ड की जांच में देशबन्धु चितरंजनदास एवं महात्मा गांधी के सहयोगी रहे और 1921 के असहयोग आन्दोलन में तो महात्मा गांधी के अत्यधिक निकट सम्पर्क में आ गए। यह संबंध समय की गति के साथ-साथ दृढ़तर होता गया और उसकी समाप्ति केवल महात्मा गांधी जी की मृत्यु से ही हुई।

गांधी जी के अनुयायी के रूप में

नेहरू की आत्मकथा से भारतीय राजनीति में उनकी गहरी रुचि का पता चलता है। उन्हीं दिनों अपने पिता को लिखे गए पत्रों से भारत की स्वतंत्रता में उन दोनों की समान रुचि दिखाई देती है। लेकिन गांधी से मुलाकात होने तक पिता और पुत्र में स्वतंत्रता प्राप्ति के लिए निश्चित योजनाओं का विकास नहीं हुआ था। गांधी ने उन्हें राजनीति में अपना अनुयायी बना लिया। गांधी द्वारा कर्म

पर बल दिए जाने के गुण से वह दोनों प्रभावित हुए। महात्मा गांधी का तर्क था कि गलती की सिर्फ निंदा ही नहीं, बल्कि प्रतिरोध भी किया जाना चाहिए। इससे पहले नेहरू और उनके पिता समकालीन भारतीय राजनीतिज्ञों का तिरस्कार करते थे, जिनका राष्ट्रवाद, कुछ अपवादों को छोड़कर लंबे भाषणों और प्रस्तावों तक सीमित था। गांधी द्वारा ग्रेट ब्रिटेन के खिलाफ बिना भय या घृणा के लड़ने पर जोर देने से भी जवाहर लाल बहुत प्रभावित हुए।

जेल यात्रा

कांग्रेस पार्टी के साथ नेहरू का जुड़ाव 1919 में प्रथम विश्व युद्ध के तुरंत बाद आरंभ हुआ। इस काल में राष्ट्रवादी गतिविधियों की लहर जोरों पर थी और अप्रैल 1919 को अमृतसर के नरसंहार के रूप में सरकारी दमन खुलकर सामने आया; स्थानीय ब्रिटिश सेना कमांडर ने अपनी टुकड़ियों को निहत्थे भारतीयों की एक सभा पर गोली चलाने का हुक्म दिया, जिसमें 379 लोग मारे गए और कम से कम 1,200 घायल हुए। नेहरू जी के शब्दों में–

''भारत की सेवा का अर्थ, करोड़ों पीड़ितों की सेवा है। इसका अर्थ दरिद्रता और अज्ञान, और अवसर की विषमता का अंत करना है। हमारी पीढ़ी के सबसे बड़े आदमी की यह आकांक्षा रही है–कि प्रत्येक आंख के प्रत्येक आंसू को पोंछ दिया जाए। ऐसा करना हमारी शक्ति से बाहर हो सकता है, लेकिन जब तक आंसू हैं और पीड़ा है, तब तक हमारा काम पूरा नहीं होगा।''

1921 के आखरी में जब कांग्रेस पार्टी के प्रमुख नेताओं और कार्यकर्ताओं को कुछ प्रांतों में गैर-कानूनी घोषित कर दिया गया, तब पहली बार नेहरू जेल गए। अगले 24 वर्ष में उन्हें आठ बार बंदी बनाया गया, जिनमें से अंतिम और सबसे लंबा बंदीकाल, लगभग तीन वर्ष का कारावास जून 1945 में समाप्त हुआ। नेहरू ने कुल मिलाकर नौ वर्ष से ज्यादा समय जेलों में बिताया। अपने स्वभाव के अनुरूप ही उन्होंने अपनी जेल-यात्राओं को असामान्य राजनीतिक गतिविधि वाले जीवन के अंतरालों के रूप में वर्णित किया है।

व्यापक क्षेत्रों की यात्रा

कांग्रेस के साथ उनका राजनीतिक प्रशिक्षण 1919 से 1929 तक चला। 1923 में और फिर 1927 में वह दो-दो वर्ष के लिए पार्टी के महासचिव बने।

उनकी रुचियों और जिम्मेदारियों ने उन्हें भारत के व्यापक क्षेत्रों की यात्रा का अवसर प्रदान किया, विशेषकर उनके गृह प्रदेश संयुक्त प्रांत का, जहां उन्हें घोर गरीबी और किसानों की बदहाली की पहली झलक मिली और जिसने इन महत्त्वपूर्ण समस्याओं को दूर करने की उनकी मूल योजनाओं को प्रभावित किया। यद्यपि उनका कुछ-कुछ झुकाव समाजवाद की ओर था, लेकिन उनका सुधारवाद किसी निश्चित ढांचे में ढला हुआ नहीं था। 1926-27 में उनकी यूरोप तथा सोवियत संघ की यात्रा ने उनके आर्थिक और राजनीतिक चिंतन को पूरी तरह प्रभावित कर दिया। नेहरू जी ने कहा था–

"अंतर्राष्ट्रीय दृष्टि से, आज का बड़ा सवाल विश्व शान्ति का है। आज हमारे लिए यही विकल्प है कि हम दुनिया को उसके अपने रूप में ही स्वीकार करें। हम देश को इस बात की स्वतंत्रता देते रहे कि वह अपने ढंग से अपना विकास करे और दूसरों से सीखे, लेकिन दूसरे उस पर अपनी कोई चीज नहीं थोपें। निश्चय ही इसके लिए एक नई मानसिक विधा चाहिए। पंचशील या पांच सिद्धांत यही विधा बताते हैं।"

मार्क्सवाद और समाजवादी विचारधारा में नेहरू की वास्तविक रुचि इसी यात्रा से पैदा हुई, यद्यपि इससे उनके साम्यवादी सिद्धांतों और व्यवहार के ज्ञान में कोई खास वृद्धि नहीं हुईं बाद में जेल यात्राओं के दौरान उन्हें अधिक गहराई से मार्क्सवाद के अध्ययन का मौका मिला। इसके सिद्धांतों में उनकी रुचि थी, लेकिन इसके कुछ तरीकों से विकर्षित होने के कारण वह कार्ल मार्क्स की कृतियों को सारे प्रश्नों का उत्तर देने वाले शास्त्रों के रूप में स्वीकार नहीं कर पाए। फिर भी मार्क्सवाद ही उनकी आर्थिक विचारधारा का मानदंड रहा, जिसमें आवश्यकता पड़ने पर भारतीय परिस्थितियों के अनुसार फेरबदल किया गया।

पहला चुनाव प्रचार

देश के पहले प्रधानमंत्री जवाहर लाल नेहरू का पहला चुनाव प्रचार भी यादगार है। एक कमेंटेटर के मुताबिक कांग्रेस का चुनाव प्रचार केवल नेहरू पर केन्द्रित था। चुनाव में नेहरू ने सड़क, रेल, पानी और हवाई जहाज सभी का सहारा लिया। उन्होंने 25,000 मील की दूरी तय की। 18,000 मील हवाई जहाज से, 5200 मील कार से, 1600 मील ट्रेन से और 90 मील नाव से। चुनाव आयोग के लिए राहत की बात ये थी कि निरक्षरता के बावजूद पूरे देश में 60 प्रतिशत

वोटिंग हुई जबकि पहले लोकसभा चुनावों में कांग्रेस को सबसे ज्यादा 364 सीटें मिली थी।

राज्यों का पुनर्गठन

नेहरू के समय में एक और अहम फैसला भाषाई आधार पर राज्यों के पुनर्गठन का था। इसके लिए राज्य पुनर्गठन कानून (1956) पास किया गया। आजादी के बाद भारत में राज्यों की सीमाओं में हुआ यह सबसे बड़ा बदलाव था। इसके तहत 14 राज्यों और छह केंद्र शासित प्रदेशों की स्थापना हुई इसी कानून के तहत केरल और बॉम्बे को राज्य का दर्जा मिला। संविधान में एक नया अनुच्छेद जोड़ा गया जिसके तहत भाषाई अल्पसंख्यकों को उनकी मातृभाषा में शिक्षा प्राप्त करने का अधिकार मिला।

जवाहर लाल नेहरू का समाजवाद नेहरू पर काल मार्क्स और महात्मा गांधी दोनो का गम्भीर प्रभाव था। चूंकी वे महात्मा गांधी के घोषित उत्तराधिकारी थे और 17 सालों तक पूरी मजबूती के साथ भारत के प्रधानमंत्री रहे, इसलिए उनकी समाजवादी मानयताएं व्यवहारिक स्तर पर भारतीय राजनीति और समाज को काफी हद तक प्रभावित कर सकी। जवाहर लाल नेहरू के समाजवाद को निम्नलिखित बिंदुओं की मदद से समझा जा सकता है—

1. नेहरू लोकतांत्रिक समाजवादी विचारक थे। वे मार्क्स वाद के कुछ विचारों से प्रभावित थे जैसे—उनका पारंपरिक धर्मों के प्रति वही नजरिया था जो मार्क्स का था। उन्होंने 'मेरी कहानी' में लिखा भी है कि पारंपरिक धर्मो ने मानव को नुकसान ज्यादा तथा लाभ कम पहुंचाया हैं। मार्क्स ने ईश्वर और आत्मा जैसी अलौकिक सत्ताओं का खंडन अपनी भौतिकवादी विचारधारा के आधार पर किया था। नेहरू भी भौतिकवादी हैं, अतः ईश्वर या आत्मा जैसी अलौकिक सत्ताओं पर विश्वास नहीं करते हैं। मार्क्स के ऐतिहासिक भौतिकवाद का भी नेहरू ने काफी समर्थन किया है। नेहरू मानते थे कि इतिहास को समझने के लिए अर्थव्यवस्था को ही केन्द्र में रखा जाना चाहिए। उन्होंने 'डिस्कवरी (खोज) ऑफ (की) इंडिया (भारत)' में भारत के इतिहास की व्याख्या में आर्थिक तत्वों को काफी अधिक महत्त्व दिया है। सोवियत संघ की आर्थिक आयोजन प्रणाली का प्रभाव भी नेहरू पर था। इन्होंने पंचवर्षीय योजना की अवधारणा सोवियत संघ से ही ली। मार्क्स का मानना था कि औद्योगिक विकास से ही समृद्धि बढ़ेगी और उसी के आधार पर

समाजवाद व साम्यवाद का आगमन होगा। नेहरू ने गांधी के विरोध में जाकर भी औद्योगीकरण का समर्थन किया तथा उद्योग धंधों व बांधों को 'आधुनिक भारत का मंदिर' कहा। इसी प्रकार, उत्पादन के बड़े साधनों का राष्ट्रीयकरण करना भी सोवियत संघ के समाजवाद से प्रेरित था।

2. किन्तु, नेहरू का समाजवाद पूरी तरह मार्क्सवाद से प्रभावित नहीं था। निम्नलिखित बिन्दुओं पर वे मार्क्सवाद से भिन्न विचार रखते हैं—नेहरू ने 'राष्ट्रवाद' का वैसा विरोध नहीं किया जैसा कि मार्क्स ने किया था। नेहरू 'सांस्कृतिक राष्ट्रवाद' के समर्थक तो नहीं हैं किन्तु राष्ट्र को एक व्यावहारिक इकाई के रूप में स्वीकार करते है। नेहरू ने वर्ग संघर्ष तथा 'हिंसक क्रांति' के विचार को स्वीकर नहीं किया। इसके स्थान पर उन्होंने गांधी से प्रभावित होकर अहिंसा और वर्ग सहयोग की धारणाओं को स्वीकार किया। मार्क्स ने 'सर्वहारा की तानाशाही' का सिद्धांत प्रतिपादित किया था जो नेहरू के समय में सोवियत संघ और चीन में प्रचलित भी था, किन्तु नेहरू ने लोकतांत्रिक माध्यम से ही समाजवाद की उपलब्धि के लक्ष्य को स्वीकारा। नेहरू ने ऐतिहासिक भौतिकवाद में निहित दृष्टिकोण का समर्थन किया, किन्तु स्पष्ट रूप से कहा कि भविष्य के प्रति निर्धारणवादी व्याख्या स्वीकार नहीं की जा सकती। मार्क्स निजी संपत्ति तथा पूंजीवादी प्रणाली के पूर्ण विरोधी थे। नेहरू ने समाजवादी व्यवस्था के अंतर्गत भी निजी संपत्ति और निजी उद्यमशीलता को आंशिक रूप से स्वीकार किया अर्थात् मिश्रित अर्थव्यवस्था के मार्ग को चुना।

भारत की स्वतंत्रता में जवाहर लाल नेहरू का योगदान

जवाहर लाल नेहरू महात्मा गांधी के कंधे से कंधा मिलाकर अंग्रेजों के खिलाफ लड़े। चाहे असहयोग आंदोलन की बात हो या फिर नमक सत्याग्रह या फिर 1942 के भारत छोड़ो आंदोलन की बात हो उन्होंने गांधी जी के हर आंदोलन में बढ़-चढ़ कर भाग लिया। मलिक ने बताया कि नेहरू की विश्व के बारे में जानकारी से गांधी जी काफी प्रभावित थे और इसीलिए आजादी के बाद वह उन्हें प्रधानमंत्री पद पर देखना चाहते थे। सन् 1920 में उन्होंने उत्तर प्रदेश के प्रतापगढ़ जिले में पहले किसान मार्च का आयोजन किया। 1923 में वह अखिल भारतीय कांग्रेस समिति के महासचिव चुने गए।

साइमन कमीशन के विरुद्ध लखनऊ के प्रदर्शन में उन्होंने भाग लिया। एक

अहिंसात्मक सत्याग्रही होने पर भी उन्हें पुलिस की लाठियों की गहरी मार सहनी पड़ी। 1928 ई. में वे भारतीय राष्ट्रीय कांग्रेस के महामंत्री बने 1929 के लाहौर अधिवेशन के बाद नेहरू देश के बुद्धिजीवियों और युवाओं के नेता के रूप में उभरे। नेहरू जी ने कहा था–

"मेरे विचार में, हम भारतवासियों के लिए–एक विदेशी भाषा को अपनी सरकारी भाषा के रूप में स्वीकारना सरासर अशोभनीय होगा। मैं आपको कह सकता हूं कि बहुत बार जब हम लोग विदेशों में जाते हैं, और हमें अपने ही देशवासियों से अंग्रेजी में बातचीत करनी पड़ती है, तो मुझे कितना बुरा लगता है। लोगों को बहुत ताज्जुब होता है, और वे हमसे पूछते हैं कि हमारी कोई भाषा नहीं है? हमें विदेशी भाषा में क्यों बोलना पड़ता हैं?"

यह सोचकर कि उस समय अतिवादी वामपंथी धारा की ओर आकर्षित हो रहे युवाओं को नेहरू कांग्रेस आंदोलन की मुख्यधारा में शामिल कर सकेंगे, गांधी ने बुद्धिमानीपूर्वक कुछ वरिष्ठ नेताओं को अनदेखा करते हुए उन्हें कांग्रेस पार्टी का अध्यक्ष बना दिया। महात्मा का यह आकलन भी सही था कि इस अतिरिक्त जिम्मेदारी के साथ नेहरू भी मध्यम मार्ग पर कायम रहेंगे।

राजनीतिक उत्तराधिकारी के रूप में

1931 में पिता की मृत्यु के बाद जवाहर लाल कांग्रेस की केंद्रीय परिषद में शामिल हो गए और महात्मा के अंतरंग बन गए। यद्यपि 1942 तक गांधी ने आधिकारिक रूप से उन्हें अपना राजनीतिक उत्तराधिकारी घोषित नहीं किया था, पर 1930 के दशक के मध्य में ही देश को गांधी जी के स्वाभाविक उत्तराधिकारी के रूप में नेहरू दिखाई देने लगे थे। मार्च 1931 में महात्मा और ब्रिटिश वाइसरॉय लॉर्ड इरविन (बाद में लॉर्ड हैलिफैक्स) के बीच हुए गांधी-इरविन समझौते से भारत के दो प्रमुख नेताओं के बीच समझौते का आभास मिलने लगा। इसने एक साल पहले शुरू किए गए गांधी के प्रभावशाली सविनय अवज्ञा आन्दोलन को तेजी प्रदान की, जिसके दौरान नेहरू को गिरफ्तार किया गया।

गोलमेज सम्मेलन

यह आशा कि गांधी-इरविन समझौता भारत और ब्रिटेन के संबंधों में शांति का पूर्वाभास साबित होगा, साकार नहीं हुई; लॉर्ड वैलिंगडन (जिन्होंने वायसरॉय के

रूप में 1931 में लॉर्ड इरविन का स्थान लिया) ने दूसरे गोलमेज सम्मेलन के बाद लंदन से स्वदेश लौटने के कुछ ही समय बाद जनवरी 1932 में गांधी को जेल भेज दिया। उन पर फिर से सविनय अवज्ञा आन्दोलन शुरू करने के प्रयास का आरोप लगाया गया। नेहरू को भी गिरफ्तार करके दो साल के कारावास की सजा दी गई।

प्रांतीय स्वशासन

भारत में स्वशासन की स्थापना की प्रक्रिया को आगे बढ़ाने के लिए लंदन में हुए गोलमेज सम्मेलनों की परिणति अंततः 1935 के गवर्नमेंट ऑफ इंडिया ऐक्ट के रूप में हुई, जिसके तहत भारतीय प्रांतों के लोकप्रिय स्वशासी सरकार की प्रणाली प्रदान की गईं आखिरकार इससे एक संघीय प्रणाली का जन्म हुआ, जिसमें स्वायत्तशासी प्रांत और रजवाड़े शामिल थे। संघ कभी अस्तित्व में नहीं आया, लेकिन प्रांतीय स्वशासन लागू हो गया। नेहरू जी ने कहा था–

''आप में जितना अधिक अनुशासन होगा, आप में उतनी ही आगे बढ़ने की शक्ति होगी। कोई भी देश–जिसमें न तो थोपा गया अनुशासन है, और न आत्मा-अनुशासन बहुत समय तक नहीं टिक सकता।''

पूर्व राष्ट्रपति डॉ. राधाकृष्णन के अनुसार, "जवाहर लाल नेहरू हमारी पीढ़ी के एक महानतम व्यक्ति थे। वह एक ऐसे अद्वितीय राजनीतिज्ञ थे, जिनकी मानव-मुक्ति के प्रति सेवाएं चिरस्मरणीय रहेंगी। स्वाधीनता-संग्राम के योद्धा के रूप में वह यशस्वी थे और आधुनिक भारत के निर्माण के लिए उनका अंशदान अभूतपूर्व था।"

1930 के दशक के मध्य में नेहरू यूरोप के घटनाक्रम के प्रति ज्यादा चिंतित थे, जो एक अन्य विश्व युद्ध की ओर बढ़ता प्रतीत हो रहा था। 1936 के आरंभ में वह अपनी बीमार पत्नी के इलाज के लिए यूरोप में थे। इसके कुछ ही समय बाद स्विट्जरलैंड के एक सेनीटोरियम में उनकी पत्नी की मृत्यु हो गईं उस समय भी उन्होंने इस बात पर बल दिया कि युद्ध की स्थिति में भारत का स्थान लोकतांत्रिक देशों के साथ होगा, हालांकि वह इस बात पर भी जोर देते थे कि भारत एक स्वतंत्र देशों के रूप में ही ग्रेट ब्रिटेन और फ्रांस के समर्थन में युद्ध कर सकता है।

कांग्रेस और मुस्लिम लीग के बीच विवाद

प्रांतीय स्वायत्तता लागू होने के बाद हुए चुनाव में अधिकांश प्रांतों में कांग्रेस पार्टी सत्तारूढ़ हुई, तो नेहरू दुविधा में पड़ गए। चुनावों में मुहम्मद अली जिन्ना (जो पाकिस्तान के जनक बने) के नेतृत्व में मुस्लिम लीग का प्रदर्शन अच्छा नहीं रहा। इसलिए कांग्रेस ने अदूरदर्शिता दिखाते हुए कुछ प्रांतों में मुस्लिम लीग और कांग्रेस की गठबंधन सरकार बनाने के जिन्ना के अनुरोध को ठुकरा दिया। इस निर्णय में नेहरू की कोई भूमिका नहीं थी। इसके फलस्वरूप कांग्रेस और मुस्लिम लीग के बीच के विवाद ने अंततः हिन्दुओं और मुसलमानों के बीच संघर्ष का रूप ले लिया, जिसकी परिणति भारत के विभाजन और पाकिस्तान के गठन के रूप में हुई।

आलोचना

बहुत से लोगों का विचार है कि नेहरू ने अन्य नेताओं की तुलना में भारत के स्वतंत्रता संग्राम में बहुत कम योगदान दिया था फिर भी गांधीजी ने उन्हें भारत का प्रथम प्रधानमंत्री बना दिया। स्वतंत्रता के बाद कई दशकों तक भारतीय लोकतंत्र में सत्ता के सूत्रधारों ने प्रकारान्तर से देश में राज्य तंत्र चलाया, विचारधारा के स्थान पर व्यक्ति पूजा को प्रतिष्ठित किया और तथाकथित लोकप्रियता के प्रभामंडल से आवेष्टित रह लोकहित की पूर्णतः उपेक्षा की।

नेहरू को महात्मा गांधी के राजनीतिक उत्तराधिकारी के तौर जाना जाता है। गांधी पर यह आरोप भी लगता है कि उन्होंने राजनीति में नेहरू को आगे बढ़ाने का काम सरदार वल्लभभाई पटेल समेत कई सक्षम नेताओं की कीमत पर किया। जब आजादी के ठीक पहले कांग्रेस अध्यक्ष बनने की बात थी और माना जा रहा था कि जो कांग्रेस अध्यक्ष बनेगा वही आजाद भारत का पहला प्रधानमंत्री होगा तब भी गांधी ने प्रदेश कांग्रेस समितियों की सिफारिशों को अनदेखा करते हुए नेहरू को ही अध्यक्ष बनाने की दिशा में सफलतापूर्वक प्रयास किया। इससे एक आम धारणा यह बनती है कि नेहरू ने न सिर्फ महात्मा गांधी के विचारों को आगे बढ़ाने का काम किया होगा बल्कि उन्होंने उन कार्यों को भी पूरा करने की दिशा में अपनी पूरी कोशिश की होगी जिन्हें खुद गांधी नहीं पूरा कर पाए। लेकिन सच्चाई इसके उलट है। यह बात कोई और नहीं बल्कि कभी नेहरू के साथ एक टीम के तौर पर काम करने वाले जयप्रकाश नारायण ने 1978 में आई पुस्तक 'गांधी टूडे' की भूमिका में कही थी। जेपी ने नेहरू के बारे में कुछ कहा है तो उसकी

विश्वसनीयता को लेकर कोई संदेह नहीं होना चाहिए क्योंकि नेहरू से जेपी की नजदीकी भी थी और मित्रता भी। लेकिन इसके बावजूद जेपी ने नेहरू मॉडल की खामियों को उजागर किया।

लेखन-कार्य एवं प्रकाशन

समस्त राजनीतिक विवादों से दूर नेहरू जी निःसंदेह एक उत्तम लेखक थे। राजनीतिक क्षेत्र में लोकमान्य तिलक के बाद जम कर लिखने वाले नेताओं में वे अलग से पहचाने जाते हैं। दोनों के क्षेत्र अलग हैं, परंतु दोनों के लेखन में सुसंबद्धता पर्याप्त मात्रा में विद्यमान है।

नेहरू जी स्वभाव से ही स्वाध्यायी थे। उन्होंने महान् ग्रंथों का अध्ययन किया था। सभी राजनैतिक उत्तेजनाओं के बावजूद वे स्वाध्याय के लिए रोज ही समय निकाल लिया करते थे। परिणामस्वरूप उनके द्वारा रचित पुस्तकें भी एक अध्ययन-पुष्ट व्यक्ति की रचना होने की सहज प्रतीति कराती हैं।

नेहरू जी ने व्यवस्थित रूप से अनेक पुस्तकों की रचना की है। राजनीतिक जीवन के व्यस्ततम संघर्षपूर्ण दिनों में लेखन हेतु समय के नितांत अभाव का हल उन्होंने यह निकाला कि जेल के लंबे नीरस दिनों को सर्जनात्मक बना लिया जाय। इसलिए उनकी अधिकांश पुस्तकें जेल में ही लिखी गयी हैं। उनके लेखन में एक साहित्यकार के भावप्रवण तथा एक इतिहासकार के खोजी हृदय का मिला-जुला रूप सामने आया है।

इंदिरा गांधी को काल्पनिक पत्र लिखने के बहाने उन्होंने विश्व इतिहास का अध्याय-दर-अध्याय लिख डाला। ये पत्र वास्तव में कभी भेजे नहीं गए, परंतु इससे विश्व इतिहास की झलक जैसा सहज संप्रेष्य तथा सुसंबद्ध ग्रंथ सहज ही तैयार हो गया। भारत की खोज (डिस्कवरी ऑफ इंडिया) ने लोकप्रियता के अलग प्रतिमान रचे हैं, जिस पर आधारित भारत एक खोज नाम से एक उत्तम धारावाहिक का निर्माण भी हुआ है। उनकी आत्मकथा मेरी कहानी (ऐन ऑटो बायोग्राफी) के बारे में सुप्रसिद्ध मनीषी सर्वपल्ली राधाकृष्णन का मानना है कि उनकी आत्मकथा, जिसमें आत्मकरुणा या नैतिक श्रेष्ठता को जरा भी प्रमाणित करने की चेष्टा किए बिना उनके जीवन और संघर्ष की कहानी बयान की गयी है, हमारे युग की सबसे अधिक उल्लेखनीय पुस्तकों में से एक है।

इन पुस्तकों के अतिरिक्त नेहरू जी ने अगणित व्याख्यान दिए, लेख लिखे तथा पत्र लिखे। इनके प्रकाशन हेतु 'जवाहरलाल नेहरू स्मारक निधि' ने एक ग्रंथ-माला के प्रकाशन का निश्चय किया। इसमें सरकारी चिट्ठियों, विज्ञप्तियों आदि को छोड़कर स्थायी महत्त्व की सामग्रियों को चुनकर प्रकाशित किया गया। जवाहरलाल नेहरू वाङ्मय नामक इस ग्रंथ माला का प्रकाशन अंग्रेजी में 15 खंडों में हुआ तथा हिंदी में सस्ता साहित्य मंडल ने इसे 11 खंडों में प्रकाशित किया है।

प्रकाशित पुस्तकें

- पिता के पत्र : पुत्री के नाम–1929
- विश्व इतिहास की झलक (ग्लिंप्सेज ऑफ वर्ल्ड हिस्ट्री)–(दो खंडों में) 1933
- मेरी कहानी (ऐन ऑटो बायोग्राफी)–1936
- भारत की खोज/हिन्दुस्तान की कहानी (दि डिस्कवरी ऑफ इंडिया)–1945
- राजनीति से दूर
- इतिहास के महापुरुष
- राष्ट्रपिता
- जवाहरलाल नेहरू वाङ्मय (11 खंडों में)

❖❖❖

5

गुलजारी लाल नंदा
(Gulzari Lal Nanda)

भारत के द्वितीय प्रधानमंत्री (कार्यवाहक)

गुलजारी लाल नंदा

कार्यकाल : 27 मई 1964 से 9 जून 1964 तक फिर 11 जनवरी 1966 से 24 जनवरी 1966 तक

जन्म : 4 जुलाई 1898, सियालकोट, पंजाब, पाकिस्तान

मृत्यु : 15 जनवरी 1998

पिता का नाम : श्री बुलाकी राम नंदा

माता का नाम : श्रीमति ईश्वर देवी नंदा

जीवन संगीनी : श्रीमति लक्ष्मी नंदा

बच्चे : महाराज किशन मेहता, नरेन्द्र नंदा, पुष्पा नाइक

पेशा : प्रोफेसर, अर्थशास्त्री, राजनेता, सामाजिक कार्यकर्त्ता

राजनीतिक दल : भारतीय राष्ट्रीय कांग्रेस

पुरस्कार : भारत रत्न (1997) और दूसरा सर्वश्रेष्ठ नागरिक सम्मान पद्म विभूषण

गुलजारी लाल नंदा (4 जुलाई, 1898-15 जनवरी, 1998) भारतीय राजनीतिज्ञ थे। उनका जन्म सियालकोट, पंजाब, पाकिस्तान में हुआ था। वे 1964 में प्रथम भारतीय प्रधानमंत्री जवाहर लाल नेहरू की मृत्यु पश्चात् भारत के प्रधानमंत्री बने। कांग्रेस पार्टी के प्रति समर्पित गुलजारी लाल नंदा प्रथम बार पंडित जवाहरलाल नेहरू की मृत्यु के बाद 1964 में कार्यवाहक प्रधानमंत्री बनाए गए। दूसरी बार लाल बहादुर शास्त्री की मृत्यु के बाद 1966 में यह कार्यवाहक प्रधानमंत्री बने। इनका कार्यकाल दोनों बार उसी समय तक सीमित रहा जब तक की कांग्रेस पार्टी ने अपने नए नेता का चयन नहीं कर लिया।

जन्म एवं परिवार

नंदाजी के रूप में विख्यात गुलजारी लाल नंदा का जन्म 4 जुलाई 1898 को सियालकोट में हुआ था, जो अब पश्चिमी पाकिस्तान का हिस्सा है। इनके पिता का नाम बुलाकी राम नंदा तथा माता का नाम श्रीमती ईश्वर देवी नंदा था। नंदा की प्राथमिक शिक्षा सियालकोट में ही सम्पन्न हुई। इसके बाद उन्होंने लाहौर के 'फोरमैन क्रिश्चियन कॉलेज' तथा इलाहाबाद विश्वविद्यालय में अध्ययन किया। गुलजारी लाल नंदा ने कला संकाय में स्नातकोत्तर एवं कानून की स्नातक उपाधि प्राप्त की। इनका विवाह 1916 में 18 वर्ष की उम्र में ही लक्ष्मी देवी के साथ सम्पन्न हो गया था। इनके परिवार में दो पुत्र और एक पुत्री सम्मिलित हुए।

व्यक्तिगत जीवन

गुलजारी लाल नंदा एक राष्ट्रभक्त व्यक्ति थे। इस कारण भारत के स्वाधीनता संग्राम में इनका काफी योगदान रहा। नंदाजी का जीवन आरम्भ से ही राष्ट्र के प्रति समर्पित था। 1921 में उन्होंने असहयोग आंदोलन में भाग लिया। नंदाजी बहुमुखी प्रतिभा के धनी थे। उन्होंने मुम्बई के नेशनल कॉलेज में अर्थशास्त्र के व्याख्याता के रूप में अपनी सेवाएँ प्रदान कीं। अहमदाबाद की टेक्सटाइल्स इंडस्ट्री में यह लेबर एसोसिएशन के सचिव भी रहे और 1922 से 1946 तक का लम्बा समय इन्होंने इस पद पर गुजारा। यह श्रमिकों की समस्याओं को लेकर सदैव जागरूक रहे और उनका निदान करने का प्रयास करते रहे। 1932 में सत्याग्रह आंदोलन के दौरान और 1942-1944 में भारत छोड़ों आंदोलन के समय इन्हें जेल भी जाना पड़ा।

राजनीतिक जीवन

नंदाजी मुम्बई की विधानसभा में 1937 से 1939 तक और 1947 से 1950 तक विधायक रहे। इस दौरान उन्होंने श्रम एवं आवास मंत्रालय का कार्यभार मुम्बई सरकार में रहते हुए देखा। 1947 में 'इंडियन नेशनल ट्रेड यूनियन कांग्रेस' की स्थापना हुई और इसका श्रेय नंदाजी को जाता है। मुम्बई सरकार में रहने के दौरान गुलजारी लाल नंदा की प्रतिभा को रेखांकित करने के बाद इन्हें कांग्रेस आलाकमान ने दिल्ली बुला लिया। यह 1950-1951, 1952-1953 और 1960-1963 में भारत के योजना आयोग के उपाध्यक्ष पद पर रहे। ऐसे में भारत की पंचवर्षीय योजनाओं में इनका काफी सहयोग पंडित जवाहरलाल नेहरू को प्राप्त हुआ। इस दौरान उन्होंने निम्नवत् प्रकार से केंद्रीय सरकार को सहयोग प्रदान किया–

गुलजारी लाल नंदा केंद्रीय मंत्रिमंडल में कैबिनेट मंत्री रहे और स्वतंत्र मंत्रालयों का कार्यभार सम्भाला। नंदाजी ने योजना मंत्रालय का कार्यभार सितम्बर 1951 से मई 1952 तक निष्ठापूर्वक सम्भाला। नंदाजी ने योजना आयोग एवं नदी घाटी परियोजनाओं का कार्य मई 1952 से जून 1955 तक देखा। नंदाजी ने योजना, सिंचाई एवं ऊर्जा के मंत्रालयिक कार्यों को अप्रैल 1957 से 1967 तक देखा। नंदाजी ने श्रम एवं रोजगार मंत्रालय का कार्य मार्च 1963 से जनवरी 1964 तक सफलतापूर्वक देखा।

कार्यवाहक प्रधानमंत्री पद पर

नंदाजी ने मंत्रिमंडल में वरिष्ठतम सहयोगी होने के कारण दो बार कार्यवाहक प्रधानमंत्री का दायित्व सम्भाला। इनका प्रथम कार्यकाल 27 मई 1964 से 9 जून 1964 तक रहा, जब पंडित जवाहर लाल नेहरू का निधन हुआ था। दूसरा कार्यकाल 11 जनवरी 1966 से 24 जनवरी 1966 तक रहा, जब लाल बहादुर शास्त्री का ताशकंद में देहान्त हुआ। नंदाजी प्रथम पाँच आम चुनावों में लोकसभा के सदस्य निर्वाचित हुए।

लेखन कार्य

नंदाजी ने एक लेखक की भूमिका अदा करते हुए कई पुस्तकों की रचना की। जिनके नाम इस प्रकार हैं–सम आस्पेक्ट्स ऑफ खादी, अप्रोच टू द सेकंड

फाइव इयर प्लान, गुरु तेगबहादुर, संत एंड सेवियर, हिस्ट्री ऑफ एडजस्टमेंट इन द अहमदाबाद टेक्सटाल्स, फॉर ए मौरल रिवोल्युशन तथा सम बेसिक कंसीड्रेशन।

पुरस्कार

गुलजारी लाल नंदा को देश का सर्वोच्च सम्मान भारत रत्न (1997) और दूसरा सर्वश्रेष्ठ नागरिक सम्मान पद्म विभूषण प्रदान किया गया।

निधन

नंदा दीर्घायु हुए और 100 वर्ष की अवस्था में इनका निधन 15 जनवरी 1998 को हुआ। इन्हें एक स्वच्छ छवि वाले गांधीवादी राजनेता के रूप में सदैव याद रखा जाएगा।

❖❖❖

6

लाल बहादुर शास्त्री
(Lal Bahadur Shastri)

भारत के द्वितीय प्रधानमंत्री

लाल बहादुर शास्त्री

कार्यकाल : 9 जून 1964 से 11 जनवरी 1966

जन्म : 2 अक्तूबर 1904, मुगलसराय, उ.प्र.

मृत्यु : 11 जनवरी 1966, ताशकंद, सोवियत संघ

पिता का नाम : श्री मुंशी शारदा प्रसाद श्रीवास्तव

माता का नाम : श्रीमति रामदुलारी देवी

जीवन संगीनी : श्रीमति ललिता शास्त्री

बच्चे : अनिल शास्त्री, अशोक शास्त्री, सुनील शास्त्री, सुमन शास्त्री, हरिकृष्ण शास्त्री, कुसुम शास्त्री

पेशा : राजनेता, सामाजिक कार्यकर्त्ता

राजनीतिक दल : भारतीय राष्ट्रीय कांग्रेस

पुरस्कार : भारत रत्न

लाल बहादुर शास्त्री (जन्म : 2 अक्टूबर 1904 मुगलसराय; मृत्यु : 11 जनवरी 1966 ताशकन्द), भारत के दूसरे प्रधानमंत्री थे। वह 9 जून 1964 से 11

जनवरी 1966 को अपनी मृत्यु तक लगभग अठारह महीने भारत के प्रधानमंत्री रहे। इस प्रमुख पद पर उनका कार्यकाल अद्वितीय रहा।

भारत की स्वतंत्रता के पश्चात् शास्त्रीजी को उत्तर प्रदेश के संसदीय सचिव के रूप में नियुक्त किया गया था। गोविंद बल्लभ पंत के मंत्रिमंडल में उन्हें पुलिस एवं परिवहन मंत्रालय सौंपा गया। परिवहन मंत्री के कार्यकाल में उन्होंने प्रथम बार महिला संवाहकों (कण्डक्टर्स) की नियुक्ति की थी। पुलिस मंत्री होने के बाद उन्होंने भीड़ को नियंत्रण में रखने के लिए लाठी की जगह पानी की बौछार का प्रयोग प्रारम्भ कराया। 1951 में, जवाहरलाल नेहरू के नेतृत्व में वह अखिल भारत कांग्रेस कमेटी के महासचिव नियुक्त किए गए। उन्होंने 1952, 1957 व 1962 के चुनावों में कांग्रेस पार्टी को भारी बहुमत से जिताने के लिए बहुत परिश्रम किया।

जवाहरलाल नेहरू का उनके प्रधानमंत्री के कार्यकाल के दौरान 27 मई, 1964 को देहावसान हो जाने के बाद साफ सुथरी छवि के कारण शास्त्रीजी को 1964 में देश का प्रधानमंत्री बनाया गया। उन्होंने 9 जून 1964 को भारत के प्रधानमंत्री का पद भार ग्रहण किया।

उनके शासन काल में 1965 का भारत पाक युद्ध शुरू हो गया। इससे तीन वर्ष पूर्व चीन का युद्ध भारत हार चुका था। शास्त्रीजी ने अप्रत्याशित रूप से हुए इस युद्ध में नेहरू के मुकाबले राष्ट्र को उत्तम नेतृत्व प्रदान किया और पाकिस्तान को करारी शिकस्त दी। इसकी कल्पना पाकिस्तान ने कभी सपने में भी नहीं की थी।

ताशकन्द में पाकिस्तान के राष्ट्रपति अयूब खान के साथ युद्ध समाप्त करने के समझौते पर हस्ताक्षर करने के बाद 11 जनवरी 1966 की रात में ही रहस्यमय परिस्थितियों में उनकी मृत्यु हो गयी।

उनकी सादगी, देशभक्ति और ईमानदारी के लिए मरणोपरान्त भारत रत्न से सम्मानित किया गया।

संक्षिप्त जीवनी

लाल बहादुर शास्त्री का जन्म 1904 में मुगलसराय (उत्तर प्रदेश) में मुंशी शारदा प्रसाद श्रीवास्तव के यहां हुआ था। उनके पिता प्राथमिक विद्यालय में

शिक्षक थे अतः सब उन्हें मुंशीजी ही कहते थे। बाद में उन्होंने राजस्व विभाग में लिपिक (क्लर्क) की नौकरी कर ली थी। लाल बहादुर की मां का नाम रामदुलारी था। परिवार में सबसे छोटा होने के कारण बालक लाल बहादुर को परिवार वाले प्यार में नन्हें कहकर ही बुलाया करते थे। जब नन्हें अठारह महीने का हुआ दुर्भाग्य से पिता का निधन हो गया। उसकी मां रामदुलारी अपने पिता हजारीलाल के घर मिर्जापुर चली गयीं। कुछ समय बाद उसके नाना भी नहीं रहे। बिना पिता के बालक नन्हें की परवरिश करने में उसके मौसा रघुनाथ प्रसाद ने उसकी मां का बहुत सहयोग किया। ननिहाल में रहते हुए उसने प्राथमिक शिक्षा ग्रहण की। उसके बाद की शिक्षा हरिश्चन्द्र हाई स्कूल और काशी विद्यापीठ में हुई। काशी विद्यापीठ से शास्त्री की उपाधि मिलने के बाद उन्होंने जन्म से चला आ रहा जातिसूचक शब्द श्रीवास्तव हमेशा हमेशा के लिए हटा दिया और अपने नाम के आगे 'शास्त्री' लगा लिया। इसके पश्चात् शास्त्री शब्द लाल बहादुर के नाम का पर्याय ही बन गया।

1928 में उनका विवाह मिर्जापुर निवासी गणेश प्रसाद की पुत्री ललिता से हुआ। ललिता शास्त्री से उनके छः सन्तानें हुईं, दो पुत्रियां–कुसुम व सुमन और चार पुत्र–हरिकृष्ण, अनिल, सुनील व अशोक। उनके चार पुत्रों में से दो–अनिल शास्त्री और सुनील शास्त्री अभी हैं, शेष दो दिवंगत हो चुके हैं। अनिल शास्त्री कांग्रेस पार्टी के एक वरिष्ठ नेता हैं जबकि सुनील शास्त्री भारतीय जनता पार्टी में चले गए।

राजनीतिक जीवन

संस्कृत भाषा में स्नातक स्तर तक की शिक्षा समाप्त करने के पश्चात् वे भारत सेवक संघ से जुड़ गए और देश सेवा का व्रत लेते हुए यहीं से अपने राजनैतिक जीवन की शुरुआत की। शास्त्रीजी सच्चे गांधीवादी थे जिन्होंने अपना सारा जीवन सादगी से बिताया और उसे गरीबों की सेवा में लगाया। भारतीय स्वाधीनता संग्राम के सभी महत्त्वपूर्ण कार्यक्रमों व आंदोलनों में उनकी सक्रिय भागीदारी रही और उसके परिणामस्वरूप उन्हें कई बार जेलों में भी रहना पड़ा। स्वाधीनता संग्राम के जिन आंदोलनों में उनकी महत्त्वपूर्ण भूमिका रही उनमें 1921 का असहयोग आंदोलन, 1930 का दांडी मार्च तथा 1942 का भारत छोड़ो आंदोलन उल्लेखनीय हैं।

दूसरे विश्व युद्ध में इंग्लैण्ड को बुरी तरह उलझता देख जैसे ही नेताजी ने आजाद हिन्द फौज को "दिल्ली चलो" का नारा दिया, गांधी जी ने मौके की नजाकत को भांपते हुए 8 अगस्त 1942 की रात में ही बम्बई से अंग्रेजों को "भारत छोड़ो" व भारतीयों को "करो या मरो" का आदेश जारी किया और सरकारी सुरक्षा में यरवदा पुणे स्थित आगा खान पैलेस में चले गए। 9 अगस्त 1942 के दिन शास्त्रीजी ने इलाहाबाद पहुंचकर इस आंदोलन के गांधीवादी नारे को चतुराई पूर्वक "मरो नहीं, मारो!" में बदल दिया और अप्रत्याशित रूप से क्रान्ति की दावानल को पूरे देश में प्रचण्ड रूप दे दिया। पूरे ग्यारह दिन तक भूमिगत रहते हुए यह आंदोलन चलाने के बाद 19 अगस्त 1942 को शास्त्रीजी गिरफ्तार हो गए।

शास्त्रीजी के राजनीतिक दिग्दर्शकों में पुरुषोत्तम दास टंडन और पंडित गोविंद बल्लभ पंत के अतिरिक्त जवाहर लाल नेहरू भी शामिल थे। सबसे पहले 1929 में इलाहाबाद आने के बाद उन्होंने टण्डनजी के साथ भारत सेवक संघ की इलाहाबाद इकाई के सचिव के रूप में काम करना शुरू किया। इलाहाबाद में रहते हुए ही नेहरूजी के साथ उनकी निकटता बढी। इसके बाद तो शास्त्रीजी का कद निरन्तर बढता ही चला गया और एक के बाद एक सफलता की सीढियां चढते हुए वे नेहरूजी के मंत्रिमंडल में गृहमंत्री के प्रमुख पद तक जा पहुंचे और इतना ही नहीं, नेहरू के निधन के पश्चात् भारतवर्ष के प्रधानमंत्री भी बने।

प्रधानमंत्री

उनकी साफ सुथरी छवि के कारण ही उन्हें 1964 में देश का प्रधानमंत्री बनाया गया। उन्होंने अपने प्रथम संवाददाता सम्मेलन में कहा था कि उनकी शीर्ष प्राथमिकता खाद्यान्न मूल्यों को बढ़ने से रोकना है और वे ऐसा करने में सफल भी रहे। उनके क्रियाकलाप सैद्धान्तिक न होकर पूर्णत—व्यावहारिक और जनता की आवश्यकताओं के अनुरूप थे।

निष्पक्ष रूप से यदि देखा जाए तो शास्त्रीजी का शासन काल बेहद कठिन रहा। पूंजीपति देश पर हावी होना चाहते थे और दुश्मन देश हम पर आक्रमण करने की फिराक में थे। 1965 में अचानक पाकिस्तान ने भारत पर सायं 7.30 बजे हवाई हमला कर दिया। परम्परानुसार राष्ट्रपति ने आपात बैठक बुला ली जिसमें तीनों रक्षा अंगों के प्रमुख व मंत्रिमंडल के सदस्य शामिल थे। संयोग से

प्रधानमंत्री उस बैठक में कुछ देर से पहुंचे। उनके आते ही विचार-विमर्श प्रारम्भ हुआ। तीनों प्रमुखों ने उनसे सारी वस्तुस्थिति समझाते हुए पूछा–"सर! क्या हुक्म है?" शास्त्रीजी ने एक वाक्य में तत्काल उत्तर दिया–"आप देश की रक्षा कीजिए और मुझे बताइये कि हमें क्या करना है?"

शास्त्रीजी ने इस युद्ध में नेहरू के मुकाबले राष्ट्र को उत्तम नेतृत्व प्रदान किया और 'जय जवान-जय किसान' का नारा दिया। इससे भारत की जनता का मनोबल बढ़ा और सारा देश एकजुट हो गया। इसकी कल्पना पाकिस्तान ने कभी सपने में भी नहीं की थी।

भारत पाक युद्ध के दौरान 6 सितम्बर को भारत की 15वी पैदल सैन्य इकाई ने द्वितीय विश्व युद्ध के अनुभवी मेजर जनरल प्रसाद के नेत्तृत्व में इच्छोगिल नहर के पश्चिमी किनारे पर पाकिस्तान के बहुत बड़े हमले का डटकर मुकाबला किया। इच्छोगिल नहर भारत और पाकिस्तान की वास्तविक सीमा थी। इस हमले में खुद मेजर जनरल प्रसाद के काफिले पर भी भीषण हमला हुआ और उन्हें अपना वाहन छोड़ कर पीछे हटना पड़ा। भारतीय थलसेना ने दुगनी शक्ति से प्रत्याक्रमण करके बरकी गांव के समीप नहर को पार करने में सफलता अर्जित की। इससे भारतीय सेना लाहौर के हवाई अड्डे पर हमला करने की सीमा के भीतर पहुंच गयी। इस अप्रत्याशित आक्रमण से घबराकर अमेरिका ने अपने नागरिकों को लाहौर से निकालने के लिए कुछ समय के लिए युद्ध विराम की अपील की।

आखिरकार रूस और अमरिका की मिलीभगत से शास्त्रीजी पर जोर डाला गया। उन्हें एक सोची समझी साजिश के तहत रूस बुलवाया गया जिसे उन्होंने स्वीकार कर लिया। हमेशा उनके साथ जाने वाली उनकी पत्नी ललिता शास्त्री को बहला फुसलाकर इस बात के लिए मनाया गया कि वे शास्त्रीजी के साथ रूस की राजधानी ताशकन्द न जायें और वे भी मान गयीं। अपनी इस भूल का श्रीमती ललिता शास्त्री को मृत्युपर्यन्त पछतावा रहा। जब समझौता वार्ता चली तो शास्त्रीजी की एक ही जिद थी कि उन्हें बाकी सब शर्तें मंजूर हैं परन्तु जीती हुई जमीन पाकिस्तान को लौटाना हरगिज मंजूर नहीं। काफी जद्दोजहेद के बाद शास्त्रीजी पर अंतर्राष्ट्रीय दबाव बनाकर ताशकन्द समझौते के दस्तावेज पर हस्ताक्षर करा लिए गए। उन्होंने यह कहते हुए हस्ताक्षर किए थे कि वे हस्ताक्षर जरूर कर रहे हैं पर यह जमीन कोई दूसरा प्रधानमंत्री ही लौटाएगा, वे नहीं।

पाकिस्तान के राष्ट्रपति अयूब खान के साथ युद्ध विराम के समझौते पर हस्ताक्षर करने के कुछ घण्टे बाद 11 जनवरी 1966 की रात में ही उनकी मृत्यु हो गयी। यह आज तक रहस्य बना हुआ है कि क्या वाकई शास्त्रीजी की मौत हृदयाघात के कारण हुई थी? कई लोग उनकी मौत की वजह जहर को ही मानते हैं।

शास्त्रीजी को उनकी सादगी, देशभक्ति और ईमानदारी के लिए आज भी पूरा भारत श्रद्धापूर्वक याद करता है। उन्हें मरणोपरान्त वर्ष 1966 में भारत रत्न से सम्मानित किया गया।

लाल बहादुर शास्त्री के अनमोल वचन

भारत के दूसरे प्रधानमंत्री श्री लाल बहादुर शास्त्री दिखने में तो साधारण परन्तु चट्टान जैसी दृढ़ता और शेर जैसे निर्भीक व्यक्तित्व के मालिक थे। देश के लिए अपना जीवन न्योछावर करने वाले शास्त्री जी का जन्म उत्तर प्रदेश के मुगलसराय के एक साधारण परिवार में हुआ था। बचपन से ही इनका जीवन संघर्ष संघर्ष पूर्ण रहा था और अपनी उच्च शिक्षा प्राप्त करने के लिए इन्हें कई मील नंगे पैर पैदल, गर्मी की मार सहते हुए, लावे की तरह गरम सड़कों पर चलना पड़ता था।

जवाहर लाल नेहरू का उनके प्रधानमंत्री के कार्यकाल के दौरान 27 मई, 1964 को देहावसान हो जाने के बाद साफ सुथरी छवि के कारण शास्त्रीजी को 1964 में देश का प्रधानमंत्री बनाया गया। उन्होंने 9 जून 1964 को भारत के प्रधान मंत्री का पद भार ग्रहण किया।

उनके शासनकाल में 1965 का भारत पाक युद्ध शुरू हो गया। इससे तीन वर्ष पूर्व चीन का युद्ध भारत हार चुका था। शास्त्रीजी ने अप्रत्याशित रूप से हुए इस युद्ध में नेहरू के मुकाबले राष्ट्र को उत्तम नेतृत्व प्रदान किया और पाकिस्तान को करारी शिकस्त दी। इसकी कल्पना पाकिस्तान ने कभी सपने में भी नहीं की थी।

प्रधानमंत्री लाल बहादुर शास्त्री ने 26 जनवरी, 1965 को देश के जवानों और किसानों को अपने कर्म और निष्ठा के प्रति सुदृढ़ रहने और देश को खाद्य के क्षेत्र में आत्म निर्भर बनाने के उद्देश्य से 'जय जवान, जय किसान' का नारा दिया। यह नारा आज भी भारतवर्ष में लोकप्रिय है।

उजबेकिस्तान की राजधानी ताशकंद में पाकिस्तान के राष्ट्रपति अयूब खान के साथ युद्ध समाप्त करने के समझौते पर हस्ताक्षर करने के पश्चात 11 जनवरी, 1966 की रात को रहस्यमय परिस्थितियों में उनकी मृत्यु हो गई।

उनकी सादगी, देशभक्ति और ईमानदारी के लिए मरणोपरान्त उन्हें 'भारत रत्न' से सम्मानित किया गया।

लाल बहादुर शास्त्री का जीवन आज के नवयुवकों और पीढी के लिए प्रेरणा का एक असीम स्रोत है, उनके अनमोल विचारों से भी उनके संघर्ष, दृढ निश्चय और बुलंद इरादों की झलक साफ मिलती है, आइए उनके सर्वश्रेष्ट विचारों को पढ़ें और इनसे कुछ न कुछ सीखकर अपने जीवन में लागू करें।

- "मेरे विचार से पूरे देश के लिए एक संपर्क भाषा का होना आवश्यक है, अन्यथा इसका तात्पर्य यह होगा कि भाषा के आधार पर देश का विभाजन हो जाएगा। एक प्रकार से एकता छिन्न-भिन्न हो जाएगी... भाषा एक ऐसा सशक्त बल है, एक ऐसा कारक है जो हमें और हमारे देश को एकजुट करता है। यह क्षमता हिन्दी में है।"
- "जब स्वतंत्रता और अखंडता खतरे में हो, तो पूरी शक्ति से उस चुनौती का मुकाबला करना ही एकमात्र कर्त्तव्य होता है, हमें एक साथ मिलकर किसी भी प्रकार के अपेक्षित बलिदान के लिए दृढ़तापूर्वक तत्पर रहना है।"
- "मुझे ग्रामीण क्षेत्रों, गांवों में, एक मामूली कार्यकर्ता के रूप में लगभग पचास वर्ष तक कार्य करना पड़ा है, इसलिए मेरा ध्यान स्वतः ही उन लोगों की ओर तथा उन क्षेत्रों के हालात पर चला जाता है। मेरे दिमाग में यह बात आती है कि सर्वप्रथम उन लोगों को राहत दी जाए। हर रोज, हर समय मैं यही सोचता हूं कि उन्हें किस प्रकार से राहत पहुंचाई जाए।"
- "यदि लगातार झगड़े होते रहेंगे तथा शत्रुता होती रहेगी तो हमारी जनता को भारी कठिनाइयों का सामना करना पड़ेगा। परस्पर लड़ने की बजाय हमें गरीबी, बीमारी और अज्ञानता से लड़ना चाहिए। दोनों देशों की आम जनता की समस्याएं, आशाएं और आकांक्षाएं एक समान हैं।

उन्हें लड़ाई-झगड़ा और गोला-बारूद नहीं, बल्कि रोटी, कपड़ा और मकान की आवश्यकता है।"

- "आर्थिक मुद्दे हमारे लिए सबसे जरूरी है, जिससे हम अपने सबसे बड़े दुश्मन गरीबी और बेराजगारी से लड़ सके।"
- "लोगों को सच्चा लोकतंत्र और स्वराज कभी भी हिंसा और असत्य से प्राप्त नहीं हो सकता।"
- "कानून का सम्मान किया जाना चाहिए ताकि हमारे लोकतंत्र की बुनियादी संरचना बरकरार रहे और, और भी मजबूत बने।"
- "यदि कोई एक व्यक्ति भी ऐसा रह गया जिसे किसी रूप में अछूत कहा जाए तो भारत को अपना सर शर्म से झुकाना पड़ेगा।"
- "आजादी की रक्षा केवल सैनिकों का काम नहीं है। पूरे देश को मजबूत होना होगा।"
- "हमारा रास्ता सीधा और स्पष्ट है। अपने देश में सबके लिए स्वतंत्रता और संपन्नता के साथ समाजवादी लोकतंत्र की स्थापना और अन्य सभी देशों के साथ विश्व शांति और मित्रता का संबंध रखना।"
- "देश के प्रति निष्ठा सभी निष्ठाओं से पहले आती है और यह पूर्ण निष्ठा है क्योंकि इसमें कोई प्रतीक्षा नहीं कर सकता कि बदले में उसे क्या मिलता है।"
- "हमारी ताकत और स्थिरता के लिए हमारे सामने जो जरूरी काम हैं उनमें लोगों में एकता और एकजुटता स्थापित करने से बढ़ कर कोई काम नहीं है।"
- "जो शासन करते हैं उन्हें देखना चाहिए कि लोग प्रशासन पर किस तरह प्रतिक्रिया करते हैं। अंततः जनता ही मुखिया होती है।"
- "हम सिर्फ अपने लिए ही नहीं बल्कि समस्त विश्व के लिए शांति और शांतिपूर्ण विकास में विश्वास रखते हैं।"
- "जैसा मैं दिखता हूं उतना साधारण मैं हूं नहीं।"

- "मेरी समझ से प्रशासन का मूल विचार यह है कि समाज को एकजुट रखा जाए ताकि वह विकास कर सके और अपने लक्ष्यों की तरफ बढ़ सके।"
- "भ्रष्टाचार को खत्म करना कोई आसान काम नहीं है। इसे पकड़ना बहुत मुश्किल है, लेकिन में पूरे दावे के साथ कहता हूं कि यदि हम इस परेशानी से गंभीरता के साथ नहीं निपटेंगे तो हम अपने कर्तव्यों का निर्वाह करने में असफल रहेंगे।"
- "यदि मैं एक तानाशाह होता तो धर्म और राष्ट्र अलग-अलग होते। मैं धर्म के लिए जान तक दे दूंगा, लेकिन यह मेरा निजी मामला है राज्य का इससे कुछ लेना देना नहीं है। राष्ट्र धर्म-निरपेक्ष, कल्याण, स्वास्थ्य, संचार, विदेशी संबंधों, मुद्रा, इत्यादि का ध्यान रखेगा लेकिन मेरे या आपके धर्म का नहीं, वह सबका निजी मामला है।"
- "विज्ञान और वैज्ञानिक कार्यों में सफलता असीमित या बड़े संसाधनों का प्रावधान करने से नहीं मिलती बल्कि यह समस्याओं और उद्देश्यों को बुद्धिमानी और सतर्कता से चुनने से मिलती है और सबसे बढ़कर जो चीज चाहिए वह है निरंतर कठोर परिश्रम समर्पण की।"
- "समाज को सच्चा लोकतंत्र कभी भी हिंसा और असत्य से हासिल नहीं किया जा सकता है।"
- "हम देश के लिए आजादी चाहते हैं दूसरे लोगों का शोषण करके नहीं और न ही दूसरे देशों को हानि या फिर नीचा दिखाकर मैं अपने देश के लिए ऐसी आजादी चाहता हूं ताकि दूसरे देश मेरे देश से कुछ सीख सकें।"
- "हम सभी को अपने अपने क्षत्रों में उसी समर्पण उसी उत्साह और उसी संकल्प के साथ काम करना होगा, जो रणभूमि में एक योद्धा को प्रेरित और उत्साहित करती है और यह सिर्फ बोलना नहीं है बल्कि वास्तविकता में कर के दिखाना है।"
- "हमारे देश में आर्थिक मुद्दे उठाने बहुत जरूरी हैं, क्योंकि उन्हीं मुद्दों से हम अपने सबसे बड़े दुश्मन गरीबी और बेरोजगारी से लड़ सकते हैं।"

- "हम भले ही अपने देश की आजादी चाहते हैं, लेकिन उसके लिए ना ही हम किसी का शोषण करेंगे और ना ही दूसरे देशों को निचा दिखाएंगे।
- "मैं अपने देश की स्वतंत्रता कुछ इस प्रकार चाहता हूं कि दूसरे देश उससे कुछ सिख सके, और मेरे देश के संसाधनों को मानवता के लाभ के लिए प्रयोग में ले सकें।"
- "हम सबको अब अपने क्षेत्रों में उसी प्रकार के समर्पण, उत्साह और संकल्प के साथ काम करना होगा जो एक योद्धा को उसकी रणभूमि में उत्साहित और लड़ने को प्रेरित करता हैं, और हमे सिर्फ ये बोलने तक ही सीमित ना रखकर उसे वास्तविकता में कर के दिखाना होगा।"

रहस्यपूर्ण मृत्यु

पाकिस्तान के आक्रमण का सामना करते हुए भारतीय सेना ने लाहौर पर धावा बोल दिया। इस अप्रत्याशित आक्रमण को देख अमेरिका ने लाहौर में रह रहे अमेरिकी नागरिकों को निकालने के लिए कुछ समय के लिए युद्धविराम की मांग की। रूस और अमेरिका के चहलकदमी के बाद भारत के प्रधानमंत्री को रूस के ताशकंद समझौता में बुलाया गया। शास्त्रीजी ने ताशकंद समझौते की हर शर्तों को मंजूर कर लिया मगर पाकिस्तान जीते इलाकों को लौटाना हरगिज स्वीकार नहीं था। अंतर्राष्ट्रीय दवाब में शास्त्रीजी को ताशकंद समझौते पर हस्ताक्षर करना पड़ा पर लाल बहादुर शास्त्री ने खुद प्रधानमंत्री कार्यकाल में इस जमीन को वापस करने से इंकार कर दिया। पाकिस्तान के प्रधानमंत्री अयूब खान के साथ युद्ध विराम पर हस्ताक्षर करने के कुछ घंटे बाद ही भारत देश के प्रधानमंत्री लाल बहादुर शास्त्री का संदिग्ध निधन हो गया। 11 जनवरी 1966 की रात देश के तत्कालीन प्रधानमंत्री की मृत्यु हो गई।

ताशकन्द समझौते पर हस्ताक्षर करने के बाद उसी रात उनकी मृत्यु हो गयी। मृत्यु का कारण हार्ट अटैक बताया गया। शास्त्रीजी की अंतयेष्टि पूरे राजकीय सम्मान के साथ शान्तिवन (नेहरू जी की समाधि) के आगे यमुना किनारे की गयी और उस स्थल को विजय घाट नाम दिया गया। जब तक कांग्रेस संसदीय दल ने इन्दिरा गांधी को शास्त्री का विधिवत उत्तराधिकारी नहीं चुन लिया, गुलजारी लाल नंदा कार्यवाहक प्रधानमंत्री रहे।

शास्त्रीजी की मृत्यु को लेकर तरह-तरह के कयास लगाए जाते रहे। बहुतेरे लोगों का, जिनमें उनके परिवार के लोग भी शामिल हैं, मत है कि शास्त्रीजी की मृत्यु हार्ट अटैक से नहीं बल्कि जहर देने से ही हुई। पहली इन्क्वायरी राज नारायण ने करवायी थी, जो बिना किसी नतीजे के समाप्त हो गयी ऐसा बताया गया। मजे की बात यह कि इण्डियन पार्लियामेण्ट्री लाइब्रेरी में आज उसका कोई रिकार्ड ही मौजूद नहीं है। यह भी आरोप लगाया गया कि शास्त्रीजी का पोस्ट मार्टम भी नहीं हुआ। 2009 में जब यह सवाल उठाया गया तो भारत सरकार की ओर से यह जवाब दिया गया कि शास्त्रीजी के प्राइवेट डॉक्टर आर.एन. चुघ और कुछ रूस के कुछ डॉक्टरों ने मिलकर उनकी मौत की जांच तो की थी परन्तु सरकार के पास उसका कोई रिकॉर्ड नहीं है। बाद में प्रधानमंत्री कार्यालय से जब इसकी जानकारी मांगी गयी तो उसने भी अपनी मजबूरी जतायी।

शास्त्रीजी की मौत में संभावित साजिश की पूरी पोल आउटलुक नाम की एक पत्रिका ने खोली। 2009 में, जब साउथ एशिया पर सीआईए की नजर(अंग्रेजी– CIA's Eye on South Asia) नामक पुस्तक के लेखक अनुज धर ने सूचना के अधिकार के तहत मांगी गयी जानकारी पर प्रधानमंत्री कार्यालय की ओर से यह कहना कि "शास्त्रीजी की मृत्यु के दस्तावेज सार्वजनिक करने से हमारे देश के अंतर्राष्ट्रीय संबंध खराब हो सकते हैं तथा इस रहस्य पर से पर्दा उठते ही देश में उथल-पुथल मचने के अलावा संसदीय विशेषधिकारों को ठेस भी पहुंच सकती है। ये तमाम कारण हैं जिससे इस सवाल का जबाव नहीं दिया जा सकता।"

सबसे पहले सन् 1978 में प्रकाशित एक हिन्दी पुस्तक ललिता के आंसू में शास्त्रीजी की मृत्यु की करुण कथा को स्वाभाविक ढंग से उनकी धर्मपत्नी ललिता शास्त्री के माध्यम से कहलवाया गया था। उस समय (सन् उन्नीस सौ अठहत्तर में) ललिताजी जीवित थीं।

यही नहीं, कुछ समय पूर्व प्रकाशित एक अन्य अंग्रेजी पुस्तक में लेखक पत्रकार कुलदीप नैयर ने भी, जो उस समय ताशकन्द में शास्त्रीजी के साथ गए थे, इस घटना चक्र पर विस्तार से प्रकाश डाला है। गत वर्ष जुलाई 2012 में शास्त्रीजी के तीसरे पुत्र सुनील शास्त्री ने भी भारत सरकार से इस रहस्य पर से पर्दा हटाने की मांग की थी।

❖❖❖

7

इंदिरा गांधी
(Indra Gandhi)

भारत के तृतीय तथा प्रथम महिला प्रधानमंत्री

श्रीमति इंदिरा गांधी

कार्यकाल : 24 जनवरी 1966 से 24 मार्च 1977 तक फिर 14 जनवरी 1980 से 31 अक्टूबर 1984

जन्म : 19 नवम्बर 1917, इलाहाबाद, उ.प्र.

मृत्यु : 31 अक्टूबर 1984, नई दिल्ली

पिता का नाम : श्री जवाहर लाल नेहरू

माता का नाम : श्रीमति कमला नेहरू

पति का नाम : फिरोज गांधी

बच्चे : राजीव गांधी, संजय गांधी

पेशा : राजनेता

राजनीतिक दल : भारतीय राष्ट्रीय कांग्रेस

पुरस्कार : भारत रत्न, जवाहर लाल नेहरू तथा लेनिन शान्ति पुरस्कार

इंदिरा प्रियदर्शिनी गांधी (जन्म उपनाम—नेहरू) (19 नवंबर 1917-31 अक्टूबर 1984) वर्ष 1966 से 1977 तक लगातार 3 पारी के लिए भारत गणराज्य की प्रधानमंत्री रहीं और उसके बाद चौथी पारी में 1980 से लेकर 1984

में उनकी राजनैतिक हत्या तक भारत की प्रधानमंत्री रहीं। वे भारत की प्रथम और अब तक एक मात्र महिला प्रधानमंत्री रहीं।

प्रारंभिक जीवन

इंदिरा का जन्म 19 नवम्बर 1917 को राजनीतिक रूप से प्रभावशाली नेहरू परिवार में हुआ था। इनके पिता जवाहरलाल नेहरू और इनकी माता कमला नेहरू थीं।

इंदिरा को उनका "गांधी" उपनाम फिरोज गांधी से विवाह के पश्चात् मिला था। इनका मोहनदास करमचंद गांधी से न तो खून का और न ही शादी के द्वारा कोई रिश्ता था। इनके पितामह मोतीलाल नेहरू एक प्रमुख भारतीय राष्ट्रवादी नेता थे। इनके पिता जवाहरलाल नेहरू भारतीय स्वतंत्रता आंदोलन के एक प्रमुख व्यक्तित्व थे और आजाद भारत के प्रथम प्रधानमंत्री रहे।

1934-35 में अपनी स्कूली शिक्षा पूरी करने के पश्चात्, इंदिरा ने शान्तिनिकेतन में रवीन्द्रनाथ टैगोर द्वारा निर्मित विश्व-भारती विश्वविद्यालय में प्रवेश लिया। रवीन्द्रनाथ टैगोर ने ही इन्हे "प्रियदर्शिनी" नाम दिया था। इसके पश्चात् यह इंग्लैंड चली गईं और ऑक्सफोर्ड विश्वविद्यालय की प्रवेश परीक्षा में बैठीं, परन्तु यह उसमे विफल रहीं और ब्रिस्टल के बैडमिंटन स्कूल में कुछ महीने बिताने के पश्चात्, 1937 में परीक्षा में सफल होने के बाद इन्होने सोमरविल कॉलेज, ऑक्सफोर्ड में दाखिला लिया। इस समय के दौरान इनकी अक्सर फिरोज गांधी से मुलाकात होती थी, जिन्हें यह इलाहाबाद से जानती थीं और जो लंदन स्कूल ऑफ इकॉनॉमिक्स में अध्ययन कर रहे थे। अंततः 16 मार्च 1942 को आनंद भवन, इलाहाबाद में एक निजी आदि धर्म ब्रह्म वैदिक समारोह में इनका विवाह फिरोज से हुआ।

ऑक्सफोर्ड से वर्ष 1941 में भारत वापस आने के बाद वे भारतीय स्वतंत्रता आंदोलन में शामिल हो गयीं।

1950 के दशक में वे अपने पिता के भारत के प्रथम प्रधानमंत्री के रूप में कार्यकाल के दौरान गैर-सरकारी तौर पर एक निजी सहायक के रूप में उनकी सेवा में रहीं। अपने पिता की मृत्यु के बाद सन् 1964 में उनकी नियुक्ति एक राज्यसभा सदस्य के रूप में हुई। इसके बाद वे लाल बहादुर शास्त्री के मंत्रिमंडल में सूचना और प्रसारण मत्री बनीं।

लाल बहादुर शास्त्री के आकस्मिक निधन के बाद तत्कालीन कांग्रेस पार्टी अध्यक्ष के. कामराज इंदिरा गांधी को प्रधानमंत्री बनाने में निर्णायक रहे। गांधी ने शीघ्र ही चुनाव जीतने के साथ-साथ जनप्रियता के माध्यम से विरोधियों के ऊपर हावी होने की योग्यता दर्शायी। वह अधिक बामवर्गी आर्थिक नीतियां लायीं और कृषि उत्पादकता को बढ़ावा दिया। 1971 के भारत-पाक युद्ध में एक निर्णायक जीत के बाद की अवधि में अस्थिरता की स्थिति में उन्होंने सन् 1975 में आपातकाल लागू किया। उन्होंने एवं कांग्रेस पार्टी ने 1977 के आम चुनाव में पहली बार हार का सामना किया। सन् 1980 में सत्ता में लौटने के बाद वह अधिकतर पंजाब के अलगाववादियों के साथ बढ़ते हुए द्वंद्व में उलझी रहीं जिसमे आगे चलकर सन् 1984 में अपने ही अंगरक्षक द्वारा उनकी राजनैतिक हत्या हुई।

प्रारम्भिक जीवन

इंदिरा का जन्म 19 नवंबर, सन् 1917 में पंडित जवाहरलाल नेहरू और उनकी पत्नी कमला नेहरू के यहां हुआ। वे उनकी एकमात्र संतान थीं। नेहरू परिवार अपने पुरखों की खोज जम्मू और कश्मीर तथा दिल्ली के ब्राह्मणों में कर सकते हैं। इंदिरा के पितामह मोतीलाल नेहरू उत्तर प्रदेश के इलाहाबाद से एक धनी बैरिस्टर थे। जवाहरलाल नेहरू पूर्व समय में भारतीय राष्ट्रीय कांग्रेस के बहुत प्रमुख सदस्यों में से थे। उनके पिता मोतीलाल नेहरू भारतीय स्वतंत्रता संग्राम के एक लोकप्रिय नेता रहे। इंदिरा के जन्म के समय महात्मा गांधी के नेतृत्व में जवाहरलाल नेहरू का प्रवेश स्वतंत्रता आंदोलन में हुआ।

उनकी परवरिश अपनी मां की सम्पूर्ण देखरेख में, जो बीमार रहने के कारण नेहरू परिवार के गृह संबंधी कार्यों से अलग रही, होने से इंदिरा में मजबूत सुरक्षात्मक प्रवृत्तियों के साथ साथ एक निःसंग व्यक्तित्व विकसित हुआ। उनके पितामह और पिता का लगातार राष्ट्रीय राजनीति में उलझते जाने ने भी उनके लिए साथियों से मेल-जोल मुश्किल कर दिया। उनकी अपनी बुओं (पिता की बहनों) के साथ जिसमे विजया लक्ष्मी पंडित भी थीं, मत-विरोध रही और यह राजनैतिक दुनिया में भी चलती रही।

इंदिरा ने युवा लड़के-लड़कियों के लिए वानर सेना बनाई, जिसने विरोध प्रदर्शन और झंडा जुलूस के साथ साथ कांगेस के नेताओं की मदद में संवेदनशील प्रकाशनों तथा प्रतिबंधित सामग्रियों का परिसंचरण कर भारतीय स्वतंत्रता संग्राम

में छोटी लेकिन उल्लेखनीय भूमिका निभाई थी। प्रायः दोहराए जाने वाली कहानी है कि उन्होंने पुलिस की नजरदारी में रहे अपने पिता के घर से बचाकर एक महत्त्वपूर्ण दस्तावेज, जिसमे 1930 दशक के शुरुआत की एक प्रमुख क्रांतिकारी पहल की योजना थी, को अपने स्कूल बैग के माध्यम से बाहर उड़ा लिया था।

सन् 1936 में उनकी मां कमला नेहरू तपेदिक से एक लंबे संघर्ष के बाद अंततः स्वर्गवासी हो गईं। इंदिरा तब 18 वर्ष की थीं और इस प्रकार अपने बचपन में उन्हें कभी भी एक स्थिर पारिवारिक जीवन का अनुभव नहीं मिल पाया था। उन्होंने प्रमुख भारतीय, यूरोपीय तथा ब्रिटिश स्कूलों में अध्ययन किया, जैसे– शांति निकेतन, बैडमिंटन स्कूल और ऑक्सफोर्ड।

1930 दशक के अन्तिम चरण में ऑक्सफर्ड विश्वविद्यालय, इंग्लैंड के सोमरविल्ले कॉलेज में अपनी पढ़ाई के दौरान वे लन्दन में आधारित स्वतंत्रता के प्रति कट्टर समर्थक भारतीय लीग की सदस्य बनीं।

महाद्वीप यूरोप और ब्रिटेन में रहते समय उनकी मुलाकात एक पारसी कांग्रेस कार्यकर्ता, फिरोज गांधी से हुई और अंततः 16 मार्च 1942 को आनंद भवन इलाहाबाद में एक निजी आदि धर्म ब्रह्म-वैदिक समारोह में उनसे विवाह किया ठीक भारत छोड़ो आंदोलन की शुरुआत से पहले जब महात्मा गांधी और कांग्रेस पार्टी द्वारा चरम एवं पुरजोर राष्ट्रीय विद्रोह शुरू की गई। सितम्बर 1942 में वे ब्रिटिश अधिकारियों द्वारा गिरफ्तार की गयीं और बिना किसी आरोप के हिरासत में डाल दी गई। अंततः 243 दिनों से अधिक जेल में बिताने के बाद उन्हें 13 मई 1943 को रिहा किया गया। 1944 में उन्होंने फिरोज गांधी के साथ राजीव गांधी और इसके दो साल के बाद संजय गांधी को जन्म दिया।

सन् 1947 के भारत विभाजन अराजकता के दौरान उन्होंने शरणार्थी शिविरों को संगठित करने तथा पाकिस्तान से आए लाखों शरणार्थियों के लिए चिकित्सा संबंधी देखभाल प्रदान करने में मदद की। उनके लिए प्रमुख सार्वजनिक सेवा का यह पहला मौका था।

गांधीगण बाद में इलाहाबाद में बस गए, जहां फिरोज ने एक कांग्रेस पार्टी समाचारपत्र और एक बीमा कंपनी के साथ काम किया। उनका वैवाहिक जीवन प्रारम्भ में ठीक रहा, लेकिन बाद में जब इंदिरा अपने पिता के पास नई दिल्ली चली गयीं, उनके प्रधानमंत्रित्व काल में जो अकेले तीन मूर्ति भवन में एक उच्च

मानसिक दबाव के माहौल में जी रहे थे, वे उनकी विश्वस्त, सचिव और नर्स बनीं। उनके बेटे उसके साथ रहते थे, लेकिन वो अंततः फिरोज से स्थायी रूप से अलग हो गयीं, यद्यपि विवाहित का तगमा जुटा रहा।

जब भारत का पहला आम चुनाव 1951 में समीपवर्ती हुआ, इंदिरा अपने पिता एवं अपने पति जो रायबरेली निर्वाचन क्षेत्र से चुनाव लड़ रहे थे, दोनों के प्रचार प्रबंध में लगी रही। फिरोज ने अपने प्रतिद्वंदिता चयन के बारे में नेहरू से सलाह मशविरा नहीं किया था और यद्दपि वह निर्वाचित हुए, दिल्ली में अपना अलग निवास का विकल्प चुना। फिरोज ने बहुत ही जल्द एक राष्ट्रीयकृत बीमा उद्योग में घटे प्रमुख घोटाले को उजागर कर अपने राजनैतिक भ्रष्टाचार के विरुद्ध लड़ाकू होने की छवि को विकसित किया, जिसके परिणामस्वरूप नेहरू के एक सहयोगी, वित्त मंत्री, को इस्तीफा देना पड़ा।

तनाव की चरम सीमा की स्थिति में इंदिरा अपने पति से अलग हुईं। हालांकि सन् 1958 में उप-निर्वाचन के थोड़े समय के बाद फिरोज को दिल का दौरा पड़ा, जिसने नाटकीय ढ़ंग से उनके टूटे हुए वैवाहिक बंधन को चंगा किया। कश्मीर में उनके स्वास्थोद्धार में साथ देते हुए उनकी परिवार निकटवर्ती हुई। परन्तु 8 सितम्बर, 1960 को जब इंदिरा अपने पिता के साथ एक विदेश दौरे पर गयीं थीं, फिरोज की मृत्यु हुई।

भारतीय राष्ट्रीय कांग्रेस अध्यक्ष

1959 और 1960 के दौरान इंदिरा चुनाव लड़ीं और भारतीय राष्ट्रीय कांग्रेस की अध्यक्ष चुनी गयीं। उनका कार्यकाल घटनाविहीन था। वो अपने पिता के कर्मचारियों के प्रमुख की भूमिका निभा रहीं थीं।

नेहरू का देहांत 27 मई, 1964 को हुआ और इंदिरा नए प्रधानमंत्री लाल बहादुर शास्त्री के प्रेरणा पर चुनाव लड़ीं और तत्काल सूचना और प्रसारण मंत्री के लिए नियुक्त होकर, सरकार में शामिल हुईं। हिन्दी के राष्ट्रभाषा बनने के मुद्दे पर दक्षिण के गैर हिन्दीभाषी राज्यों में दंगा छिड़ने पर वह चेन्नई गईं। वहां उन्होंने सरकारी अधिकारियों के साथ विचार-विमर्श किया, समुदाय के नेताओं के गुस्से को प्रशमित किया और प्रभावित क्षेत्रों के पुनर्निर्माण प्रयासों की देखरेख की। शास्त्री एवं वरिष्ठ मंत्रीगण उनके इस तरह के प्रयासों की कमी के लिए शर्मिंदा थे। मंत्री गांधी के पदक्षेप सम्भवत सीधे शास्त्री के या अपने खुद के राजनैतिक

ऊंचाई पाने के उद्देश्य से नहीं थे। कथित रूप से उनको मंत्रालय के दैनिक कामकाज में उत्साह का अभाव था लेकिन वो संवादमाध्यमोन्मुख तथा राजनीति और छवि तैयार करने के कला में दक्ष थीं।

"1965 के बाद उत्तराधिकार के लिए श्रीमती गांधी और उनके प्रतिद्वंद्वियों, केंद्रीय कांग्रेस पार्टी, नेतृत्व के बीच संघर्ष के दौरान, बहुत से राज्य, प्रदेश कांग्रेस पार्टी, संगठनों से उच्च जाति के नेताओं को पदच्युत कर पिछड़ी जाति के व्यक्तियों को प्रतिस्थापित करते हुए उन जातियों के वोट इकट्ठा करने में जुट गए ताकि राज्य कांग्रेस पार्टी में अपने विपक्ष तथा विरोधिओं को मात दी जा सके। इन हस्तक्षेपों के परिणामों, जिनमें से कुछेक को उचित सामाजिक प्रगतिशील उपलब्धि माना जा सकता है, तथापि अक्सर अंतर-जातीय क्षेत्रीय संघर्षों को तीव्रतर बनने के कारण बने।

जब 1965 के भारत-पाकिस्तान युद्ध चल रहा था, इंदिरा श्रीनगर सीमा क्षेत्र में उपस्थित थी। हालांकि सेना ने चेतावनी दी थी कि पाकिस्तानी अनुप्रवेशकारी शहर के बहुत ही करीब तीव्र गति से पहुंच चुके हैं, उन्होंने अपने को जम्मू या दिल्ली में पुनःस्थापन का प्रस्ताव नामंजूर कर दिया और उल्टे स्थानीय सरकार का चक्कर लगाती रहीं और संवाद माध्यमों के ध्यानाकर्षण का स्वागत किया। ताशकंद में सोवियत मध्यस्थता में पाकिस्तान के अयूब खान के साथ शांति समझौते पर हस्ताक्षर करने के कुछ घंटे बाद ही लाल बहादुर शास्त्री का निधन हो गया।

तब कांग्रेस पार्टी के अध्यक्ष के. कामराज ने शास्त्री के आकस्मिक निधन के बाद इंदिरा गांधी के प्रधानमंत्री बनाने में महत्त्वपूर्ण भूमिका निभाई थी।

प्रधानमंत्री

विदेश तथा घरेलू नीति एवं राष्ट्रीय सुरक्षा

सन् 1966 में जब श्रीमती गांधी प्रधानमंत्री बनीं, कांग्रेस दो गुटों में विभाजित हो चुकी थी, श्रीमती गांधी के नेतृत्व में समाजवादी और मोरारजी देसाई के नेतृत्व में रूढ़ीवादी। मोरारजी देसाई उन्हें "गूंगी गुड़िया" कहा करते थे। 1967 के चुनाव में आंतरिक समस्याएं उभरी जहां कांग्रेस लगभग 60 सीटें खोकर 545 सीटों वाली लोक सभा में 297 आसन प्राप्त किए। उन्हें देसाई को भारत के उप-प्रधानमंत्री और वित्त मंत्री के रूप में लेना पड़ा। 1969 में देसाई के साथ

अनेक मुददों पर असहमति के बाद भारतीय राष्ट्रीय कांग्रेस विभाजित हो गयी। वे समाजवादियों एवं साम्यवादी दलों से समर्थन पाकर अगले दो वर्षों तक शासन चलाती रहीं। उसी वर्ष जुलाई 1969 को उन्होंने बैंकों का राष्ट्रीयकरण किया। 1971 में बांग्लादेशी शरणार्थी समस्या हल करने के लिए उन्होंने पूर्वी पाकिस्तान की ओर से, जो अपनी स्वतंत्रता के लिए लड़ रहे थे, पाकिस्तान पर युद्ध घोषित कर दिया। 1971 के युद्ध के दौरान राष्ट्रपति रिचर्ड निक्सन के अधीन अमेरिका अपने सातवें बेड़े को भारत को पूर्वी पाकिस्तान से दूर रहने के लिए यह वजह दिखाते हुए कि पश्चिमी पाकिस्तान के खिलाफ एक व्यापक हमला विशेष रूप से कश्मीर के सीमा क्षेत्र के मुद्दे को लेकर हो सकती है, चेतावनी के रूप में बंगाल की खाड़ी में भेजा। इस कदम ने प्रथम विश्व से भारत को विमुख कर दिया था और प्रधानमंत्री गांधी ने अब तेजी के साथ एक पूर्व सतर्कतापूर्ण राष्ट्रीय सुरक्षा और विदेश नीति को नई दिशा दी। भारत और सोवियत संघ ने पहले ही मित्रता और आपसी सहयोग संधि पर हस्ताक्षर किए थे, जिसके परिणामस्वरूप 1971 के युद्ध में भारत की जीत में राजनैतिक और सैन्य समर्थन का पर्याप्त योगदान रहा।

परमाणु कार्यक्रम

जनवादी चीन गणराज्य से परमाणु खतरे तथा दो प्रमुख महाशक्तियों की दखलंदाजी में रूचि भारत की स्थिरता और सुरक्षा के लिए अनुकूल नहीं महसूस किए जाने के मद्देनजर, गांधी का अब एक राष्ट्रीय परमाणु कार्यक्रम था। उन्होंने नए पाकिस्तानी राष्ट्रपति जुल्फिकार अली भुट्टो को एक सप्ताह तक चलने वाली शिमला शिखर वार्ता में आमंत्रित किया था। वार्ता के विफलता के करीब पहुंच दोनों राज्य प्रमुख ने अंततः शिमला समझौते पर हस्ताक्षर किए, जिसके तहत कश्मीर विवाद को वार्ता और शांतिपूर्ण ढंग से मिटाने के लिए दोनों देश अनुबंधित हुए।

कुछ आलोचकों द्वारा नियंत्रण रेखा को एक स्थायी सीमा नहीं बनाने पर इंदिरा गांधी की आलोचना की गई जबकि कुछ अन्य आलोचकों का विश्वास था कि पाकिस्तान के 93,000 युद्धबंदी भारत के कब्जे में होते हुए पाकिस्तान प्रशासित कश्मीर को पाकिस्तान के कब्जे से निकाल लेना चाहिए था। लेकिन इस समझौते ने संयुक्त राष्ट्र तथा किसी तीसरे पक्ष के तत्काल हस्तक्षेप को निरस्त किया एवं निकट भविष्य में पाकिस्तान द्वारा किसी बड़े हमले शुरू किए जाने की

सम्भावना को बहुत हद तक घटाया। भुट्टो से एक संवेदनशील मुद्दे पर संपूर्ण आत्मसमर्पण की मांग नहीं कर उन्होंने पाकिस्तान को स्थिर और सामान्य होने का मौका दिया।

वर्षों से ठप्प पड़े बहुत से संपर्कों के माध्यम से व्यापार संबंधों को भी पुनः सामान्य किया गया।

स्माइलिंग बुद्धा के अनौपचारिक छाया नाम से 1974 में भारत ने सफलतापूर्वक एक भूमिगत परमाणु परीक्षण राजस्थान के रेगिस्तान में बसे गांव पोखरण के करीब किया। शांतिपूर्ण उद्देश्यों के लिए परीक्षण का वर्णन करते हुए भारत दुनिया का सबसे नवीनतम परमाणु शक्तिधर बन गया।

हरित क्रांति

1960 के दशक में विशेषीकृत अभिनव कृषि कार्यक्रम और सरकार प्रदत्त अतिरिक्त समर्थन लागू होने पर अंततः भारत में हमेशा से चले आ रहे खाद्यान्न की कमी को, मूलतः गेहूं, चावल, कपास और दूध के सन्दर्भ में, अतिरिक्त उत्पादन में बदल दिया। बजाय संयुक्त राज्य से खाद्य सहायता पर निर्भर रहने के–जहां के एक राष्ट्रपति जिन्हें श्रीमती गांधी काफी नापसंद करती थीं (यह भावना आपसी था–निक्सन को इंदिरा "चुड़ैल बुढ़िया" लगती थीं), देश एक खाद्य निर्यातक बन गया। उस उपलब्धि को अपने वाणिज्यिक फसल उत्पादन के विविधीकरण के साथ हरित क्रांति के नाम से जाना जाता है। इसी समय दुग्ध उत्पादन में वृद्धि से आयी श्वेत क्रांति से खासकर बढ़ते हुए बच्चों के बीच कुपोषण से निबटने में मदद मिली।

1960 के प्रारंभिक काल में संगठित हरित क्रांति गहन कृषि जिला कार्यक्रम (आईऐडिपी) का अनौपचारिक नाम था, जिसके तहत शहरों में रहनेवाले लोगों के लिए, जिनके समर्थन पर गांधी–यूं की, वास्तव में समस्त भारतीय राजनीतिक, गहरे रूप से निर्भरशील रहे थे, प्रचुर मात्रा में सस्ते अनाज की निश्चयता मिली। यह कार्यक्रम चार चरणों पर आधारित था–

- नई किस्मों के बीज।
- स्वीकृत भारतीय कृषि के रसायनीकरण की आवश्यकता को स्वीकृति, जैसे कि उर्वरकों, कीटनाशकों, घास-फूस निवारकों, इत्यादि।

- नई और बेहतर मौजूदा बीज किस्मों को विकसित करने के लिए राष्ट्रीय और अंतरराष्ट्रीय सहकारी अनुसंधान की प्रतिबद्धता।
- भूमि अनुदान कॉलेजों के रूप में कृषि संस्थानों के विकास की वैज्ञानिक अवधारणा।

दस वर्षों तक चला यह कार्यक्रम गेहूं उत्पादन में अंततः तीन गुना वृद्धि तथा चावल में कम लेकिन आकर्षणीय वृद्धि लाया; जबकि वैसे अनाजों के क्षेत्र में जैसे बाजरा, चना एवं मोटे अनाज (क्षेत्रों एवं जनसंख्या वृद्धि के लिए समायोजन पर ध्यान रखते हुए) कम या कोई वृद्धि नहीं हुई–फिर भी इन क्षेत्रों में एक अपेक्षाकृत स्थिर उपज बरकरार रही।

1971 के चुनाव में विजय और द्वितीय कार्यकाल (1971-1975)

इंदिरा गांधी की सरकार को उनकी 1971 के जबरदस्त जनादेश के बाद प्रमुख कठिनाइयों का सामना करना पड़ा। कांग्रेस पार्टी की आंतरिक संरचना इसके असंख्य विभाजन के फलस्वरूप कमजोर पड़ने से चुनाव में भाग्य निर्धारण के लिए पूरी तरह से उनके नेतृत्व पर निर्भरशील हो गई थी। गांधी का सन् 1971 की तैयारी में नारे का विषय था 'गरीबी हटाओ'। यह नारा और प्रस्तावित गरीबी हटाओ कार्यक्रम का खाका, जो इसके साथ आया, गांधी को ग्रामीण और शहरी गरीबों पर आधारित एक स्वतंत्र राष्ट्रीय समर्थन देने के लिए तैयार किए गए थे। इस तरह उन्हें प्रमुख ग्रामीण जातियों के दबदबे में रहे राज्य और स्थानीय सरकारों एवं शहरी व्यापारी वर्ग को अनदेखा करने की अनुमति रही थी और अतीत में बेजुबां रहे गरीब के हिस्से, कम से कम राजनातिक मूल्य एवं राजनातिक भार, दोनों की प्राप्ति में वृद्धि हुई।

गरीबी हटाओ के तहत कार्यक्रम, हालांकि स्थानीय रूप से चलाए गए, परन्तु उनका वित्तपोषण, विकास, पर्यवेक्षण एवं कर्मिकरण नई दिल्ली तथा भारतीय राष्ट्रीय कांग्रेस दल द्वारा किया गया। "इस कार्यक्रम में केंद्रीय राजनैतिक नेतृत्व को समूचे देशभर में नए एवं विशाल संसाधनों को वितरित करने के मालिकाना भी प्रस्तुत किए गए।" अंततः, गरीबी हटाओ गरीबों के बहुत कम काम आया। इस तरह यद्यपि यह कार्यक्रम गरीबी घटाने में असफल रही, इसने गांधी को चुनाव जिताने का लक्ष्य हासिल कर लिया।

एकछत्रवाद की ओर झुकाव

गांधी पर पहले से ही सत्तावादी आचरण के आरोप लग चुके थे। उनके मजबूत संसदीय बहुमत के व्यवहार ने, उनकी सत्तारूढ़ भारतीय राष्ट्रीय कांग्रेस ने संविधान में संशोधन कर केंद्र और राज्यों के बीच के सत्ता संतुलन को बदल दिया था। उन्होंने दो बार विपक्षी दलों द्वारा शासित राज्यों को "कानून विहीन तथा अराजक" घोषित कर संविधान की धारा 356 के अंतर्गत राष्ट्रपति शासन लागू कर इनके नियंत्रण पर कब्जा किया था। इसके अलावा,संजय गांधी, जो निर्वाचित अधिकारियों की जगह पर गांधी के करीबी राजनैतिक सलाहकार बने थे, के बढ़ते प्रभाव पर, पि.एन. हक्सर, उनकी क्षमता की ऊंचाई पर उठते समय, गांधी के पूर्व सलाहाकार थे, ने अप्रसन्नता प्रकट की। उनके सत्तावाद शक्ति के उपयोग की ओर नए झुकाव को देखते हुए, जयप्रकाश नारायण, सतेन्द्र नारायण सिन्हा और आचार्य जीवतराम कृपालानी जैसे—नामी-गिरामी व्यक्तियों और पूर्व-स्वतंत्रता सेनानियों ने उनके तथा उनके सरकार के विरुद्ध सक्रिय प्रचार करते हुए भारतभर का दौरा किया।

भ्रष्टाचार आरोप और चुनावी कदाचार का फैसला

राज नारायण (जो बार बार रायबरेली संसदीय निर्वाचन क्षेत्र से लड़ते और हारते रहे थे) द्वारा दायर एक चुनाव याचिका में कथित तौर पर भ्रष्टाचार आरोपों के आधार पर 12 जून, 1975 को इलाहाबाद उच्च न्यायालय ने इंदिरा गांधी के लोक सभा चुनाव को रद्द घोषित कर दिया। इस प्रकार अदालत ने उनके विरुद्ध संसद का आसन छोड़ने तथा छह वर्षों के लिए चुनाव में भाग लेने पर प्रतिबन्ध का आदेश दिया। प्रधानमंत्रित्व के लिए लोक सभा (भारतीय संसद के निम्न सदन) या राज्य सभा (संसद के उच्च सदन) का सदस्य होना अनिवार्य है। इस प्रकार इस निर्णय द्वारा उन्हें प्रभावी रूप से कार्यालय से पद मुक्त कर दिया।

जब गांधी ने फैसले पर अपील की, राजनैतिक पूंजी हासिल करने को उत्सुक विपक्षी दलों और उनके समर्थक, उनके इस्तीफे के लिए, सामूहिक रूप से चक्कर काटने लगे। ढेरों संख्या में यूनियनों और विरोधकारियों द्वारा किए गए हड़ताल से कई राज्यों में जनजीवन ठप्प पड़ गया। इस आंदोलन को मजबूत करने के लिए, जयप्रकाश नारायण ने पुलिस को निहत्थे भीड़ पर सम्भब्य गोली चलाने के आदेश का उलंघन करने के लिए आह्वान किया। कठिन आर्थिक दौर के साथ

साथ जनता की उनसे सरकार से मोहभंग होने से विरोधकारिओं के विशाल भीड़ ने संसद भवन तथा दिल्ली में उनके निवास को घेर लिया और उनके इस्तीफे की मांग करने लगे।

आपातकालीन स्थिति (1975-1977)

गांधी ने व्यवस्था को पुनर्स्थापित करने के पदक्षेप स्वरुप, अशांति मचाने वाले ज्यादातर विरोधियों के गिरफ्तारी का आदेश दे दिया। तदोपरांत उनके मंत्रिमंडल और सरकार द्वारा इस बात की सिफारिश की गई की राष्ट्रपति फखरुद्दीन अली अहमद इलाहाबाद उच्च न्यायालय के निर्णय के बाद फैले अव्यवस्था और अराजकता को देखते हुए आपातकालीन स्थिति की घोषणा करें। तदनुसार, अहमद ने आतंरिक अव्यवस्था के मद्देनजर 26 जून 1975 को संविधान की धारा-352 के प्रावधानानुसार आपातकालीन स्थिति की घोषणा कर दी।

डिक्री द्वारा शासन/आदेश आधारित शासन

कुछ ही महीने के भीतर दो विपक्षी दल शासित राज्यों गुजरात और तमिलनाडु पर राष्ट्रपति शासन थोप दिया गया जिसके फलस्वरूप पूरे देश को प्रत्यक्ष केंद्रीय शासन के अधीन ले लिया गया। पुलिस को कर्फ्यू लागू करने तथा नागरिकों को अनिश्चितकालीन रोक रखने की क्षमता सौंपी गयी एवं सभी प्रकाशनों को सूचना तथा प्रसारण मंत्रालय के पर्याप्त सेंसर व्यवस्था के अधीन कर दिया गया। इन्द्र कुमार गुजराल, एक भावी प्रधानमंत्री, ने खुद अपने काम में संजय गांधी की दखलंदाजी के विरोध में सूचना और प्रसारण मंत्रीपद से इस्तीफा दे दिया। अंततः आसन्न विधानसभा चुनाव अनिश्चितकाल के लिए स्थगित कर दिए गए तथा संबंधित राज्य के राज्यपाल की सिफारिश पर राज्य सरकार की बर्खास्तगी के संवैधानिक प्रावधान के अलोक में सभी विपक्षी शासित राज्य सरकारों को हटा दिया गया।

गांधी ने स्वयं के असाधारण अधिकार प्राप्ति हेतु आपातकालीन प्रावधानों का इस्तेमाल किया।

“उनके पिता नेहरू के विपरीत, जो अपने विधायी दलों और राज्य पार्टी संगठनों के नियंत्रण में मजबूत मुख्यमंत्रियों से निपटना पसंद करते थे, श्रीमती गांधी प्रत्येक कांग्रेसी मुख्यमंत्री को, जिनका एक स्वतंत्र आधार होता, हटाने तथा उन

मंत्रिओं को जो उनके प्रति व्यक्तिगत रूप से वफादार होते, उनके स्थालाभिसिक्त करने में लग गईं... फिर भी राज्यों में स्थिरता नहीं रखी जा सकी।"

यह भी आरोपित होता है कि उन्होंने आगे राष्ट्रपति अहमद के समक्ष वैसे अध्यादेशों के जारी करने का प्रस्ताव पेश किया जिसमें संसद में बहस होने की जरूरत न हो और उन्हें आदेश आधारित शासन की अनुमति रहे।

साथ ही साथ, गांधी की सरकार ने प्रतिवादिओं को उखाड़ फेंकने तथा हजारों के तादाद में राजनीतिक कार्यकर्ताओं का गिरफ्तारी का एक अभियान प्रारम्भ किया; जगमोहन के पर्यवेक्षण में, जो की बाद में दिल्ली के लेफ्टिनेंट गवर्नर रहे, जामा मस्जिद के आसपास बसी बस्तियों के हटाने में संजय का हाथ रहा जिसमे कथित तौर पर हजारों लोग बेघर हुए और सैकड़ों मारे गए और इस तरह देश की राजधानी के उन भागों में सांप्रदायिक कटुता पैदा कर दी; और हजारों पुरुषों पर बलपूर्वक नसबंदी का परिवार नियोजन कार्यक्रम चलाया गया, जो प्रायः बहुत निम्न स्तर से लागू किया गया था।

चुनाव

मतदाताओं को उस शासन को मंजूरी देने का एक और मौका देने के लिए गांधी ने 1977 में चुनाव बुलाए। भारी सेंसर लगी प्रेस उनके बारे में जो लिखती थी, शायद उससे श्रीमति गांधी अपनी लोकप्रियता का हिसाब निहायत गलत लगाया होगा। वजह जो भी रही हो, वह जनता दल से बुरी तरह से हार गयीं। लंबे समय से उनके प्रतिद्वंद्वी रहे देसाई के नेतृत्व तथा जय प्रकाश नारायण के आध्यात्मिक मार्गदर्शन में जनता दल ने भारत के पास "लोकतंत्र और तानाशाही" के बीच चुनाव का आखरी मौका दर्शाते हुए चुनाव जीत लिया। इंदिरा और संजय गांधी दोनों ने अपनी सीट खो दीं और कांग्रेस घटकर 153 सीटों में सिमट गई (पिछली लोकसभा में 350 की तुलना में) जिसमें 92 दक्षिण से थीं।

हटाना, गिरफ्तारी और वापस लौटना

देसाई प्रधानमंत्री बने और 1969 के सरकारी पसंद नीलम संजीव रेड्डी गणतंत्र के राष्ट्रपति बनाए गए। गांधी को जब तक 1978 के उप-चुनाव में जीत नहीं हासिल हुई, उन्होंने अपने आप को कर्महीन, आयहीन और गृहहीन पाया। 1977 के चुनाव अभियान में कांग्रेस पार्टी का विभाजन हो गया। जगजीवन राम

जैसे समर्थकों ने उनका साथ छोड़ दिया। कांग्रेस (गांधी) दल अब संसद में आधिकारिक तौर पर विपक्ष होते हुए एक बहुत छोटा समूह रह गया था।

गठबंधन के विभिन्न पक्षों में आपसी लडाई में लिप्तता के चलते शासन में असमर्थ जनता सरकार के गृह मंत्री चौधरी चरण सिंह ने कई आरोपों में इंदिरा गांधी और संजय गांधी को गिरफ्तार करने के आदेश दिए, जिनमे से कोई एक भी भारतीय अदालत में साबित करना आसन नहीं था। इस गिरफ्तारी का मतलब था इंदिरा स्वतः ही संसद से निष्कासित हो गई। परन्तु यह रणनीति उल्टे आपदापूर्ण बन गई। उनकी गिरफ्तारी और लंबे समय तक चल रहे मुकदमे से उन्हें बहुत से वैसे लोगों से सहानुभूति मिली जो सिर्फ दो वर्ष पहले उन्हें तानाशाह समझ डर गए थे।

जनता गठबंधन सिर्फ श्रीमती गांधी (या "वह औरत" जैसा कि कुछ लोगों ने उन्हें कहा) की नफरत से एकजुट हुआ था। छोटे छोटे साधारण मुद्दों पर आपसी कलहों में सरकार फंसकर रह गयी थी और गांधी इस स्थिति का उपयोग अपने पक्ष में करने में सक्षम थीं। उन्होंने फिर से, आपातकाल के दौरान हुई "गलतियों" के लिए कौशलपूर्ण ढंग से क्षमाप्रार्थी होकर भाषण देना प्रारम्भ कर दिया। जून 1979 में देसाई ने इस्तीफा दिया और श्रीमती गांधी द्वारा वादा किए जाने पर कि कांग्रेस बाहर से उनके सरकार का समर्थन करेगी, रेड्डी के द्वारा चरण सिंह प्रधानमंत्री नियुक्त किए गए।

एक छोटे अंतराल के बाद, उन्होंने अपना प्रारंभिक समर्थन वापस ले लिया और राष्ट्रपति रेड्डी ने 1979 की सर्दियों में संसद को भंग कर दिया। अगले जनवरी में आयोजित चुनावों में कांग्रेस पुनः सत्ता में वापस आ गयी था भूस्खलन होने जैसे बहुमत के साथ/महाभीषण बहुमत के साथ इंदिरा गांधी को (1983-1984) लेनिन शान्ति पुरस्कार से पुरस्कृत किया गया था।

ऑपरेशन ब्लू स्टार और हत्या

श्रीमति गांधी के बाद के वर्ष पंजाब समस्याओं से जर्जर थे। सितम्बर 1981 में जरनैल सिंह भिंडरावाले का अलगाववादी सिख आतंकवादी समूह सिख धर्म के पवित्रतम तीर्थ, हरिमन्दिर साहिब परिसर के भीतर तैनात हो गया। स्वर्ण मंदिर परिसर में हजारों नागरिकों की उपस्थिति के बावजूद गांधी ने आतंकवादियों का सफाया करने के एक प्रयास में सेना को धर्मस्थल में प्रवेश करने का आदेश

दिया। सैन्य और नागरिक हताहतों की संख्या के हिसाब में भिन्नता है। सरकारी अनुमान है चार अधिकारियों सहित उनासी सैनिक और 492 आतंकवादी; अन्य हिसाब के अनुसार, संभवत 500 या अधिक सैनिक एवं अनेक तीर्थयात्रियों सहित 3000 अन्य लोग गोलीबारी में फंसे। जबकि सटीक नागरिक हताहतों की संख्या से संबंधित आंकडे विवादित रहे हैं, इस हमले के लिए समय एवं तरीके का निर्वाचन भी विवादास्पद हैं। इंदिरा गांधी के बहुसंख्यक अंगरक्षकों में से दो थे सतवंत सिंह और बेअंत सिंह, दोनों सिख 31 अक्टूबर 1984 को वे अपनी सेवा हथियारों के द्वारा 1, सफदरजंग रोड, नई दिल्ली में स्थित प्रधानमंत्री निवास के बगीचे में इंदिरा गांधी की राजनैतिक हत्या की। वो ब्रिटिश अभिनेता पीटर उस्तीनोवको आयरिश टेलीविजन के लिए एक वृत्त चित्र फिल्माने के दौरान साक्षात्कार देने के लिए सतवंत और बेअंत द्वारा प्रहरारत एक छोटा गेट पार करते हुए आगे बढ़ी थीं। इस घटना के तत्काल बाद, उपलब्ध सूचना के अनुसार, बेअंत सिंह ने अपने बगल वाले शस्त्र का उपयोग कर उन पर तीन बार गोली चलाई और सतवंत सिंह एक स्टेन कारबाईन का उपयोग कर उनपर बाईस चक्कर गोली दागी उनके अन्य अंगरक्षकों द्वारा बेअंत सिंह को गोली मार दी गई और सतवंत सिंह को गोली मारकर गिरफ्तार कर लिया गया।

श्रीमति गांधी को उनकी सरकारी कार में अस्पताल पहुंचाते पहुंचाते रास्ते में ही दम तोड़ दिया था, लेकिन घंटों तक उनकी मृत्यु घोषित नहीं की गई। उन्हें अखिल भारतीय आयुर्विज्ञान संस्थान में लाया गया, जहां डॉक्टरों ने उनका ऑपरेशन किया। उस वक्त के सरकारी हिसाब 29 प्रवेश और निकास घावों को दर्शाती है, तथा कुछ बयान 31 बुलेटों के उनके शरीर से निकाला जाना बताती है। उनका अंतिम संस्कार 3 नवंबर को राज घाट के समीप हुआ और यह जगह शक्ति स्थल के रूप में जानी गई। उनके मौत के बाद, नई दिल्ली के साथ-साथ भारत के अनेकों अन्य शहरों, जिनमें कानपुर, आसनसोल और इंदौर शामिल हैं, में सांप्रदायिक अशांति घिर गई और हजारों सिखों के मौत दर्ज किए गए।

इंदिरा गांधी की विदेश नीति

इंदिरा उस वक्त कलकत्ता के ऐतिहासिक ब्रिगेड परेड मैदान में एक विशाल रैली को संबोधित कर रही थीं जब पाकिस्तान का हमला हुआ। एक तरह से वे चिंतामुक्त थीं क्योंकि इससे निपटने की उन्होंने पूरी तैयारी कर रखी थी।

मार्च 1966 में इंदिरा गांधी ने प्रधानमंत्री के रूप में अपनी पहली विदेश यात्रा की। विश्व बैंक और अंतर्राष्ट्रीय मुद्रा कोष रुपए के अवमूल्यन की मांग कर रहे थे, विदेशी मुद्रा भंडार भी हिल रहा था और घरेलू खाद्य उत्पादन अपर्याप्त था। लेकिन वे एक कमजोर छवि लेकर नहीं गईं।

वे आकर्षक सिल्क साड़ियों और पूरी साज-सज्जा में थीं। उनके चेहरे पर एक मनोरम आक्रामकता भी थी। अमेरिकी राष्ट्रपति लिंडन जॉनसन भावविभोर थे। भारतीय राजदूत के घर पर दोनों के बीच एक निजी मुलाकात हुई जो तयशुदा वक्त से भी ज्यादा चली। प्रोटोकॉल तोड़ते हुए जॉनसन रात के खाने तक रुके रहे।

व्हाईट हाउस की दावत में इंदिरा गांधी के साथ डांस करने के लिए जॉनसन उतावले हो रहे थे जिसे उन्होंने विनम्रता के साथ मना कर दिया और उन्हें समझाया कि ऐसा कर वे भारत में अलोकप्रिय हो जाएंगी। बाद में भावुक होते हुए जॉनसन ने अपने अधिकारियों को कहा कि 'इस लड़की को कोई नुकसान नहीं पहुंचना चाहिए।' उस यात्रा के दौरान इंदिरा ने बहुत कुशलतापूर्वक यह बयान दिया कि 'भारत वियतनाम को लेकर अमेरिका की व्यथा समझता है।' जॉनसन ने प्रतिक्रिया में 30 लाख टन खाद्य पदार्थ और 90 लाख डॉलर की सहायता का वादा किया।

लेकिन कश्मीर पर वे कोई समझौता करने को तैयार नहीं थीं। न्यूयार्क के अपने भाषण में उन्होंने कहा, "जनमत संग्रह कराने का वक्त जा चुका है। पिछले शरद में कश्मीर पर पाकिस्तान द्वारा की गई दुबारा चढ़ाई के बाद संयुक्त राष्ट्र के पुराने प्रस्ताव का जो बचा-खुचा महत्त्व था वह खत्म हो गया है। अब कोई जनमत संग्रह भारत की अखंडता पर सवाल खड़ा करने जैसा होगा। यह पृथकता के मुद्दे को उठाएगा और ऐसे ही मुद्दे पर अमेरिका एक गृहयुद्ध झेल चुका है। हम धार्मिक आधार पर भारत का दुबारा विभाजन न सह सकते हैं और न सहेंगे।"

इसकी तुलना में जॉनसन के उत्तराधिकारी निक्सन से उनकी मुलाकात काफी नीरस रही। जब वे दोनों नवंबर 1971 में मिले तो निक्सन ने उनके इस आग्रह पर कोई सहानुभूति नहीं जताई कि 'पाकिस्तानी सेना द्वारा दमन झेल रहे लोगों का लाखों की संख्या में भागकर भारत आना एक अंतर्राष्ट्रीय समस्या है।' अमेरिकी विदेश मंत्री हेनरी किसिंजर के मुताबिक, "उसके बाद दी गई निक्सन की प्रतिक्रिया प्रकाशन योग्य भी नहीं है।"

इंदिरा ने फिर अपनी छवि के अनुरूप ही अपने एक भाषण में सीधे तौर पर अमेरिकी लोगों से अपील की, "मैं इस उम्मीद में आई हूं कि हमारे हिस्से की दुनिया में जारी परिस्थिति को लेकर यहां एक गहराई से भरी समझ होगी।"

हर हाल में वह सुरक्षा का वादा तो ले ही आईं। सितंबर 1971 में सोवियत रूस के राष्ट्रपति ब्रेजनेव और प्रधानमंत्री कोसीजिन ने उन्हें मास्कों में यह आश्वासन दिया कि अगर भारत को युद्ध में जाना पड़ा तो सोवियत सेना मदद करेगी। उससे पिछले महीने ही दोनों देशों के बीच हस्ताक्षर हुआ इंडो-सोवियत मित्रता समझौता और मजबूत हो गया।

3 दिसंबर 1971 को पाकिस्तानी वायु सेना ने भारत के 9 वायु ठिकानों पर बमबारी कर दी। इसके साथ ही पाकिस्तान औपचारिक तौर पर आक्रामक साबित हो गया। इंदिरा उस वक्त कलकत्ता के ऐतिहासिक ब्रिगेड परेड मैदान में एक विशाल रैली को संबोधित कर रही थीं जब पाकिस्तान का हमला हुआ। एक तरह से वे चिंतामुक्त थीं क्योंकि इससे निपटने की उन्होंने पूरी तैयारी कर रखी थी। बस वे पहले हमला करना नहीं चाहती थीं। उस रात उन्होंने कैबिनेट के सदस्यों और विपक्षी नेताओं के साथ एक आपातकालीन बैठक की। आधी रात को उन्होंने देश को एक प्रसारण के जरिये सूचित किया कि 'यह हम पर थोपा गया एक युद्ध है।'

अगली सुबह उन्होंने संसद को बताया, "9 महीनों से पश्चिमी पाकिस्तान का सैन्य शासन बर्बर तरीके से बांग्लादेश के लोगों की आजादी और बुनियादी मानव अधिकार को कुचल रहा है। कब्जा करने वाली सेना ने अपनी दुश्मनी से भी आगे जाकर कई गंभीर अपराध किए हैं। लाखों लोगों को बेघर कर दिया गया है। 1 करोड़ लोगों को हमारे देश में आने पर मजबूर किया गया है। हमने लगातार इस ओर दुनिया का ध्यान खींचा है कि कैसे पूरी जनता को मारने की कोशिश हो रही है और हमारी सुरक्षा को खतरा हो गया है।"

हर जगह लोगों ने सहानुभूति दिखाई और आर्थिक और अन्य बोझ और भारत की सुरक्षा पर खतरे को समझा। लेकिन सरकारें नैतिक और राजनीतिक रूप से लकवाग्रस्त नजर आईं।

4 दिसबंर 1971 को पूरे चांद की रात का फायदा उठाते हुए भारत ने ढ़ाका पर चौतरफा हमला कर दिया। 2 दिन बाद इंदिरा गांधी ने संसद में जोरदार

तालियों के बीच घोषणा की कि 'भारत एक स्वतंत्र राष्ट्र के रूप में बांग्लादेश के अस्तित्व को स्वीकार करता है।'

निक्सन ने भारत को हतोत्साहित करने की कोशिश में बंगाल की खाड़ी में अमेरिका का 7वां जहाजी बेड़ा भेज दिया। चीन ने जुबानी धमकियां दीं। सोवियत रूस के जहाजी बेड़े ने बंगाल की खाड़ी में अमेरिकी नौसेना को पीछे छोड़ दिया। निक्सन ने तब धमकी भरे लहजे में भारत की रणनीति को पाकिस्तान के खिलाफ आक्रामकता करार दिया।

16 दिसंबर को 5 बजे शाम में भारतीय सैन्य प्रमुख जनरल सैम मानकशॉ ने इंदिरा गांधी को फोन किया और यह खबर दी कि बंगाली मुक्ति वाहिनी द्वारा निर्देशित भारतीय सेना ने ढाका को आजाद करा दिया है और पाकिस्तानी सेना ने बिना किसी शर्त के सरेंडर कर दिया है।

संसद पहुंचते ही इंदिरा गांधी ने घोषणा की, "ढाका अब एक आजाद देश की आजाद राजधानी है। संसद और पूरा देश इस ऐतिहासिक घटना पर प्रसन्न है। हम बांग्लादेश के लोगों का उनकी जीत के क्षण में अभिवादन करते हैं।" सैन्य जीत के अलावा यह विदेश नीति की जीत थी। 1971 के एक अमेरिकी पोल में इंदिरा गांधी को दुनिया की सबसे प्रशंसित शख्सियत चुना गया।

दूरदर्शी प्रधानमंत्री–इंदिरा गांधी

इंदिरा गांधी भले ही अर्थशास्त्र की बड़ी जानकार नहीं थीं, लेकिन उन्होंने अपने कॉमनसेंस का अच्छा इस्तेमाल किया। बैंकों का राष्ट्रीयकरण एक साहसी और बड़ा कदम था। भारत को खाद्यपदार्थों के मामले में आत्मनिर्भर बनाने में भी उनका योगदान महत्त्वपूर्ण रहा।

इंदिरा गांधी की विदेश नीति पर पंडित जवाहर लाल नेहरू का काफी प्रभाव था। लेकिन जवाहर लाल नेहरू को एक बहुत बड़ा एडवांटेज यह था कि भारतीय स्वतंत्रता आंदोलन में उनकी भूमिका के कारण वैश्विक स्तर पर उनका दबदबा था। विश्व के बड़े-बड़े राजेनता और बुद्धिजीवी उनका मान-सम्मान करते थे। जवाहर लाल नेहरू की बेटी होने के कारण इंदिरा गांधी को भी यह कुछ हद तक विरासत में मिला था। नेहरू जी विश्व राजनीति के बहुत बड़े जानकार थे। यहां तक कि वे जनसभाओं में भी विदेश नीति का जिक्र करते थे, कि इंडोनेशिया में ये हो रहा

है या वियतनाम में ये हो रहा है। लेकिन, इंदिरा गांधी ने भी प्रधानमंत्री बनने के बाद विश्व की स्थिति को बखूबी समझा और उसके अनुरूप नीतियों को ढाला।

विदेश नीति–इंदिरा गांधी की विदेश नीति को देखें तो उन्होंने भारत-सोवियत मैत्री को आगे बढ़ाया और भारत के पक्ष में उसका इस्तेमाल किया। इस तरह हम कह सकते हैं कि इंदिरा गांधी ने भारत की प्रतिनिधि के रूप में न केवल विश्व की स्थिति को बारीकी से समझा, बल्कि भारतीय विदेश नीति को देश और समय की जरूरतों के हिसाब से ढाला भी। लिंडन जॉन्सन का राष्ट्रपतिकाल हो या रिचर्ड निक्सन का, इंदिरा गांधी अमेरिका के दबाव में कभी नहीं आयीं और उसके खिलाफ मजबूती से टिकी रहीं, जबकि भारत एक विकासशील देश था। परमाणु अप्रसार संधि के पक्ष में वोट न देकर उन्होंने अंतरराष्ट्रीय स्तर पर भारत की एक अलग पहचान बनायी। 1971 के बांग्लादेश युद्ध में मिली जीत में उनकी ऐतिहासिक और सराहनीय भूमिका थी। इसके बाद पाकिस्तान ने वैश्विक पटल, पर खासतौर पर इस्लामिक देशों में, भारत के खिलाफ जो घेराबंदी की, उसका उन्होंने बखूबी सामना किया। सोवियत संघ के साथ मित्रता संधि उनकी कूटनीतिक होशियारी की मिसाल है।

विश्व राजनीति के मंच पर भारत को मजबूत करने में इंदिरा गांधी की ऐसी और भी कई उपलब्धियां हैं, जिनकी वजह से भारत का एक अलग और स्वतंत्र अस्तित्व अंतरराष्ट्रीय स्तर पर बना। इसमें गुटनिरपेक्ष आंदोलन की चर्चा भी करनी होगी। जवाहर लाल नेहरू गुटनिरपेक्ष आंदोलन के बहुत बड़े लीडर थे, पर धीरे-धीरे ऐसे हालात बने कि यह आंदोलन कमजोर पड़ता गया। इंदिरा गांधी ने इस आंदोलन को फिर से मजबूत किया। दो ध्रुवों के टकराव के दौर, जिसे 'कोल्डवार एरा' कहते हैं, में उन्होंने अफ्रीका और एशिया के बीच में एक स्पेशल ग्रुप बनाया। वह एक हद तक समाजवादी सोवियत संघ की ओर झुकी रहीं, लेकिन साथ ही भारत के अमेरिका के साथ कामकाजी रिश्ते भी बने रहे। इस तरह वे एक दूरदर्शी प्रधानमंत्री साबित हुईं।

आर्थिक नीतियां–इंदिरा गांधी भले ही अर्थशास्त्र की बहुत बड़ी जानकार नहीं थीं, लेकिन उन्होंने अपने कॉमनसेंस का अच्छा इस्तेमाल किया। बैंकों का राष्ट्रीयकरण एक साहसी और जनता के हित से जुड़ा एक बड़ा कदम था। इसका आम लोगों को बहुत फायदा हुआ। आज जो हम सरकारी बैंकों में इतनी आसानी से खाता खोल पाते हैं या लोन ले पाते हैं, इसकी साठ के दशक में कल्पना भी

नहीं की जा सकती थी। उस समय प्राइवेट बैंक होते थे, और वे सिर्फ पूंजीपतियों, राजा-महाराजाओं के लिए होते थे। आम आदमी के लिए बैंक की सुविधा बैंकों के राष्ट्रीयकरण के बाद ही सुलभ हुईं इसकी बुनियाद इतनी मजबूत थी कि यह अब तक कायम है। फिर चाहे वह सेंट्रल बैंक हो या स्टेट बैंक, आज ये बैंक अंतरराष्ट्रीय प्रतिस्पर्धा में अच्छा प्रदर्शन कर रहे हैं।

इसी तरीके से भारत को खाद्य पदार्थों के मामले में आत्मनिर्भर बनाने में भी इंदिरा गांधी का महत्त्वपूर्ण योगदान रहा। पहले पैसे की भी कमी थी। पैसे के अलावा सामान की भी बहुत कमी थी। लेकिन भारत में कभी इस तरह की समस्या नहीं आयी कि पैसा होने के बावजूद लोगों को दो वक्त का खाना न मिले। इसमें हरित क्रांति और दुग्ध क्रांति की बड़ी भूमिका रही, जो इंदिरा गांधी के समय हुईं। इंदिरा जी ने माइक्रो और मैक्रो मैनेजमेंट के जरिए भारत की अर्थव्यवस्था को मजबूती प्रदान की। हालांकि उस समय भी योजना आयोग का काम करने का जो तरीका था, उसके आंकड़ों में कई बार उलट-फेर भी होता था, लेकिन अर्थव्यवस्था के जो बेसिक फंडामेंटल्स होते हैं, वे कभी कमजोर नहीं हुए।

विज्ञान एवं तकनीक–इंदिरा गांधी के पास बहुत ज्यादा डिग्री नहीं थी, लेकिन उनकी एक अच्छी बात यह थी सिर्फ विज्ञान ही नहीं, कला और खेदकूद जैसे तमाम क्षेत्रों में उनकी काफी रुचि थी और वे इन विभागों में नजर रखती थीं। साइंस एंड टेक्नोलॉजी के लिए उन्होंने कई इंस्टीट्यूट और सेट-अप शुरू किए। जो पुराने इंस्टीट्यूट थे, उन्हें फंड उपलब्ध कराया। स्पेस रिसर्च के क्षेत्र में उनके समय में बहुत काम हुआ। भारत ने इनसेट उपग्रह का प्रक्षेपण किया। इससे शिक्षा और टेक्नोलॉजी के क्षेत्र में भारत की अच्छी बुनियाद पड़ी। इसरो का आज स्पेस रिसर्च के क्षेत्र में विश्व में नाम है। उन्होंने दूरदर्शन शुरू किया और टेलीविजन को बहुत जल्दी शहर ही नहीं, ग्रामीण इलाकों तक भी पहुंचा दिया।

राजनेता के रूप में इंदिरा गांधी की बड़ी मिलीजुली-सी छवि बनती है। इसमें सकारात्मक बातें भी हैं और नकारात्मक भी। इससे इनकार नहीं कि इंदिरा गांधी ने अपने आप को मजबूत करने की खातिर कांग्रेस को कमजोर कर दिया। इंदिरा गांधी मुख्यमंत्री चुनने लगी थीं। नेहरू के समय राज्यों के जो छत्रप होते थे, वे धीरे-धीरे कमजोर होते गए। आज भी राज्यों में कांग्रेस पार्टी के क्षत्रप बहुत कमजोर हैं। इसकी बड़ी वजह इंदिरा गांधी रहीं। हाईकमान कल्चर इंदिरा गांधी ने

शुरू किया। इससे कांग्रेस की जड़ें कमजोर हुईं और यह परंपरा कांग्रेस में अब भी चलती आ रही है। आपातकाल लगा कर उन्होंने प्रजातंत्र और प्रजातांत्रिक मूल्यों पर प्रहार किया, जिसके लिए आज भी उनकी व्यापक आलोचना होती है। परंतु यह भी ध्यान रखना चाहिए कि उन्होंने अपनी हार स्वीकार कर फिर से चुनाव की घोषणा की। यह एक बहुत बड़ी मिसाल है। हम अपने पड़ोसी देशों में देख लें। किसी देश से एक बार डेमोक्रेसी जाती है, तो लंबे समय तक उसे वापस ला पाना संभव नहीं होता या फिर वह पनप नहीं पाती। भारत में 1975 में जो आपातकाल लगा था, उसके बाद इसके भयानक परिणाम का एहसास इंदिरा जी को हो गया था, इसलिए उन्होंने चुनाव कराया। इस चुनाव में वे बुरी तरह पराजित हुईं और उन्होंने अपनी हार स्वीकार की। राजनीति में इंदिरा गांधी ने वापस अपनी जगह बनायी और 1980 के चुनाव में जीत कर वे पुनः सत्ता में आयीं। अपनी गलती को समझना और उसे सुधारने की पहल करना उनकी महानता थी।

आपातकाल (भारत)

25 जून 1975 से 21 मार्च 1977 तक का 21 महीने की अवधि में भारत में आपातकाल घोषित था। तत्कालीन राष्ट्रपति फखरुद्दीन अली अहमद ने तत्कालीन भारतीय प्रधानमंत्री इन्दिरा गांधी के कहने पर भारतीय संविधान की धारा 352 के अधीन आपातकाल की घोषणा कर दी। स्वतंत्र भारत के इतिहास में यह सबसे विवादास्पद और अलोकतांत्रिक काल था। आपातकाल में चुनाव स्थगित हो गए तथा नागरिक अधिकारों को समाप्त करके मनमानी की गईं इंदिरा गांधी के राजनीतिक विरोधियों को कैद कर लिया गया और प्रेस पर प्रतिबंधित कर दिया गया। प्रधानमंत्री के बेटे संजय गांधी के नेतृत्व में बड़े पैमाने पर पुरुष नसबंदी अभियान चलाया गया। जय प्रकाश नारायण ने इसे 'भारतीय इतिहास की सर्वाधिक काली अवधि' कहा था।

इंदिरा गांधी का उदय

1967 और 1971 के बीच, प्रधानमंत्री इंदिरा गांधी ने सरकार और भारतीय राष्ट्रीय कांग्रेस पार्टी के साथ ही संसद में भारी बहुमत को अपने नियंत्रण में कर लिया था। केंद्रीय मंत्रिमंडल की बजाय, प्रधानमंत्री के सचिवालय के भीतर ही केंद्र सरकार की शक्ति को केंद्रित किया गया। सचिवालय के निर्वाचित सदस्यों को उन्होंने एक खतरें के रूप में देखा। इसके लिए वह अपने प्रधान सचिव पीएन

हक्सर, जो इंदिरा के सलाहकारों की अंदरुनी घेरे में आते थे, पर भरोसा किया। इसके अलावा, परमेश्वर नारायण हक्सर ने सत्तारूढ़ पार्टी की विचारधारा 'प्रतिबद्ध नौकरशाही' के विचार को बढ़ावा दिया।

इंदिरा गांधी ने चतुराई से अपने प्रतिद्वंदियों को अलग कर दिया जिस कारण कांग्रेस विभाजित हो गयी और 1969 में दो भागों, कांग्रेस (ओ) ("सिंडीकेट" के रूप में जाना जाता है जिसमें पुराने गार्ड शामिल हैं) व कांग्रेस (आर) जो इंदिरा की ओर थी, भागों में बट गयी। अखिल भारतीय कांग्रेस कमेटी और कांग्रेस सांसदों के एक बड़े भाग ने प्रधानमंत्री का साथ दिया। इंदिरा गांधी की पार्टी पुरानी कांग्रेस से ज्यादा ताकतवर व आंतरिक लोकतंत्र की परंपराओं के साथ एक मजबूत संस्था थी। दूसरी और कांग्रेस (आर) के सदस्यों को जल्दी ही समझ में आ गया कि उनकी प्रगति इंदिरा गांधी और उनके परिवार के लिए अपनी वफादारी दिखने पर पूरी तरह निर्भर करती है और चाटुकारिता का दिखावटी प्रदर्शित करना उनकी दिनचर्या बन गया। आने वाले वर्षों में इंदिरा का प्रभाव इतना बढ़ गया कि वह कांग्रेस विधायक दल द्वारा निर्वाचित सदस्यों की बजाय, राज्यों के मुख्यमंत्रियों के रूप में स्वयं चुने गए वफादारों को स्थापित कर सकती थीं।

इंदिरा की उस सरकार के पास जनता के बीच उनकी करिश्माई अपील का समर्थन प्राप्त था। इसका एक और कारण सरकार द्वारा लिए गए फैसले भी थे। इसमें जुलाई 1969 में प्रमुख बैंकों का राष्ट्रीयकरण व सितम्बर 1970 में राजभत्ते (प्रिवी पर्स) से उन्मूलन शामिल हैं; ये फैसले अपने विरोधियों को सार्वभौमिक झटका देने के लिए, अध्यादेश के माध्यम से अचानक किए गए थे। इसके बाद, सिंडीकेट और अन्य विरोधियों के विपरीत, इंदिरा को "गरीब समर्थक, धर्म के मामलों में, अर्थशास्त्र और धर्म-निरपेक्षता व समाजवाद के साथ पूरे देश के विकास के लिए खड़ी एक छवि के रूप में देखा गया।" प्रधानमंत्री को विशेष रूप से वंचित वर्गों-गरीब, दलितों, महिलाओं और अल्पसंख्यकों द्वारा बहुत समर्थन मिला। उनके लिए, वह उनकी इंदिरा अम्मा थीं।

आपातकाल-विरोधी आन्दोलन

राष्ट्रीय स्वयंसेवक संघ की भूमिका

राष्ट्रीय स्वयंसेवक संघ को प्रतिबन्धित कर दिया गया क्योंकि माना गया कि यह संगठन विपक्षी नेताओं का करीबी है तथा इसका बड़ा संगठनात्मक आधार

सरकार के विरुद्ध विरोध प्रदर्शन करने की सम्भावना रखता था। पुलिस इस संगठन पर टूट पड़ी और उसके हजारों कार्यकर्ताओं को कैद कर दिया गया। आरएसएस ने प्रतिबंध को चुनौती दी और हजारों स्वयंसेवकों ने प्रतिबंध के खिलाफ और मौलिक अधिकारों के हनन के खिलाफ सत्याग्रह में भाग लिया।

सिखों द्वारा विरोध

सभी विपक्षी दलों के नेताओं और सरकार के अन्य स्पष्ट आलोचकों के गिरफ्तार किए जाने और सलाखों के पीछे भेज दिए जाने के बाद पूरा भारत सदमे की स्थिति में था। आपातकाल की घोषणा के कुछ ही समय बाद, सिख नेतृत्व ने अमृतसर में बैठकों का आयोजन किया जहां उन्होंने "कांग्रेस की फासीवादी प्रवृत्ति" का विरोध करने का संकल्प किया। देश में पहले जनविरोध का आयोजन अकाली दल ने किया था जिसे "लोकतंत्र की रक्षा का अभियान" के रूप में जाना जाता है। इसे 9 जुलाई को अमृतसर में शुरू किया गया था।

प्रथम गैर-कांग्रेसी सरकार (1977-1979)

आपातकाल लागू करने के लगभग दो साल बाद विरोध की लहर तेज होती देख प्रधानमंत्री इंदिरा गांधी ने लोकसभा भंग कर चुनाव कराने की सिफारिश कर दी। चुनाव में आपातकाल लागू करने का फैसला कांग्रेस के लिए घातक साबित हुआ। खुद इंदिरा गांधी अपने गढ़ रायबरेली से चुनाव हार गईं। जनता पार्टी भारी बहुमत से सत्ता में आई और मोरारजी देसाई प्रधानमंत्री बने। संसद में कांग्रेस के सदस्यों की संख्या 350 से घट कर 153 पर सिमट गई और 30 वर्षों के बाद केंद्र में किसी गैर-कांग्रेसी सरकार का गठन हुआ। कांग्रेस को उत्तर प्रदेश, बिहार, पंजाब, हरियाणा और दिल्ली में एक भी सीट नहीं मिली। नई सरकार ने आपातकाल के दौरान लिए गए फैसलों की जांच के लिए शाह आयोग गठित की गईं हालांकि नई सरकार दो साल ही टिक पाई और अंदरूनी अंतर्विरोधों के कारण 1979 में सरकार गिर गईं उप प्रधानमंत्री चौधरी चरण सिंह ने कुछ मंत्रियों की दोहरी सदस्यता का सवाल उठाया जो जनसंघ के भी सदस्य थे। इसी मुद्दे पर चरण सिंह ने सरकार से समर्थन वापस ले लिया और कांग्रेस के समर्थन से उन्होंने सरकार बनाई लेकिन चली सिर्फ पांच महीने। उनके नाम कभी संसद नहीं जाने वाले प्रधानमंत्री का रिकॉर्ड दर्ज हो गया।

घटनाक्रम

1975

- 12 जून 1975 को इंदिरा गांधी को इलाहाबाद उच्च न्यायालय ने दोषी पाया और छह साल के लिए पद से बेदखल कर दिया। इंदिरा गांधी पर वोटरों को घूस देना, सरकारी मशीनरी का गलत इस्तेमाल, सरकारी संसाधनों का गलत इस्तेमाल जैसे 14 आरोप साबित तो हुआ लेकिन आदतन श्रीमती गांधी उनको न मान कर हमारे न्यायलय का मान बहुत बढ़ाया। राज नारायण ने 1971 में रायबरेली में इंदिरा गांधी के हाथों हारने के बाद मामला दाखिल कराया था। जस्टिस जगमोहनलाल सिन्हा ने यह फैसला सुनाया था।
- 24 जून 1975 को सुप्रीम कोर्ट ने आदेश बरकरार रखा, लेकिन इंदिरा को प्रधानमंत्री की कुर्सी पर बने रहने की इजाजत दी जो कि होना भी जरूरी था क्योकि राजतंत्र में ऐसा ही होता है।
- 25 जून 1975 को जय प्रकाश नारायण ने इंदिरा के न चाहते हुए भी इस्तीफा देने तक देश भर में रोज प्रदर्शन करने का आह्वान किया।
- 25 जून 1975 को राष्ट्रपति के अध्यादेश पास करने के बाद सरकार ने आपातकाल लागू कर दिया।

1976

- सितम्बर 1976—संजय गांधी ने देश भर में अनिवार्य पुरुष नसबंदी का आदेश दिया। इस पुरुष नसबंदी के पीछे सरकार की मंशा देश की आबादी को नियंत्रित करना था। इसके अंतर्गत लोगों की इच्छा के विरुद्ध नसबंदी कराई गयी। कार्यक्रम के कार्यान्वियन में संजय गांधी की भूमिका की सटीक सीमा विवादित है, कुछ लेखकों ने गांधी को उनके अधिकारिकता के लिए सीधे जिम्मेदार ठहराया है, और अन्य लेखकों ने उन अधिकारियों को दोषी ठहराते हुए जिन्होंने स्वयं गांधी के बजाय कार्यक्रम को लागू किया था। रुखसाना सुल्ताना एक समाजवादी थीं जो संजय गांधी के करीबी सहयोगियों में से एक होने के लिए जानी जाती थीं और उन्हें पुरानी दिल्ली के मुस्लिम क्षेत्रों में

संजय गांधी के नसबंदी अभियान के नेतृत्व में बहुत कुख्यातता मिली थी।

1977

- 18 जनवरी—इन्दिरा गांधी ने लोकसभा भंग करते हुए घोषणा की कि मार्च मे लोकसभा के लिए आम चुनाव होंगे। सभी राजनैतिक बन्दियों को रिहा कर दिया गया।
- 23 मार्च—आपातकाल समाप्त।
- 16-20 मार्च—छठवें लोकसभा के चुनाव सम्पन्न। जनता पार्टी भारी बहुमत से सत्ता में आई। संसद में कांग्रेस के सदस्यों की संख्या 350 से घट कर 153 पर सिमट गई और 30 वर्षों के बाद केंद्र में किसी गैर-कांग्रेसी सरकार का गठन हुआ। स्वयं इंदिरा गांधी और संजय गांधी चुनाव हार गए। नोरारजी देसाई प्रधानमंत्री बने। कांग्रेस को उत्तर प्रदेश, बिहार, पंजाब, हरियाणा और दिल्ली में एक भी सीट नहीं मिली।
- नई सरकार ने आपातकाल के दौरान लिए गए निर्णयों की जांच के लिए शाह आयोग गठित किया।

निजी जिंदगी

इंदिरा ने फिरोज गांधी से विवाह किया। शुरू में संजय उनका वारिस चुना गया था, लेकिन एक उड़ान दुर्घटना में उनकी मृत्यु के बाद, उनकी मां ने अनिच्छुक राजीव गांधी को पायलट की नौकरी परित्याग कर फरवरी 1981 में राजनीति में प्रवेश के लिए प्रेरित किया।

इंदिरा मृत्यु के बाद राजीव गांधी प्रधानमंत्री बनें। मई 1991 में उनकी भी राजनैतिक हत्या, इस बार लिबरेशन टाइगर्स ऑफ तमिल ईलम के आतंकवादियों के हाथों हुई। राजीव की विधवा, सोनिया गांधी ने संयुक्त प्रगतिशील गठबंधन को 2004 के लोक सभा निर्वाचन में एक आश्चर्य चुनावी जीत का नेतृत्व दिया।

सोनिया गांधी ने प्रधानमंत्री कार्यालय अवसर को अस्वीकार कर दिया लेकिन कांग्रेस की राजनैतिक उपकरणों पर उनकी लगाम है; प्रधानमंत्री डॉ.

मनमोहन सिंह, जो पूर्व में वित्त मंत्री रहे, अब राष्ट्र के नेतृत्व में हैं। राजीव की संतान, राहुल गांधी और प्रियंका गांधी भी राजनीति में प्रवेश कर चुके हैं। संजय गांधी की विधवा, मेनका गांधी–जिनका संजय की मौत के बाद प्रधानमंत्री के घर से बाहर निकाला जाना सर्वज्ञात है–और साथ ही संजय के पुत्र, वरुण गांधी भी, राजनीति में मुख्य विपक्षी भारतीय जनता पार्टी दल में सदस्य के रूप में सक्रिय हैं।

इंदिरा गांधी लोकप्रिय संस्कृति में

- उनकी हत्या का जिक्रटॉम क्लेन्सि द्वारा अपने उपन्यास एक्जीक्यूटिव ऑर्डर्स में किया गया है।
- यद्यपि कहीं भी नाम का उल्लेख नहीं मिलता है, रोहिंतों मिस्त्री के.ए. फाईन बैलेंस में इंदिरा गांधी ही स्पष्ट रूप से प्रधानमंत्री है।
- सलमान रुशदी के उपन्यास मिडनाइट्स चिल्ड्रन में इंदिरा, जिन्हें सारे उपन्यास में "दा विडो" बुलाया जाता है, स्वयं जिम्मेदार है अपने अविस्मरणीय चरित्र के पतन के लिए। इंदिरा गांधी का यह चित्रण, इसमे उनके एवं उनकी नीतियों, दोनों के रूखे प्रदर्शन से कुछ खेमें विवादित हैं।
- शशि थरूर की दा ग्रेट इंडियन नोवेल में प्रिय दुर्योधन का चरित्र साफ साफ इंदिरा गांधी को संदर्भित करता है।
- "आंधी", गुलजार द्वारा निर्देशित एक हिन्दी चलचित्र (फीचर फिल्म) है, जो आंशिक रूप से इंदिरा की जिंदगी के कुछ घटनाओं, विशेष रूप से उनकी (सुचित्रा सेन द्वारा फिल्माया गया) उनके पति के साथ कठिन संबंध (संजीव कुमार द्वारा फिल्माया गया), का काल्पनिक अनुकरण है।
- यन्न मार्टेल के लाइफ ऑफ पाई में 1970 के दशक के मध्य में भारत के राजनितिक माहौल का जिक्र करते समय "श्रीमती गांधी" नाम से इंदिरा गांधी का कई बार उल्लेख किया गया है।

❖❖❖

8

मोरारजी देसाई
(Morarji Desai)

श्री मोरारजी देसाई

भारत के चतुर्थ प्रधानमंत्री

कार्यकाल : 24 मार्च 1977 से 28 जुलाई 1979

जन्म : 10 फरवरी 1896, भदेली, गुजरात

मृत्यु : 10 अप्रैल 1995

पिता का नाम : श्री रणछोड़ जी देसाई

माता का नाम : श्रीमति वाजियाबैन/मानीबैन देसाई

जीवन संगीनी : श्रीमति गुजराबैन

बच्चे : मधुकेश्वर देसाई, कांति देसाई

पेशा : राजनेता, सामाजिक कार्यकर्त्ता

राजनीतिक दल : जनता पार्टी

पुरस्कार : भारत रत्न एवं निशान-ए-पाकिस्तान

मोरारजी देसाई (29 फरवरी 1896-10 अप्रैल 1995) भारत के स्वाधीनता सेनानी और देश के चौथे प्रधानमंत्री (सन् 1977 से 79) थे। वह प्रथम प्रधानमंत्री थे जो भारतीय राष्ट्रीय कांग्रेस के बजाय अन्य दल से थे। वही एकमात्र व्यक्ति हैं जिन्हें भारत के सर्वोच्च सम्मान भारत रत्न एवं पाकिस्तान के सर्वोच्च सम्मान निशान-ए-पाकिस्तान से सम्मानित किया गया है।

वह 81 वर्ष की आयु में प्रधानमंत्री बने थे। इसके पूर्व कई बार उन्होंने प्रधानमंत्री बनने की कोशिश की परंतु असफल रहे। लेकिन ऐसा नहीं हैं कि मोरारजी प्रधानमंत्री बनने के काबिल नहीं थे। वस्तुत–वह दुर्भाग्यशाली रहे कि वरिष्ठतम नेता होने के बावजूद उन्हें पंडित नेहरू और लाल बहादुर शास्त्री के निधन के बाद भी प्रधानमंत्री नहीं बनाया गया। मोरारजी देसाई मार्च 1977 में देश के प्रधानमंत्री बने लेकिन प्रधानमंत्री के रूप में इनका कार्यकाल पूर्ण नहीं हो पाया। चौधरी चरण सिंह से मतभेदों के चलते उन्हें प्रधानमंत्री पद छोड़ना पड़ा।

जीवन परिचय

मोरारजी देसाई का जन्म 29 फरवरी 1896 को गुजरात के भदेली नामक स्थान पर हुआ था। उनका संबंध एक ब्राह्मण परिवार से था। उनके पिता रणछोड़ जी देसाई भावनगर (सौराष्ट्र) में एक स्कूल अध्यापक थे। वह अवसाद (निराशा एवं खिन्नता) से ग्रस्त रहते थे, अतः उन्होंने कुएं में कूद कर अपनी इहलीला समाप्त कर ली। पिता की मृत्यु के तीसरे दिन मोरारजी देसाई की शादी हुई थी।

मोरारजी देसाई की शिक्षा-दीक्षा मुंबई के एलफिंस्टन कॉलेज में हुई जो उस समय काफी महंगा और खर्चीला माना जाता था। मुंबई में मोरारजी देसाई निःशुल्क आवास गृह में रहे जो गोकुलदास तेजपाल के नाम से प्रसिद्ध था। एक समय में वहां 40 शिक्षार्थी रह सकते थे। विद्यार्थी जीवन में मोरारजी देसाई औसत बुद्धि के विवेकशील छात्र थे। इन्हें कॉलेज की वाद-विवाद टीम का सचिव भी बनाया गया था लेकिन स्वयं मोरारजी ने मुश्किल से ही किसी वाद-विवाद प्रतियोगिता में हिस्सा लिया होगा। मोरारजी देसाई ने अपने कॉलेज जीवन में ही महात्मा गांधी, बाल गंगाधर तिलक और अन्य कांग्रेसी नेताओं के संभाषणों को सुना था।

व्यावसायिक जीवन

मोरारजी देसाई ने मुंबई प्रोविंशल सिविल सर्विस हेतु आवेदन करने का मन बनाया जहां सरकार द्वारा सीधी भर्ती की जाती थी। जुलाई 1917 में उन्होंने यूनिवर्सिटी ट्रेनिंग कोर्स में प्रविष्टि पाई। यहां इन्हें ब्रिटिश व्यक्तियों की भांति समान अधिकार एवं सुविधाएं प्राप्त होती रहीं। यहां रहते हुए मोरारजी अफसर बन गए। मई 1918 में वह परिवीक्षा पर बतौर उप-जिलाधीश अहमदाबाद पहुंचे। उन्होंने चेटफील्ड नामक ब्रिटिश कलेक्टर (जिलाधीश) के अंतर्गत कार्य किया।

मोरारजी 11 वर्षों तक अपने रूखे स्वभाव के कारण विशेष उन्नति नहीं प्राप्त कर सके और कलेक्टर के निजी सहायक पद तक ही पहुंचे।

राजनीतिक जीवन

मोरारजी देसाई ने 1930 में ब्रिटिश सरकार की नौकरी छोड़ दी और स्वतंत्रता संग्राम के सिपाही बन गए। 1931 में वह गुजरात प्रदेश की कांग्रेस कमेटी के सचिव बन गए। उन्होंने अखिल भारतीय युवा कांग्रेस की शाखा स्थापित की और सरदार पटेल के निर्देश पर उसके अध्यक्ष बन गए। 1932 में मोरारजी को 2 वर्ष की जेल भुगतनी पड़ी। मोरारजी 1937 तक गुजरात प्रदेश कांग्रेस कमेटी के सचिव रहे। इसके बाद वह बंबई राज्य के कांग्रेस मंत्रिमंडल में सम्मिलित हुए। इस दौरान यह माना जाता रहा कि मोरारजी देसाई के व्यक्तितत्त्व में जटिलताएं हैं। वह स्वयं अपनी बात को ऊपर रखते और सही मानते। इस कारण लोग इन्हें व्यंग्य से 'सर्वोच्च नेता' कहा करते थे। मोरारजी को ऐसा कहा जाना पसंद भी आता था। गुजरात के समाचार पत्रों में प्रायः उनके इस व्यक्तित्व को लेकर व्यंग्य भी प्रकाशित होते थे। कार्टूनों में इनके चित्र एक लंबी छड़ी के साथ होते थे जिसमें इन्हें गांधी टोपी भी पहने हुए दिखाया जाता था। इसमें व्यंग्य यह होता था कि गांधीजी के व्यक्तित्त्व से प्रभावित लेकिन अपनी बात पर अड़े रहने वाले एक जिद्दी व्यक्ति।

स्वतंत्रता संग्राम में भागीदारी के कारण मोरारजी देसाई के कई वर्ष जेलों में ही गुजरे। देश की आजादी के समय राष्ट्रीय राजनीति में इनका नाम वजनदार हो चुका था। लेकिन मोरारजी की प्राथमिक रुचि राज्य की राजनीति में ही थी। यही कारण है कि 1952 में इन्हें बंबई का मुख्यमंत्री बनाया गया। इस समय तक गुजरात तथा महाराष्ट्र बंबई प्रोविंस के नाम से जाने जाते थे और दोनों राज्यों का पृथक गठन नहीं हुआ था। 1967 में इंदिरा गांधी के प्रधानमंत्री बनने पर मोरारजी को उप प्रधानमंत्री और गृह मंत्री बनाया गया। लेकिन वह इस बात को लेकर कुंठित थे कि वरिष्ठ कांग्रेस नेता होने पर भी उनके बजाय इंदिरा गांधी को प्रधानमंत्री बनाया गया। यही कारण है कि इंदिरा गांधी द्वारा किए जाने वाले क्रांतिकारी उपायों में मोरारजी निरंतर बाधा डालते रहे। दरअसल जिस समय श्री कामराज ने सिंडीकेट की सलाह पर इंदिरा गांधी को प्रधानमंत्री बनाए जाने की घोषणा की थी तब मोरारजी भी प्रधानमंत्री की दौड़ में शामिल थे। जब वह किसी भी तरह नहीं माने तो पार्टी ने इस मुद्दे पर चुनाव कराया और इंदिरा गांधी ने भारी

मतांतर से बाजी मार ली। इंदिरा गांधी ने मोरारजी के अहं की तुष्टि के लिए इन्हें उप प्रधानमंत्री का पद दिया।

प्रधानमंत्री पद

पंडित जवाहर लाल नेहरू के समय कांग्रेस में जो अनुशासन था, वह उनकी मृत्यु के बाद बिखरने लगा। कई सदस्य स्वयं को पार्टी से बड़ा समझते थे। मोरारजी देसाई भी उनमें से एक थे। श्री लाल बहादुर शास्त्री ने कांग्रेस पार्टी के वफादार सिपाही की भांति कार्य किया था। उन्होंने पार्टी से कभी भी किसी पद की मांग नहीं की थी। लेकिन इस मामले में मोरारजी देसाई अपवाद में रहे। कांग्रेस संगठन के साथ उनके मतभेद जगजाहिर थे और देश का प्रधानमंत्री बनना इनकी प्राथमिकताओं में शामिल था। इंदिरा गांधी ने जब यह समझ लिया कि मोरारजी देसाई उनके लिए कठिनाइयां पैदा कर रहे हैं तो उन्होंने मोरारजी के पर कतरना आरम्भ कर दिया। इस कारण उनका क्षुब्ध होना स्वाभाविक था। नवम्बर 1969 में जब कांग्रेस का विभाजन कांग्रेस-आर और कांग्रेस-ओ के रूप में हुआ तो मोरारजी देसाई इंदिरा गांधी की कांग्रेस-आई के बजाए सिंडीकेट के कांग्रेस-ओ में चले गए। फिर 1975 में वह जनता पार्टी में शामिल हो गए। मार्च 1977 में जब लोकसभा के चुनाव हुए तो जनता पार्टी को स्पष्ट बहुमत प्राप्त हो गया। परन्तु यहां पर भी प्रधानमंत्री पद के दो अन्य दावेदार उपस्थित थे—चौधरी चरण सिंह और जगजीवन राम। लेकिन जयप्रकाश नारायण जो स्वयं कभी कांग्रेसी हुआ करते थे, उन्होंने किंग मेकर की अपनी स्थिति का लाभ उठाते हुए मोरारजी देसाई का समर्थन किया।

इसके बाद 23 मार्च 1977 को 81 वर्ष की अवस्था में मोरारजी देसाई ने भारतीय प्रधानमंत्री का दायित्व ग्रहण किया। इनके प्रधानमंत्रित्व के आरम्भिक काल में, देश के जिन नौ राज्यों में कांग्रेस का शासन था, वहां की सरकारों को भंग कर दिया गया और राज्यों में नए चुनाव कराए जाने की घोषणा भी करा दी गई। यह अलोकतांत्रिक और असंवैधानिक कार्य था। जनता पार्टी, इंदिरा गांधी और उनकी समर्थित कांग्रेस का देश से सफाया करने के लिए कृत संकल्प नजर आई। लेकिन इस कृत्य को बुद्धिजीवियों द्वारा सराहना प्राप्त नहीं हुई।

कुछ अन्य तथ्य

कई साल पहले नेहरू के सचिव एम.ओ. मथाई अपने एक मित्र के साथ कुतुब मीनार घूमने गए।

मित्र ने उत्सुकतावश उनसे पूछा कि मोरारजी देसाई किस तरह के शख़्स हैं? मथाई का जवाब था, “ये जो आप सामने लोहे का खंबा देख रहे हैं। उसे बस गांधी टोपी पहना दीजिए, मोरारजी देसाई आप के सामने होंगे। शरीर और दिमाग दोनों से बिल्कुल सीधे, खरे और कड़े।”

नेहरू ने एक बार मथाई से कहा था कि भारतीय राजनीति में जिन दो सबसे खरे लोगों से उनका वास्ता पड़ा था, वो थे पुरुषोत्तमदास टंडन और मोरारजी देसाई।

1977 से 1979 तक भारत के प्रधानमंत्री रहे मोरारजी देसाई के बारे में मशहूर था कि वो सख्त किस्म के गांधीवादी और दीवानगी की हद तक ईमानदार थे।

एक बार जब उन पर दक्षिणपंथी यानि राइटिस्ट होने का आरोप लगा तो उन्होंने मुस्कुराकर कहा था, “हां मैं राइटिस्ट हूं क्योंकि आई बिलीव इन डुइंग थिंग्स राइट।”

भारत में राजनीतिक रूप से महत्त्वाकांक्षी होना बहुत अच्छा नहीं माना जाता है, कम से कम सार्वजनिक रूप से तो हरगिज नहीं। लेकिन मोरारजी भाई ने प्रधानमंत्री बनने की अपनी इच्छा को कभी नहीं छिपाया।

नेहरू के निधन के बाद मशहूर पत्रकार कुलदीप नैयर लाल बहादुर शास्त्री का संदेश लेकर मोरारजी देसाई के पास गए कि ‘अगर वो जयप्रकाश नारायण और इंदिरा गांधी में से किसी एक नाम पर सहमत हो जाते हैं, तो मैं प्रधानमंत्री का चुनाव नहीं लड़ूंगा।’

जब नैयर ने शास्त्री का संदेश मोरारजी देसाई को दिया, तो उन्होंने छूटते ही कहा, “जयप्रकाश नारायण? वो तो संभ्रमित व्यक्ति हैं और इंदिरा गांधी? दैट चिट ऑफ ए गर्ल।”

मोरारजी के बेटे कांति देसाई ने नैयर से कहा, “अपने शास्त्रीजी से कहिए कि बैठ जाएं। मोरारजी देसाई को वो हरा नहीं पाएंगे।”

कुलदीप नैयर ने आते ही यूएनआई टिकर पर कहानी की जिसका शीर्षक था, “मोरारजी ने सबसे पहले अपनी टोपी रिंग में फेंकी।”

इस कहानी का असर ये हुआ कि अगले दिन संसद भवन में कामराज ने कुलदीप नैयर के कान में फुसफुसा कर कहा, "थैंक यू।"

शास्त्री ने भी उन्हें फौरन बुलाकर कहा, "अब कोई कहानी लिखने की जरूरत नहीं। मुकाबला खत्म हो चुका है।"

मोरारजी देसाई ने इसके लिए कुलदीप नैयर को कभी माफ नहीं किया।

उन्होंने समझाने की कोशिश की कि इसके लिए उन्हें अपने समर्थकों को दोष देना चाहिए जो नेहरू की अंत्येष्टि के दिन ही लोगों से कहते फिर रहे थे कि प्रधानमंत्री पद उनकी जेब में है।

मोरारजी देसाई की प्रधानमंत्री बनने की इस खुलेआम चाहत ने माहौल उनके खिलाफ कर दिया और लाल बहादुर शास्त्री भारत के प्रधानमंत्री बनाए गए।

शास्त्री के देहांत के बाद भी उन्होंने प्रधानमंत्री बनने की कोशिश की, लेकिन उन्हें पर्याप्त समर्थन नहीं मिल पाया। इंदिरा गांधी ने उन्हें उप-प्रधानमत्री और वित्तमंत्री की जिम्मेदारी सौंपी।

लेकिन जल्द ही दोनों के बीच मतभेद शुरू हो गए। इन्द्र मल्होत्रा बताते थे कि इसकी शुरुआत तब हुई, जब राष्ट्रीय विकास परिषद की बैठक में एक मुख्यमंत्री ने इंदिरा गांधी से एक सवाल पूछा–

इंदिरा गांधी उस सवाल का जवाब दे ही रही थीं कि मोरारजी देसाई ने उन्हें टोकते हुए कहा कि, "मैं इस सवाल का जवाब बेहतर ढंग से दे सकता हूं। पीएन हक्सर ने बाद में मुझे बताया कि उसी दिन इंदिरा गांधी ने तय कर लिया था कि मोरारजी उनके मंत्रिमंडल में नहीं रहेंगे।"

बाद में कांग्रेस के राष्ट्रपति पद के उम्मीदवार, बैंकों के राष्ट्रीयकरण और प्रिवी पर्स के मुद्दे पर इंदिरा गांधी से उनका टकराव इस हद तक बढ़ा कि इंदिरा ने उनसे वित्त मंत्रालय ले लेने का फैसला किया।

मोरारजी देसाई ने इंदिरा गांधी को पत्र लिख कर कहा कि वो उप-प्रधानमंत्री के पद पर भी नहीं रहना चाहेंगे।

प्रधानमंत्री बनाने में जेपी की भूमिका

1977 में जब इंदिरा गांधी चुनाव हार गईं और जनता पार्टी सत्ता में आई तो मोरारजी देसाई को भारत का चौथा प्रधानमंत्री बनाया गया और उसमें बहुत बड़ी भूमिका निभाई आचार्य कृपलानी और जयप्रकाश नारायण ने।

कुलदीप नैयर कहते हैं कि, "जनता पार्टी में जगजीवन राम का समर्थन अधिक था, लेकिन जेपी ने मुझसे खुद बताया कि चूंकि जगजीवन राम ने संसद में आपातकाल का प्रस्ताव पेश किया था, इसलिए उनके प्रधानमंत्री बनने का तो सवाल ही नहीं पैदा होता था।"

अपना मूत्र पीने की आदत

मोरारजी देसाई ने दीवानगी की हद तक शराब बंदी का समर्थन किया। उनकी अपना मूत्र पीने की वकालत भी अधिकतर भारतीयों के गले नहीं उतरी।

1978 में जब मोरारजी देसाई फ्रांस की सरकारी यात्रा पर गए तो वो वहां भारतीय राजदूत आर.डी. साठे के घर ठहरे।

भारतीय खुफिया एजेंसी रॉ के पूर्व अधिकारी बी. रमन अपनी किताब 'काऊ ब्वॉएज ऑफ रॉ' में लिखते हैं कि जब प्रधानमंत्री देसाई वापस दिल्ली चले गए तो वो साठे साहब के घर गए।

जब उनका नौकर ड्रिंक्स सर्व कर रहा था तो राजदूत की पत्नी ने उससे कहा, "तुम नए गिलास इस्तेमाल कर रहे हो न।"

फिर वो मेरी तरफ मुड़कर बोलीं कि, "मुझे पता नहीं कि मोरारजी अपना मूत्र पीने के लिए कौन-सा गिलास इस्तेमाल कर रहे थे। इसलिए मैंने सभी पुराने गिलासों को फिंकवा दिया है।"

जब मोरारजी देसाई नाइट क्लब गए

इसी तरह का एक मजेदार किस्सा 1968 में हुआ जब मोरारजी देसाई वित्तमंत्री के रूप में एक सम्मेलन में भाग लेने कनाडा गए।

उनके साथ मशहूर अर्थशास्त्री लक्ष्मीकांत झा भी थे, जिन्हें वो काफी पसंद करते थे। उस समय आईसीएस अधिकारी वैंकटाचार कनाडा में भारत के उच्चायुक्त थे।

जॉर्ज वर्गीज अपनी आत्मकथा 'फर्स्ट ड्राफ्ट' में लिखते हैं, "एक दिन काम जल्दी खत्म हो जाने के बाद झा और वैंकटाचार ने मोरारजी देसाई को मनाया कि वो एक नाइट क्लब चलें।"

देसाई ने पहले तो मुंह बनाया, लेकिन इन दोनों ने तर्क दिया कि जिन चीजों का आप विरोध करते रहे हैं, उनको अपनी आंखों से देख लेने और उनका अनुभव कर लेने के बाद आप बेहतर ढंग से उनका विरोध कर पाएंगे।

आखिरकार तीनों लोग एक नाइट क्लब में पहुंचे। बैठते ही एक बारटेंडर लड़की ने मोरारजी से पूछा, "आप क्या पीना पसंद करेंगे?"

मोरारजी ने बेरुखी से जवाब दिया, "मैं शराब नहीं पीता।" लड़की ने मोरारजी भाई की गोद में बैठने की कोशिश करते हुए चुहल की, "सो यू वॉन्ट योर डेम टू बी सोबर।" (तो आप चाहते हैं कि आपकी साथी आपके सामने सोबर रहे।)

स्तब्ध मोरारजी देसाई ने लड़की को रफा-दफा करते हुए कहा, "मुझे लड़कियां पसंद नहीं हैं।" इस पर वह लड़की बोली, "आप सज्जन पुरुष कतई नहीं हैं।"

मोरारजी देसाई ने बिना कुछ पिए नाइट क्लब से उठने का फैसला किया। झा और वैंकटाचार को भी बेमन से वहां से उठना पड़ा।

नटवर सिंह से झड़प

प्रधानमंत्री बनने के बाद उन्होंने भारतीय विदेश सेवा के नटवर सिंह का तबादला ब्रिटेन से जांबिया कर दिया क्योंकि किसी ने उनके कान भर दिए थे कि जिस दिन आपातकाल लगाया गया था, नटवर सिंह ने अपने घर शैम्पेन पार्टी दी थी।

1978 में जांबिया के प्रधानमंत्री सरकारी यात्रा पर भारत आए। अभी तक ये परंपरा रही है कि जब भी कोई विदेशी राष्ट्राध्यक्ष भारत के दौरे पर आता है तो उस देश में भारत का राजदूत या उच्चायुक्त भी उसके साथ भारत आता है।

जब नटवर सिंह ने भारत आने की योजना बनाई तो उन्हें मना कर दिया गया। इसके बावजूद वो भारत आए। उनके इस काम को बहुत बड़ी नाफरमानी माना गया।

मोरारजी देसाई ने उन्हें आदेश दिया कि वो अगले दिन सुबह आठ बजे उनसे मिलने उनके निवास पर हाजिर हों।

नटवर सिंह याद करते हैं, "प्रधानमंत्री ने छूटते ही कहा, आप बगैर बुलाए आ गए। मैंने जवाब दिया, आप ही ने तो मुझे मिलने बुलाया है। मोरारजी बोले मैं आपके भारत आने की बात कर रहा हूं। आप बगैर इजाजत यहां आ गए। मैंने उन्हें पुरानी परंपरा का वास्ता दिया। थोड़ी देर देसाई चुप रहे। फिर बोले तुम उस आतंकवादी न्कोमा को क्यों इतना बढ़ावा दे रहे हो। मैंने कहा वो आतंकवादी नहीं हैं बल्कि बहुत सम्मानित स्वतंत्रता सेनानी हैं। जब मैं उठने लगा तो उन्होंने मुझसे पूछा तुम कहां ठहरे हुए हो?"

- "अपनी सास के यहां"
- "तुम्हारी पत्नी कहां हैं?"
- "नीचे कार में बैठी हुई हैं।"
- "उसे अंदर बुला लो।"
- "सर, मैं ऐसा नहीं करूंगा। मैं यहां किसी सोशल कॉल पर नहीं आया हूं।"
- "तुम बहस क्यों कर रहे हो। बुलाओ उसे।"

मैंने अत्यंत आदर के साथ कहा कि आप मुझे सरकारी मामले में आदेश दे सकते हैं, लेकिन निजी मामलों में आपको मुझे आदेश देने का कोई हक नहीं है।

मोरारजी देसाई ने मुझसे निहायत ही रूखे लहजे में कहा, "तुम जा सकते हो।"

बाद में उन्होंने मेरी सास से शिकायत की, "तुम्हारा दामाद बहुत बदतमीज है।"

एक पाकिस्तानी लेखक ग्रुप कैप्टन एस.एम. हाली ने 'पाकिस्तान डिफेंस जर्नल' में लिखा है कि, "1977 में रॉ के एक एजेंट ने कहूता परमाणु परियोजना का ब्लू प्रिंट दस हजार डॉलर में भारत को बेचने की पेशकश की। जब मोरारजी देसाई को इसके बारे में बताया गया, तो उन्होंने तुरंत जनरल जियाउल हक को

फोन कर बताया कि हमें पता है कि आप कहूता में परमाणु बम बना रहे हैं। नतीजा ये हुआ कि रॉ का वो जासूस पकड़ा गया और भारत को वो टॉप सीक्रेट ब्लू प्रिंट नहीं मिल पाया।"

जनता पार्टी में टूट

मोरारजी देसाई का दुर्भाग्य था कि जनता पार्टी में शुरुआत से ही टूट शुरू हो गई थी। मोरारजी भाई, जगजीवन राम और चरण सिंह में पहले दिन से ही नहीं बनी।

कुलदीप नैयर कहते हैं कि, जब उन्होंने मोरारजी को सलाह दी कि वो चरण सिंह को मनाने के लिए खुद पहल करें, तो उनका जवाब था, "मैं चरण सिंह को चूरन सिंह बना दूंगा।"

और तो और जब जयप्रकाश नारायण पटना में बीमार थे तो कुलदीप नैयर ने उन्हें सलाह दी कि वो उन्हें देखने वहां जाएं तो उनका जवाब था, "मैं महात्मा गांधी को कभी देखने नहीं गया तो जेपी क्या चीज हैं।"

इस प्रकार की प्रवृत्ति थी मोरारजी देसाई की व्यक्तिगत जीवन में।

मोरारजी देसाई का पुत्र मोह

मोरारजी वैसे तो सार्वजनिक जीवन में उच्चतम मापदंड के पक्षधर थे, लेकिन पुत्र मोह से वो भी अछूते नहीं थे।

इन्द्र मल्होत्रा ने बीबीसी को बताया था कि 1977 में जीतने के बाद जब मोरारजी देसाई ने अपनी पहली प्रेस कांफ्रेंस की तो उसमें वह भी मौजूद थे।

उन्होंने कहा कि, "मैं भारत सोवियत संधि को दोबारा देखूंगा और अगर वो भारत के हित में नहीं हुई तो उसे समाप्त कर दूंगा।"

दूसरी चीज उन्होंने कही कि भारत की मध्यपूर्व नीति पर दोबारा नजर दौड़ाएंगे। उसके बाद मोरारजी मॉस्को गए थे। उनके साथ उनका बेटा कांति देसाई भी गया था। वापसी में उनका जहाज कुछ देर के लिए तेहरान में रुका।

कांति देसाई हिंदुजा बंधुओं से मिलने वहीं रुक गए। इससे उस समय बहुत हंगामा हुआ।

उसके कुछ दिन बात अटल बिहारी वाजपेयी अपने घर में बैठे हुए थे। तभी मोरारजी के प्रधान सचिव का फोन आया कि मोरारजी उनको अपने घर पर बुला रहे हैं। वाजपेयी जब वहां पहुंचे तो वो क्या देखते हैं कि इसराइल के विदेश मंत्री मोशे दायान वहां बैठे हुए हैं।

वाजपेयी ने बाद में उनसे कहा कि, "उन्हें आमंत्रित करने से पहले मुझसे तो बात कर ली होती।"

दिक्कत ये थी कि उनको स्वयं उनके बेटे कांति भाई आमंत्रित कर आए थे।

अपने निजी और सार्वजनिक जीवन में देसाई जितने विवादास्पद रहे हों, लेकिन उन्हें भारत और पाकिस्तान के सर्वोच्च नागरिक सम्मान भारत रत्न और निशान-ए-पाकिस्तान से सम्मानित किया गया।

उनकी ईमानदारी और संयम को कुछ हल्कों में पसंद किया गया, लेकिन अधिकतर लोगों की नजर में वो एक रूढ़िवादी शख्स थे, जिनके जीवन में राजनीतिक लचीलेपन के लिए बहुत कम जगह थी।

❖❖❖

9

चौधरी चरण सिंह
(Ch. Charan Singh)

भारत के पांचवें प्रधानमंत्री

चौधरी चरण सिंह

कार्यकाल : 28 जुलाई 1979 से
14 जनवरी 1980

जन्म : 23 दिसम्बर 1902, नूरपुर,
ब्रिटिश भारत

मृत्यु : 29 मई 1987

पिता का नाम : श्री मीर सिंह

माता का नाम : श्रीमति नेतर कौर

जीवन संगिनी : श्रीमति गायत्री देवी

बच्चे : अजीत सिंह, ज्ञानवती सिंह, वेदवती सिंह, सत्यवती सौलंकी, शारदा सिंह

पेशा : लेखक, राजनेता

राजनीतिक दल : जनता पार्टी

चौधरी चरण सिंह (23 दिसम्बर 1902 - 29 मई 1987) भारत के पांचवें प्रधानमंत्री थे। उन्होंने यह पद 28 जुलाई 1979 से 14 जनवरी 1980 तक सम्भाला। चौधरी चरण सिंह ने अपना सम्पूर्ण जीवन भारतीयता और ग्रामीण परिवेश की मर्यादा में व्यतीत किया।

जीवन परिचय

चरण सिंह का जन्म एक जाट परिवार मे हुआ था। स्वाधीनता के समय उन्होंने राजनीति में प्रवेश किया। स्वतंत्रता के पश्चात् वह राम मनोहर लोहिया के ग्रामीण सुधार आंदोलन में लग गए।

बाबूगढ़ छावनी के निकट नूरपुर गांव, तहसील हापुड़, जनपद गाजियाबाद, कमिश्नरी मेरठ में काली मिट्टी के अनगढ़ और फूस के छप्पर वाली मढ़ैया में 23 दिसम्बर, 1902 को आपका जन्म हुआ। चौधरी चरण सिंह के पिता चौधरी मीर सिंह ने अपने नैतिक मूल्यों को विरासत में चरण सिंह को सौंपा था। चरण सिंह के जन्म के 6 वर्ष बाद चौधरी मीर सिंह सपरिवार नूरपुर से जानी खुर्द के पास भूपगढी आकर बस गए थे। यहीं के परिवेश में चौधरी चरण सिंह के नन्हें ह्दय में गांव-गरीब-किसान के शोषण के खिलाफ संघर्ष का बीजारोपण हुआ। आगरा विश्वविद्यालय से कानून की शिक्षा लेकर 1928 में चौधरी चरण सिंह ने ईमानदारी, साफगोई और कर्तव्यनिष्ठा पूर्वक गाजियाबाद में वकालत प्रारम्भ की। वकालत जैसे व्यावसायिक पेशे में भी चौधरी चरण सिंह उन्हीं मुकद्में को स्वीकार करते थे जिनमें मुवक्किल का पक्ष न्यायपूर्ण होता था। कांग्रेस के लाहौर अधिवेशन 1929 में पूर्ण स्वराज्य उद्घोष से प्रभावित होकर युवा चरण सिंह ने गाजियाबाद में कांग्रेस कमेटी का गठन किया। 1930 में महात्मा गांधी द्वारा सविनय अवज्ञा आंदोलन के तहत् नमक कानून तोड़ने का आह्वान किया गया। गांधी जी ने ‘‘डांडी मार्च‘‘ किया। आजादी के दीवाने चरण सिंह ने गाजियाबाद की सीमा पर बहने वाली हिण्डन नदी पर नमक बनाया। परिणामस्वरूप चरण सिंह को 6 माह की सजा हुई। जेल से वापसी के बाद चरण सिंह ने महात्मा गांधी के नेतृत्व में स्वयं को पूरी तरह से स्वतंत्रता संग्राम में समर्पित कर दिया। 1940 के व्यक्तिगत सत्याग्रह में भी चरण सिंह गिरफ्तार हुए फिर अक्टूबर 1941 में मुक्त किए गए। सारे देश में इस समय असंतोष व्याप्त था। महात्मा गांधी ने करो या मरो का आह्वान किया। अंग्रेजों भारत छोड़ों की आवाज सारे भारत में गूंजने लगी। 9 अगस्त 1942 को अगस्त क्रांति के माहौल में युवक चरण सिंह ने भूमिगत होकर गाजियाबाद, हापुड़, मेरठ, मवाना, सरधना, बुलन्दशहर के गांवों में गुप्त क्रांतिकारी संगठन तैयार किया। मेरठ कमिश्नरी में युवक चरण सिंह ने क्रांतिकारी साथियों के साथ मिलकर ब्रितानिया हुकूमत को बार-बार चुनौती दी। मेरठ प्रशासन ने चरण सिंह को देखते ही गोली मारने का आदेश दे रखा था। एक तरफ पुलिस

चरण सिंह की टोह लेती थी वहीं दूसरी तरफ युवक चरण सिंह जनता के बीच सभायें करके निकल जाता था। आखिरकार पुलिस ने एक दिन चरण सिंह को गिरफ्तार कर ही लिया। राजबन्दी के रूप में डेढ़ वर्ष की सजा हुई। जेल में ही चौधरी चरण सिंह की लिखित पुस्तक "शिष्टाचार", भारतीय संस्कृति और समाज के शिष्टाचार के नियमों का एक बहुमूल्य दस्तावेज है।

राजनीतिक जीवन

कांग्रेस के लाहौर अधिवेशन में पूर्ण स्वराज का प्रस्ताव पारित हुआ था, जिससे प्रभावित होकर युवा चौधरी चरण सिंह राजनीति में सक्रिय हो गए। उन्होंने गाजियाबाद में कांग्रेस कमेटी का गठन किया। 1930 में जब महात्मा गांधी ने सविनय अवज्ञा आंदोलन का आह्वान किया तो उन्होंने हिंडन नदी पर नमक बनाकर उनका साथ दिया। जिसके लिए उन्हें जेल भी जाना पड़ा।

वह किसानों के नेता माने जाते रहे हैं। उनके द्वारा तैयार किया गया जमींदारी उन्मूलन विधेयक राज्य के कल्याणकारी सिद्धांत पर आधारित था। एक जुलाई 1952 को यूपी में उनके बदौलत जमींदारी प्रथा का उन्मूलन हुआ और गरीबों को अधिकार मिला। उन्होंने लेखापाल के पद का सृजन भी किया। किसानों के हित में उन्होंने 1954 में उत्तर प्रदेश भूमि संरक्षण कानून को पारित कराया। वो 3 अप्रैल 1967 को उत्तर प्रदेश के मुख्यमंत्री बने। 17 अप्रैल 1968 को उन्होंने मुख्यमंत्री के पद से इस्तीफा दे दिया। मध्यावधि चुनाव में उन्होंने अच्छी सफलता मिली और दुबारा 17 फरवरी 1970 के वे मुख्यमंत्री बने। उसके बाद वो केंद्र सरकार में गृहमंत्री बने तो उन्होंने मंडल और अल्पसंख्यक आयोग की स्थापना की। 1979 में वित्त मंत्री और उपप्रधानमंत्री के रूप में राष्ट्रीय कृषि व ग्रामीण विकास बैंक (नाबार्ड) की स्थापना की। 28 जुलाई 1979 को चौधरी चरण सिंह समाजवादी पार्टियों तथा कांग्रेस (यू) के सहयोग से प्रधानमंत्री बने।

चौधरी चरण सिंह–भारतीय राजनीति के असली 'चौधरी'

चौधरी चरण सिंह सिर्फ एक राजनीतिज्ञ, एक किसान नेता, एक पार्टी के अध्यक्ष और एक भूतपूर्व प्रधानमंत्री का नाम ही नहीं था, चरण सिंह एक विचारधारा का भी नाम था।

चरण सिंह की राजनीति में कोई दुराव या कोई कपट नहीं था, बल्कि जो

उन्हें अच्छा लगता था, उसे वह ताल ठोक कर अच्छा कहते थे, और जो उन्हें बुरा लगता था, उसे कहने में उन्होंने कोई गुरेज भी नहीं किया।

वरिष्ठ पत्रकार कुर्बान अली जिन्होंने उनके व्यक्तित्व को बहुत नजदीक से देखा है, बताते हैं, "उनका बहुत रौबीला व्यक्तित्व होता था, जिनके सामने लोगों की बोलने की हिम्मत नहीं पड़ती थी। उनके चेहरे पर हमेशा पुख्तगी होती थी। हमेशा संजीदा गुफ्तगू करते थे। बहुत कम मुस्कुराते थे। मैं समझता हूं एकआध लोगों ने ही उन्हें कभी कहकहा लगाते हुए देखा होगा। वह उसूलों के पाबंद थे और बहुत साफ-सुथरी राजनीति करते थे।"

वह बताते हैं, "राष्ट्रीय आंदोलन के दौरान वह महात्मा गांधी और कांग्रेस की मिट्टी में तपे। 1937 से लेकर 1977 तक वह छपरौली–बागपत क्षेत्र से लगातार विधायक रहे। प्रधानमंत्री बनने के बावजूद मैंने कभी नहीं देखा कि उनके साथ किसी तरह का कोई लाव-लश्कर चलता हो।"

"वह मामूली सी एंबेसडर कार में चला करते थे। वह जहाज पर उड़ने के खिलाफ थे और प्रधानमंत्री होने के बावजूद लखनऊ ट्रेन से जाया करते थे। अगर घर में कोई अतिरिक्त बल्ब जला हुआ है तो वह डांटते थे कि इसे तुरंत बंद करो। मैं कहूंगा कि चौधरी चरण सिंह भारतीय राजनीति के ऐसे व्यक्तित्व थे, जिन्होंने न्यूनतम लिया और अधिकतम दिया।"

कोर्टपीस खेलने के शौकीन

चौधरी चरण सिंह से लोगों का रिश्ता दो तरह का हो सकता था—या तो आप उनसे नफरत कर सकते थे या असीम प्यार। बदले में आपको भी या तो बेहद गुस्सा मिलता था या अगाध स्नेह। उनका व्यवहार कांच की तरह पारदर्शी और ठेठ देहाती बुजुर्गों जैसा हुआ करता था।

चौधरी चरण सिंह के नाती और चरण सिंह अभिलेखागार का काम देख रहे हर्ष सिंह लोहित चरण सिंह की शख्सियत के कुछ दूसरे पहलुओं पर रोशनी ड़ालते हुए कहते हैं, "कम लोगों को मालूम होगा कि वह संत कबीर के बड़े अनुयायी थे। कबीर के कितने ही दोहे उन्हें याद थे। वह धोती और देसी लिबास पहनते थे और एक पुरानी 'एचएमटी' घड़ी बांधते थे, वह भी उल्टी। वह सौ फीसदी शाकाहारी थे। तंबाकू और सिगरेट के सेवन का कोई सवाल ही नहीं था।"

हर्ष सिंह लोहित बताते हैं, "अगर वह जानते कि आपका शराब से कोई ताल्लुक है तो आपकी और उनकी कभी बात हो नहीं सकती थी। जब भी कोई उनके घर आता था, वह अदब से उनको छोड़ने उनकी गाड़ी तक जाया करते थे और जब तक गाड़ी चल नहीं देती थी, वह वहीं खड़े रहते थे। कई बार तो ऐसा होता था कि कोई गांव से आया हो, चाहे वह हमारा जानकार हो या नहीं, वह उसे अपनी गाड़ी से स्टेशन छुड़वाया करते थे। दिल्ली में वह तुगलक रोड पर रहा करते थे।"

वह कहते हैं, "हमारे पिता सरकारी मुलाजिम थे और राममनोहर लोहिया अस्पताल के मेडिकल सुपरिनटेंडेंट हुआ करते थे। हम लोग लोदी स्टेट में रहा करते थे और हम लोगों के घरों के बीच दस मिनट की दूरी हुआ करती थी। वह अक्सर हमारे माता पिता को अपने घर बुला लेते थे और एक जमाने में दिल्ली विश्वविद्यालय के उप कुलपति रहे डॉक्टर सरूप सिंह और ये सब मिलकर कोर्ट पीस खेला करते थे। शाम को घंटा डेढ़ घंटा कोर्ट पीस और हंसी-मजाक। यही उनका तनाव को कम करने का तरीका होता था।"

रोते हुए छोड़ी थी कांग्रेस

लगातार 40 सालों तक कांग्रेस पार्टी का सदस्य रहने के बाद उन्होंने 1967 में पार्टी से इस्तीफा दिया और एक साल बाद भारतीय क्रांति दल का गठन किया था।

कुर्बान अली बताते हैं, "बहुत पढ़े लिखे शख्स थे चौधरी चरण सिंह। 1946 में वह संसदीय सचिव हो गए जिसका कि मंत्री का दर्जा होता था। उसके बाद वह लगातार कैबिनेट मंत्री रहे। जब सुचेता कृपलानी मुख्यमंत्री हुईं तो उन्हें लगा कि शायद उन्हें पीछे छोड़ा जा रहा है। उसी वक्त गैर-कांग्रेसवाद की राजनीति शुरू हुई कांग्रेस के सी.बी. गुप्ता ने सरकार बना ली। उस वक्त सोचा गया कि अगर कांग्रेस का कोई नेता टूट कर आ जाए 10-12 विधायकों के साथ, तो एक गैर-कांग्रेसी सरकार बनाई जा सकती है।"

- मधु लिमये को देखकर कांप उठता था सत्ता पक्ष।
- भारतीय संसद की वह बुलंद आवाज।

वह बताते हैं, "जब इनसे स्थानीय विपक्षी नेताओं ने बात की तो उन्होंने कहा कि मुझे तुम पर विश्वास नहीं है। तुम अपने केंद्रीय नेताओं से मेरी बात

कराओ। तब इनकी राम मनोहर लोहिया और अटल बिहारी वाजपेयी से बात कराई गईं उन्होंने कहा चौधरी साहब आप हिम्मत करिए और कांग्रेस छोड़िए। हम आपको मुख्यमंत्री बनाएंगे।"

"जब 1 अप्रैल, 1967 को उन्होंने कांग्रेस छोड़ी तो उन्होंने रोते हुए भाषण दिया कि सारी उम्र उन्होंने कांग्रेस संस्कृति में बिताई है। अब उसे छोड़ते हुए उन्हें बहुत तकलीफ हो रही है। दो दिन बाद चौधरी साहब ने उत्तर प्रदेश के मुख्यमंत्री के रूप में शपथ ली और उनके नेतृत्व में उत्तर प्रदेश में पहली गैर-कांग्रेस सरकार बनी जो अद्भुत सरकार थी, जिसमें जनसंघ भी थी, सोशलिस्ट भी थी, प्रजा सोशलिस्ट भी थी, कम्यूनिस्ट भी थे और स्वतंत्र पार्टी भी थी।"

मोरारजी प्रधानमंत्री बने थे चरण सिंह के समर्थन से

1977 में आपातकाल समाप्त होने के बाद जनता पार्टी के गठन में भी चरण सिंह की महत्त्वपूर्ण भूमिका रही।

कुर्बान अली बताते हैं कि उनके समर्थन से ही जगजीवन राम की जगह मोरारजी देसाई प्रधानमंत्री बने। उस समय चौधरी साहब वेलिंगटन अस्पताल में भर्ती थे। जनता पार्टी के सभी सांसदों को जेपी ने गांधी पीस फाउंडेशन पर बुलाया।

वहां नेता चुने जाने के लिए पर्चियां डाली जाने वाली थीं। उस वक्त एक खेल खेला गया जिसमें राज नारायण का इस्तेमाल किया गया। सांसदों से कहा गया कि अगर आपने मोरारजी देसाई का समर्थन नहीं किया तो जगजीवन राम प्रधानमंत्री बन जाएंगे। कई सासंदों ने मुझे बताया कि चौधरी साहब ने बाद में अपनी भूल को माना और जगजीवन राम से भी माफी मांगी कि उनकी वजह से वह प्रधानमंत्री नहीं बन पाए।

मोरारजी देसाई से चरण सिंह की तल्खी

लेकिन इन्हीं चरण सिंह की जनता पार्टी सरकार को तोड़ने में बहुत महत्त्वपूर्ण भूमिका रही। दो वर्ष से कम समय में ही केंद्र में गैर-कांग्रेस सरकार का प्रयोग असफल हो गया और मोरारजी देसाई को अपने पद से इस्तीफा देना पड़ा।

पूर्व कानून मंत्री शांति भूषण अपनी आत्मकथा 'कोर्टिंग डेस्टेनी' में चरण सिंह और मोरारजी देसाई के संबंधों की तल्खी का बयान कुछ इस तरह करते हैं,

"1978 आते आते इस अफवाह ने जोर पकड़ लिया कि चरण सिंह सरकार का तख्ता पलटने वाले हैं। उन्हीं दिनों चुनाव सुधार पर एक मंत्रिमंडलीय समिति का गठन किया गया था जिसके सदस्य थे चरण सिंह, लालकृष्ण आडवाणी, प्रताप चंद्र और मैं खुद।"

- वह मौका जब भारत को मिल सकता था एक दलित प्रधानमंत्री।
- इंदिरा की इमरजेंसी, आडवाणी की आशंका और जेपी का संघर्ष।

वह बताते हैं, "इस समिति की बैठक ठीक 11 बजे हुआ करती थी। एक दिन चरण सिंह इस बैठक में देर से पहुंचे और हम सब को अपना इंतजार करते देख बहुत शर्मिंदा हुए। फिर वह बताने लगे कि उन्हें देर क्यों हुई जब वह कार में बैठ रहे थे तो एक पत्रकार ने सवाल पूछ लिया कि क्या आप प्रधानमंत्री बनने के लिए बहुत तत्पर हैं? इस पर चरण सिंह को गुस्सा आ गया और वह बोले कि प्रधानमंत्री बनने की महत्त्वाकांक्षा रखने में क्या बुराई है।"

"उल्टा उन्होंने उस पत्रकार से ही सवाल कर ड़ाला कि क्या तुम एक अच्छे अखबार के संपादक बनना नहीं पसंद करोंगे? और अगर तुम ऐसा नहीं सोचते तो तुम्हारा जीवन निरर्थक है। फिर उन्होंने उस पत्रकार से कहा कि मैं एक दिन इस देश के प्रधानमंत्री बनने की महत्त्वाकांक्षा जरूर रखता हूं। लेकिन इसका मतलब ये नहीं है कि मैं मोरारजी देसाई को उनके पद से हटाने के लिए षड्यंत्र कर रहा हूं। चरण सिंह यहां पर ही नहीं रुके और बोले एक दिन मोरारजी देसाई मरेंगे और तब मैं प्रधानमंत्री बन जाऊं तो इसमें बुराई क्या है। मुझे लगा कि किसी जीवित व्यक्ति की मौत के बारे में कोई इस तरह बात नहीं करता। मुझे ये देख कर ताज्जुब हुआ कि चौधरी साहब मोरारजी देसाई की मौत के बारे में इतनी सहजता से बात कर रहे थे।"

पार्टी तोड़ने के लिए मजबूर हुए चरण सिंह

लेकिन उस समय चरण सिंह के नजदीकी रहे और इस समय जनता दल (यू) के महासचिव के.सी. त्यागी मानते हैं कि चरण सिंह के सामने ऐसी परिस्थितियां पैदा कर दी गईं कि उनके सामने पार्टी तोड़ने के अलावा कोई चारा नहीं रहा।

के.सी. त्यागी बताते हैं, "जो लोग पार्टी बनाए जाने के खिलाफ थे, वह लोग पार्टी के मालिक बन गए। चौधरी चरण सिंह के नेतृत्व में 100 से अधिक एमपी आए थे और दो बड़े मंत्रालय देकर लोक दल के घटक को बहलाने की कोशिश की गई मोरारजी जिनके मुश्किल से 20-22 सांसद थे, उनके सात कैबिनेट मंत्री बनाए गए और पहले दिन से ही भारतीय जनसंघ, चंद्रशेखर के नेतृत्व का धड़ा और मोरारजी देसाई चरण सिंह को कमजोर करने की मुहिम में लग गए।"

"किसानों के हितों की भी अनदेखी होती रही और एक स्थिति ऐसी आ गई कि हमारे लिए जनता पार्टी में रहना गुलामी जैसा हो गया। जो चौधरी चरण सिंह के बनाए हुए मुख्यमंत्री थे वह जनसंघ और अन्य नेताओं के षड्यंत्र से हटाए जाने लगे। उत्तर प्रदेश से रामनरेश यादव, बिहार से कर्पूरी ठाकुर और हरियाणा से देवी लाल को हटा कर किसान विरोधी और पिछड़ा विरोधी सरकारें राज्यों में बनाई जाने लगीं। तब हमारे सामने उस पार्टी से अलग होने के सिवा और कोई रास्ता नहीं बचा।"

इंदिरा गांधी की गिरफ्तारी

चरण सिंह ने जब गृह मंत्री के तौर पर इंदिरा गांधी को गिरफ़्तार करने के आदेश दिए तो उस पर भी कई सवाल उठाए गए। अगले ही दिन मजिस्ट्रेट ने उनकी रिहाई के आदेश दे दिए।

कुर्बान अली बताते हैं, "इंदिरा गांधी के खिलाफ उनका पूर्वाग्रह तो पहले दिन से ही था। उनका मानना था कि जिस तरह इंदिरा गांधी ने आपातकाल के दौरान एक लाख लोगों को फर्जी मुकदमें लगा कर जेल में बंद कर दिया था, उसी तरह से इंदिरा गांधी को भी जेल में बंद किया जाना चाहिए।"

"एक बार उन्होंने इतनी सख्त बात कही कि मैं तो चाहता हूं कि इंदिरा गांधी को क्नॉट प्लेस में खड़ा कर कोड़े लगवाए जाएं। लोग उन्हें समझाते भी थे कि लोकतंत्र में सबसे बड़ी सजा होती है कि जनता किसी व्यक्ति को चुनाव में हरा दे। जनता ने उनके खिलाफ अपना फैसला सुना दिया है। लेकिन अगर आप उन्हें और तंग करेंगे तो इसका राजनीतिक लाभ उन्हें मिलेगा। इस मामले में मोरारजी देसाई भी उनके साथ थे। उन्होंने शाह कमीशन बनवाया। शाह कमीशन

में इंदिरा गांधी के खिलाफ रोज गवाहियां और बयानात होते थे। अंत में उन्होंने इंदिरा गांधी को जेल भिजवा कर ही दम लिया।"

सरकार बनाने के लिए कांग्रेस का सहारा

चरण सिंह की उस समय भी बहुत किरकिरी हुई जब उन्होंने जनता पार्टी टूटने के बाद सरकार बनाने के लिए कांग्रेस का सहारा लिया, जिसने कुछ दिनों बाद ही उनकी सरकार से समर्थन वापस ले लिया।

कुर्बान अली कहते हैं, "ये तो उनका बहुत ही बचपना था। उस समय संजय गांधी सक्रिय थे। जनता पार्टी को पूरी तरह से तोड़ना उनका मकसद था। राजनारायण तो पहले ही जनता पार्टी से निकाल दिए गए थे। चौधरी साहब तो वापस ले लिए गए, लेकिन जब राजनारायण को वापस लेने की बात आई तो मोरारजी देसाई ने साफ इंकार कर दिया। उनकी जगह रवि राय को लाकर स्वास्थ्य मंत्री बनाया गया। राज नारायण बहुत विध्वंसक राजनीति करते थे।"

वह बताते हैं, "जनता पार्टी में झगड़े बहुत बढ़ रहे थे, एक दूसरे के खिलाफ लेख लिखे जा रहे थे और रोज अनुशासनहीनता बढ़ रही थी, लेकिन चौधरी साहब ने आखरी वक्त तक इन सबसे अपने आप को अलग रखा। वह जनता पार्टी से इस्तीफा देने वाले आखरी व्यक्ति थे। जब तक उनके साथ 82 सांसद इकट्ठा नहीं हो गए, उन्होंने इस्तीफा नहीं दिया। इस्तीफा देने के बाद उन्होंने कांग्रेस के दोनों धड़ों के समर्थन को 'टेकेन फॉर ग्रांटेड' लिया।"

"इंदिरा गांधी अपने 12 विलिंग्टन क्रेसेंट के निवास पर बैठी इंतजार कर रही थीं कि चौधरी साहब शपथ लेने के बाद उन्हें धन्यवाद देने आएंगे। लेकिन जब चौधरी साहब वहां आ रहे थे तो कहा ये जाता है कि उनके एक दामाद ने उनसे कहा कि आपको इंदिरा गांधी के पास जाने की क्या जरूरत है, उल्टे इंदिरा गांधी को आपके पास आना चाहिए। उसी दिन इंदिरा गांधी ने चरण सिंह की सरकार गिराने का फैसला ले लिया। यह भी भारत के इतिहास में दर्ज हो गया कि चौधरी साहब अकेले ऐसे प्रधानमंत्री थे जिन्होंने प्रधानमंत्री रहते कभी संसद का सामना नहीं किया। कुछ ही दिन में छठी लोक सभा भंग हो गई और चुनाव की घोषणा हो गई।"

जब चरण सिंह ने कोटे का स्कूटर वापस करवाया

इस सबके बावजूद चौधरी चरण सिंह ने सार्वजनिक जीवन में ईमानदारी के जो प्रतिमान स्थापित किए उनकी आज के युग में कल्पना भी नहीं की जा सकती।

उनके नाती हर्ष सिंह लोहित एक दिलचस्प किस्सा सुनाते हैं, "हमारे मौसाजी वासुदेव सिंह आजकल अमरीका में रहते हैं। उन दिनों वह दिल्ली में काम करते थे। उस जमाने में सब कुछ कोटे से मिलता था। उनको एक स्कूटर चाहिए था। उनको मालूम पड़ा कि मुख्यमंत्री का एक कोटा होता है स्कूटर बुक करने के लिए यूपी से।"

"वासुदेव सिंह ने चौधरी साहब के पी.ए. से मिलकर एक स्कूटर बुक करा दिया। वह समय आने पर स्कूटर की डिलीवरी लेने लखनऊ आए। जब वह चरण सिंह से मिलने उनके घर पहुंचे तो उन्होंने उनके आने का कारण पूछा तो उन्होंने बताया कि वह स्कूटर लेने आए हैं। जब चौधरी साहब को पूरी बात पता चली तो उन्होंने मौसाजी से तो कुछ नहीं कहा पर अपने पीए को बुला कर पूछा कि आपने इन्हें कोटे से स्कूटर कैसे दिलाया? ये उत्तर प्रदेश में तो रहते नहीं हैं। ये दिल्ली के रहने वाले हैं। आप तुरंत स्कूटर की बुकिंग कैंसिल करिए और इनके पैसे वापस दिलवाइए। बाद में हमारे मौजाजी वासुदेव सिंह ने मुझे बताया कि मेरा लखनऊ आकर चरण सिंह के साथ बैठना मुझे बहुत मंहगा पड़ गया।"

नाच गाना और फिल्में बिल्कुल पसंद नहीं थीं

किताबें पढ़ने के भी वह शौकीन थे, लेकिन फिल्में वगैरह देखने से उनका दूर दूर का वास्ता नहीं था।

हर्ष सिंह लोहित याद करते हैं, "उनके पिक्चर जाने का सवाल ही नहीं था। अगर आप और हम लता मंगेशकर और मोहम्मद रफी के गाने गाएं तो उसमें गोरी भी आएगी, प्यार भी आएगा। लेकिन उनकी जिंदगी में ये सब नहीं था। मुझे याद है लखनऊ में उन्होंने हमें सिर्फ एक पिक्चर देखने की इजाजत दी थी और वह थी मनोज कुमार की उपकार।"

"जब वह गृह मंत्री थे तो एक बार हम उनके पास बैठे हुए थे। किन्हीं साहब ने गांव पर एक पिक्चर बनाई थी जिसे वह चौधरी साहब को दिखाना चाहते थे। चौधरी साहब कोई खास रुचि नहीं दिखा रहे थे। लेकिन जब उन्होंने

बहुत अनुरोध किया तो उन्होंने पिक्चर शुरू करने की अनुमति दे दी। पिक्चर शुरू होने के कुछ देर बाद जैसे ही एक अभिनेत्री ने नाचना शुरू किया, उन्होंने उसी सेकेंड उसे बंद कराया और बाहर उठ कर चले गए।"

सांप्रदायिकता के खिलाफ

चौधरी चरण सिंह का सबसे बड़ा योगदान था हिंदु और मुस्लिम सांप्रदायिकता को कमजोर करना। उन्होंने हमेशा सांप्रदायिक दंगों को सख्ती से कुचला। कुर्बान अली बताते हैं, "हालांकि इस्लाम के बारे में उनकी राय अच्छी नहीं थी। लेकिन वह मुस्लिम वोट बैंक और उसके मनोविज्ञान को बहुत अच्छी तरह समझते थे। वह मुसलमानों को चुनाव लड़ने के लिए बहुत टिकट देते थे। जब भी वह उत्तर प्रदेश में रहे या केंद्र में रहे, दंगों के खिलाफ उन्होंने बहुत कड़ा रुख अपनाया।"

"मुझे याद है कि 1977 से 1980 के बीच उत्तर प्रदेश में दो तीन बड़े दंगे हुए—अलीगढ़, बनारस और संबल में। उन्होंने मुख्यमंत्री रामनरेश यादव को बहुत सख्ती से डांट कर कहा कि ये दंगे हर हालत में रुकने चाहिए।"

राजनीतिक विरासत पर संघर्ष

चरण सिंह की राजनीतिक विरासत पर कई लोगों ने अधिकार जमाने की कोशिश की, वह चाहे मुलायम सिंह यादव हों, महेंद्र सिंह टिकैत हों या जनता दल परिवार के अन्य नेता। कुर्बान अली कहते हैं, "उनकी विरासत कई जगह बटी। आज जितनी भी जनता दल परिवार की पार्टियां हैं, उड़ीसा में बीजू जनता दल हो या बिहार में राष्ट्रीय जनता दल हो या जनता दल यूनाएटेड ले लीजिए या ओमप्रकाश चौटाला का लोक दल, अजीत सिंह का राष्ट्रीय लोक दल हो या मुलायम सिंह की समाजवादी पार्टी हो, ये सब चरण सिंह की विरासत हैं।"

"आजकल व्यक्तिवादी और परिवारवादी राजनीति का बोलबाला है। कुछ कम्युनिस्ट पार्टी को छोड़ दीजिए, कोई भी दल इस बीमारी से अछूता नहीं है। आप चरण सिंह पर जातिवादी होने का आरोप लगा सकते हैं, उन पर आप अवसरवादी होने का आरोप भी लगा सकते हैं, लेकिन उन पर भ्रष्टाचार का आरोप कभी नहीं लगा।"

"वह बहुत सादगी के साथ अपने आखरी दिनों में 12, तुगलक रोड में रहते थे। उनकी पत्नी गायत्री देवी, जो कि सांसद भी थीं, उन्हीं के हाथ का बना खाना खाते थे। चार चपाती, एक दाल और एक सब्जी। इसके अलावा मैंने चौधरी साहब को कभी कुछ और खाते नहीं देखा। उन पर ये आरोप भी लगता था कि उनका भूगोल झांसी तक सीमित था। ये बात सही है। उनको लगता था कि मैं चेन्नई में जा कर क्या करूंगा। वहां मेरी बात कौन सुनेगा?"

शोषित वर्ग की आवाज

चरण सिंह इसलिए नहीं याद किए जाएंगे कि वह उत्तर प्रदेश, हरियाणा या राजस्थान में अपने बूते पर विधायक चुनवा सकते थे, या वह उत्तर प्रदेश के मुख्यमंत्री या भारत सरकार के गृहमंत्री थे, बल्कि इसलिए कि उन्होंने समाज के उस वर्ग को आवाज दी जो शोषित और उपेक्षित था और जिसकी कोई लॉबी नहीं थी।

हालांकि इसकी कीमत उन्हें शहरी तबके के भारी विरोध और असहयोग से चुकानी पड़ी। अपनी समस्त कमजोरियों और भूलों के बावजूद चरण सिंह भारतीय राजनीति के असली 'चौधरी' थे।

गांधी के सविनय अवज्ञा आंदोलन में हिंडन नदी के किनारे ही बनाया नमक

चरण सिंह ने आगरा विश्वविद्यालय से लॉ में डिग्री ली। 1928 में गाजियाबाद में वकालत करने लगे। उसी वक्त अपने समाज के लोगों की समस्याओं को गौर से देखने लगे। ये वह वक्त था जब देश में गांधी का कहा माना जाता था। जनता उनके पीछे-पीछे चलती थी। तो 1929 में लाहौर में कांग्रेस ने पूर्ण स्वराज्य का ऐलान किया। नेहरू कांग्रेस के सबसे बड़े नेता के रूप में उभरे। चरण सिंह ने इस से प्रभावित होकर गाजियाबाद में कांग्रेस कमिटी का गठन किया। 1930 में सविनय अवज्ञा आंदोलन शुरू हुआ। अब गाजियाबाद में समंदर तो था नहीं। तो चरण सिंह हिंडन नदी के किनारे पहुंच गए नमक बनाने और जेल हो गई 6 महीने तक। वापसी के बाद चरण सिंह बिल्कुल ही स्वतंत्रता आंदोलन में आ गए।

1937 में चुनाव हुए और बागपत से चरण सिंह विधान सभा के लिए चुने गए। विधानसभा में एक बिल पेश किया जो किसानों की फसल से संबंधित था। ये उस वक्त का क्रांतिकारी बिल था। क्योंकि ब्रिटिश सरकार ने भारतीय किसानों

को ही सबसे ज्यादा चोट पहुंचाई थी। मुगलिया टैक्स सिस्टम को हटाकर बेहद क्रूर सिस्टम लाया था अंग्रेजी सरकार ने। भारत में इसकी वजह से गरीबी बहुत फैल गई थी। किसानों को लगता था कि अब कुछ नहीं हो सकता। पर 1937 की कांग्रेस सरकार ने अप्रत्याशित रूप से किसानों में एक नई जान फूंक दी। कांग्रेस के चुनाव लड़ने को लेकर लोगों ने बड़ी आपत्ति जताई थी कि ब्रिटिश सरकार की बात मान रहे हैं। पर किसानों पर ध्यान और दंगों को लेकर कड़ा रुख कांग्रेस की उपलब्धि रही 1937 की सरकार बनने के बाद। साथ ही भविष्य के लिए ग्राउंड तैयार हुआ।

1928 में किसान के मुकदमों के फैसले करवाकर उनको आपस में लड़ने के बजाय आपसी बातचीत द्वारा सुलझाने की कोशिश शुरू की।

1939 में कर्जा माफी विधेयक पास करवाकर किसानों के खेतों की नीलामी रुकवाई।

1939 में ही किसान के बच्चों को सरकारी नौकरियों में 50 फीसदी आरक्षण दिलाने की कोशिश की, पर इसमें सफलता नहीं मिल पाई।

1939 में किसानों को टैक्स बढ़ाने और बेदखली से मुक्ति दिलाने के लिए जमीन उपयोग का बिल तैयार किया।

1940 में कांग्रेस बड़ी उहापोह में थी कि ब्रिटिश सरकार के खिलाफ आंदोलन छेड़ें कि नहीं। छोटे स्तर पर व्यक्तिगत सत्याग्रह की शुरूआत हुईं चरण सिंह इसमें भी शामिल हुए। जेल गए फिर छूटे। 1942 के भारत छोड़ो आंदोलन में चरण सिंह को फिर मौका मिला। अंडरग्राउंड हो गए। एक गुप्त क्रांतिकारी संगठन तैयार किया। पुलिस का आदेश था कि देखते ही गोली मार दी जाए। पर चरण सिंह सभा कर के हर जगह से निकल जाते। अंत में गिरफ्तार हो गए। डेढ़ साल की सजा हुईं जेल में ही उन्होंने 'शिष्टाचार' नामक किताब लिखी।

कांग्रेस में रहते हुए नेहरू के विरोधी रहे, फिर पहली गैर-कांग्रेसी सरकार बनाई यूपी में

आजादी के बाद भारत में सोवियत रूस की तर्ज पर आर्थिक नीतियां लगाई गईं। पर कई लोगों का कहना था कि इंडिया में ये चलेगा नहीं। एक धड़ा कहता था कि किसानों को जमीन का मालिकाना हक देने से ही बात बनेगी। चरण सिंह

भी इन्हीं में से थे। ये लोग नेहरू का विरोध करने वाले नेताओं में थे। उस वक्त नेहरू का विरोध करना ही बड़ी बात थी। राजनैतिक करियर पर असर पड़ता। पर इन लोगों ने अपनी बात कहनी शुरू कर दी थी।

चरण सिंह ने चुनाव लड़ना शुरू किया। कांग्रेस से 1952, 1962 और 1967 की विधानसभा में जीते। गोविंद बल्लभ पंत की सरकार में पार्लियामेंट्री सेक्रेटरी रहे। रेवेन्यू, लॉ, इनफॉर्मेशन, हेल्थ कई मिनिस्ट्री में भी रहे। संपूर्णानंद और चंद्रभानु गुप्ता की सरकार में भी मंत्री रहे।

1967 में चरण सिंह ने कांग्रेस पार्टी छोड़ दी। भारतीय क्रांति दल नाम से अपनी पार्टी बना ली। इनके ऊपर राम मनोहर लोहिया का हाथ था। चुनाव हुए और उत्तर प्रदेश में पहली बार कांग्रेस हारी। चरण सिंह मुख्यमंत्री बने 1967 और 1970 में, 1952 में ही उत्तर प्रदेश में जमींदारी प्रथा खत्म हुईं लेखपाल का पद बना था। जमीन के मामले देखने के लिए अब ये करप्ट पोस्ट मानी जाती है। पर इरादे थे जमींदारी खत्म कर किसानों की मदद करना। अपने मुख्यमंत्री काल में चरण सिंह ने एक अभूतपूर्व निर्णय लेते हुए खाद पर से सेल्स टैक्स हटा लिया। सीलिंग से मिली जमीन किसानों में बांटने की कोशिश की। पर उत्तर प्रदेश में ये सफल नहीं हो पाया।

परिवार के साथ चौधरी चरण सिंह

मोरारजी देसाई की सरकार गिरने के बाद में कांग्रेस के ही सपोर्ट से चरण सिंह प्रधानमंत्री बने, 28 जुलाई 1979 को। 20 अगस्त तक का टाइम दिया गया था बहुमत साबित करने के लिए। इंदिरा ने 19 अगस्त को समर्थन वापस ले लिया। सरकार गिर गईं संसद का बगैर-एक दिन सामना किए चरण सिंह को रिजाइन करना पड़ा। कहा जाता है कि अगर इस प्रधानमंत्री ने बोला होता संसद में, तो किसानों की कहानी कुछ और ही होती।

प्रधानमंत्री रहते हुए चरण सिंह कोई फैसला नहीं ले पाए थे। पर वित्त मंत्री रहते हुए खाद और डीजल के दामों को कंट्रोल किया। खेती की मशीनों पर टैक्स कम किया। नाबार्ड की स्थापना उसी वक्त हुई थी।

किसान नेता कहने से चरण सिंह की छवि माडर्न नेताओं की सी नहीं बनती। पर चरण सिंह को अंग्रेजी बखूबी आती थी। उन्होंने 'अबॉलिशन ऑफ

जमींदारी'और 'इंडियाज पॉवर्टी एण्ड इट्स सोल्यूशंस' किताबें भी लिखीं। 29 मई 1987 को चरण सिंह का निधन हो गया।

मुलायम सिंह यादव चरण सिंह की ही लीगेसी से आए नेता हैं। चरण सिंह के बेटे अजित सिंह राष्ट्रीय लोक दल पार्टी चलाते हैं। उनके बेटे जयंत चौधरी भी मैदान में आ गए हैं।

आज देश की राजनीति जातियों के घेरे में सिमट कर रह गयी है और इस जातिगत राजनीति और धर्म सम्प्रदायों पर आधारित राजनीति ने चौधरी चरण सिंह के किसान मजदूर तथा गांव की कमर तोड़ दी है। चौधरी साहब जातिवाद के घोर विरोधी थे। वे इसके विरोध में किसी भी सीमा तक जा सकते थे, यह उनके सन 1967 के मुख्यमंत्रित्व काल के समय जारी आदेश से प्रमाणित होता है। उन्होंने शासकीय आदेश पारित किया कि "जो संस्थाएं किसी जाति विशेष के नाम पर चल रही हैं, उनका शासकीय अनुदान बंद कर दिया जाएगा।" नतीजतन इस आदेश के तत्काल बाद ही कॉलेजों के नाम के आगे से जाति सूचक शब्द हटा दिए गए।

आज भारतीय राजनीति जोड़ तोड़ की नीति पर चल रही है वे इसके सख्त विरोधी थे उन्होंने अपनी बात कहने में कभी लाग लपेट से काम नहीं लिया। उनकी बढ़ती लोकप्रियता देख उनके विरोधी बुरी तरह घबरा गए थे और उनके खिलाफ जातिवादी होने, कभी हरिजन विरोधी होने, कभी मुस्लिम विरोधी होने आदि का आरोप लगाने लगे थे, किन्तु चौधरी साहब को न विचलित होना था न हुए। उन्होंने शोषित पीड़ित तबकों तथा किसानों की भलाई के लिए संघर्ष जारी रखा। उनके इसी संघर्ष का प्रतिफल है कि आज लगभग सभी राजनीतिक दल किसानों, पिछड़ों और दलितों को न केवल साथ लेकर चलने की बात करते हैं बल्कि उनके साथ होने में गर्व महसूस करते हैं।

चौधरी साहब ग्राम्य विकास के लिए कुटीर एवं लघु उद्योगों को अत्यंत महत्त्वपूर्ण मानते थे और अर्थव्यवस्था के विकेंद्रीकरण की बात कहते थे। सन 1982 में लिखे अपने एक लेख में उन्होंने स्पष्ट रूप में लिखा था–"गरीबी से बचकर समृद्धि की ओर बढ़ने का एक मात्र मार्ग गांव तथा खेतों से होकर गुजरता है।" उन्हें गांव किसानों और कमजोर वर्गों से अटूट प्रेम था। इसी कारण उन्हें "दलितों का मसीहा" भी कहा गया। उनकी सबसे बड़ी चिंता ये थी कि लोगों में

व्याप्त गरीबी को किस प्रकार दूर किया जाए। दरअसल डॉ. राम मनोहर लोहिया के बाद चौधरी साहब देश की राजनीति में अकेले ऐसे नेता थे जिन्होंने पिछड़ी जातियों में राजनीति में हिस्सेदारी का एहसास जगाया। उन्हें सत्ता के नए शक्ति केंद्र के रूप में उभारा। उनके मन में तो इनके लिए केवल एक ही भावना विराजमान थी और वह केवल यूं थी

"अभी तक सो रहे हैं जो उन्हें आवाज तो दे दूं,
बिलखते बादलों को मैं कड़कती गाज तो दे दूं।
जनम भर जो गए जोते, जनम भर जो गए पीसे,
उन्हें मैं तख्त तो दे दूं,उन्हें मैं ताज तो दे दूं।"

जुलाई 1979 में प्रधानमंत्री का पद ग्रहण करने के बाद चौधरी साहब ने कहा था–"इस देश के राजनेताओं को याद रखना चाहिए कि "इससे अधिक देशभक्तिपूर्ण उद्देश्य और नहीं हो सकता कि वे यह सुनिश्चित करें कि कोई भी बच्चा भूखे पेट नहीं सोयेगा, किसी भी परिवार को अपने अगले दिन की रोटी की चिंता नहीं होगी तथा कुपोषण के कारण किसी भी भारतीय के भविष्य और उसकी क्षमताओं के विकास को अवरुद्ध नहीं होने दिया जाएगा।"

राज्य सभा की भूतपूर्व उपसभापति नजमा हेपतुल्लाह के अनुसार–"तारीख जब अपना सफर शुरू करती है तो किसी ऐसे इन्सान को अपने लिए चुन लेती है जिसमे वक्त से आंख मिलाने की जुर्रत और हिम्मत हो। हिंदुस्तान की तारीख को ये फर्क हासिल है कि उसने यहां ऐसे इंसानों को जन्म दिया जिन्होंने अपने हौसलों और इरादों से वक्त की मुश्किल धारा को मोड़ दिया। चौधरी चरण सिंह एक ऐसे ही हिम्मती इन्सान थे। उन्होंने खेतों और खलिहानों से अपनी जिंदगी शुरू की और उसे तमाम हिंदुस्तान की जिंदगी बना दी।"

उनके कुछ महत्त्वपूर्ण कार्य

- 1928 में किसान के मुकदमों के फैसले करवाकर उनको आपस में लड़ने के बजाय आपसी बातचीत द्वारा सुलझाने का साकार प्रयास किया।
- सन् 1939 में ऋण विमोचक विधेयक पास करवाकर किसानों के खेतों की निलामी बचवायी और सरकारी ऋणों से मुक्ति दिलायी।

- आपने 1939 में ही किसान की सन्तान को सरकारी नौकरियों में 50 फीसदी आरक्षण दिलाने का लेख लिखा था, परन्तु तथाकथित राष्ट्रवादी कांग्रेसियों के विरोध के कारण इसमें सफलता नहीं मिल पाई।

- सन् 1939 में आपने किसानों को इजाफा-लगान व बेदखली के अभिशाप से मुक्ति दिलाने हेतु "भूमि उपयोग बिल" का मसौदा तैयार किया।

- आजादी के बाद किसानों की आवाज को बुलन्द किया।

आजादी के बाद वे समाज के किसानों की आवाज को जोर-शोर से उठाने लगे। स्वतंत्रता के पश्चात् वह राम मनोहर लोहिया के ग्रामीण सुधार आन्दोलन में लग गए। चौधरी चरण सिंह द्वारा तैयार किया गया जमींदारी उन्मूलन विधेयक राज्य के कल्याणकारी सिद्धांत पर आधारित था। एक जुलाई 1952 को यूपी में चौधरी चरण सिंह के बदौलत जमींदारी प्रथा का उन्मूलन हुआ और गरीबों को अधिकार मिला। उन्होंने लेखापाल के पद का सृजन भी किया। किसानों के हित में उन्होंने 1954 में उत्तर प्रदेश भूमि संरक्षण कानून को पारित कराया।

चौधरी चरण सिंह गरीबों के आवाज उठाने के चलते एक साधारण कांग्रेसी कार्यकर्ता से जनाधार वाले नेता बन चुके थे, जिसके कारण उन्हें मुख्यमंत्री भी बनाया गया। पहली बार वे 3 अप्रैल 1967 को यूपी का मुख्यमंत्री बने। मुख्यमंत्री बनने के बाद उन्होंने किसानों और कुटीर उद्योग के विकास के लिए अनेक योजनाएं पारित की, जिससे लोगों को काफी लाभ हुआ। एक साल के बाद 17 अप्रैल 1968 को उन्होंने मुख्यमंत्री के पद से इस्तीफा दे दिया। मध्यावधि चुनाव में उन्होंने अच्छी सफलता प्राप्त की और दुबारा 17 फरवरी 1970 के वे मुख्यमंत्री बने। दूसरे कार्यकाल में उन्होंने कृषि उत्पादन बढ़ाने की नीति पर जोर दिया और उर्वरकों पर से बिक्री कर उठा लिया। अपने कार्यकाल में उन्होंने सीलिंग से प्राप्त जमीनों को भूमिहीनों, गरीबों और हरिजनों में बांट दिया। गुंडा विरोधी अभियान चलाकर यूपी में उन्होंने कानून का राज चलाया।

जब वे केंद्र सरकार में गृहमंत्री बने तो उन्होंने मंडल और अल्पसंख्यक आयोग की स्थापना की। 1979 में वित्त मंत्री और उपप्रधानमंत्री के रूप में राष्ट्रीय

कृषि व ग्रामीण विकास बैंक (नाबाड) की स्थापना की। चौधरी चरण सिंह ने अपने कार्यकाल के दौरान उर्वरकों और डीजल के दामों में कमी की और कृषि यंत्रों पर उत्पाद शुल्क घटाया। काम के बदले उन्होंने अनाज योजना को लागू किया। विलासिता की सामग्री पर चौधरी चरण सिंह ने भारी कर लगाए।

चौधरी चरण सिंह ने अपने योग्यता और प्रशासनिक क्षमता के बदौलत देश का प्रधानमंत्री के पद को भी सुशोभित किया हालांकि उनका प्रधानमंत्री का कार्यकाल अल्प समय के लिए ही रहा। अगर वे प्रधानमंत्री का एक सत्र भी पूरा करते तो इसमें संदेह नहीं कि आज किसानों की स्थिति कुछ और ही बयां करती। 29 मई 1987 को जनमानस का यह नेता इस दुनिया को छोड़कर चला गया। चौधरी चरण सिंह तो इस दुनिया को छोड़कर चले गए लेकिन लोगों के जहन में उनका राजनीतिक प्रभाव पहले ही की तरह बरकरार है।

❖❖❖

10

राजीव गांधी
(Rajeev Gandhi)

श्री राजीव गांधी

भारत के छठें प्रधानमंत्री

कार्यकाल : 31 अक्टूबर 1984 से 2 दिसम्बर 1989

जन्म : 20 अगस्त 1944, इलाहाबाद, उ.प्र.

मृत्यु : 31 मई 1991, श्रीपेरंबदुर, चेन्नई

पिता का नाम : श्री फिरोज गांधी

माता का नाम : श्रीमति इंदिरा गांधी

जीवन संगिनी : श्रीमति सोनिया गांधी

बच्चे : राहुल गांधी, प्रियंका गांधी

पेशा : वायुयान चालक, राजनेता

राजनीतिक दल : भारतीय राष्ट्रीय कांग्रेस

पुरस्कार : भारत रत्न, इंदिरा गांधी शांति पुरस्कार

राजीव गांधी (20 अगस्त, 1944 - 21 मई, 1991), इंदिरा गांधी के पुत्र और जवाहरलाल नेहरू के दौहित्र (नाती), भारत के छठे प्रधानमंत्री थे।

1984 में इंदिरा गांधी की हत्या के बाद उनके पुत्र राजीव गांधी भारी बहुमत के साथ प्रधानमंत्री बने थे। उसके बाद 1989 के आम चुनावों में कांग्रेस की हार

हुई। 1991 के आम चुनाव में प्रचार के दौरान तमिलनाडु के श्रीपेरंबदूर में एक भयंकर बम विस्फोट में राजीव गांधी की मौत हो गई थी।

राजीव का विवाह एन्टोनिया माईनो से हुआ जो उस समय इटली की नागरिक थी। विवाहोपरान्त उनकी पत्नी ने नाम बदलकर सोनिया गांधी कर लिया। कहा जाता है कि राजीव गांधी से उनकी मुलाकात तब हुई जब राजीव कैम्ब्रिज में पढने गए थे। उनकी शादी 1968 में हुई जिसके बाद वे भारत में रहने लगी। राजीव व सोनिया के दो बच्चे हैं, पुत्र राहुल का जन्म 1970 और पुत्री प्रियंका का जन्म 1971 में हुआ।

राजनीतिक जीवन

राजीव गांधी की राजनीति में कोई रूचि नहीं थी और वो एक एयरलाइन पाइलट की नौकरी करते थे। आपातकाल के उपरान्त जब इंदिरा गांधी को सत्ता छोड़नी पड़ी थी। परंतु 1980 में अपने छोटे भाई संजय गांधी की एक हवाई जहाज दुर्घटना में असामयिक मृत्यु के बाद माता इंदिरा को सहयोग देने के लिए सन् 1982 में राजीव गांधी ने राजनीति में प्रवेश लिया। वो अमेठी से लोक सभा का चुनाव जीत कर सांसद बने और 31 अक्टूबर 1984 को अंगरक्षकों द्वारा प्रधानमंत्री इंदिरा गांधी की हत्या किए जाने के बाद भारत के प्रधानमंत्री बने और अगले आम चुनावों में सबसे अधिक बहुमत पाकर प्रधानमंत्री बने रहे।

राजीव गांधी भारत में सूचना क्रांति के जनक माने जाते हैं। देश के कंप्यूटराइजेशन और टेलीकम्युनिकेशन क्रांति का श्रेय उन्हें जाता है। स्थानीय स्वराज्य संस्थाओं में महिलाओं को 33% रिजर्वेशन दिलवाने का काम उन्होंने किया साथ ही मतदाता की उम्र 21 वर्ष से कम करके 18 वर्ष तक के युवाओं को चुनाव में वोट देने का अधिकार राजीव गांधी ने दिलवाया।

विपक्ष द्वारा राजीव गांधी पर 64 करोड़ रुपए का बोफोर्स घोटाला करने का आरोप लगा और इन आरोपों के कारण अगले चुनाव में कांग्रेस पार्टी को पूर्ण बहुमत नहीं मिला।

सबसे ज्यादा सीट जीतने के बाद भी राजीव गांधी ने सरकार बनाने से इंकार कर दिया और उनके प्रधानमंत्री काल में भारतीय सेना द्वारा बोफोर्स तोप की खरीदारी में लिए गए किकबैक (कमीशन-घूस) का मुद्दा उछला, जिसका मुख्य पात्र इटली का एक नागरिक ओटावियो क्वाटोराची था, जो कि सोनिया गांधी का मित्र

था। अगले चुनाव में कांग्रेस को पूर्ण बहुमत नहीं मिला और सबसे ज्यादा सीट जीतने के बाद भी राजीव गांधी ने सरकार नहीं बनाई और प्रधानमंत्री पद से इस्तीफा दे दिया।

ऐसे में भारतीय जनता पार्टी ने वी.पी. सिंह को समर्थन दिया और वी.पी. सिंह देश के प्रधानमंत्री बने। इसके पहले 1984 में श्रीमती गांधी की हत्या हो चुकी थी और पूरा गांधी परिवार आतंकवादियों के निशाने पर था बाद में श्रीलंका के उग्रवादियों द्वारा राजीव गांधी की हत्या कर दी गई। चुनावों का प्रचार करते हुए 21 मई, 1991 को तमिल आतंकवादियों ने राजीव की एक बम विस्फोट में हत्या कर दी।

आरोप एवं आलोचना

- राजीव गांधी पर सबसे बड़ा आरोप 64 करोड़ के बोफोर्स घोटाले में संलिप्त होने का लगा जिसके कारण उनको प्रधानमंत्री पद से भी हाथ धोना पड़ा।
- उन पर दूसरा बड़ा आरोप शाहबानों प्रकरण में लगा जब उन्होने संसद में कांग्रेस के प्रचण्ड बहुमत का दुरुपयोग करते हुए सर्वोच्च न्यायालय के आदेश के उल्टा विधेयक पारित करवा लिया।
- 1984 में हुए सिख विरोधी दंगों के सन्दर्भ में राजीव द्वारा दिए गए वक्तव्य की भी बड़ी आलोचना हुई। राजीव ने कहा था कि "जब कोई बड़ा पेड़ गिरता है तो धरती तो हिलती ही है।"
- 1991 में Schweizer Illustrierte नामक पत्रिका ने राजीव पर स्विस बैंकों में ढ़ाई बिलियन स्विस फ्रैंक काले धन रखने का आरोप लगाया। परंतु यह आरोप कभी सत्य साबित नहीं हुए।
- 1992 में टाइम्स ऑफ इण्डिया ने एक रपट प्रकाशित की जिसमें कहा गया था कि सोवियत संघ की गुप्तचर संस्था के जी बी ने राजीव को धन मुहैया कराया था।
- उन पर भोपाल गैस काण्ड के आरोपी वारेन एंडरसन को रिश्वत लेकर देश से भगाने का आरोप भी लगाया गया है।

राजीव गांधी की उपलब्धियां

युवा सोच वाले राजीव गांधी को 21वीं सदी के भारत का निर्माता भी कहा जाता है। 40 वर्ष की उम्र में प्रधानमंत्री बनने वाले राजीव गांधी ने आधुनिक भारत की नींव रखने की दिशा में काम किया।

देश के पूर्व प्रधानमंत्री राजीव गांधी

इंदिरा गांधी की हत्या के बाद 1984 से 1991 के बीच राजीव गांधी देश के सबसे युवा प्रधानमंत्री रहे। इन पांच वर्षों में ही इस युवा प्रधानमंत्री ने अपने कार्यों से देश की जनता के दिलोदिमाग पर अमिट छाप छोड़ी। एक ही कार्यकाल में कई ऐसे कार्य किए, जिसके लिए उन्हें आज भी याद किया जाता है। युवा सोच वाले राजीव गांधी को 21वीं सदी के भारत का निर्माता भी कहा जाता है। 40 वर्ष में प्रधानमंत्री बनने वाले राजीव गांधी ने आधुनिक भारत की नींव रखने की दिशा में काम किया।

दूरसंचार क्रांति

यह राजीव गांधी ही थे, जिन्होंने भारत में दूरसंचार क्रांति का आगाज किया। आज जिस डिजिटल इंडिया की चर्चा है, उसकी संकल्पना राजीव गांधी अपने जमाने में कर चुके थे। उन्हें डिजिटल इंडिया का आर्किटेक्ट और सूचना तकनीक और दूरसंचार क्रांति का जनक कहा जाता है। राजीव गांधी की पहल पर अगस्त 1984 में भारतीय दूरसंचार नेटवर्क की स्थापना के लिए सेंटर फॉर डेवेलपमेंट ऑफ टेलीमैटिक्स की स्थापना हुई। इस पहल से शहर से लेकर गांवों तक दूरसंचार का जाल बिछना शुरू हुआ। जगह-जगह पीसीओ खुलने लगे। जिससे गांव की जनता भी संचार के मामले में देश-दुनिया से जुड़ सकी। फिर 1986 में राजीव की पहल से ही एमटीएनएल की स्थापना हुई, जिससे दूरसंचार क्षेत्र में और प्रगति हुई।

वोट देने की उम्र सीमा घटाई

पहले देश में वोट देने की उम्र सीमा 21 वर्ष थी। मगर युवा प्रधानमंत्री राजीव गांधी की नजर में यह उम्र सीमा गलत थी। उन्होंने 18 वर्ष की उम्र के युवाओं को मताधिकार देकर उन्हें देश के प्रति और जिम्मेदार तथा सशक्त बनाने

की पहल की। 1989 में संविधान के 61वें संशोधन के जरिए वोट देने की उम्र सीमा 21 से घटाकर 18 वर्ष कर दी गई। इस प्रकार अब 18 वर्ष के करोड़ों युवा भी अपना सांसद, विधायक से लेकर अन्य निकायों के जनप्रतिनिधियों को चुन सकते थे।

कंप्यूटर क्रांति

देश में पहले कंप्यूटर आम जन की पहुंच से दूर थे। मगर राजीव गांधी ने अपने वैज्ञानिक मित्र सैम पित्रोदा के साथ मिलकर देश में कंप्यूटर क्रांति लाने की दिशा में काम किया। राजीव गांधी का मानना था कि विज्ञान और तकनीक की मदद के बिना उद्योगों का विकास नहीं हो सकता। उन्होंने कंप्यूटर तक आम जन की पहुंच को आसान बनाने के लिए कंप्यूटर उपकरणों पर आयात शुल्क घटने की पहल की। भारतीय रेलवे में टिकट जारी होने की कंप्यूटरीकृत व्यवस्था भी इन्हीं पहलों की देन रही। हालांकि राजीव गांधी के प्रधानमंत्री बनने से पहले 1970 में देश में पब्लिक सेक्टर में कंप्यूटर डिविजन शुरू करने के लिए डिपार्टमेंट ऑफ इलेक्ट्रॉनिक्स की शुरुआत हो गई थी। 1978 तक आईबीएम पहली कंपनी थी, बाद में दूसरी प्राइवेट सेक्टर की कंपनियों ने कंप्यूटर निर्माण शुरू किया।

पंचायतों को किया सशक्त

पंचायती राज से जुड़ी संस्थाएं मजबूती से विकास कार्य कर सकें, इस सोच के साथ राजीव गांधी ने देश में पंचायतीराज व्यवस्था को सशक्त किया। राजीव गांधी का मानना था कि जब तक पंचायती राज व्यवस्था सबल नहीं होगी, तब तक निचले स्तर तक लोकतंत्र नहीं पहुंच सकता। उन्होंने अपने कार्यकाल में पंचायती राज व्यवस्था का पूरा प्रस्ताव तैयार कराया। 21 मई 1991 को हुई हत्या के एक साल बाद राजीव गांधी की सोच को तब साकार किया गया, जब 1992 में 73वें और 74वें संविधान संशोधन के जरिए पंचायतीराज व्यवस्था का उदय हुआ। राजीव गांधी की सरकार की ओर से तैयार 64वें संविधान संशोधन विधेयक के आधार पर नरसिम्हा राव सरकार ने 73वां संविधान संशोधन विधेयक पारित कराया। 24 अप्रैल 1993 से पूरे देश में पंचायती राज व्यवस्था लागू हुई। जिससे सभी राज्यों को पंचायतों के चुनाव कराने को मजबूर होना पड़ा। पंचायती राज व्यवस्था का मकसद सत्ता का विकेंद्रीकरण रहा।

खोले नवोदय विद्यालय

मौजूदा समय देश में खुले 551 नवोदय विद्यालयों में 1080 लाख से अधिक छात्र पढ़ाई कर रहे हैं। गांवों के बच्चों को भी उत्कृष्ट शिक्षा मिले, इस सोच के साथ राजीव गांधी ने जवाहर नवोदय विद्यालयों की नींव डाली थी। ये आवासीय विद्यालय होते हैं। प्रवेश परीक्षा में सफल मेधावी बच्चों को इन स्कूलों में प्रवेश मिलता है। बच्चों को छह से 12वीं तक की मुफ्त शिक्षा और हॉस्टल में रहने की सुविधा मिलती है। राजीव गांधी ने शिक्षा क्षेत्र में भी क्रांतिकारी उपाय किए। उनकी सरकार ने 1986 में राष्ट्रीय शिक्षा नीति की घोषणा की। इसके तहत पूरे देश में उच्च शिक्षा व्यवस्था का आधुनिकीकरण और विस्तार हुआ।

युवाओं के लोकप्रिय नेता

कुछ लोग जमीन पर राज करते हैं और कुछ लोग दिलों पर। स्वर्गीय राजीव गांधी एक ऐसी शख्सियत थे, जिन्होंने जमीन पर ही नहीं, बल्कि दिलों पर भी हुकूमत की। वे भले ही आज इस दुनिया में नहीं हैं, लेकिन हमारे दिलों में आज भी जिंदा हैं। राजीव गांधी ने उन्नीसवीं सदी में इक्कीसवीं सदी के भारत का सपना देखा था।

स्वभाव से गंभीर लेकिन आधुनिक सोच और निर्णय लेने की अद्भुत क्षमता वाले राजीव गांधी देश को दुनिया की उच्च तकनीकों से पूर्ण करना चाहते थे। वे बार-बार कहते थे कि भारत की एकता और अखंडता को बनाए रखने के साथ ही उनका अन्य बड़ा मकसद इक्कीसवीं सदी के भारत का निर्माण है। अपने इसी सपने को साकार करने के लिए उन्होंने देश में कई क्षेत्रों में नई पहल की, जिनमें संचार क्रांति और कम्प्यूटर क्रांति, शिक्षा का प्रसार, 18 साल के युवाओं को मताधिकार, पंचायती राज आदि शामिल हैं।

वे देश की कम्प्यूटर क्रांति के जनक के रूप में भी जाने जाते हैं। वे युवाओं के लोकप्रिय नेता थे। उनका भाषण सुनने के लिए लोग घंटों इंतजार किया करते थे। उन्होंने अपने प्रधानमंत्री काल में कई ऐसे महत्त्वपूर्ण फैसले लिए जिसका असर देश के विकास में देखने को मिल रहा है। आज हर हाथ में दिखने वाला मोबाइल उन्हीं फैसलों का नतीजा है।

40 साल की उम्र में प्रधानमंत्री बनने वाले राजीव गांधी देश के सबसे कम उम्र के प्रधानमंत्री थे और दुनिया के उन युवा राजनेताओं में से एक हैं, जिन्होंने

सरकार की अगुवाई की है। उनकी मां श्रीमती इंदिरा गांधी 1966 में जब पहली बार प्रधानमंत्री बनी थीं, तब वह उनसे उम्र में 8 साल बड़ी थीं। उनके नाना पंडित जवाहर लाल नेहरू 58 साल के थे, जब उन्होंने आजाद भारत के पहले प्रधानमंत्री के तौर पर शपथ ली।

देश में पीढ़ीगत बदलाव के अग्रदूत राजीव गांधी को देश के इतिहास में सबसे बड़ा जनादेश हासिल हुआ था। अपनी मां की हत्या के बाद 31 अक्टूबर 1984 को वे कांग्रेस अध्यक्ष और देश के प्रधानमंत्री बने थे। अपनी मां की मौत के सदमे से उभरने के बाद उन्होंने लोकसभा के लिए चुनाव कराने का आदेश दिया। दुःखी होने के बावजूद उन्होंने अपनी हर जिम्मेदारी को बखूबी निभाया।

महीने भर की लंबी चुनावी मुहिम के दौरान उन्होंने पृथ्वी की परिधि के डेढ़ गुना के बराबर दूरी की यात्रा करते हुए देश के तकरीबन सभी हिस्सों में जाकर 250 से ज्यादा जनसभाएं कीं और लाखों लोगों से रूबरू हुए। उस चुनाव में कांग्रेस को बहुमत मिला और पार्टी ने रिकॉर्ड 401 सीटें हासिल कीं।

सत्तर करोड़ भारतीयों के नेता के तौर पर इस तरह की शानदार शुरुआत किसी भी हालत में काबिले-तारीफ मानी जाती है। यह इसलिए भी बेहद खास है, क्योंकि वे उस सियासी खानदान से ताल्लुक रखते थे, जिसकी चार पीढ़ियों ने जंगे-आजादी के दौरान और इसके बाद हिन्दुस्तान की सेवा की थी। इसके बावजूद राजीव गांधी सियासत में नहीं आना चाहते थे इसीलिए वे सियासत में देर से आए।

राजीव गांधी ने अपना बचपन अपने नाना के साथ तीन मूर्ति हाउस में बिताया, जहां इंदिरा गांधी ने प्रधानमंत्री की परिचारिका के रूप में काम किया। वे कुछ वक्त के लिए देहरादून के वेल्हम स्कूल गए, लेकिन जल्द ही उन्हें हिमालय की तलहटी में स्थित आवासीय दून स्कूल में भेज दिया गया। वहां उनके कई दोस्त बने, जिनके साथ उनकी ताउम्र दोस्ती बनी रही। बाद में उनके छोटे भाई संजय गांधी को भी इसी स्कूल में भेजा गया, जहां दोनों साथ रहे। स्कूल से निकलने के बाद राजीव गांधी कैम्ब्रिज के ट्रिनिटी कॉलेज गए, लेकिन जल्द ही वे वहां से हटकर लंदन के इम्पीरियल कॉलेज चले गए। उन्होंने वहां से मैकेनिकल इंजीनियरिंग की पढ़ाई की।

उनके सहपाठियों के मुताबिक उनके पास दर्शन, राजनीति या इतिहास से संबंधित पुस्तकें न होकर विज्ञान एवं इंजीनियरिंग की कई पुस्तकें हुआ करती थीं। हालांकि संगीत में उनकी बहुत दिलचस्पी थी। उन्हें पश्चिमी और हिन्दुस्तानी शास्त्रीय और आधुनिक संगीत पसंद था। उन्हें फोटोग्राफी और रेडियो सुनने का भी खासा शौक था। हवाई उड़ान उनका सबसे बड़ा जुनून था। इंग्लैंड से घर लौटने के बाद उन्होंने दिल्ली फ़्लाइंग क्लब की प्रवेश परीक्षा पास की और व्यावसायिक पायलट का लाइसेंस हासिल किया। इसके बाद वे 1968 में घरेलू राष्ट्रीय जहाज कंपनी इंडियन एयरलाइंस के पायलट बन गए।

कैम्ब्रिज में उनकी मुलाकात इतालवी सोनिया मैनो से हुई थी, जो उस वक्त वहां अंग्रेजी की पढ़ाई कर रही थीं। उन्होंने 1968 में नई दिल्ली में शादी कर ली। वे अपने दोनों बच्चों राहुल और प्रियंका के साथ नई दिल्ली में इंदिरा गांधी के निवास पर रहे। वे खुशी-खुशी अपनी जिन्दगी गुजार रहे थे, लेकिन 23 जून 1980 को एक जहाज हादसे में उनके भाई संजय गांधी की मौत ने सारे हालात बदलकर रख दिए। उन पर सियासत में आकर अपनी मां की मदद करने का दबाव बन गया। फिर कई अंदरुनी और बाहरी चुनौतियां भी सामने आईं। पहले उन्होंने इन सबका काफी विरोध किया, लेकिन बाद में उन्हें अपनी मां की बात माननी पड़ी और इस तरह वे न चाहते हुए भी सियासत में आ गए।

उन्होंने जून 1981 में अपने भाई की मौत की वजह से खाली हुए उत्तर प्रदेश के अमेठी लोकसभा क्षेत्र का उपचुनाव लड़ा, जिसमें उन्हें जीत हासिल हुई इसी महीने वे युवा कांग्रेस की राष्ट्रीय कार्यकारिणी के सदस्य बन गए। उन्हें नवंबर 1982 में भारत में हुए एशियाई खेलों से संबंधित महत्त्वपूर्ण जिम्मेदारी दी गई, जिसे उन्होंने बखूबी अंजाम दिया। साथ ही कांग्रेस के महासचिव के तौर पर उन्होंने उसी लगन से काम करते हुए पार्टी संगठन को व्यवस्थित और सक्रिय किया।

अपने प्रधानमंत्री काल में राजीव गांधी ने नौकरशाही में सुधार लाने और देश की अर्थव्यवस्था के उदारीकरण के लिए कारगर कदम उठाए, लेकिन पंजाब और कश्मीर में अलगाववादी आंदोलन को नाकाम करने की उनकी कोशिश का बुरा असर हुआ। वे सियासत को भ्रष्टाचार से मुक्त करना चाहते थे, लेकिन यह विडंबना है कि उन्हें भ्रष्टाचार की वजह से ही सबसे ज्यादा आलोचना का सामना करना पड़ा।

उन्होंने कई साहसिक कदम उठाए, जिनमें श्रीलंका में शांति सेना का भेजा जाना, असम समझौता, पंजाब समझौता, मिजोरम समझौता आदि शामिल हैं। इसकी वजह से चरमपंथी उनके दुश्मन बन गए। नतीजा, श्रीलंका में सलामी गारद के निरीक्षण के वक्त उन पर हमला किया गया, लेकिन वे बाल-बाल बच गए।

साल 1989 में उन्होंने प्रधानमंत्री पद से इस्तीफा दे दिया, लेकिन वे कांग्रेस के नेता पद पर बने रहे। वे आगामी आम चुनाव के प्रचार के लिए 21 मई 1991 को तमिलनाडु के श्रीपेराम्बदूर गए, जहां एक आत्मघाती हमले में उनकी मौत हो गई देश में शोक की लहर दौड़ पड़ी। राजीव गांधी की देशसेवा को राष्ट्र ने उनके दुनिया से विदा होने के बाद स्वीकार करते हुए उन्हें भारत रत्न से सम्मानित किया जिसे श्रीमती सोनिया गांधी ने 6 जुलाई 1991 को अपने पति की ओर से ग्रहण किया।

राजीव गांधी अपने विरोधियों की मदद के लिए भी हमेशा तैयार रहते थे। साल 1991 में जब राजीव गांधी की हत्या कर दी गई, तो एक पत्रकार ने भाजपा नेता अटल बिहारी वाजपेयी से संपर्क किया। उन्होंने पत्रकार को अपने घर बुलाया और कहा कि अगर वे विपक्ष के नेता के नाते उनसे राजीव गांधी के खिलाफ कुछ सुनना चाहते हैं, तो वे एक भी शब्द राजीव गांधी के खिलाफ नहीं कहेंगे, क्योंकि राजीव गांधी की मदद की वजह से ही वे जिन्दा हैं।

उन्होंने भावुक होकर कहा कि जब राजीव गांधी प्रधानमंत्री थे, तो पता नहीं उन्हें कैसे पता चल गया कि मेरी किडनी में समस्या है और इलाज के लिए मुझे विदेश जाना है। उन्होंने मुझे अपने दफ्तर में बुलाया और कहा कि वे उन्हें आपको संयुक्त राष्ट्र में न्यूयॉर्क जाने वाले भारत के प्रतिनिधिमंडल में शामिल कर रहे हैं और उम्मीद है कि इस मौके का फायदा उठाकर आप अपना इलाज करा लेंगे। मैं न्यूयॉर्क गया और आज इसी वजह से मैं जीवित हूं।

फिर वाजपेयी बहुत भाव-विह्वल होकर बोले कि मैं विपक्ष का नेता हूं, तो लोग उम्मीद करते हैं कि मैं विरोध में ही कुछ बोलूंगा लेकिन ऐसा मैं नहीं कर सकता। मैं राजीव गांधी के बारे में वही कह सकता हूं, जो उन्होंने मेरे लिए किया। गौरतलब है कि राजीव गांधी ने अटल बिहारी वाजपेयी को इलाज के लिए कई बार विदेश भेजा था।

राजीव गांधी की निर्मम हत्या के वक्त सारा देश शोक में डूब गया था। राजीव गांधी की मौत से अटल बिहारी वाजपेयी को बहुत दुःख हुआ था। उन्होंने स्वर्गीय राजीव गांधी को अपनी भावभीनी श्रद्धांजलि देते हुए कहा था, 'मृत्यु शरीर का धर्म है। जन्म के साथ मरण जुड़ा हुआ है।' लेकिन जब मृत्यु सहज नहीं होती, स्वाभाविक नहीं होती, प्राकृतिक नहीं होती, 'जीर्णानि वस्त्रादि यथा विहाय'—गीता की इस कोटि में नहीं आती, जब मृत्यु बिना बादलों से बिजली की तरह गिरती है, भरी जवानी में किसी जीवन-पुष्प को चिता की राख में बदल देती है, जब मृत्यु एक साजिश का नतीजा होती है, एक षड्यंत्र का परिणाम होती है तो समझ में नहीं आता कि मनुष्य किस तरह से धैर्य धारण करे, परिवार वाले किस तरह से उस वज्रपात को सहें।'

राजीव गांधी की जघन्य हत्या हमारे राष्ट्रीय मर्म पर एक आघात है, भारतीय लोकतंत्र पर एक कलंक है। एक बार फिर हमारी महान सभ्यता और प्राचीन संस्कृति विश्व में उपहास का विषय बन गई है। शायद दुनिया में और कोई ऐसा देश नहीं होगा, जो अहिंसा की इतनी बातें करता हो। लेकिन शायद कोई और देश दुनिया में नहीं होगा, जहां राजनेताओं की इस तरह से हिंसा में मृत्यु होती हो। यह हिंसा और हत्याओं का सिलसिला बंद होना चाहिए।

आजाद भारत स्वर्गीय राजीव के महत्त्वपूर्ण योगदान के लिए हमेशा उनका ऋणी रहेगा। स्वर्गीय राजीव गांधी की जयंती 'सद्भावना दिवस' और 'अक्षय ऊर्जा दिवस' के तौर पर मनाई जाती है, जबकि पुण्यतिथि 21 मई को 'बलिदान दिवस' के रूप में मनाया जाता है।

❖❖❖

11

विश्वनाथ प्रताप सिंह
(Vishwanath Pratap Singh)

भारत के सातवें प्रधानमंत्री

श्री विश्वनाथ प्रताप सिंह

कार्यकाल : 2 दिसंबर 1989 से 10 नवंबर 1990

जन्म : 25 जून 1931, इलाहाबाद, उ.प्र.

मृत्यु : 27 नवम्बर 2008, नई दिल्ली

पिता का नाम : श्री रामगोपाल सिंह

माता का नाम : श्रीमति रानी राज कंवर

जीवन संगिनी : श्रीमति सीता कुमारी

बच्चे : अजय प्रताप सिंह, अभय सिंह

पेशा : राजनेता

राजनीतिक दल: जनता पार्टी

विश्वनाथ प्रताप सिंह भारत गणराज्य के सातवें प्रधानमंत्री थे और उत्तर प्रदेश के मुख्यमंत्री रह चुके है। उनका शासन एक साल से कम चला, 2 दिसम्बर 1989 से 10 नवम्बर 1990 तक। विश्वनाथ प्रताप सिंह (जन्म–25 जून 1931 उत्तर प्रदेश; मृत्यु–27 नवम्बर 2008, दिल्ली)। विश्वनाथ प्रताप सिंह भारत के सातवें प्रधानमंत्री थे। राजीव गांधी सरकार के पतन के कारण प्रधानमंत्री बने विश्वनाथ प्रताप सिंह ने आम चुनाव के माध्यम से 2 दिसम्बर 1989 को यह पद

प्राप्त किया था। सिंह प्रधानमंत्री के रूप में भारत की पिछड़ी जातियों में सुधार करने की कोशिश के लिए जाने जाते हैं।

जन्म एवं परिवार

विश्वनाथ प्रताप सिंह का जन्म 25 जून 1931 उत्तर प्रदेश के इलाहाबाद जिले में एक राजपूत जमींदार परिवार में (मंडा संपत्ति पर शासन किया) हुआ था। वह राजा बहादुर राय गोपाल सिंह के पुत्र थे। जिनका विवाह 25 जून 1955 को अपने जन्म दिन पर ही सीता कुमारी के साथ सम्पन्न हुआ था। इन्हें दो पुत्र रत्नों की प्राप्ति हुई। उन्होंने इलाहाबाद (उत्तर प्रदेश) में गोपाल इंटरमीडिएट कॉलेज की स्थापना की थी।

विद्यार्थी जीवन

विश्वनाथ प्रताप सिंह ने इलाहाबाद और पूना विश्वविद्यालय में अध्ययन किया था। वह 1947-1948 में उदय प्रताप कॉलेज, वाराणसी की विद्यार्थी यूनियन के अध्यक्ष रहे। विश्वनाथ प्रताप सिंह इलाहाबाद विश्वविद्यालय की स्टूडेंट यूनियन में उपाध्यक्ष भी थे। 1957 में उन्होंने भूदान आंदोलन में सक्रिय भूमिका निभाई थी। सिंह ने अपनी जमीनें दान में दे दीं। इसके लिए पारिवारिक विवाद हुआ, जो कि न्यायालय भी जा पहुंचा था। वह इलाहाबाद की अखिल भारतीय कांग्रेस समिति के अधिशासी प्रकोष्ठ के सदस्य भी रहे।

राजनीतिक जीवन

विश्वनाथ प्रताप सिंह को अपने विद्यार्थी जीवन में ही राजनीति से दिलचस्पी हो गई थी। वह समृद्ध परिवार से थे, इस कारण युवाकाल की राजनीति में उन्हें सफलता प्राप्त हुई। उनका संबंध भारतीय कांग्रेस पार्टी के साथ हो गया। 1969-1971 में वह उत्तर प्रदेश विधान सभा में पहुंचे। उन्होंने उत्तर प्रदेश में मुख्यमंत्री का कार्यभार भी सम्भाला। उनका मुख्यमंत्री कार्यकाल 9 जून 1980 से 28 जून 1982 तक ही रहा। इसके पश्चात्त वह 29 जनवरी 1983 को केंद्रीय वाणिज्य मंत्री बने। विश्वनाथ प्रताप सिंह राज्य सभा के भी सदस्य रहे। 31 दिसम्बर 1984 को वह भारत के वित्तमंत्री भी बने। भारतीय राजनीति के परिदृश्य में विश्वनाथ प्रताप सिंह उस समय वित्तमंत्री थे जब राजीव गांधी के साथ में उनका टकराव हुआ। विश्वनाथ प्रताप सिंह के पास यह सूचना थी कि कई

भारतीयों द्वारा विदेशी बैंकों में अकूत धन जमा करवाया गया है। इस पर वी.पी. सिंह अर्थात् विश्वनाथ प्रताप सिंह ने अमेरिका की एक जासूस संस्था फेयरफैक्स की नियुक्ति कर दी ताकि ऐसे भारतीयों का पता लगाया जा सके। इसी बीच स्वीडन ने 16 अप्रैल 1987 को यह समाचार प्रसारित किया कि भारत के बोफोर्स कम्पनी की 410 तोपों का सौदा हुआ था, उसमें 60 करोड़ की राशि कमीशन के तौर पर दी गई थी। जब यह समाचार भारतीय मीडिया तक पहुंचा, यह 'समाचार' संसद में मुद्दा बन कर उभरा। इससे जनता को यह पता चला कि 60 करोड़ की दलाली में राजीव गांधी का हाथ था। बोफोर्स कांड के सुर्खियों में रहते हुए 1989 के चुनाव भी आ गए। वी.पी. सिंह और विपक्ष ने इसे चुनावी मुद्दे के रूप में पेश किया। यद्यपि प्राथमिक जांच-पड़ताल से यह साबित हो गया कि राजीव गांधी के विरुद्ध जो आरोप लगाया गया था वो बिल्कुल ग़लत तो नहीं है, साथ ही ऑडिटर जनरल ने तोपों की विश्वसनीयता को संदेह के घेरे में ला दिया था। भारतीय जनता के मध्य यह बात स्पष्ट हो गई कि बोफार्स तोपें विश्वसनीय नहीं हैं तो सौदे में दलाली ली गई थी। इससे पर्दाफाश के कारण राजीव गांधी ने वी.पी. सिंह को कांग्रेस से निष्कासित कर दिया। चोरों को सजा तो देनी ही थी, जनता ने राजीव गांधी को अपने किए की सजा दी, और सत्ता से निष्कासित कर दिया। राजीव गांधी के कारण अफसरशाही और नौकरशाही भ्रष्ट हो चुकी थी। उच्च स्तर पर भ्रष्टाचार के दावे ने भारत के सभी वर्गों को चौंका दिया। वी.पी. सिंह के किए खुलासे सत्य साबित हुए।

वी.पी. सिंह ने चुनाव की तिथि घोषित होने के बाद जनसभाओं में दावा किया कि बोफोर्स तोपों की दलाली की रकम 'लोटस' नामक विदेशी बैंक में जमा कराई है और वह सत्ता में आने के बाद पूरे प्रकरण का खुलासा कर देंगे। कांग्रेस में वित्त एवं रक्षा मंत्रालय सर्वेसर्वा रहा व्यक्ति यह आरोप लगा रहा था, इस कारण माना गया कि वी.पी. सिंह के दावों में अवश्य ही सच्चाई होगी। अब यहां यह कहने की आवश्यकता नहीं है कि वी.पी. ने जो बताया था वो सच था, राजीव गांधी ने सत्ता में रहते हुए एक दस्यु की भूमिका निभाई, यही बात बोफोर्स सौदे के मामले में भी हुईं। इस प्रकार इस चुनाव में वी.पी. सिंह की छवि एक ऐसे राजनीतिज्ञ की बन गई जिसकी ईमानदारी और कर्तव्य निष्ठा पर कोई शक नहीं किया जा सकता था। उत्तर प्रदेश के युवाओं ने तो उन्हें अपना नायक मान लिया था। वी.पी. सिंह छात्रों की टोलियों के साथ-साथ रहते थे। वह मोटर साइकिल पर

चुनाव प्रचार करते छात्रों के साथ हो लेते थे। उन्होंने स्वयं को साधारण व्यक्ति प्रदर्शित करने के लिए यथासम्भव कार की सवारी से भी परहेज किया। फलस्वरूप इसका सार्थक प्रभाव देखने को प्राप्त हुआ। वी.पी. सिंह ने एक ओर जनता के बीच अपनी सत्यवादी की छवि बनाई तो दूसरी ओर घोटालेबाज कांग्रेस को तोड़ने का काम भी आरम्भ किया। जो लोग राजीव गांधी से असंतुष्ट थे, उनसे वी.पी. सिंह ने सम्पर्क करना आरम्भ कर दिया। वह चाहते थे कि असंतुष्ट कांग्रेसी राजीव गांधी और कांग्रेस पार्टी से अलग हो जाएं। उनकी इस मुहिम में पहला नाम था-आरिफ मुहम्मद का। आरिफ मुहम्मद एक आजाद एवं प्रगतिशील विचारों के व्यक्ति थे। इस कारण वह चाहते थे कि इस्लामिक कुरीतियों को समाप्त किया जाना आवश्यक है। आरिफ मुहम्मद तथा राजीव गांधी एक-दूसरे के बेहद करीब थे लेकिन एक घटना ने उनके बीच गहरी खाई पैदा कर दी। दरअसल हुआ यह कि हैदराबाद में शाहबानो को उसके पति द्वारा तलाक देने के बाद मामला अदालत तक जा पहुंचा। अदालत ने मुस्लिम महिला शाहबानो को जीवन निर्वाह भत्ते के योग्य माना। लेकिन मुस्लिम कट्टरपंथी चाहते थे कि 'मुस्लिम पर्सनल लॉ' के आधार पर ही फैसला किया जाए। इस कारण यह विवाद काफी तूल पकड़ चुका था। ऐसी स्थिति में राजीव गांधी ने आरिफ मुहम्मद से कहा कि वह एक जोरदार अभियान चलाकर लोगों को समझाएं कि मुस्लिमों को नया कानून मानना चाहिए और 'मुस्लिम व्यक्तिगत कानून' पर निर्भर नहीं रहना चाहिए।

वी.पी. सिंह ने विद्याचरण शुक्ल, रामधन तथा सतपाल मलिक और अन्य असंतुष्ट कांग्रेसियों के साथ मिलकर 2 अक्टूबर 1987 को अपना एक पृथक् मोर्चा गठित कर लिया। इस मोर्चे में भारतीय जनता पार्टी भी सम्मिलित हो गई। वामदलों ने भी मोर्चे को समर्थन देने की घोषणा कर दी। इस प्रकार सात दलों के मोर्चे का निर्माण 6 अगस्त 1988 को हुआ और 11 अक्टूबर 1988 को राष्ट्रीय मोर्चा का विधिवत गठन कर लिया गया।

प्रधानमंत्री के पद पर

1989 का लोक सभा चुनाव पूर्ण हुआ। कांग्रेस को भारी क्षति उठानी पड़ी। उसे मात्र 197 सीटें ही प्राप्त हुईं। विश्वनाथ प्रताप सिंह के राष्ट्रीय मोर्चे को 146 सीटें मिलीं। भाजपा और वामदलों ने राष्ट्रीय मोर्चे को समर्थन देने का इरादा जाहिर कर दिया। तब भाजपा के पास 86 सांसद थे और वामदलों के पास 52 सांसद।

इस तरह राष्ट्रीय मोर्चे को 248 सदस्यों का समर्थन प्राप्त हो गया। वी.पी. सिंह स्वयं को प्रधानमंत्री पद का उम्मीदवार बता रहे थे। उन्हें लगता था कि राजीव गांधी और कांग्रेस की पराजय उनके कारण ही सम्भव हुई है। लेकिन चन्द्रशेखर और देवीलाल भी प्रधानमंत्री पद की दौड़ में शरीक हो गए। ऐसे में यह तय किया गया कि वी.पी. सिंह की प्रधानमंत्री पद पर ताजपोशी होगी और चौधरी देवीलाल को उपप्रधानमंत्री बनाया जाएगा। प्रधानमंत्री बनते ही उन्होंने सिखों के घाव पर मरहम रखने के लिए स्वर्ण मन्दिर की ओर दौड़ लगाई।

वी.पी. सिंह–इतिहास का महानायक क्यों नहीं बन सका ये राजनीतिक सितारा

भारत के पूर्व प्रधानमंत्री विश्वनाथ प्रताप सिंह को आजाद भारत के सबसे चमकदार सितारों में से एक होना चाहिए था। जिसने राजनीतिक भ्रष्टाचार के खिलाफ सबसे कठिन लड़ाई लड़ी, रक्षा सौदों में दलाली के खिलाफ सत्ता से विद्रोह किया, जाति व्यवस्था को सबसे बड़ी चुनौती दी और सांप्रदायिक हिंसा के खिलाफ आमरण अनशन करके अपनी किडनी खराब कर ली। किडनी की तकलीफ से ही जिनकी जान गई, उस आदमी की मौत इतनी गुमनाम हुई कि कोई भी नेता वी.पी. सिंह के रास्ते पर चलने से पहले दस बार सोचेगा।

वी.पी. सिंह को उनकी जयंती पर कोई नेता याद नहीं करता। सोशल मीडिया पर बेशक कुछ लोग उनके नाम पर फूल मालाएं चढ़ाते हैं, लेकिन यह भी कोई आम चलन नहीं है।

वी.पी. सिंह का राजनीतिक-सामाजिक जीवन मुख्य रूप से तीन हिस्सों में विभाजित है–

- पहला दौर एक जमींदार परिवार से निकल कर कांग्रेस की राजनीति में होना और मुख्यमंत्री तथा देश का वित्त मंत्री तथा रक्षा मंत्री बनना है। इसमें से उनका मुख्यमंत्री काल बागियों के खिलाफ अभियान के लिए जाना जाता है, जबकि वित्त मंत्री और रक्षा मंत्री रहते हुए उन्होंने कॉरपोरेट करप्शन और रक्षा सौदों में दलाली के खिलाफ अभियान चलाया। इसी दौर में वे कांग्रेस से दूर हो गए।

- उनके जीवन का दूसरा दौर प्रधानमंत्री के तौर पर रहा, जिस दौरान उनका सबसे प्रमुख और साथ ही सबसे विवादास्पद कदम मंडल कमीशन को लागू करने की घोषणा करना था। प्रधानमंत्री रहने के दौरान उन्होंने बाबा साहेब को भारत रत्न देने से लेकर उनकी जयंती पर छुट्टी देने और ऑपरेशन ब्लू स्टार के लिए स्वर्ण मंदिर जाकर माफी मांगने जैसे कदम उठाए। इस दौरान वे रिलायंस कंपनी के साथ सीधे टकराव में आए और धीरूभाई अंबानी को लार्सन एंड टुब्रो पर नियंत्रण जमाने से रोक दिया। राममंदिर आंदोलन के मुद्दे पर उन्होंने बीजेपी के सामने झुकने से मना कर दिया और इसी वजह से उनकी सरकार गिर गई।

- अपने जीवन के तीसरे अध्याय में वी.पी. सिंह संत की भूमिका में आ गए। वे कविताएं लिखने लगे और पेटिंग्स में हाथ आजमाया। लेकिन इस दौरान भी वे सामाजिक मुद्दों से जुड़े रहे। दिल्ली में झुग्गियों को उजाड़ने की कोशिशों का उन्होंने सड़कों पर उतरकर विरोध किया और सांप्रदायिक हिंसा के खिलाफ खड़े रहे।

सवाल उठता है कि वी.पी. सिंह इतिहास के महानायक क्यों नहीं बन पाए? उनसे कहां चूक हो गई? बल्कि इस सवाल को यूं भी पूछा जा सकता है कि उन्हें महानायक बनाने से भारतीय इतिहास और समाज कहां और कैसे चूक गया?

विश्वनाथ प्रताप सिंह के समर्थकों और विरोधियों दोनों को उनके बारे में एक बात समझ लेने की जरूरत है, कि सक्रिय राजनीति से अलग होने तक वी.पी. सिंह सबसे पहले नेता थे और हर नेता की तरह उनका लक्ष्य भी सत्ता में और सत्ता के शिखर पर होना था। इसलिए मुख्यमंत्री से लेकर प्रधानमंत्री बनने तक और प्रधानमंत्री बने रहने के दौरान उनके कार्यों को अराजनीतिक नजरिए से नहीं देखा जा सकता। सत्ता में बने रहने के लिए जो कुछ करना पड़ता है, चुनाव जीतने के लिए जो भी समीकरण बनाने पड़ते हैं, जो भी इंतजाम करना होता है, उनसे वी.पी. सिंह अलग रहे होंगे, ऐसा मानने का कोई आधार नहीं है।

सांप्रदायिकता को लेकर उनके निजी विचारों में शुचिता का तब कोई मतलब नहीं रह जाता, जब केंद्र में अपनी सरकार वे बीजेपी के समर्थन से चलाते हैं। केंद्र में बीजेपी मंत्रिमंडल में शामिल नहीं होती है, क्योंकि सरकार चलाने के

लिए वामपंथी दलों का भी समर्थन जरूरी था, लेकिन राजस्थान में बीजेपी और जनता दल मिलकर सरकार चलाते हैं।

वी.पी. सिंह का नायकत्व

दरअसल इतिहास और परिस्थितियों ने वी.पी. सिंह से कुछ ऐतिहासिक कार्य करा लिए या वी.पी. सिंह ने कुछ ऐतिहासिक कार्यों को अंजाम दिया, जिसके लिए कोई उन्हें नायक तो कोई उन्हें खलनायक के तौर पर देखता है। मुश्किल यह है कि जो लोग उन्हें नायक के तौर पर देखते हैं, वे लोग छवि निर्माण करने में समक्ष लोग नहीं है। इसलिए उनकी नायक वाली छवि दबी रह जाती है और खलनायक वाली छवि उभर कर सामने आ जाती है क्योंकि छवि निर्माण के काम में सामाजिक तौर पर वही लोग आगे हैं, जो वी.पी. सिंह से नाराज हैं–

- वी.पी. सिंह का नायकत्व इस बात में है कि उन्होंने रक्षा सौदों में हमेशा से चली आ रही दलाली और भ्रष्टाचार को राष्ट्रीय मुद्दा बनाया। लेकिन वे इस मुद्दे को किसी तार्किक अंत तक नहीं ले जा पाए। अपने छोटे से कार्यकाल में उन्होंने रक्षा सौदों में करप्शन के मामलों की त्वरित जांच के लिए कोई ठोस काम नहीं किया। इसलिए उन पर यह आरोप है कि भ्रष्टाचार का आरोप उन्होंने राजनीतिक फायदे के लिए उछाला था।

- वी.पी. सिंह का नायकत्व इस बात में है कि जब बीजेपी ने राममंदिर के नाम पर देश में सांप्रदायिकता भड़काने की मुहिम तेज की तो वे बीजेपी के आगे झुकने की जगह अड़कर खड़े हो गए। इस कारण बीजेपी ने उनकी अल्पमत सरकार से समर्थन वापस ले लिया और सरकार गिर गई।

- वी.पी. सिंह का नायकत्व इस बात में है कि उन्होंने भारत की तीन हजार से ज्यादा पिछड़ी जातियों को एक वर्ग में समेट दिया। इन जातियों को आरक्षण के साझा हित में बांध दिया। इसी दौरान बीएसपी के नेता कांशीराम मंडल कमीशन रिपोर्ट लागू करवाने के लिए जनांदोलन चला रहे थे। लेकिन राजनीति में उनकी आवाज ने दम पकड़ना शुरू ही किया था। वी.पी. सिंह ने मंडल कमीशन की

> रिपोर्ट लागू करके संविधान के अनुच्छेद 340 को जमीन पर उतार दिया, जो 26, जनवरी 1950 से संविधान की किताब में तो था, और देश की आधी से ज्यादा आबादी के मन में महत्त्वाकांक्षाएं जगा रहा था, लेकिन जमीन पर लागू नहीं था। इस अनुच्छेद में सामाजिक और शैक्षणिक रूप से पिछड़े वर्गों के लिए विशेष प्रावधान किया गया है। मंडल कमीशन का गठन इसी अनुच्छेद के तहत हुआ है।

इस प्रश्न का जवाब इतिहास ही दे सकता है कि कोई और नेता प्रधानमंत्री होता तो क्या उन्हीं स्थितियों में वह मंडल कमीशन की रिपोर्ट लागू करता? मेरा मानना है नहीं। यह काम विश्वनाथ प्रताप सिंह ही कर पाए। फिर भी चूंकि इतिहास की जुबां नहीं होती, इसलिए ऐसे सवालों का ऐसा जवाब हम कभी नहीं जान पाएंगे, जो हर किसी को संतुष्ट कर सके। जिस सत्य तक हमारी पहुंच है, वह यही है कि मंडल कमीशन लागू करने का काम वी.पी. सिंह के हाथों हुआ।

लेकिन इसी बिंदु पर विश्वनाथ प्रताप सिंह के पूरी तरह खलनायक बन जाना भी संपन्न होता है।

मंडल कमीशन लागू होते ही वह बुद्धिजीवी वर्ग जो कांग्रेस विरोध और भ्रष्टाचार विरोध के कारण वी.पी. सिंह का दीवाना था, उसने पलटी मार दी। वी.पी. सिंह अचानक से मीडिया के दुश्मन बन गए। उनके खिलाफ सैकड़ों लेख और समाचार छापे गए और कार्टून बनाए गए।

चूंकि मंडल कमीशन ने समाज को आरक्षण समर्थक और आरक्षण विरोधी दो खेमों में बांट दिया था इसलिए पत्रकार, लेखक और बुद्धिजीवी भी दो खेमों में बंट गए। आरक्षण समर्थक बुद्धिजीवियों का कहने को एक खेमा तो था, लेकिन खेमा या तो खाली था, या फिर उसमें दो-चार लोग थे। लेकिन आरक्षण विरोधी बुद्धिजीवियों का खेमा भरा-पूरा था। छवि निर्माण की जंग वी.पी. सिंह बुरी तरह हार गए।

आरक्षण लागू करके भी पिछड़ों के नेता नहीं बन सके

वी.पी. सिंह के साथ एक और समस्या थी। वी.पी. सिंह का उभार ऐसे समय में हो रहा था, जब उत्तर भारत की राजनीति में मझोली जातियां और एक

हद तक दलित जातियां अपना हिस्सा तलाशने लगी थीं। वे इस स्थिति से संतुष्ट नहीं थीं कि कोई और उनके हित की बात कर दे। लोहियावाद की राजनीति के कारण पिछड़ी जातियों के कई नेता राज्य और राष्ट्रीय स्तर पर उभर चुके थे।

मध्यवर्ती जातियां, जो ओबीसी में भी शामिल थीं, अपने नेताओं की कीमत पर विश्वनाथ प्रताप सिंह को नेता मानने के लिए तैयार नहीं थी। इस कारण वी.पी. सिंह मंडल कमीशन लागू करने के बावजूद कभी भी पिछड़ी जातियों के नेता नहीं बन पाए। उनके प्रति पिछड़ों की अच्छी भावनाएं थीं, लेकिन अपनी जाति का नेता उन्हें हर हाल में चाहिए था। अगर वी.पी. सिंह ने पिछड़ों का समर्थन पाने के लिए मंडल कमीशन लागू किया, तो यह काम हो नहीं पाया।

इस तरह, हुआ यह कि वी.पी. सिंह अपना सवर्ण मध्यवर्गीय आधार तो गंवा बैठे, लेकिन जिन पिछड़ी जातियों के साथ आने की उम्मीद में उन्होंने यह सब किया, वे अपनी अपनी जातियों के नेताओं के पीछे लाइन में लग गईं। वी.पी. सिंह राजनीतिक तौर पर बेहद अकेले रह गए।

लेकिन, इस वजह से वी.पी. सिंह का महत्त्व कम नहीं हो जाता। जाने-अनजाने में वी.पी. सिंह ने भारत की राजनीति का चेहरा बदल दिया। मंडल कमीशन के जवाब मे बीजेपी ने राम रथयात्रा निकाल दी। इसके बाद भारतीय राजनीति पहले जैसी नहीं रही।

वी.पी. सिंह ने मंडल आरक्षण लागू कर गोल कर दिया पर अपनी टांगें तुड़वा लीं

सन् 1990 में 'मंडल आरक्षण' लागू करने के बाद तत्कालीन प्रधानमंत्री विश्वनाथ प्रताप सिंह ने कहा था, 'मैंने गोल तो कर दिया, पर अपनी टांगें तुड़वा ली'। हालांकि यह भी सच है कि उस एक फैसले का ऐसा राजनीतिक असर हुआ कि उसके बाद कभी कांग्रेस को लोकसभा में पूर्ण बहुमत नहीं मिल सका।

साथ ही मंडल आरक्षण के खिलाफ शुरू हुए मंदिर आंदोलन के कारण बीजेपी को केंद्र में सत्ता मिलनी शुरू हो गई मंडल आरक्षण के कारण तब न सिर्फ वी.पी. सिंह की सरकार गिरा दी गई थी बल्कि राजनीतिक तौर पर खुद वी.पी. सिंह हाशिए पर चले गए।

एक तरफ जहां आरक्षण विरोधी लोग उनके कट्टर दुश्मन बन गए तो दूसरी ओर आरक्षण समर्थकों ने वी.पी. सिंह को नहीं स्वीकारा। क्योंकि वह उनके 'बीच' से नहीं थे। इतना ही नहीं, जो वी.पी. सिंह 1987-89 के 'बोफोर्स अभियान' के जमाने में मीडिया के अधिकतर हिस्से के हीरो थे, वह मंडल आरक्षण के बाद खलनायक बन गए।

मीडिया के एक बड़े हिस्से के उनके प्रति बदले रुख से वी.पी. सिंह इतना दुःखी हुए थे कि उन्होंने 1996 में प्रधानमंत्री का पद ठुकरा दिया। ज्योति बसु से लेकर संयुक्त मोर्चा के कई नेता उन्हें प्रधानमंत्री बनाने के लिए दिल्ली में खोज रहे थे तब वी.पी. सिंह भूमिगत हो गए थे।

वामपंथी नेता ज्योति बसु ने 1996 में संयुक्त मोर्चा की सरकार में वी.पी. सिंह को प्रधानमंत्री पद का ऑफर दिया था।

इस संबंध में वी.पी. सिंह ने बाद में पत्रकार राम बहादुर राय को बताया कि 'जब मैंने मंडल आयोग की सिफारिशों को लागू किया तो मीडिया का मेरे प्रति दृष्टिकोण बदल गया। वह लोग कहने लगे कि विश्वनाथ प्रताप सिंह पद लोलुप हैं। याद दिलाया गया कि मैंने कहा था कि मैं प्रधानमंत्री पद नहीं लूंगा। जो लोग तब 1989 के जनादेश की व्याख्या मेरे पक्ष में करते थे, वह ही मुझे पद लोलुप कहने लगे।

उससे पहले देवी लाल और वी.पी. सिंह के बीच अकेले में दिलचस्प संवाद हुआ था। मंच पर पेश होने वाले राजनीतिक नाटक का स्क्रिप्ट तैयार करते समय देवीलाल ने वी.पी. सिंह को व्यक्तिगत बातचीत में कहा कि 'नेता पद के लिए पहले मेरे नाम का प्रस्ताव पास हो जाएगा, फिर मैं मना कर दूंगा और आपका हो जाएगा।' इस पर वी.पी. सिंह ने उनसे कहा कि आपको मना करने की क्या जरूरत है? आप प्रधानमंत्री बनिए। तो देवीलाल ने कहा कि 'वोट आपके नाम पर मिला है। मैं बनूंगा तो जनता डंडा लेकर मारेगी।'

फिर वही हुआ जो नेपथ्य में तय हुआ था। उस पर चंद्रशेखर ने सभा भवन से वॉक आउट किया क्योंकि इस स्क्रिप्ट की पूर्व सूचना उन्हें नहीं थी। किसी बड़े नेता के अनशन के दौरान भी कितनी बड़ी बदइंतजामी हो सकती है, वह 1993 में मुंबई में साबित हुआ। उसके शिकार वी.पी. सिंह हुए।

वहां उनकी किडनी खराब हो गई और समय बीतने के साथ उनकी स्थिति बिगड़ती चली गई कुछ अन्य बीमारियों ने भी उनके शरीर में अपना घर बना लिया। आखिर में 27 नवंबर, 2008 को वी.पी. सिंह का निधन हो गया।

विश्वनाथ प्रताप सिंह के ऐतिहासिक निर्णय

व्यक्तिगत तौर पर विश्वनाथ प्रताप सिंह बेहद निर्मल स्वभाव के थे और प्रधानमंत्री के रूप में उनकी छवि एक मजबूत और सामाजिक राजनैतिक दूरदशी व्यक्ति की थी। उन्होंने मंडल कमीशन की सिफारिशों को मानकर देश में वंचित समुदायों की सत्ता में हिस्सेदारी पर मोहर लगा दी।

निधन

27 नवम्बर 2008 को 77 वर्ष की अवस्था में वी.पी. सिंह का निधन दिल्ली के अपोलो अस्पताल में हो गया।

❖❖❖

12

चन्द्रशेखर सिंह
(Chandra Shekar Singh)

चन्द्रशेखर सिंह

भारत के आठवें प्रधानमंत्री

कार्यकाल : 10 नवम्बर 1990 से 21 जून 1991

जन्म : 1 जुलाई 1927, इब्राहिमपट्टी, बलिया उ.प्र.

मृत्यु : 8 जुलाई 2007, नई दिल्ली

पिता का नाम : श्री सदानन्द सिंह

जीवन संगिनी : श्रीमति द्विजा देवी

बच्चे : नीरज शेखर, पंकज शेखर सिंह

पेशा : राजनेता

राजनीतिक दल : समाजवादी जनता पार्टी (राष्ट्रीय)

चन्द्रशेखर सिंह (जन्म 1 जुलाई, 1927 - मृत्यु 8 जुलाई, 2007) भारत के आठवें प्रधानमंत्री थे।

प्ररम्भिक जीवन

उनका जन्म 1927 में पूर्वी उत्तर प्रदेश के बलिया जिले के इब्राहिमपट्टी के एक कृषक परिवार में हुआ था। इनकी स्कूली शिक्षा भीमपुरा के राम करन इण्टर कॉलेज में हुई। उन्होंने एम.ए. डिग्री इलाहाबाद विश्वविद्यालय से प्राप्त कीं। उन्हें

विद्यार्थी राजनीति में एक "फायरब्रान्ड" के नाम से जाना जाता था। विद्यार्थी जीवन के पश्चात् वह समाजवादी राजनीति में सक्रिय हुए।

राजनैतिक जीवन

1962 से 1977 तक वह भारत के ऊपरी सदन राज्य सभा के सदस्य थे। उन्होंने 1984 में भारत की पदयात्रा की, जिससे उन्होंने भारत को अच्छी तरह से समझने की कोशिश की। इस पदयात्रा से इंदिरा गांधी को थोड़ी घबराहट हुई। सन 1977 मे जब जनता पार्टी की सरकार बनी तो उन्होने मंत्री पद न लेकर जनता पार्टी के राष्ट्रीय अध्यक्ष का पद लिया था। सन 1977 मे ही वो बलिया जिले से पहली बार लोक सभा के सांसद बने।

उन्होंने पहले के नेता विश्वनाथ प्रताप सिंह के राजीनामा के बाद जनता दल से कुछ नेता लेकर समाजवादी जनता पार्टी की स्थापना की। उनकी सरकार को भारतीय राष्ट्रीय कांग्रेस ने चुनाव ना करने के लिए समर्थन करने के बाद उनकी छोटे बहुमत की सरकार बन गयी। कांग्रेस ने उनके सरकार को सहयोग नकारने के बाद उन्होंने 60 सांसद के समर्थन के साथ इस्तीफे की घोषणा कर दी।

प्रधानमंत्री के पद में 7 महीने तक रहे चन्द्रशेखर ने मार्च 6, 1991 में राजीनामा किया। उन्होंने लेकिन राष्ट्रीय चुनाव तक प्रधानमंत्री का पद संभाला। चन्द्रशेखर अपने संसदीय वार्तालाप के लिए बहुत चर्चित थे। उन्हें 1995 में आउटस्टैण्डिंग पार्लिमेन्टेरियन अवार्ड भी मिला।

चन्द्रशेखर भारत के निचले सदन लोक सभा के सदस्य थे। उन्होंने यहां समाजवादी जनता पार्टी (राष्ट्रीय) का नेतृत्व किया था। 1977 से उन्होंने लोक सभा का निर्वाचन 8 बार उत्तर प्रदेश के बलिया क्षेत्र से जीता था। सन 1984 में इंदिरा गांधी की हत्या से उपजे आक्रोश के कारण एक बार चुनाव हारे थे।

चन्द्रशेखर जी को मल्टिपल मायलोमा, एक प्रकार का प्लाज्मा कोष कैंसर हुआ था। 3 मई, 2007 को उनको इस रोग के इलाज हेतु गंभीर अवस्था में अस्पताल में भर्ती किया गया। उनकी अवस्था बिगड़ती गयी और आखिर में जुलाई 8 में नई दिल्ली में अस्पताल में उनका देहावसान हो गया।

चंद्रशेखर जी के जीवन के कुछ पहलू

बहुत कम समय के लिए भारत के प्रधानमंत्री रहे चंद्रशेखर सत्ता की राजनीति के मुखर विरोधी थे और लोकतांत्रिक मूल्यों व सामाजिक परिवर्तन के प्रति प्रतिबद्धता की राजनीति को महत्त्व देते थे।

दस नवंबर, 1990 से 21 जून, 1991 तक की बेहद अल्प अवधि में भारत के प्रधानमंत्री रहे स्वर्गीय चंद्रशेखर के नाम एक बड़ा ही अनूठा कीर्तिमान दर्ज है– वे भारत के समाजवादी आंदोलन से निकली इकलौती ऐसी शख्सियत हैं, जिसे प्रधानमंत्री पद तक पहुंचने का सौभाग्य प्राप्त हुआ।

हां, उत्तर प्रदेश के ऐतिहासिक जिले बलिया के इब्राहिमपट्टी गांव में एक किसान परिवार में जन्में और 'क्रांतिकारी जोश' व 'गर्म स्वभाव' के बताए जाने वाले इस 'आदर्शवादी' शख्सियत से जुडा एक रोचक तथ्य यह भी है कि प्रधानमंत्री बनने से पहले उनके पास मुख्यमंत्री तो क्या, किसी राज्य या केंद्र में मंत्री पद संभालने का भी कोई 'अनुभव' नहीं था।

अलबत्ता, वह 1977 से 1988 तक जनता पार्टी के अध्यक्ष पद पर आसीन रहे थे।

दूसरी ओर इस कीर्तिमान के उलट उनके द्वारा गठित समाजवादी जनता पार्टी की उत्तर प्रदेश इकाई के अध्यक्ष अशोक श्रीवास्तव कहते हैं, 'चंद्रशेखर जी के प्रधानमंत्री बनने से कहीं ज्यादा महत्त्व उनकी उस लंबी राजनीतिक यात्रा का है, जिसमें तमाम ऊंचे-नीचे व ऊबड़-खाबड़ रास्तों से गुजरने और परिस्थितियों के एकदम अनुकूल न रह जाने पर सीमाओं में बंधते जाने के बावजूद वे समाजवादी विचारधारा से पल भर को भी अलग नहीं हुए। नेता के तौर पर अपनी जनता को सच्चा नेतृत्व देने के लिए उन्होंने लोकप्रियतावादी कदमों से परे जाकर अलोकप्रिय होने के खतरे तो उठाए ही, अपने समूचे राजनीतिक जीवन में अपनी ही हथेलियों पर कांटे चुभो-चुभोकर गुलाब उकेरते रहे।'

इस सिलसिले में वे चंद्रशेखर द्वारा 6 जनवरी, 1983 से 25 जून, 1983 तक देशवासियों से मिलने एवं उनकी महत्त्वपूर्ण समस्याओं को समझने के लिए की गई अपने वक्त की बहुचर्चित 'भारत यात्रा' की भी याद दिलाते हैं।

इस यात्रा में उन्होंने दक्षिण में कन्याकुमारी से नई दिल्ली में राजघाट तक लगभग 4,260 किलोमीटर की मैराथन पदयात्रा की थी। प्रसंगवश, किसी भी भारतीय नेता द्वारा की गई यह अब तक की सबसे बड़ी पदयात्रा है। तब केरल, तमिलनाडु, कर्नाटक, महाराष्ट्र, मध्य प्रदेश, गुजरात, उत्तर प्रदेश एवं हरियाणा सहित देश के विभिन्न भागों में लगभग पंद्रह भारत यात्रा केंद्रों की स्थापना की गई थी।

हमारी आज की पीढ़ी के बहुत कम सदस्य जानते होंगे कि चंद्रशेखर समाजवाद के भारत विख्यात मनीषी आचार्य नरेंद्रदेव के शिष्य थे और इलाहाबाद विश्वविद्यालय में अपने छात्र जीवन में ही समाजवादी आंदोलन से जुड़ गए थे।

राजनीतिक में उनकी पारी सोशलिस्ट पार्टी से शुरू हुई और संयुक्त सोशलिस्ट पार्टी व प्रजा सोशलिस्ट पार्टी के रास्ते कांग्रेस, जनता पार्टी, जनता दल, समाजवादी जनता दल और समाजवादी जनता पार्टी तक पहुंचकर खत्म हुई।

1965 में कांग्रेस की उस वक्त की कथित समाजवादी नीतियों से प्रभावित होकर उन्होंने अशोक मेहता के साथ प्रजा सोशलिस्ट पार्टी छोड़ दी और कांग्रेस में शामिल हो गए तो समाजवादी हलकों में उनकी तीखी आलोचना की गई।

चिढ़ाने के अंदाज में पूछा जाने लगा कि आखिर कांग्रेस में रहकर वे कैसा समाजवाद ले आयेंगे? अशोक श्रीवास्तव बताते हैं, 'इस पर चंद्रशेखर ने भी चिढ़कर कहा था कि उनके रहते कांग्रेस के पास दो ही विकल्प हैं—या तो वह समाजवादी नीतियों पर चलेगी, अन्यथा टूट जाएगी।'

आगे चलकर समय ने उनकी इस भविष्यवाणी को पूरी तरह सही सिद्धकर दिखाया।

चंद्रशेखर के संसदीय जीवन का आरंभ 1962 में उत्तर प्रदेश से राज्य सभा के लिए चुने जाने से हुआ। इसके बाद 1984 से 1989 तक की पांच सालों की अवधि छोड़कर वे अपनी आखिरी सांस तक लोक सभा के सदस्य रहे।

1989 के लोक सभा चुनाव में वे अपने गृहक्षेत्र बलिया के अलावा बिहार के महाराजगंज लोक सभा क्षेत्र से भी चुने गए थे। अलबत्ता, बाद में उन्होंने महाराजगंज सीट से इस्तीफा दे दिया था।

1967 में कांग्रेस संसदीय दल के महासचिव बनने के बाद उन्होंने तेज सामाजिक बदलाव लाने वाली नीतियों पर जोर दिया और उच्च वर्गों के बढ़ते एकाधिकार के खिलाफ आवाज उठाइ तो सत्तासीनों से उनके गहरे मतभेद पूरी तरह बेपर्दा होकर सामने आए।

फिर तो उन्हें ऐसे 'युवा तुर्क' की संज्ञा दी जाने लगी, जिसने दृढ़ता, साहस एवं ईमानदारी के साथ निहित स्वार्थों के खिलाफ लड़ाई लड़ी।

इसी 'युवा तुर्क' के ही रूप में उन्होंने 1971 में तत्कालीन प्रधानमंत्री इंदिरा गांधी के विरोध के बावजूद कांग्रेस की राष्ट्रीय कार्यसमिति का चुनाव लड़ा और जीते।

1974 में भी उन्होंने इंदिरा गांधी की 'अधीनता' अस्वीकार करके लोकनायक जयप्रकाश नारायण के आंदोलन का समर्थन किया। 1975 में कांग्रेस में रहते हुए उन्होंने इमरजेंसी के विरोध में आवाज उठाई और अनेक उत्पीड़न सहे।

25 जून, 1975 को आंतरिक सुरक्षा अधिनियम के तहत गिरफ्तारी के वक्त सत्तारूढ़ कांग्रेस की केंद्रीय चुनाव समिति तथा कार्यसमिति के सदस्य होने के बावजूद वे इंदिरा गांधी के निशाने पर थे। इसलिए कि वे सत्ता की राजनीति के मुखर विरोधी थे और लोकतांत्रिक मूल्यों व सामाजिक परिवर्तन के प्रति प्रतिबद्धता की राजनीति को महत्त्व देते थे।

1977 के लोक सभा चुनाव में हुए जनता पार्टी के प्रयोग की विफलता के बाद इंदिरा गांधी फिर से सत्ता में लौटीं और उन्होंने स्वर्ण मंदिर पर सैनिक कार्रवाई की तो चंद्रशेखर उन गिने-चुने नेताओं में से एक थे, जिन्होंने उसका पुरजोर विरोध किया। बाद में यह कार्रवाई इंदिरा गांधी की जान पर ही आ बनी।

1990 में विश्वनाथ प्रताप सिंह की जनता दल सरकार के पतन के बाद अत्यंत विषम राजनीतिक परिस्थितियों में वे कांग्रेस के समर्थन से प्रधानमंत्री बने और जल्दी ही उन्हें इस्तीफा देने को मजबूर होना पड़ा।

इतने विषम पथ का राही होने के बावजूद उन्होंने कभी राजनीतिक रिश्ते इस आधार पर नहीं बनाए कि कौन कितनी दूर तक उनके साथ चला। समूचे राजनीतिक जीवन में वे सिर्फ 1984 में एक चुनाव हारे।

भूमंडलीकरण के रास्ते आयी गैरबराबरी और बेरोजगारी बढ़ाने वाली जिन आर्थिक नीतियों का कुफल हम आज भोग रहे हैं, उनके बारे में भी उन्होंने समय रहते चेता दिया था।

उनका सुविचारित और स्पष्ट मत था और कि यह देश जब भी मजबूत होगा, अपने आंतरिक संसाधनों की बिना पर ही होगा। बहुराष्ट्रीय कंपनियों द्वारा किया जाने वाला विदेशी निवेश तो इसके लिए मियादी बुखार में रोटी के टुकड़े जैसा ही होगा।

स्वदेशी और स्वावलम्बन यानी आत्मनिर्भरता की भावना को प्रश्रय देने के लिए गलत समझे जाने का खतरा उठाकर भी वे स्वदेशी जागरण मंच द्वारा इस उद्देश्य से आयोजित कार्यक्रमों में गए।

राजनीतिक छुआछूत के तो वे प्रबलतम विरोधी थे और कहते थे कि हममें से किसी को भी यह अधिकार नहीं है कि वह बेवजह दूसरों की देशभक्ति पर शक करते घूमे।

प्रधानमंत्री के रूप में उन्होंने उस कठिन दौर में भी, जब देश का सोना गिरवी रखने की नौबत सामने थी, भूमंडलीकरण की नीतियों के सामने आत्मसमर्पण नहीं किया।

वह काम तो उनके बाद 1991 में आयी पी.वी. नरसिम्हा राव के नेतृत्व वाली कांग्रेस की सरकार ने किया। तब भी चंद्रशेखर ने संसद के अंदर और बाहर उसका जबर्दस्त विरोध किया और उसके खिलाफ जनजागरण अभियान चलाया।

इतिहास गवाह है कि चंद्रशेखर ने अपने छोटे से प्रधानमंत्रित्व काल में अयोध्या के जटिल होते जा रहे राम जन्म भूमि बाबरी मस्जिद मसले को उसके सर्वमान्य समाधान के करीब पहुंचा दिया था। उनके समय में इस विवाद के दोनों पक्ष वार्ता की मेजों पर जितने सौहार्द व आपसी समझदारी के साथ आमने-सामने बैठे, उससे पहले या बाद में कभी नहीं बैठे।

उनका कहना था कि अगर हम सारे लोग मन में बैठा लें कि अंततः सबको इसी देश में एक दूसरे का सम्मान करते हुए रहना और उसे आगे बढ़ाना है तो कोई ऐसी समस्या नहीं है, जिसका समाधान न निकाला जा सके।

दुर्भाग्य से प्रधानमंत्री के रूप में उन्हें बहुत कम समय मिला क्योंकि कांग्रेस ने उनका कम से कम एक साल तक समर्थन करने का राष्ट्रपति को दिया अपना वचन नहीं निभाया और अकस्मात, लगभग अकारण, समर्थन वापस ले लिया।

हां, एक बार इस्तीफा दे देने के बाद उन्होंने राजीव गांधी का उसे वापस लेने का अनौपचारिक आग्रह स्वीकार करना ठीक नहीं समझा। उनके अंतिम दिनों में देश की राजनीति ऐसे मुकाम पर जा पहुंची थी, जहां उनके पास खोने-पाने को कुछ खास नहीं रह गया था।

ऐसे दुर्दिन में बड़ी से बड़ी राजनीतिक विभूतियां भी अप्रासंगिक होकर रह जाती देखी गयी हैं, लेकिन उन हालातों में चंद्रशेखर नए सिरे से प्रासंगिक हो उठे और उनकी स्थिति अजातशत्रु जैसी हो गयी। तब कोई राजनीतिक पार्टी ऐसी नहीं थी, जिसमें उनके मित्र न रहे हों और उन्हें उनके दिशा-निर्देश की जरूरत न पड़ती हो। इसलिए वे तब भी अपने नैतिक प्रभाव से उन्हें आईना दिखाया करते थे।

आज भी उनके बारे में कहा जाता है कि सत्ता में वे भले ही बहुत थोड़े समय के लिए रहे, देश की राजनीति को कोई आधी शताब्दी तक प्रभावित किया।

उन्होंने कहा था कि देश के दुर्भाग्य से उसके ज्यादातर लीडर डीलरों में बदले जा रहे हैं। कोई भी अलोकप्रियता का खतरा उठाकर जनता को सच्चा नेतृत्व नहीं देना चाहता।

अपने जिंदा रहते उन्होंने अपने किसी पुत्र या पाल्य का राजनीतिक रास्ता हमवार नहीं किया। कहते हैं कि एक बार उनके बेटे ने पूछा कि वे उसे क्या देकर जा रहे हैं? इस पर उन्होंने अपने एक सुरक्षाकर्मी को बुलाकर उससे उसके पिता का नाम पूछा। उसने बताया तो बेटे से पूछा कि तुम इनके पिता जी को जानते हो? बेटे ने कहा नहीं, तो बोले-मैं तुमको यही देकर जा रहा हूं कि जब तुम किसी को अपने पिता का नाम बताओगे तो वह यह नहीं कहेगा जो तुमने इनके पिता के बारे में कहा।

प्रसंगवश, इमर्जेंसी के दौरान जेल में रहते हुए उन्होंने जो डायरी लिखी थी, वह बाद में 'मेरी जेल डायरी' के नाम से प्रकाशित हुई और 'सामाजिक परिवर्तन की गतिशीलता' उनके लेखों का एक और प्रसिद्ध संकलन है।

'जो प्रधानमंत्री होने के बावजूद खेतों में चले जाते थे'

एक दिसंबर, 1989 का दिन। संसद के सेंट्रल हॉल के मंच पर बैठे मधु दंडवते जनता दल संसदीय दल के नेता का चुनाव करवा रहे थे।

वहां मौजूद लोगों को पहला झटका तब लगा जब खुद प्रधानमंत्री पद के दावेदार विश्वनाथ प्रताप सिंह ने देवी लाल के नाम का प्रस्ताव किया।

अपनी खुशी छुपा न पा रहे चंद्रशेखर ने तुरंत इसका समर्थन किया। दंडवते ने देवी लाल को जनता दल संसदीय दल का नेता घोषित कर दिया। पूरा सेंट्रल हॉल भौचक्का कर देने वाले सन्नाटे में डूब गया।

बाहर कोहराम मच गया। सारी समाचार एंजेंसियों ने दुनिया के हर कोने में समाचार फ्लैश किया कि देवी लाल दुनिया के सबसे बड़े प्रजातंत्र के अगले प्रधानमंत्री होंगे।

कैसे गिराई गई वी.पी. सिंह की सरकार?

लेकिन ठीक चार मिनट बाद, समाचार एजेंसियों की तरफ से एक और संदेश फ्लैश हुआ, "किल, किल, किल, अर्लियर स्टोरी।' हुआ ये कि अपनी पूरी छह फिट की काठी के साथ देवी लाल खड़े हुए।

देवीलाल ने अचानक वी.पी. सिंह को दिया समर्थन

उन्होंने अपना समर्थन करने के लिए वी.पी. सिंह को धन्यवाद दिया और फिर बोले, "चुनाव परिणाम राजीव गांधी की सरकार के भ्रष्टाचार के खिलाफ लड़ाई का नतीजा है और इसके सबसे बड़े पैरोकार वी.पी. सिंह हैं। हरियाणा में जहां लोग मुझे ताऊ कह कर पुकारते हैं, मैं वहां ताऊ बन कर ही रहना चाहता हूं।"

लोग सांस रोक कर ये सुन ही रहे थे कि उन्होंने अचानक घोषणा की कि वो इस पद के लिए वी.पी. सिंह का नाम प्रपोज करते हैं। अभी देवी लाल ने बोलना भी बंद नहीं किया था कि अजीत सिंह ने चिल्ला कर उनका समर्थन कर दिया।

कुछ सेकेंडों बाद उपस्थित लोगों के जबर्दस्त शोर के बीच दंडवते ने सिंह को नेता घोषित कर दिया। उस बैठक में इंदिरा गांधी सेंटर ऑफ आर्ट्स के प्रमुख और जाने-माने पत्रकार राम बहादुर राय भी मौजूद थे।

राम बहादुर राय याद करते हैं, "संयोग से उस दिन भी मैं कुर्ता पायजामा पहने हुए था। पत्रकारों को उस बैठक में आने की अनुमति नहीं थी, लेकिन वाच एंड वर्ड वालों ने मेरी पोशाक देख कर समझा कि मैं भी जनता दल का नवविर्वाचित सांसद हूं। इसलिए मुझे अंदर आने दिया गया।"

वी.पी. सिंह के चुने जाने से नाराज थे चंद्रशेखर

राय ने बताया, "सारी रणनीति अरुण नेहरू की थी। जैसे ही वी.पी. सिंह के नाम की घोषणा हुई चंद्रशेखर का चेहरा फक पड़ गया। जब वो बाहर निकले तो उनके चेहरे पर बहुत गुस्सा था। उन्होंने कहा भी कि हमारे साथ धोखा हुआ है।"

बाद में चंद्रशेखर ने अपनी आत्मकथा 'जिदगी का कारवां' में लिखा, "मैंने उसी समय कहा कि ये गलत है। मैं इसे नहीं मानता। उसके बाद बीजू पटनायक और देवी लाल दोनों मेरे पास आए और बोले, आप उप प्रधानमंत्री बन जाइए। मैंने कहा आप मुझ पर कृपा करो। मुझे ये मंजूर नहीं है। मुझे यह महसूस हुआ कि इस सरकार का प्रारंभ ही कपटपूर्ण ढंग से हुआ है। मधु दंडवते इस तरह की तिकड़म के साझीदार होंगे, इसका मुझे कभी विश्वास नहीं हुआ।"

बहरहाल ये सरकार एक साल भी पूरा नहीं कर पाई। लाल कृष्ण आडवाणी की गिरफ्तारी के बाद भाजपा ने वी.पी. सिंह सरकार से अपना समर्थन वापस ले लिया। उस वक्त नेतृत्व परिवर्तन कर सरकार बचाने का भी विकल्प था, लेकिन उसके लिए वी.पी. सिंह तैयार नहीं थे। तभी राजीव गांधी ने चंद्रशेखर से संपर्क किया।

चंद्रशेखर लिखते हैं, "एक दिन अचानक ग्यारह बजे रात को मेरे पास रोमेश भंडारी का फोन आया कि आप मेरे घर कॉफी पीने के लिए आइए। मैं समझ गया कि पहले से बिना तय किए हुए रात ग्यारह बजे कोई कॉफी पीने के लिए क्यों बुलाएगा?"

राजीव गांधी ने चंद्रशेखर को दिया प्रस्ताव

चंद्रशेखर ने आगे लिखा है, "मैं जब वहां पहुंचा तो देखा राजीव गांधी बैठे हुए थे। हमारी उनकी बात हुई, लेकिन सरकार बनाने की कोई चर्चा नहीं हुई।

फिर एक दिन अचानक आर.के. धवन मेरे पास आ कर बोले कि राजीव गांधी आप से मिलना चाहते हैं। जब मैं धवन के यहां गया तो राजीव गांधी ने मुझसे पूछा, क्या आप सरकार बनाएंगे?"

मैंने कहा, सरकार बनाने का मेरा कोई नैतिक आधार नहीं है। मेरे पास सरकार बनाने के लिए पर्याप्त संख्या भी नहीं है। इस पर उन्होंने कहा कि "आप सरकार बनाइए। हम आपको बाहर से समर्थन देंगे। मैंने कहा, अच्छा हो, अगर कांग्रेस के लोग भी सरकार में शामिल हो जाएं। अगर बड़े नेताओं के शामिल होने में कोई दिक्कत है तो नौजवानों को इसकी छूट दीजिए। राजीव ने कहा, एक दो महीने बाद हमारे लोग सरकार में शामिल हो जाएंगे।"

चंद्रशेखर ने राजीव गांधी पर भरोसा कैसे किया?

सवाल उठता है कि चंद्रशेखर जैसे शख्स ने राजीव गांधी के इस आश्वासन पर विश्वास कैसे कर लिया?

राम बहादुर राय बताते हैं, "मैंने यही सवाल चंद्रशेखर से पूछा था उनका जवाब था कि मैं सरकार बनाने के लिए देश हित में तैयार हुआ, क्योंकि उस समय देश में खूनखराबे का माहौल था। जिन दिन मैंने शपथ ली, उस दिन 70-75 जगहों पर कर्फ्यू लगा हुआ था। युवक आत्मदाह कर रहे थे। दूसरी तरफ सांप्रदायिक दंगे हो रहे थे। मुझे सरकार बनाने और चलाने का कोई अनुभव नहीं था। लेकिन मेरा विश्वास था कि अगर देश के लोगों से सही बात कही जाए तो देश की जनता सब कुछ करने के लिए तैयार रहेगी।"

सरकार बनाने के तीसरे दिन चंद्रशेखर ने वरिष्ठ अधिकारियों की एक बैठक बुलाई। इसी बैठक में वित्त सचिव विमल जालान ने उन्हें एक नोट दिया जिसमें लिखा था कि हालात इतने खराब हैं कि हमें अंतर्राष्ट्रीय मुद्रा कोष और विश्व बैंक पर निर्भर रहना पड़ेगा।

विमल जालान को वित्त सचिव पद से हटाया

चंद्रशेखर लिखते हैं, "मैंने विमल जालान से पूछा कि आपके नोट का जो आखरी वाक्य है, उसके बाद आपके वित्त सचिव की कुर्सी पर बने रहने का क्या औचित्य है? यह स्थिति एक दिन में पैदा नहीं हुई होगी, महीनों में बनी होगी। मैं

जानना चाहता हूं कि इससे निपटने के लिए पिछले दिनों क्या क्या कदम उठाए गए?"

चंद्रशेखर ने आगे लिखा है, "उन्होंने कोई जवाब नहीं दिया। अगले दिन मैंने वित्त सचिव को हटा दिया। इसी तरह दो प्रधानमंत्रियों के प्रिय पात्र रहे बी.जी. देशमुख मुझसे मिलने आए। आते ही उन्होंने अभिमान भरे अंदाज में फरमाया, 'क्या आप समझते हैं कि मैं नौकरी के लिए यहां आया हूं? मुझे टाटा के यहां से कई साल पहले से ऑफर हैं।' मैंने सोचा भारत सरकार में सबसे ऊंचे पद पर बैठा हुआ ये शख्स टाटा की नौकरी के बल पर यहां बना हुआ है। जिंदगी में पहली बार अपने घर में किसी आए हुए व्यक्ति से बात करने के बजाय मैं उठा और कमरे के बाहर चला गया। मैंने उनसे कहा, आप यहां से जा सकते हैं।"

चंद्रशेखर से काफी प्रभावित थे नवाज शरीफ

कार्यभार संभालने के कुछ ही दिनों के भीतर चंद्रशेखर पांचवे सार्क शिखर सम्मेलन में भाग लेने मालदीव गए। वहां उन्होंने ठेठ हिंदी में क्षेत्रीय समस्याओं पर जबर्दस्त भाषण दिया जिसे वहां मौजूद सभी नेताओं ने काफी पसंद किया।

चंद्रशेखर के प्रधान सचिव रहे एस.के. मिश्रा ने बीबीसी को बताया, "नवाज शरीफ चंद्रशेखर के भाषण से इतने प्रभावित हुए कि उन्होंने उस समय अपने कार्यालय में काम कर रहे रियाज खोखड़ से कहा कि काश तुम भी मेरे लिए इतना अच्छी तकरीर लिखते।"

खोखड़ ने जवाब दिया कि "चंद्रशेखर के लिए वो भाषण किसी ने लिखा नहीं था, बल्कि उन्होंने बिना किसी तैयारी के एक्सटेंपोर दिया था। बाद में खोखड़ दिल्ली में पाकिस्तान के उच्चायुक्त बने। तब वो मेरे साथ साथ अक्सर गोल्फ खेला करते थे। उन्होंने ये बात मुझे खुद बताई।"

मिश्रा एक और दिलचस्प कहानी सुनाते हैं कि किस तरह चंद्रशेखर ने नवाज शरीफ को फोन कर कुछ स्वीडिश इंजीनियरों की जान बचाई थी जिनका कश्मीरी पृथकतावादियों ने गुलमर्ग में अपहरण कर लिया था।

स्वीडिश राजदूत मेरे पास आए और उन्होंने अपने इंजीनियरों को छुड़ाने के लिए भारत की मदद मांगी। उनके जाने के बाद चंद्रशेखर ने हॉटलाइन पर नवाज

शरीफ को फोन मिलाया। जैसे ही वो लाइन पर आए, वो बोले, "भाईजान, आप क्या बदमाशी कर रहे हैं?"

आश्चर्यचकित नवाज शरीफ ने कहा, 'मैंने क्या गुस्ताखी कर दी?' चंद्रशेखर ने कहा, 'आपने मासूम स्वीडिश इंजीनियरों का अपहरण करवा लिया है।' नवाज शरीफ ने कहा, 'मैंने भी इसके बारे में सुना है। ये आतंकवादियों का काम है। हमारा इससे कोई लेना देना नहीं।'

चंद्रशेखर का जवाब था, "भाईजान, दुनिया को दिखाने के लिए आप जो कुछ कहें लेकिन हम और आप दोनों जानते हैं कि असलियत क्या है। हमें मानवीय पक्ष की अनदेखी नहीं करनी चाहिए।"

कुछ दिनों के अंदर वो स्वीडिश इंजीनियर रिहा कर दिए गए। इस बारे में एक शब्द भी प्रेस में नहीं लिखा गया और न ही स्वीडिश राजदूत को बताया गया कि ऐसा कैसे हुआ। बाद में जब मैंने एक पाकिस्तानी उच्चायुक्त को ये किस्सा सुनाया तो उसने मजाकिया लहजे में हंसते हुए कहा कि ये संयोग रहा होगा।

खूब पैदल चलते थे चंद्रशेखर

प्रधानमंत्री रहते हुए भी चंद्रशेखर अपने सरकारी घर 7 रेसकोर्स रोड पर कभी नहीं रहे। वो या तो 3 साउथ एवेन्यू वाले घर में सोते या भोंडसी के भारत यात्रा आश्रम में।

उनके बेटे नीरज शेखर बताते हैं, "उनका दिन सुबह साढ़े चार बजे शुरू होता था। वो पहले योग करते थे, व्यायाम करते थे, पढ़ते थे और लिखते भी थे उसी समय। जब वो भोंडसी में रहते थे तो पहाड़ी के ऊपर चले जाते थे। ताउम्र वो आठ दस किलोमीटर रोज चला करते थे। वो छह फिट के थे, लेकिन उनका वजन कभी 78 किलो के ऊपर नहीं गया।"

नीरज ने कहा, "उनके चलने की गति इतनी तेज होती थी कि हम लोग उनसे पिछड़ जाते थे। उनका खाना बहुत साधारण होता था। रोटी, सब्जी, जो एक साधारण व्यक्ति गांव में खाता होगा। मांसाहारी खाना उन्होंने बहुत पहले छोड़ दिया था। प्रधानमंत्री होने के दौरान वो जब भी बलिया जाते थे, ऐसे कमरे में ठहरते थे, जिसकी आज कल्पना भी नहीं की जा सकती।"

नीरज शेखर ने कहा, "कोई एसी नहीं, कोई कूलर नहीं। मई के महीने में 45-46 डिग्री का तापमान भी उन्हें परेशान नहीं करता था। वो हमेशा कहते थे मुझे सर्दी ज्यादा लगती है, गर्मी से मुझे परहेज नहीं है। बलिया में वो अक्सर शौच के लिए खेतों में जाते थे, क्योंकि घर में कोई शौचालय नहीं था।"

एक जमाने में चंद्रशेखर के सूचना सलाहकार रहे और इस समय जनता दल(यू) के सांसद हरिवंश बताते हैं, "समय मिला होता तो वो देश के सबसे प्रभावशाली प्रधानमंत्री होते। चार महीने के कार्यकाल में अयोध्या विवाद, असम चुनाव, पंजाब समस्या, कश्मीर समस्या सबके समाधान की तरफ उन्होंने कदम बढ़ाए और बहुत हद तक उन चीजों को आगे ले गए।"

हरिवंश ने कहा, "वह फैसला लेना जानते थे। 1991 का आर्थिक संकट देन था कांग्रेस और वी.पी. सिंह सरकार का। उस समय सिर्फ तीन हफ्ते की विदेशी मुद्रा भारत के पास रह गई थी। उन्होंने देश को इस संकट से निकालने के लिए तुरंत फैसला लिया।"

चंद्रशेखर ने अपने छोटे से कार्यकाल में अयोध्या विवाद को सुलझाने की पूरी कोशिश की। बाद में उन्होंने लिखा भी कि अगर उन्हें दो महीने का वक्त और मिल जाता तो बाबरी मस्जिद विवाद सुलझ गया होता।

चंद्रशेखर के नजदीकी और उस समय प्रधानमंत्री कार्यालय में राज्य मंत्री रहे कमल मोरारका बताते हैं, "मुझे लगता है कि ये जो बाबरी मस्जिद का फैसला कराने को जो उन्होंने प्रयास किया, उसकी वजह से उनकी सरकार गई। उन्होंने शरद पवार को ये बात बताई। उन्होंने उसे राजीव गांधी तक पहुंचा दिया।"

राजीव ने उनसे कहा, दो दिन रूक जाइए और फिर उन्होंने समर्थन वापस ले लिया। जब विश्व हिंदू परिषद के लोग उनसे मिलने आए तो उस बैठक में मैं भी था। बाबरी एक्शन कमेटी के जावेद हबीब भी आए थे। उन्होंने हिंदुओं से कहा कि मैं किसी मुख्यमंत्री के कंधे पर रख कर गोली नहीं चलाउंगा। मैं खुद आर्डर दूंगा फायरिंग का अगर आप लोगों ने उस ढ़ांचे को छुआ।

उन्हें लगा कि कोई विचित्र आदमी आ गया है प्रधानमंत्री के रूप में जो कमरे के अंदर धमकी दे रहा है। उन्होंने मुसलमानों से भी कहा कि दंगा फसाद करने से देश कैसे चलेगा। चार पांच दिन बाद दोनों आ गए कि हम बातचीत

करने के लिए तैयार हैं। पंद्रह बीस दिन में तो वो समाधान के लिए भी तैयार हो गए।

मुसलमान मान गए थे कि ये जगह हम हिंदुओं को दे देंगे। उनकी दो मांगे थीं। एक तो इसके बदले में दूसरी जमीन मिल जाए मस्जिद बनाने के लिए और दूसरी कि एक कानून पास हो जाए कि काशी और मथुरा वगैरह में इस तरह की मांग नहीं उठेगी। 15 अगस्त, 1947 को जो मंदिर था, वो मंदिर रहेगा और जो मस्जिद थी, वो मस्जिद रहेगी।"

शरद पवार अपनी आत्मकथा, 'ऑन माई टर्म्स' में लिखते हैं, "राजीव गांधी ने मुझे दिल्ली बुला कर कहा कि क्या मैं चंद्रशेखर को इस्तीफा वापस लेने के लिए मना सकता हूं?" मैं चंद्रशेखर के पास गया। उन्होंने मेरे आने की वजह पूछी। मैंने कहा, 'मैं आपसे बात करना चाहता हूं।' उन्होंने कुछ रुखे अंदाज में पूछा, "क्या तुम्हें राजीव ने भेजा है?"

मैंने कहा, 'कुछ गलतफहमियां हुई हैं। कांग्रेस नहीं चाहती है कि आपकी सरकार गिरे। आप अपना इस्तीफा वापस ले लीजिए। हम चाहते हैं कि आप अपने पद पर बने रहें।' चंद्रशेखर गुस्से से कांपते हुए बोले, 'आप प्रधानमंत्री के पद का कैसे इस तरह उपहास कर सकते हैं?'

आपकी पार्टी के अध्यक्ष भी इस पद पर रह चुके हैं। क्या कांग्रेस वाकई ये मानती है कि 'मैं राजीव की जासूसी के लिए पुलिस के सिपाही भेजूंगा?' फिर उन्होंने आखरी वाक्य कहा, 'जाओ और उनसे कह दो, चंद्रशेखर एक दिन में तीन बार अपने विचार नहीं बदलता।'

ऐसी अद्भुत छवि के मालिक थे श्री चन्द्रशेखर जी।

❖❖❖

13

पी.वी. नरसिम्हा राव
(P.V. Narashima Rao)

भारत के नवें प्रधानमंत्री

पी.वी. नरसिम्हा राव

कार्यकाल : 20 जून 1991 से 16 मई 1996

जन्म : 28 जून 1921, करीम नगर, आंध्र प्रदेश

मृत्यु : 23 दिसम्बर 2004, नई दिल्ली

पिता का नाम : श्री पी. रंगा राव

माता का नाम : श्रीमति रूकमणीअम्मा राव

जीवन संगिनी : श्रीमति सत्याअम्मा राव

बच्चे : पी.वी. रंगा राव, पी.वी. प्रभाकर राव, पी.वी. राजेश्वर राव, सरस्वथी सारथ, विजया प्रसाद, शारदा वैंकट किशन राव, वाणी दांमाकर राव, जया नंदन

पेशा : वकील, कवि, राजनेता, उपन्यासकार

राजनीतिक दल : भारतीय राष्ट्रीय कांग्रेस (ई)

पामुलापति वेंकट नरसिम्हा राव (जन्म–28 जून 1921, मृत्यु–23 दिसम्बर 2004) भारत के 9वें प्रधानमंत्री के रूप में जाने जाते हैं। 'लाइसेंस राज' की समाप्ति और भारतीय अर्थनीति में खुलेपन उनके प्रधानमंत्रित्व काल में ही आरम्भ हुआ। वे आन्ध्रा प्रदेश के मुख्यमंत्री भी रहे।

इनके प्रधानमंत्री बनने में भाग्य का बहुत बड़ा हाथ रहा है। 29 मई 1991 को राजीव गांधी की हत्या हो गई थी। ऐसे में सहानुभूति की लहर के कारण कांग्रेस को निश्चय ही लाभ प्राप्त हुआ। 1991 के आम चुनाव दो चरणों में हुए थे। प्रथम चरण के चुनाव राजीव गांधी की हत्या से पूर्व हुए थे और द्वितीय चरण के चुनाव उनकी हत्या के बाद में। प्रथम चरण की तुलना में द्वितीय चरण के चुनावों में कांग्रेस का प्रदर्शन बेहतर रहा। इसका प्रमुख कारण राजीव गांधी की हत्या से उपजी सहानुभूति की लहर थी। इस चुनाव में कांग्रेस को स्पष्ट बहुमत नहीं प्राप्त हुआ लेकिन वह सबसे बड़े दल के रूप में उभरी। कांग्रेस ने 232 सीटों पर विजय प्राप्त की थी। फिर नरसिम्हा राव को कांग्रेस संसदीय दल का नेतृत्व प्रदान किया गया। ऐसे में उन्होंने सरकार बनाने का दावा पेश किया। सरकार अल्पमत में थी, लेकिन कांग्रेस ने बहुमत साबित करने के लायक सांसद जुटा लिए और कांग्रेस सरकार ने पांच वर्ष का अपना कार्यकाल सफलतापूर्वक पूर्ण किया।

नरसिम्हा राव नए भारत के निर्माता

देश के आर्थिक हालात बेहद बुरे थे। राजनीतिक अस्थिरता अपने चरम पर थी। राजीव गांधी की हत्या हो चुकी थी। देश की सबसे पुरानी पार्टी यानी कांग्रेस के सामने नेतृत्व का संकट था। 1991 का चुनाव समाप्त हुआ। राजीव गांधी की हत्या के बाद भी कांग्रेस को पूर्ण बहुमत प्राप्त नहीं हुआ, हालांकि पार्टी सबसे बड़े दल के रूप में जीत कर उभरी थी और सरकार बनाने की दावेदार थी। लेकिन पार्टी के भीतर प्रधानमंत्री पद के लिए कई उम्मीदवार दावेदार थे। इनमें प्रमुख नाम था तब के महाराष्ट्र के मुख्यमंत्री शरद पवार, मध्य प्रदेश से कद्दावर कांग्रेसी नेता अर्जुन सिंह और ऐसा कहा जाता है कि प्रणब मुखर्जी भी दावेदारी में शामिल थे।

राजीव गांधी और इंदिरा गांधी की सरकार में कई बड़े मंत्रालयों का जिम्मा संभाल चुके और तब कांग्रेस कमेटी के सबसे वरिष्ठ सदस्य रहे पी.वी. नरसिम्हा राव को पार्टी संसदीय दल का नेता चुना गया। चुनावों में सबसे बड़ी पार्टी बनकर उभरी कांग्रेस को तब के राष्ट्रपति आर. वेंकटरमन ने सरकार बनाने के लिए आमंत्रित किया। 21 जून 1991 को देश के प्रधानमंत्री के रूप में नरसिम्हा राव ने शपथ ली थी। यह वह दौर था जब राव सार्वजनिक जीवन से संन्यास लेकर हैदराबाद लौटने का मन बना चुके थे। सबसे खास बात यह कि जब वह प्रधानमंत्री बने तब वह सांसद भी नहीं थे।

पी.वी. नरसिम्हा राव का नाम आते ही हमारे दिमाग में जो सबसे पहले बात आती है वह यह है कि उनके प्रधानमंत्री काल के पहले वर्ष में यानी 1991 में भारतीय अर्थव्यवस्था की सूरत बदल गई। देश समाजवादी अर्थव्यवस्था से एल.पी.जी. (Liberlization, Privatization and Globalization) की तरफ बढ़ गया। बाहरी दुनिया के लिए बंद पड़ी भारत की अर्थव्यवस्था को खोल दिया गया था।

भारतीय राजनीति, अर्थव्यवस्था और देश के नए इतिहास में 1947 के बाद सबसे महत्त्वपूर्ण साल 1991 रहा। देश की अर्थव्यवस्था को लेकर कई अहम् सुधार (रिफॉर्म) हुए। रिफॉर्म का नाम आते ही हमारे दिमाग में उस समय के वित्तमंत्री मनमोहन सिंह का नाम याद आता है। मनमोहन सिंह ने ही 24 जुलाई 1991 का वह ऐतिहासिक बजट भाषण पढ़ा था जिसने देश की दशा और दिशा बदल दी।

हालांकि बहुत कम लोगों को यह पता होगा कि जिस दिन डॉ.. मनमोहन सिंह भारत की अर्थव्यवस्था को बदलने वाला भाषण पढ़ रहे थे उसके ठीक कुछ घंटे पहले ही एक और बड़ा बदलाव हो चुका था। यह बदलाव मनमोहन सिंह के बजट भाषण से ज्यादा कारगर साबित हुआ। लेकिन इसे बहुत कम लोग याद रखते हैं।

भारत के प्रथम प्रधानमंत्री पंडित जवाहर लाल नेहरू के जमाने से चला आ रहा लाइसेंस-परमिट राज भारतीय अर्थव्यवस्था के लिए एक ऐसा कानून था जो इसके लिए कभी लाभप्रद नहीं रहा। बाद में पंडित नेहरू की बेटी और देश की तत्कालीन प्रधानमंत्री इंदिरा गांधी ने इस कानून को और जटिल बना दिया। हाल ऐसा हो गया कि उद्योग भवन के रहमो करम के बगैर नई आर्थिक गतिविधियों को अंजाम देना नामुमकिन हो चुका था।

लाइसेंस-परमिट राज के खिलाफ 70 के दशक में ही कई सम्मानित अर्थशास्त्रियों और बौद्धिक जनों ने लिखना शुरू कर दिया। लेकिन इंदिरा गांधी ने इस पर ध्यान नहीं दिया। उनके बाद देश की सत्ता को संभालने वालों ने भी इसे खत्म करने की हिमाकत नहीं की। राजीव गांधी के प्रधानमंत्री रहते हुए भी इसे खत्म करने की बात चली थी लेकिन उन्होंने इसे छूने तक की कोशिश नहीं की। वह तो भला था कि पी.वी. नरसिम्हा राव ने प्रधानमंत्री रहते हुए कॉमर्स एंड इंडस्ट्री मिनिस्ट्री को अपने पास रखा और 1991 में लाइसेंस-परमिट राज को खत्म कर दिया।

राजनीतिक विश्लेषक और वर्तमान में FICCI के सेक्रेटरी जनरल संजय बारू अपनी किताब '1991- हाउ पी.वी. नरसिम्हा राव मेड हिस्ट्री' में लिखते हैं

कि कॉमर्स एंड इंडस्ट्री मिनिस्ट्री राव के पास थी। उन्होंने विपक्ष के विरोध से बचने का तरीका निकाला। पीजे कुरियन को इस मिनिस्ट्री का जूनियर मंत्री बनाया गया। जब मनमोहन सिंह बजट भाषण पढ़ने वाले थे उसके कुछ घंटे पहले ही कुरियन ने लाइसेंस-परमिट राज को खत्म करने का ऐलान कर दिया।

सारी मीडिया और विपक्ष की नजर बजट पर रह गई। पी.वी. नरसिम्हा राव ने लाइसेंस-परमिट राज को खत्म कर बड़ा दांव चल दिया। राव अपने आकलन में भी सही थे। विपक्ष और मीडिया बजट भाषण की विवेचना करते रही। लगभग एक पखवाड़ा बाद लोगों की और मीडिया की नजर इस पर गई। तब तक सारा काम हो चुका था और नरसिम्हा राव ने बाजी मार ली थी।

नरसिम्हा राव नेहरू और गांधी परिवार के अलावा पहले नेता थे जिन्होंने सरकार पूरे पांच साल चलाई और देश के पहले दक्षिण भारतीय प्रधानमंत्री भी। हालांकि ऐसा नहीं है कि यह सब बड़ा आसान रहा। नरसिम्हा राव जब देश में आर्थिक सुधार के लिए मनमोहन सिंह की हौसला अफजाई कर रहे थे तब वह विपक्ष के निशाने पर भी थे। विपक्षी नेता मनमोहन सिंह के बहाने राव पर हमला करते थे और सिंह इसे समझ नहीं पाते थे और बार-बार इस्तीफा देने के लिए पीएम राव के पास पहुंच जाते थे।

मनमोहन सिंह ने तीन बार इस्तीफे की पेशकश की लेकिन हर बार राव ने उन्हें समझा कर मना लिया और कहा कि आप काम करिए जो राजनीतिक हमला झेलना है उसके लिए मुझे छोड़ दीजिए। राजनीति के क्षेत्र से नहीं आए मनमोहन सिंह पर राव का विश्वास दिखाना अपने आप में बताता है कि वह मात्र एक रबर स्टैंप प्रधानमंत्री नहीं थे। राव ने वह कर दिखाया जिसे करने की हिम्मत राजीव और इंदिरा ने नहीं दिखाई थी। हालांकि उस समय भी हालात विकराल ही थे।

नरसिम्हा राव और मनमोहन सिंह ने जब भारत की अर्थव्यवस्था के स्वर्ण अध्याय को लिखिने की शुरुआत की तब यह बहुत मुश्किल भरा क्षण था। राजनीतिक विरोध अपने चरम पर था। भारत की कम्युनिस्ट पार्टियां कह रही थीं कि इंटरनेशनल मॉनिटरी फंड (आईएमएफ) के इशारे पर सारे बदलाव किए जा रहे हैं और देश नेहरूवियन मॉडल से कैपिटलिस्ट बनने की ओर अग्रसर है।

संजय बारू अपनी किताब '1991-हाउ पी.वी. नरसिम्हा राव मेड हिस्ट्री' में लिखते हैं कि एक अक्टूबर 1991 में पीएम राव ने आईएमएफ के मैनेजिंग

डायरेक्टर Micheal Camdessus को बुलाया। राव के पास आईएमएफ के मैनेजिंग डायरेक्टर के लिए सिर्फ एक मैसेज था। राव ने कहा कि मैं वह सब कुछ करने के लिए तैयार हूं जो देश की अर्थव्यवस्था के लिए अच्छा है, जब तक कि कोई कामगार यह आकर न कहे कि उसने मेरी वजह से अपनी नौकरी गंवा दी है।

संजय बारू अपनी किताब में एक और किस्से का जिक्र करते हैं। 1992 में लेफ्ट फ्रंट ने नरसिम्हा राव सरकार के इकोनॉमी पॉलिसी के खिलाफ दिल्ली के बोट क्लब लॉन से लेकर विजय चौक तक का एक विरोध प्रदर्शन आयोजित किया था। उसी समय आईएमएफ में भारत के प्रतिनिधि क्यूबा मूल के अमेरिकन अरमांडो लिंडे भारत आए हुए थे। लिंडे ने संजय बारू से इच्छा जताई कि वह इस प्रदर्शन को देखना चाहते थे। बारू अपने साथ लिंडे को लेकर प्रदर्शन स्थल पर पहुंचे। वहां पर कम्युनिस्ट पार्टी के लोग हाथ में 'डाउन विद आईएमएफ' और 'आईएमएफ गो बैक' और इस तरह के तमाम नारों के साथ कार्ड लिए हुए राव की नीतियों की खिलाफत कर रहे थे।

बारू बताते हैं कि इसे देखकर लिंडे ने कहा कि आपकी सरकार हमारी बात को ढंग से सुन भी नहीं रही है और वही कर रही है जो उसे करना है। लेकिन यहां लोग आईएमएफ के खिलाफ नारे लगा रहे हैं। लिंडे ने कहा कि ये लोग क्यों सिर्फ आईएमएफ की खिलाफत कर रहे हैं। कम से कम ये अपने कार्ड पर वर्ल्ड बैंक का नाम तो लिख लेते।

तमाम आरोप प्रत्यारोप लगते रहे लेकिन नरसिम्हा राव ने देश की दशा और दिशा बदलने की ठान ली थी, जिसे वह करते रहे। कई भारतीय भाषाओं के जानकार होने के साथ-साथ अरबी, पार्सियन, स्पेनिश, फ्रेंच, जर्मन और इंग्लिश के ज्ञाता राव के बारे में पूर्व राष्ट्रपति कलाम ने कहा था कि उन्होंने परमाणु परीक्षण करने के लिए 1996 में ही कहा था लेकिन उनकी पार्टी सत्ता में नहीं आ पाई इसलिए इस काम को अटल बिहारी वाजपेयी के नेतृत्व में 1998 में किया गया। वाजपेयी राव को अपना राजनीतिक गुरु मानते थे। उन्होंने इस बात को सार्वजनिक तौर पर स्वीकार भी किया था।

देश में आर्थिक सुधार करने वाले वाले नरसिम्हा राव पर तमाम आरोप लगे। कहा गया कि बाबरी मस्जिद विध्वंस के समय उन्होंने आंख कान बंद कर लिया था। आर्थिक सुधारों पर कहा गया कि उन्होंने बाहरी दबाव (विदेशी ताकतों) के

चलते देश में आर्थिक सुधार किए। लेकिन सबसे ज्यादा चौंकाने वाली बात यह रही कि 1996 में सत्ता से बेदखल हुए राव की एक भी नीतियों को किसी सरकार ने बदलने की हिम्मत नहीं दिखाई चाहे वह यूनाइटेड फ्रंट की सरकार रही हो, वाजपेयी की नेतृत्व वाली एनडीए सरकार हो या मनमोहन सिंह की 10 साल की सरकार।

अंततः देश में आर्थिक हालात बदतर होने अचानक शुरू नहीं हुए थे लेकिन किसी प्रधानमंत्री के पास इतनी हिम्मत नहीं थी कि वह इसे सुधारने की दिशा में प्रयास करे। राव ने अपने वित्तमंत्री को ताकत के साथ छूट दी कि देश को सही राह पर लाने के लिए जो कदम उठाने हो, उठाइए। बाकी उसका राजनीतिक नुकसान भुगतने के लिए मैं तैयार हूं। अफसोस इस बात का है कि जिस सम्मान के हकदार पी.वी. नरसिम्हा राव थे उन्हें वह आजतक नहीं मिला।

पी.वी. नरसिम्हा राव का राजनैतिक सफर

पी.वी. नरसिम्हा राव भारत में एक भारतीय वकील, स्वतंत्रता संग्रामी एवम् राजनीतिज्ञ के रूप में जाने जाते हैं। इन्होंने भारतीय राजनीति में बहुत अहम रोल अदा किया। इन्होंने बहुत से आर्थिक परिवर्तन किए इसलिए इन्हें "भारतीय आर्थिक सुधारों के जनक" भी कहा जाता है। इनके द्वारा लिए गए गंभीर फैसलों को आगामी प्रधानमंत्री ने भी जारी रखा। इन्होंने डॉ. मनमोहन सिंह को वित्तमंत्री बनाया। राव के आदेश पर डॉ. मनमोहन ने अंतर्राष्ट्रीय मुद्रा कोष नीति प्रारंभ की। जिसके कारण बैंक में होने वाले भ्रष्टाचार में काफी कमी आई। राव को भारतीय संस्कृति से काफी लगाव था। भारत के राष्ट्रपति ए.पी.जे. अब्दुल कलाम ने इनके लिए कहा था कि यह ऐसे देशभक्त है जो देश को राजनीति से सर्वोपरि मानते हैं।

राव का प्रधानमंत्री के रूप में मिली प्रसिद्धी आज भी सजीव है। राव के कार्यकाल में ही अब्दुल कलाम जी ने परमाणु के परिक्षण की तरफ जोर दिया, पर 1996 के आम चुनाव के कारण यह उस वक्त सम्भव नहीं हुआ, बाद में परमाणु का सफल परिक्षण बीजेपी सरकार के प्रधानमंत्री अटल बिहारी वाजपेयी ने करवाया। उस वक्त कांग्रेस के सामने बीजेपी ने देश में एक प्रबल दावेदारी साबित कर दी थी। राव के कार्यकाल में देश में हिन्दू मुस्लिम लड़ाई जोरों पर थी। बाबरी मस्जिद और राम मंदिर को लेकर देश में बहुत अशांति थी, जिसे भड़का कर देश के अन्य नेता अपनी राजनीति खेल रहे थे। सांप्रदायिक लड़ाई हमेशा ही देश की प्रगति में बाधक है जो कि आज तक देश में व्याप्त है। इन्ही सब

घटनाओं जैसे इंदिरा गांधी की मौत के बाद देश में फैली अशांति, बाबरी मस्जिद के टूटने के कारण हुए दंगे आदि बहुत परेशनियों का सामना करना पड़ा।

नरसिम्हा राव जी को भ्रष्ट्राचारी होने का आरोप भी झेलना पड़ा, पर इन्होंने किसी भी आरोप पर अपने मत नहीं रखे, इसलिए इन्हें गूंगा प्रधानमंत्री कहा गया। इन पर सांसदों को रिश्वत देकर अपनी तरफ कर लेने के भी आरोप लगे। हर्षद मेहता ने इन पर 1 करोड़ की रिश्वत लेने का आरोप लगाया। सांप्रदायिक झगड़ों ने उस वक्त भारत में आतंक फैला रखा था, जिस पर काबू पाना बहुत मुश्किल था। आंतकी ताकतों और सत्ता लोभियों ने इन परिस्थितियों का भरपूर फायदा उठाया। परिस्थितियों के कारण प्रधानमंत्री बनना तो आसान था, पर उसका निर्वाह करना बहुत कठिन हो गया था। इंदिरा के कार्यकाल के दौरान नरसिम्हा राव जी गृहमंत्री थे, उस वक्त भी इन पर कई सवाल उठाए गए। राजीव गांधी की मृत्यु के बाद नरसिम्हा राव जी को एक प्रबल दावेदार के रूप में देखा गया, इसलिए इनका नाम प्रधानमंत्री के पद के लिए सामने आया।

नरसिम्हा राव जी का स्वास्थ्य बहुत खराब रहता था, लेकिन वे अपने दायित्वों का निर्वाह पूरी लगन और निष्ठा से किया करते थे। इनके दिल में देश प्रेम अपार था। स्वतंत्रता सेनानी से प्रधानमंत्री के पद में पहुंचने तक, इनमे देशहित बहुत प्रबल था। यह पहले ऐसे प्रधानमंत्री थे, जो दक्षिण के थे, जिनको हिंदी नहीं आती थी। जवाहर नेहरू एवम् गांधी परिवार के अलावा यह पहले ऐसे प्रधानमंत्री थे, जिन्होंने पूरे 5 सालों तक भारत के शासन को सम्भाला। नरसिम्हा राव ने महाराष्ट्रा के नन्ध्याल से चुनाव लड़ा और उसमें 5 लाख वोट से जीत हासिल की। जिसके लिए इनका नाम गिनीज बुक में शामिल किया गया।

इन्होंने कांग्रेस को एक सफल राजनीति दी। उस वक्त प्रधानमंत्री अगर सफल थे, तो वह गांधी या नेहरू परिवार से थे, परन्तु उन सभी की मृत्यु ने देश को बहुत आघात पहुंचाया। उनके अलावा जो भी इस पद पर आसीन हुए, वे पूरे 5 वर्ष तक रहे नहीं कार्य कर पाए, इसलिए राव का योगदान बहुत सराहनीय था।

पी.वी. नरसिम्हा राव का राजनीति से सन्यास

1996 के चुनाव में कांग्रेस को हार का सामना करना पड़ा, जिसके बाद राव ने राजनीति से सन्यास ले लिया। राजनीति से जाने के बाद राव ने साहित्य में अपना योगदान दिया। राव जी राजनेता होने के साथ साथ एक साहित्यिक व्यक्ति

भी थे, एक साथ 17 भाषा बोलने में इन्हें महारथ हासिल थी। इनकी मातृ भाषा तेलगु थी, लेकिन इनकी मराठी भाषा में भी अच्छी पकड़ थी। इन्होंने कवि की रचनाओं को तेलगु में रूपांतरित किया। पी.वी. राव कई उपन्यास को हिंदी में और हिंदी को अन्य भाषा में रूपांतरित किया। नरसिम्हा राव बाबरी मस्जिद एवम् राम मंदिर पर भी लेख एवम् किताबें लिखी, जिसमें इन्होंने महत्त्वपूर्ण बिन्दुओं को रखा। कई बार व्यक्ति उच्च पद पर आसीन होने के कारण खुल कर अपनी बातों को कह नहीं पाते शायद इसी तरह की स्थिति इनकी भी थी। राजनीति से सन्यास के बाद इन्होंने अपनी कलम के जरिये कई बातों को उजागर किया। अपनी मनोदशा को शाब्दिक रूप से व्यक्त किया। नरसिम्हा राव राजनीति को 'दी इनसाइडर नावेल' (The Insider novel) में कैद किया जो इनके अनुभवों और इनके विचारों को उजागर करता है।

पी.वी. नरसिम्हा राव की मृत्यु

23 दिसम्बर 2004 को नरसिम्हा राव का निधन हो गया। राव जी का स्वास्थ्य खराब रहने लगा था, इन्हें श्वास लेने में काफी तकलीफ थी, जिसके कारण कुछ दिन अस्पताल में रहने के बाद इन्होंने संसार को अलविदा कह दिया।

राव जी का राजनैतिक जीवन कठिन था, खासकर प्रधानमंत्री बनने के बाद। पर इन्होंने आर्थिक क्षेत्र में जो परिवर्तन किए थे, वे सराहनीय थे, जिन्हें बाद के सभी प्रधानमंत्री ने स्वीकार किया। परमाणु परीक्षण की इच्छा इन्हीं के काल से उत्पन्न हुई थी। इनके कार्यकाल के दौरान मनमोहन सिंह अर्थशास्त्री थे।

कुछ प्रतिक्रियाएं

संकट का समय और नरसिम्हा राव की विरासत

यह जून, 1991 की बात है। कांग्रेस ने आम चुनाव में सबसे ज्यादा 244 सीटें जीती थीं। यह तय था कि सरकार कांग्रेस के नेतृत्व में बनेगी। लेकिन सवाल था कि इस अल्पमत सरकार का नेतृत्व कौन करेगा। वैसे तो पार्टी में कई दिग्गज नेता थे लेकिन राजीव गांधी की त्रासद हत्या के बाद से यह सुगबुगाहट तेज थी कि यदि पार्टी जीती तो शरद पवार और अर्जुन सिंह प्रधानमंत्री पद के सबसे मजबूत दावेदार होंगे। तीसरा नाम जाहिर तौर पर पी.वी. नरसिम्हा राव का था क्योंकि वे तब कांग्रेस के अध्यक्ष थे। जब कांग्रेस की तरफ से संसदीय दल का

नेता चुनने की बारी आई तब इन तीनों ने अपनी दावेदारी पेश की। यह 20 जून की बात है। आखिर में नरसिम्हा राव संसदीय दल के नेता यानी पार्टी की तरफ से प्रधानमंत्री पद के उम्मीदवार चुन लिए गए।

20 जून को ही नरसिम्हा राव ने तय किया था कि मनमोहन सिंह उनके वित्तमंत्री होंगे। उस समय प्रधानमंत्री के प्रधान सचिव रहे पीसी अलेक्जेंडर अपनी आत्मकथा 'थ्रू कॉरीडोर्स ऑफ पावर : एन इनसाइडर्स स्टोरी' में बताते हैं कि राव पहले ही उन्हें इशारा दे चुके थे कि वे डॉ. मनमोहन सिंह को वित्तमंत्री बनाना चाहते हैं। संसदीय दल का नेता बनने के तुरंत बात उन्होंने अलेक्जेंडर को यह संदेश डॉ. मनमोहन सिंह तक पहुंचाने को कहा था।

एक तरह से हम कह सकते हैं कि भारत में आर्थिक उदारीकरण की बुनियाद रखने वाली यह जोड़ी 20 जून को ही बनी थी। इस जोड़ी ने भारत में विदेशी निवेश की खिड़की खोलने की शुरुआत की। यह बड़ा ही विचित्र संयोग है कि तीन साल पहले 20 जून को ही प्रधानमंत्री नरेंद्र मोदी ने नई निवेश नीति की घोषणा की। विशेषज्ञों ने इस नई नोति को भारतीय अर्थव्यवस्था के लिए बेहद अहम बदलाव बताया और इसके बाद प्रधानमंत्री ने बयान भी दिया कि इसके बाद भारत दुनिया की सबसे खुली अर्थव्यवस्था बन गया है। इस पूरे घटनाक्रम को हम इस तरह भी कह सकते हैं कि प्रधानमंत्री मोदी ने आर्थिक मोर्चे पर जो बड़ा बदलाव किया वह नरसिम्हा राव की विरासत को आगे बढ़ाने जैसा है।

लेकिन बात सिर्फ आर्थिक विरासत की नहीं है। नरेंद्र मोदी 2014 के लोक सभा चुनाव के समय से राव की विरासत को भुनाने और उन्हें कांग्रेस के खिलाफ इस्तेमाल करने की कोशिश करते रहे हैं। चुनाव के दौरान आंध्र प्रदेश-तेलंगाना की रैलियों में वे यह दोहराना नहीं भूलते थे कि कांग्रेस ने तेलुगू मूल के इसे 'महान नेता' का अपमान किया था और पार्टी उन्हें वाजिब सम्मान नहीं देती। आज भी प्रधानमंत्री ने उन्हें श्रद्धांजलि दी है। अपने एक ट्वीट में नरसिम्हा राव को एक असाधारण विद्वान बताते हुए नरेंद्र मोदी ने कहा है कि उन्होंने इतिहास के एक महत्त्वपूर्ण मोड़ पर देश को अपना नेतृत्व दिया।

कुछ दिन पहले भी प्रधानमंत्री नरेंद्र मोदी ने नरसिम्हा राव को याद किया था। लोक सभा में भाषण देते हुए उन्होंने नरसिम्हा राव का जिक्र करते हुए कांग्रेस पर निशाना साधा था। प्रधानमंत्री का कहना था, 'कांग्रेस के भाषणों में

सिर्फ एक ही परिवार का गुणगान किया जाता है, ना किसी ने मनमोहन सिंह के योगदान को याद किया और ना ही नरसिम्हा राव के योगदान को।

तो एक लिहाज से कहा जा सकता है कि अपनी मृत्यु (दिसंबर, 2004) के बाद पूरे एक दशक में पी.वी. नरसिम्हा राव इतनी चर्चा में कभी नहीं रहे जितने बीते दो तीन साल से हैं। कुछ समय पहले वे दो किताबों के कारण लगातार सुर्खियों में रहे। पहली किताब पत्रकार और वकील विनय सीतापति ने उनके ऊपर ही लिखी है। 'हाफ लॉयन : हाउ पी.वी. नरसिम्हा राव ट्रांसफॉर्म्ड इंडिया' शीर्षक वाली इस किताब में दावा किया गया है कि राव ने बाबरी मस्जिद विध्वंस के बाद आईबी के मार्फत सोनिया गांधी की जासूसी करवाई थी और 1995 में भी खुफिया सूत्रों के माध्यम से यह पता लगाने की कोशिश की थी कि पार्टी के कितने नेता उनके साथ हैं और कितने सोनिया के। दूसरी किताब, 1991'द ईयर दैट चेंज्ड इंडिया', पूर्व प्रधानमंत्री डॉ. मनमोहन सिंह के मीडिया सलाहकार संजय बारू ने लिखी है। इस किताब पर चर्चा करते हुए बारू कह चुके हैं कि राव का भारतीय अर्थव्यवस्था को मजबूत करने में अमूल्य योगदान रहा है और वे भारत रत्न के हकदार हैं।

नरसिम्हा राव के प्रधान सचिव रहे पीसी एलेक्जेंडर अपनी आत्मकथा 'थ्रू कॉरीडोर्स ऑफ पावर : एन इनसाइडर्स स्टोरी' में बताते हैं कि कांग्रेस संसदीय दल का नेता बनने के साथ ही राव ने उन्हें संकेत दे दिया था कि वे डॉ. मनमोहन सिंह को वित्तमंत्री बनाना चाहते हैं।

राजनीति में निर्वासित जीवन जी रहे किसी व्यक्ति के अचानक महत्त्वपूर्ण हो जाने के देश में बहुत उदाहरण हैं। लेकिन पूर्व प्रधानमंत्री पी.वी. नरसिम्हा राव शायद अकेले ऐसे व्यक्ति हैं जो अपनी मृत्यु के डेढ़ दशक बाद अब सिर्फ मीडिया में ही नहीं अचानक मुख्यधारा की राजनीति में भी सम्मान के साथ याद किए जा रहे हैं। इसमें भी खास बात है कि खुद उनकी पार्टी, जिसने कभी उनसे किनारा करने में कोई कोर कसर नहीं छोड़ी थी, अब उन्हें याद कर रही है। आज भी पार्टी ने पूर्व प्रधानमंत्री को श्रद्धांजलि देते हुए एक ट्वीट किया है। पार्टी के प्रदेश कार्यालयों में नरसिम्हा राव की याद में कार्यक्रम हो रहे हैं। कुछ साल पहले कांग्रेस के महासचिव दिग्विजय सिंह राव के जन्मदिन के मौके पर तेलंगाना में पार्टी द्वारा आयोजित समारोह में पहुंचे थे। वहां उन्होंने कहा कि राव बुद्धिजीवी राजनेता थे जिनमें अपनी विचारधारा के प्रति गजब का समर्पण था।

कांग्रेस पार्टी अब जिस तरह पूर्व प्रधानमंत्री को याद कर रही है वह उसके एक दशक पहले के रुख से बिल्कुल उलटा है। 23 दिसंबर, 2004 को दिल्ली में नरसिम्हा राव का निधन हुआ था। वैसे तो उनकी मौत से काफी पहले ही कांग्रेस उन्हें राजनीतिक रूप से निर्वासित कर चुकी थी, फिर भी लोगों को उम्मीद थी कि शायद मौत के बाद पार्टी उनके प्रति सम्मान दिखाएगी। लेकिन पार्टी मुख्यालय में राव के लिए कोई श्रद्धांजलि सभा तक आयोजित नहीं होने दी गई। कहा जाता है कि केंद्र की यूपीए सरकार ने तुरत-फुरत यह इंतजाम कर दिया कि राव का अंतिम संस्कार दिल्ली की बजाय हैदराबाद में किया जाए।

संजय बारू ने अपनी किताब–'द एक्सीडंटल प्राइममिनिस्टर' में लिखा है कि राव के बेटे और बेटी उनका अंतिम संस्कार दिल्ली में ही करना चाहते थे। लेकिन सोनिया गांधी के राजनीतिक सलाहकार अहमद पटेल ने बारू से, जो कि खुद भी आंध्र प्रदेश से ही हैं, उन्हें ऐसा न करने के लिए समझाने को कहा था। बाद में इस काम में शिवराज पाटिल और आंध्र प्रदेश के तत्कालीन मुख्यमंत्री वायएस राजशेखर रेड्डी को लगाया गया।

कांग्रेस और एक तरह से देश को ही मुश्किल घड़ी में संभालने वाले नरसिम्हा राव के बारे में यह प्रचारित है कि पार्टी उन्हें बाबरी मस्जिद विध्वंस मामले को ठीक से न संभाल पाने का जिम्मेदार मानती थी और इसी कथित दागदार विरासत के चलते उनको हाशिए पर धकेला गया। हालांकि सत्ता के गलियारों से जुड़े जानकार यह भी मानते हैं कि इसकी एक वजह सोनिया गांधी की उनके प्रति नापसंदगी भी रही है। राव ने ही 1991 के चुनाव में कांग्रेस का घोषणा पत्र तैयार किया था। उस समय उनकी तबीयत इतनी खराब थी कि उनके सक्रिय राजनीति से संन्यास लेने की अटकलें लगने लगी थीं। लेकिन राजीव गांधी की हत्या के बाद ऐसी परिस्थितियां बनीं कि वे प्रधानमंत्री बन गए। प्रधानमंत्री बनने के बाद वे सोनिया गांधी से नियमित अंतराल पर मिलते रहते थे लेकिन उन्होंने श्रीमती गांधी को कभी-भी सत्ता के केंद्र के रूप में उभरने नहीं दिया।

राव के बेटे ने उनके अंतिम संस्कार का फैसला कांग्रेस पर छोड़ दिया था और लेकिन पार्टी के एक वरिष्ठ नेता ने संजय बारू को फोन करके कहा कि नरसिम्हा राव का अंतिम संस्कार दिल्ली में संभव नहीं है।

पी.वी. नरसिम्हा राव उस समय कांग्रेस के अध्यक्ष भी थे लेकिन पार्टी का एक धड़ा लगातार इस कोशिश में था कि सोनिया गांधी को पार्टी की कमान सौंप दी जाए। राव ने हमेशा इसका विरोध किया। पार्टी मंच पर दिया उनका एक बयान उस समय काफी चर्चा में भी रहा। राव का कहना था, 'जैसे इंजन ट्रेन की बोगियों को खींचता है वैसे ही कांग्रेस के लिए यह जरूरी क्यों है कि वह गांधी-नेहरू परिवार के पीछे-पीछे ही चले?'

1996 के चुनाव में कांग्रेस हार गई थी लेकिन राव के लिए यह बड़ा झटका नहीं था। उनकी प्रतिष्ठा को असली धक्का तब लगा जब 1998 के लोक सभा चुनावों में कांग्रेस ने उन्हें टिकट देने से ही मना कर दिया। यह अपने आप में ऐतिहासिक घटना थी। बाद में जब सोनिया गांधी अध्यक्ष बनीं तो राव अनौपचारिक रूप से कांग्रेस से बहिष्कृत ही कर दिए गए। इस बहिष्कार की पराकाष्ठा 2004 में उनके निधन के बाद देखने को मिली। इससे जुड़ी एक घटना का जिक्र हमने शुरू में किया है। पूर्व प्रधानमंत्री होने के नाते राव का समाधि स्थल दिल्ली में होना चाहिए था। लेकिन यूपीए सरकार ने फैसला किया कि राजधानी में जगह की कमी है और अब यहां समाधि स्थल नहीं बनाए जा सकते। इस फैसले से साफ था कि कांग्रेस अपने ही पूर्व अध्यक्ष और प्रधानमंत्री के साथ कोई जुड़ाव नहीं रखना चाहती थी।

तो फिर ऐसा क्या हुआ कि अचानक पार्टी को पी.वी. नरसिम्हा राव याद आने लगे? राजनीतिक विश्लेषक इसके पीछे कांग्रेस की मजबूरी बता रहे हैं। दरअसल अक्टूबर, 2014 में तब केंद्र सरकार में सहयोगी दल तेलुगू देशम पार्टी (टीडीपी) ने एक प्रस्ताव पारित कर सरकार से मांग की थी कि नई दिल्ली में पी.वी. नरसिम्हा राव का समाधि स्थल बनाया जाए। इसके बाद तत्कालीन केंद्रीय शहरी विकास मंत्री वेंकैया नायडू ने इससे संबंधित प्रस्ताव मंत्रिपरिषद के सामने रखा जिसके बाद राष्ट्रीय राजधानी में पूर्व प्रधानमंत्री के नाम पर भी एक स्मृति स्थल बन गया है।

नरसिम्हा राव का कहना था, 'जैसे इंजन ट्रेन की बोगियों को खींचता है वैसे ही कांग्रेस के लिए यह जरूरी क्यों है कि वह गांधी-नेहरू परिवार के पीछे-पीछे ही चले?'

कहा जा रहा है कि कांग्रेस केंद्र सरकार के इस कदम को राव की विरासत हथियाने की कोशिश मान रही है। दरअसल राष्ट्रीय स्तर पर भले ही इस बात से कोई फर्क न पड़ता हो लेकिन तेलंगाना (वारंगल जिला यहीं है जहां राव का जन्म हुआ था) और आंध्र प्रदेश में राव के प्रति काफी सम्मान और सहानुभूति है। तेलंगाना की टीआरएस सरकार ने तो बाकायदा स्कूली पाठ्यक्रम में पूर्व प्रधानमंत्री की जीवनी भी शामिल की है। वह उनके जन्मदिन पर हर साल राजकीय कार्यक्रम भी आयोजित करती है। पार्टी उन्हें भारत रत्न देने की मांग भी कर चुकी है। वहीं चंद्रबाबू नायडू की तेलगू देशम पार्टी पहले ही राव के स्मृति स्थल का मामला उठाकर इस भावनात्मक मुद्दे पर राजनीतिक लाभ लेने की कोशिश कर चुकी है। तेलगू देशम भी उन्हें भारत रत्न देने की मांग करती रही है। भाजपा भी नरसिम्हा राव के मामले में इसी नाव पर सवार है।

कांग्रेस को पिछले और इस लोक सभा और विधान सभा चुनावों में इन दोनों राज्यों में बुरी तरह हार का सामना करना पड़ा है। राजनीतिक विश्लेषकों का मानना है कि भले ही पी.वी. नरसिम्हा राव को हाशिए पर करने का उसे सीधा नुकसान इन राज्यों में न उठाना पड़ा हो लेकिन, आज की परिस्थितियों में टीआरएस, टीडीपी और भाजपा के सामने यहां वह बिल्कुल विरोधी खेमे में खड़ी दिखाई पड़ रही थी। कांग्रेस द्वारा पूर्व प्रधानमंत्री को अचानक अपनाने और याद करने की यही सबसे बड़ी वजह मानी जा रही है और उसकी कोशिश बस यही है कि इन राज्यों में उसके नेता की विरासत विरोधी पार्टियां न हथिया लें। वैसे ही जैसे गुजरात में नरेंद्र मोदी, सरदार वल्लभ भाई पटेल के मामले में कर चुके हैं।

पी.वी. नरसिम्हा राव को माना गया बाबरी मस्जिद की शहादत का सबसे बड़ा गुनाहगार

राजीव गांधी की चुनावी रैली में हुई हत्या के बाद राजनीति से लगभग रिटायर हो चुके तेलगू बिड्डा के नाम से चर्चित "पी.वी. नरसिम्हा राव" भारत के प्रधानमंत्री बने।

यह वह दौर था जब वी.पी. सिंह के "मंडल" की आग को काटने के लिए उनकी ही समर्थक पार्टी भाजपा "कमंडल" कार्ड खेलने लगी।

"मंडल आयोग" से हिन्दुओं के एक बहुत बड़े वर्ग को लाभ मिला तो कमंडल से देश के मुसलमानों को मिली घृणा और मौतें।

"कमंडल" की राजनीति के दौर में प्रधानमंत्री बने पी.वी. नरसिम्हा राव भाजपा को घी तेल देकर मजबूत करते रहे। यह तेलगू विड्डा कांग्रेस का तीसरा सबसे बड़ा संघी था जिसकी भावनाएं संघ के प्रति कोमल थीं।

यह काल भारत की राजनीति का सबसे जहरीला काल था और 6 दिसंबर 1992 को बाबरी मस्जिद के शहादत की पटकथा लिखी जा चुकी थी, इस हालात में जहां देश के कानून और संविधान के सहारे देश की व्यवस्था को संभालने की जिम्मेदारी तत्कालीन प्रधानमंत्री पी.वी. नरसिम्हा राव की थी, वहीं वह ऐसा ना करके संघ और भाजपा से गुपचुप तरीके से बात करते और यह बातचीत जनसत्ता के संपादक प्रभाष जोशी की मध्यस्थता में चलती रही।

पी.वी. नरसिम्हा राव बाबरी मस्जिद की रक्षा ना कर सके, और उसे गिरा कर वहां मौजूदा राम मंदिर बनाने का भरपूर समय प्रदान किया।

खुद नरसिम्हा राव का स्पष्टीकरण था कि मामला प्रदेश सरकार के अधिकार क्षेत्र का था, परन्तु सवाल यह है कि फिर कल्याण सिंह की तत्कालीन सरकार बर्खास्त क्यूं की? जबकि जो होने वाला था उसके संकेत मिल रहे थे, कहां चली गयी थीं देश की इंटेलिजेन्स एजेन्सियां?

अपनी किताब 'अयोध्या, 6 दिसम्बर 1992' में राव ने लिखा है, 'प्रदेश सरकार ने विभिन्न मंचों से ढांचे के बचाव का आश्वासन दिया था। 2 नवम्बर 1991 को राष्ट्रीय एकता परिषद की बैठक में मुख्यमंत्री ने ऐसा आश्वासन दिया था। प्रदेश सरकार ने अदालतों को दिए गए शपथ पत्रों में भी इसे दोहराया था।'

अर्थात् जहां तक तत्कालीन प्रधानमंत्री का संबंध है बाबरी मस्जिद गिराए जाने की जिम्मेवारी पूरी तरह प्रदेश की थी।

लेकिन उस दिन की अपनी निष्क्रियता के बारे राव ने एक और स्पष्टीकरण भी दिया है जो शेखर गुप्ता ने अपनी किताब 'एंटीसिपेटिंग इंडिया' में लिखा है।

उस वक्त राव प्रधानमंत्री नहीं रहे थे। राव ने शेखर गुप्ता के इस सवाल कि 'आपने केंद्रीय बलों को गोली चलाने के लिए क्यों नहीं कहा?' का जवाब कुछ इस तरह दिया–

'जो भीड़ मस्जिद पर हमला कर रही थी वह क्या नारा लगा रही थी? राम, राम! अगर मैं उन पर गोली चलाने का आदेश दे देता और शायद कई सौ मारे जाते तो यह सैनिक भी खुद क्या उच्चारण कर रहे होते? राम! राम! और क्या होता अगर कुछ सैनिक खुद भीड़ में शामिल हो जाते? ऐसी आग लगती कि सारा भारत जल जाता।'

देखिए बहुसंख्यकवाद किस तरह देश के संविधान, कानून, उच्चतम न्यायालय के आदेश, संसद और राष्ट्रीय एकता परिषद से बड़ा हो गया और "राम राम" के नारे ने इन सभी संस्थाओं का प्रधानमंत्री पद के शपथ के साथ इन सभी लोकतांत्रिक ढांचों की हत्या कर दी।

पूरा देश जल उठा, देश में भीषण दंगे हुए, वह इस संघी प्रधानमंत्री को मंजूर था पर अयोध्या में कार्यवाही करना मंजूर नहीं था।

हालांकि एक अविश्वसनीय संगठन जिसका इतिहास ही धोखा और गद्दारी का रहा है उस पर विश्वास करने का कोई आधार ही नहीं था और केंद्र को 6 दिसंबर से पहले ही सेना भेजकर स्थिति नियंत्रण में ले लेनी थी। परन्तु केवल पी.वी. नरसिम्हाराव ही नहीं, बाबरी मस्जिद की शहादत के लिए पूरी कांग्रेस ही चुप थी।

6 दिसंबर 1992 के ठीक पहले, नवंबर 1992 में सीसीपीए की कम से कम पांच बैठकें हुईं। उनमें एक भी कांग्रेस नेता ने नहीं कहा कि कल्याण सिंह को बर्खास्त कर देना चाहिए।

अंदरखाने की हकीकत यह है कि संघ और पी.वी. नरसिम्हा राव आपस में मिल गए और मध्यस्थ प्रभाष जोशी बाबरी मस्जिद शहीद होते देखते रह गए।

बाबरी मस्जिद की शहादत के बाद संपादक प्रभाष जोशी ने 'राम की अग्निपरीक्षा' जैसा आलेख लिखकर अपने तमाम मित्रों और सहयोगियों को चौंका दिया था। प्रभाष जोशी की अन्य संगठनों के साथ संघ और भाजपा के साथ भी निकटता थी लेकिन इस घटना से वे भड़क उठे और उन्होंने उस "धतकरम" के लिए संघ परिवार को खूब कोसा।

पर बाबरी मस्जिद शहीद हो चुकी थी।

ऐसा संदेश दिया गया कि 6 दिसंबर को जब बाबरी मस्जिद शहीद की जा रही थी तब देश का प्रधानमंत्री अपने कमरे में दरवाजा बंद कर के सो रहा था, वरिष्ठ पत्रकार कुलदीप नैय्यर ने भी 6 दिसम्बर 1992 का जिक्र करते हुए लिखा है कि जब मस्जिद गिराई जा रही थी तो प्रधानमंत्री राव ने पूजा शुरू कर दी। वह कमरे में बंद हो गए और तब तक उनकी पूजा खत्म नहीं हुई जब तक ढांचा गिरा नहीं दिया गया।

सोचिएगा, जिसके कंधे पर देश की सुरक्षा थी, उच्चतम न्यायालय के आदेश को पालन कराने की जिम्मेदारी थी, संसद और राष्ट्रीय एकता परिषद में दिए वचन को पूरा कराने की जिम्मेदारी थी वह उस समय कमरा बंद करके अंदर था जब इस देश की सारी व्यवस्था ध्वस्त की जा रही थी।

परन्तु नरेश चंद्रा और तत्कालीन गृह सचिव माधव गोडबोले के अनुसार पी.वी. नरसिम्हा राव उस कमरे में ना तो सो रहे थे ना पूजा कर रहे थे बल्कि वह उनसे लगातार संपर्क में थे और एक-एक मिनट की सूचना ले रहे थे। अर्थात् देश का प्रधानमंत्री ही संघ की इस साजिश में शामिल था कि "बाबरी मस्जिद" शहीद कर दी जाए और वह बाबरी मस्जिद की शहादत के एक-एक सेकेन्ड पर नजर रखे हुए थे।

जब बाबरी मस्जिद तोड़ी जा रही थी, उस समय के केंद्रीय मंत्री माखनलाल फोतेदार ने नरसिम्हा राव को फोन कर तुरंत कुछ करने का अनुरोध किया था।

माखनलाल फोतेदार अपनी आत्मकथा 'द चिनार लीव्स' में लिखते हैं–

"मैंने प्रधानमंत्री से अनुरोध किया कि वह वायुसेना से कहें कि वह फैजाबाद में तैनात चेतक हैलिकॉप्टरों से अयोध्या में मौजूद कारसेवकों को तितर-बितर करने के लिए आंसू गैस के गोले चलवाएं। राव ने कहा, 'मैं ऐसा कैसे कर सकता हूं?' मैंने कहा इस तरह की आपात परिस्थितियों में केंद्र सरकार के पास जो भी फैसला जरूरी हो लेने की सारी ताकत मौजूद हैं। मैंने उनसे विनती की, 'राव साहब कम से कम एक गुंबद तो बचा लीजिए। ताकि बाद में हम उसे एक शीशे के केबिन में रख सकें और भारत के लोगों को बता सकें कि बाबरी मस्जिद को बचाने की हमने अपनी तरफ से पूरी कोशिश की। प्रधानमंत्री चुप रहे और लंबे ठहराव के बाद बोले, फोतेदारजी मैं आपको दोबारा फोन करता हूं।'

फोतेदार आगे लिखते हैं–

"मैं प्रधानमंत्री की अकर्मण्यता से बहुत ज्यादा निराश और दुखी हुआ। मैंने राष्ट्रपति शंकरदयाल शर्मा को फोन कर उनसे मिलने का समय मांगा। उन्होंने मुझे शाम साढ़े पांच बजे आने के लिए कहा। जब मैं उनसे मिलने के लिए अपने घर से निकलने लगा, तो मेरे पास प्रधानमंत्री का फोन आया कि शाम 6 बजे कैबिनेट की बैठक रखी गई है। मैं फिर भी राष्ट्रपति से मिलने गया। जब मैं वहां पहुंचा, तो उन्होंने मुझे देखकर बच्चों की तरह रोना शुरू कर दिया और बोले, 'पी.वी. राव ने यह किया क्या है?' मैंने राष्ट्रपति से कहा कि वह देश को टेलीविजन और रेडियो पर संबोधित करें। वह इसके लिए राजी भी हो गए, लेकिन उनके सूचना अधिकारी ने बताया कि इसके लिए उन्हें प्रधानमंत्री से अनुमति लेनी होगी और मुझे बहुत शक है कि वह ये अनुमति देंगे।"

माखनलाल फोतेदार लिखते हैं, "मैं मंत्रिमंडल की बैठक में 15 या 20 मिनट देर से पहुंचा। वहां हर एक को चुप देखकर मैंने कटाक्ष किया, 'सबकी बोलती क्यों बंद है?' इस पर माधवराव सिंधिया बोले, 'फोतेदारजी आप को पता नहीं कि बाबरी मस्जिद गिरा दी गई है?'

मैंने प्रधानमंत्री की तरफ देख कर पूछा, 'राव साहब क्या ये सही है?' प्रधानमंत्री मुझसे आंखें नहीं मिला पाए। उनके बजाए कैबिनेट सचिव ने जवाब दिया कि ये सही है। मैंने सारे कैबिनेट मंत्रियों के सामने राव से कहा कि इसके लिए सीधे प्रधानमंत्री नरसिम्हा राव जिम्मेदार हैं। प्रधानमंत्री ने एक शब्द भी नहीं कहा।

बाबरी मस्जिद, पी.वी. नरसिम्हा राव की संघ के साथ सांठ-गांठ से शहीद हुई और पूरी कांग्रेस अंधी बहरी होकर तमाशा देखती रही।

यह भारत के इतिहास का एक ऐसा उदाहरण है जहां बहुसंख्यकों ने अपनी जनसंख्या की ताकत से देश के संविधान, उच्चतम न्यायालय के आदेश, संसद की गरिमा, और निष्पक्षता की शपथ का बलात्कार किया और मुख्य बलात्कारी को मात्र 24 घंटे की जेल पिकनिक कराकर यही सभी व्यवस्थाओं ने इतिश्री कर ली।

दुनिया को दिखाने और अपना काला मुंह छुपाने के लिए देश का प्रधानमंत्री संसद के सदन में "बाबरी मस्जिद" के पुनर्निर्माण की घोषणा करता है,

मुसलमानों से उसी जगह बाबरी मस्जिद बनाने का वादा करता है और फिर संसद और प्रधानमंत्री के पद को झूठा सिद्ध करते हुए भूल जाता है।

श्री राव की 1991 की नयी आर्थिक नीति

जून 1991 में नरसिम्हा राव सरकार ने भारत की अर्थव्यवस्था को नयी दिशा प्रदान की। यह दिशा उदारीकरण, निजीकरण और वैश्वीकरण (एलपीजी मॉडल के रूप में जाना जाता है) के रूप में पूरे देश में आर्थिक सुधारों के रूप में लागू की गयी। इस नई औद्योगिक नीति के तहत सरकार ने कई ऐसे क्षेत्रों में निजी कंपनियों को प्रवेश करने की अनुमति दी, जो पहले केवल सरकारी क्षेत्रों के लिए आरक्षित थे। इस नई आर्थिक नीति को लागू करने के पीछे मुख्य कारण भुगतान संतुलन (BOP) का निरंतर नकारात्मक होना था।

आजादी के बाद 1991 का साल भारत के आर्थिक इतिहास में एक मील का पत्थर साबित हुआ। इससे पहले देश एक गंभीर आर्थिक संकट के दौर से गुजर रहा था और इसी संकट ने भारत के नीति निर्माताओं को नयी आर्थिक नीति को लागू करने के लिए मजबूर कर दिया था। संकट से उत्पन्न हुई स्थिति ने सरकार को मूल्य स्थिरीकरण और संरचनात्मक सुधार लाने के उद्देश्य से नीतियों का निर्माण करने के लिए प्रेरित किया। स्थिरीकरण की नीतियों का उद्देश्य कमजोरियों को ठीक करना था, जिससे राजकोषीय घाटा और विपरीत भुगतान संतुलन को ठीक किया जा सके। संरचनात्मक सुधारों ने कठोर नियमों को दूर कर दिया था जिससे सुधारों को भारतीय अर्थव्यवस्था के विभिन्न क्षेत्रों में भी लागू किया गया। और इन्हीं नीतियों का परिणाम है कि आज भारत अंतर्राष्ट्रीय मुद्रा कोष जैसे विश्व स्तर के संस्थान को भी मदद दे सका।

1991 की नई आर्थिक नीति के मुख्य उद्देश्य

1991 में तत्कालीन केंद्रीय वित्तमंत्री डॉ. मनमोहन सिंह द्वारा नई आर्थिक नीति का शुभारंभ करने के पीछे मुख्य उद्देश्य इस प्रकार हैं–

- भारतीय अर्थव्यवस्था को 'वैश्वीकरण' के मैदान में उतारने के साथ-साथ इसे बाजार के रूख के अनुरूप बनाना था।
- मुद्रास्फीति की दर को नीचे लाना और भुगतान असंतुलन को दूर करना।

- आर्थिक विकास दर को बढ़ाना और पर्याप्त विदेशी मुद्रा भंडार का निर्माण करना।
- प्रतिबंधों को हटाकर, माल, सेवाओं, पूंजी, मानव संसाधन और प्रौद्योगिकी के अंतर्राष्ट्रीय प्रवाह की अनुमति प्रदान करना था।
- आर्थिक स्थिरीकरण को प्राप्त करने के साथ-साथ सभी प्रकार के अनावश्यक प्रतिबंध को हटाकर एक बाजार अनुरूप अर्थव्यवस्था के लिए आर्थिक परिवर्तिन करना था।
- अर्थव्यवस्था के सभी क्षेत्रों में निजी कंपनियों की भागीदारी बढ़ाना था। यही कारण है कि सरकार के लिए आरक्षित क्षेत्रों की संख्या को घटाकर 3 कर दिया गया है।

1991 के मध्य की शुरूआत में भारत सरकार ने व्यापार, विदेशी निवेश, विनिमय दर, उद्योग, राजकोषीय व्यवस्था आदि को असरदार बनाने के लिए अपनी नीतियों में कुछ क्रांतिकारी परिवर्तन किए ताकि अर्थव्यवस्था की धार को तेज किया जा सके।

नई आर्थिक नीति का मुख्य उद्देश्य एक साधन के रूप में अर्थव्यवस्था की दिशा में अधिक प्रतिस्पर्धी माहौल का निर्माण करने के साथ उत्पादकता और कार्यकुशलता में सुधार करना था।

नयी आर्थिक नीति के तहत निम्नलिखित कदम उठाए गए—

1. वाणिज्यिक बैंकों द्वारा ब्याज दर का स्वयं निर्धारण—उदारीकरण नीति के तहत सभी वाणिज्यिक बैंकों ब्याज की दर निर्धारित करने के लिए स्वतंत्र होंगे। उन्हें भारतीय रिजर्व बैंक द्वारा निर्धारित ब्याज की दरों को मानने की कोई बाध्यता नहीं होगी।

2. लघु उद्योग (एसएसआई) के लिए निवेश सीमा में वृद्धि—लघु उद्योगों में निवेश की सीमा बढ़ाकर 1 करोड़ रुपये कर दी गयी है, जिससे ये कंपनियों अपनी मशीनरी को उन्नत बनाने के साथ अपनी कार्यकुशलता में सुधार कर सकते हैं।

3. सामान आयात करने के लिए पूंजीगत स्वतंत्रता–भारतीय उद्योग अपने समग्र विकास के लिए विदेशों से मशीनें और कच्चा माल खरीदने के लिए स्वतंत्र होंगे।

4. उद्योगों के विस्तार और उत्पादन के लिए स्वतंत्रता–इस नए उदारीकृत युग में अब उद्योग अपनी उत्पादन क्षमता में विविधता लाने और उत्पादन की लागत को कम करने के लिए स्वतंत्र हैं। इससे पहले सरकार उत्पादन क्षमता की अधिकतम सीमा तय करती थी। कोई भी उद्योग इस सीमा से अधिक उत्पादन नहीं कर सकता था। अब उद्योग बाजार की आवश्यकता के आधार पर स्वयं अपने उत्पादन के बारे में फैसला करने के लिए स्वतंत्र हैं।

5. प्रतिबंधित कारोबारी प्रथाओं का उन्मूलन–एकाधिकार एवं प्रतिबंधात्मक व्यापार प्रथा (एमआरटीपी) अधिनियम 1969 के अनुसार, वह सभी कंपनियां जिनकी संपत्ति का मूल्य 100 करोड़ रूपये या उससे अधिक है, को एमआरटीपी कंपनियां कहा जाता था इसी कारण पहले उन पर कई प्रतिबंध भी थे, लेकिन अब इन कंपनियों को निवेश निर्णय लेने के लिए सरकार से पूर्वानुमति प्राप्त करने की कोई आवश्यकता नहीं है।

(क) उदारीकरण

औद्योगिक लाइसेंस और पंजीकरण को समाप्त करना।

इससे पहले निजी क्षेत्र को एक नया उद्यम शुरू करने के लिए सरकार से लाइसेंस लेना पड़ता था। इस नीति में निजी क्षेत्र को लाइसेंस और अन्य प्रतिबंधों से मुक्त कर दिया गया।

निम्न उद्योगों के लिए लाइसेंस अभी भी आवश्यक है–

- परिवहन और रेलवे
- परमाणु खनिजों का खनन
- परमाणु ऊर्जा

(ख) निजीकरण

साधारण शब्दों में, निजीकरण का अर्थ निजी क्षेत्रों द्वारा उन क्षेत्रों में उद्योग लगाने की अनुमति देना है जो पहले सार्वजनिक क्षेत्र के लिए आरक्षित थे। इस

नीति के तहत कई सार्वजनिक क्षेत्र के उपक्रमों को निजी क्षेत्र को बेच दिया गया था। निजीकरण वह प्रक्रिया है जिसमें निजी क्षेत्र में सार्वजनिक क्षेत्र की इकाइयों (पीएसयू) के मालिकाना हक का स्थानांतरण निजी हाथों में हो जाता है।

निजीकरण का मुख्य कारण राजनीतिक हस्तक्षेप की वजह से पीएसयू का घाटे में चलना था। इन कंपनियों के प्रबंधक स्वतंत्र रूप से कार्य नहीं कर सकते थे इसी कारण उनकी उत्पादन क्षमता कम हो गई थी। प्रतिस्पर्धा/गुणवत्ता बढ़ाने के लिए सार्वजनिक क्षेत्र के उपक्रमों का निजीकरण कर दिया गया।

निजीकरण के लिए उठाए गए कदम

निजीकरण के लिए निम्नलिखित कदम उठाए गए हैं–

1. शेयरों की बिक्री–भारत सरकार ने सार्वजनिक क्षेत्र के उपक्रमों के शेयरों को सार्वजनिक और वित्तीय संस्थानों को बेच दिया, उदाहरण के लिए सरकार ने मारुति उद्योग लिमिटेड के शेयर बेच दिए। बेचे गए ये शेयर निजी उद्यमियों के हाथ में चले गए।

2. पीएसयू में विनिवेश–सरकार ने उन पीएसयू में विनिवेश की प्रक्रिया शुरू कर दी थी जो घाटे में चल रहे थे। इसका तात्पर्य साफ था कि सरकार इन उद्योगों को निजी क्षेत्र में बेच दिया। सरकार ने 30,000 करोड़ रूपये की कीमत के उद्यमों को निजी क्षेत्र को बेच दिया।

3. सार्वजनिक क्षेत्र का न्यूनीकरण–इससे पहले सार्वजनिक क्षेत्र को महत्त्व दिया जाता था और ऐसा माना जाता था कि यह औद्योगीकरण को बढ़ाने के साथ-साथ गरीबी को हटाने में भी मदद करता है। लेकिन सार्वजनिक क्षेत्र के ये पीएसयू नयी आर्थिक नीति के अनुरूप काम नहीं कर सके और लक्ष्यों को हासिल करने में नाकाम रहे थे और इसी कारण बड़ी संख्या में उद्योगों को निजी क्षेत्रों के लिए आरक्षित कर दिया गया था, पीएसयू की संख्या घटकर 17 से 3 कर दी गयी।

वैश्वीकरण का अर्थ वैश्विक या विश्व भर में फैलने से है, अन्यथा व्यापार को पूरी दुनिया में ले जाना है। वैश्वीकरण का अर्थ मोटे तौर पर विदेशी निवेश, व्यापार, उत्पादन और वित्तीय मानलों के संबंध में बाकी दुनिया के साथ घरेलू अर्थव्यवस्था को जोड़ना है।

वैश्वीकरण के लिए उठाए गए कदम

वैश्वीकरण के लिए निम्नलिखित कदम उठाए गए–

1. आयात दरों में कटौती–आयात पर सीमा शुल्क लगाया गया और निर्यात पर लगाए गए शुल्कों को धीरे-धीरे घटाया गया ताकि भारत की अर्थव्यवस्था को वैश्विक निवेशकों के लिए आकर्षक बनाया जा सके।

2. दीर्घकालिक व्यापार नीति–विदेशी व्यापार नीति को लंबी अवधि के लिए लागू किया गया।

नीति की मुख्य विशेषताएं इस प्रकार हैं–

- उदार नीति।
- विदेशी व्यापार पर सभी प्रकार के नियंत्रण हटा दिए गए हैं।
- बाजार में खुली प्रतियोगिता को प्रोत्साहित किया गया।

3. मुद्रा की आंशिक परिवर्तनशीलता–आंशिक परिवर्तनशीलता का अर्थ भारतीय मुद्रा को अन्य देशों की मुद्रा में एक निश्चित सीमा तक परिवर्तन करने से है। इसका सीधा फायदा यह हुआ कि अब विदेशी निवेशक या भारतीय निवेशक अपनी मुद्रा को आसानी से एक देश से दूसरे देश में ले जा सकते हैं।

4. विदेशी निवेश की इक्विटी सीमा में बढ़ोत्तरी–कई क्षेत्रों में विदेशी पूंजी निवेश की सीमा 40 से लेकर 100 फीसदी तक बढ़ा दी गई है। 47 उच्च प्राथमिकता वाले उद्योगों में बिना किसी प्रतिबंधों के 100 फीसदी प्रत्यक्ष विदेशी निवेश (एफडीआइ) की अनुमति दी गई है। इस नीति के लागू होने से भारत में विदेशी मुद्रा का प्रवाह बढेगा जो कि देश के विदेशी मुद्रा भंडार को मजबूती प्रदान करेगा।

सारांश रूप में यह कहा जा सकता है कि यदि, वर्तमान में भारतीय अर्थव्यवस्था विश्व के मानचित्र पर चमक रही है, तो इसका पूरा श्रेय 1991 में लागू की गयी नई आर्थिक नीति को जाता है।

❖❖❖

14

अटल बिहारी वाजपेयी
(Atal Bihari Vajpai)

अटल बिहारी वाजपेयी

भारत के दसवें प्रधानमंत्री

कार्यकाल : 16 मई 1996 से 1 जून 1996 (प्रथम चरण)

19 मार्च 1998 से 22 मई 2004 (द्वितीय चरण)

जन्म : 25 दिसंबर 1924, ग्वालियर, म.प्र.

मृत्यु : 16 अगस्त 2018, एम्स, नई दिल्ली

पिता का नाम : श्री पंडित कृष्ण बिहारी वाजपेयी

माता का नाम : श्रीमति कृष्णा देवी

पेशा : कवि, राजनेता, राजनयिक दूत

राजनीतिक दल : भारतीय जनता पार्टी

पुरस्कार : पद्म विभूषण, भारत रत्न

अटल बिहारी वाजपेयी (25 दिसंबर 1924 - 16 अगस्त 2018) भारत के दसवें प्रधानमंत्री थे। वे पहले 16 मई से 1 जून 1996 तक, तथा फिर 19 मार्च 1998 से 22 मई 2004 तक भारत के प्रधानमंत्री रहे। वे हिन्दी कवि, पत्रकार व एक प्रखर वक्ता थे। वे भारतीय जनसंघ के संस्थापकों में एक थे, और 1968 से

1973 तक उसके अध्यक्ष भी रहे। उन्होंने लम्बे समय तक राष्ट्रधर्म, पाञ्चजन्य और वीर अर्जुन आदि राष्ट्रीय भावना से ओत-प्रोत अनेक पत्र-पत्रिकाओं का सम्पादन भी किया।

वह चार दशकों से भारतीय संसद के सदस्य थे, लोक सभा, निचले सदन, दस बार, और दो बार राज्य सभा, ऊपरी सदन में चुने गए थे। उन्होंने लखनऊ के लिए संसद सदस्य के रूप में कार्य किया। जब स्वास्थ्य संबंधी चिंताओं के कारण सक्रिय राजनीति से सेवानिवृत्त हुए। अपना जीवन राष्ट्रीय स्वयंसेवक संघ के प्रचारक के रूप में आजीवन अविवाहित रहने का संकल्प लेकर प्रारम्भ करने वाले वाजपेयी राष्ट्रीय जनतांत्रिक गठबंधन (राजग) सरकार के पहले प्रधानमंत्री थे, जिन्होंने गैर कांग्रेसी प्रधानमंत्री पद के 5 साल बिना किसी समस्या के पूरे किए। उन्होंने 24 दलों के गठबंधन से सरकार बनाई थी जिसमें 81 मंत्री थे।

2005 से वे राजनीति से संन्यास ले चुके थे और नई दिल्ली में 6-ए कृष्णामेनन मार्ग स्थित सरकारी आवास में रहते थे। 16 अगस्त 2018 को एक लम्बी बीमारी के बाद अखिल भारतीय आयुर्विज्ञान संस्थान, दिल्ली में श्री वाजपेयी का निधन हो गया। वे जीवन भर भारतीय राजनीति में सक्रिय रहे।

आरम्भिक जीवन

उत्तर प्रदेश में आगरा जनपद के प्राचीन स्थान बटेश्वर के मूल निवासी पंडित कृष्ण बिहारी वाजपेयी मध्य प्रदेश की ग्वालियर रियासत में अध्यापक थे। वहीं शिन्दे की छावनी में 25 दिसम्बर 1924 को ब्रह्ममुहूर्त में उनकी सहधर्मिणी कृष्णा वाजपेयी की कोख से अटल जी का जन्म हुआ था। पिता कृष्ण बिहारी वाजपेयी ग्वालियर में अध्यापन कार्य तो करते ही थे इसके अतिरिक्त वे हिन्दी व ब्रज भाषा के सिद्धहस्त कवि भी थे। पुत्र में काव्य के गुण वंशानुगत परिपाटी से प्राप्त हुए। महात्मा रामचन्द्र वीर द्वारा रचित अमर कृति "विजय पताका" पढ़कर अटल जी के जीवन की दिशा ही बदल गयी। अटल जी की बी.ए. की शिक्षा ग्वालियर के विक्टोरिया कालेज (वर्तमान में लक्ष्मीबाई कालेज) में हुई। छात्र जीवन से वे राष्ट्रीय स्वयंसेवक संघ के स्वयंसेवक बने और तभी से राष्ट्रीय स्तर की वाद-विवाद प्रतियोगिताओं में भाग लेते रहे।

कानपुर के डी.ए.वी. कॉलेज से राजनीति शास्त्र में एम.ए. की परीक्षा प्रथम श्रेणी में उत्तीर्ण की। उसके बाद उन्होंने अपने पिताजी के साथ-साथ कानपुर में ही एल.एल.बी. की पढ़ाई भी प्रारम्भ की लेकिन उसे बीच में ही विराम देकर पूरी निष्ठा से संघ के कार्य में जुट गए। डॉ. श्यामा प्रसाद मुखर्जी और पंडित दीनदयाल उपाध्याय के निर्देशन में राजनीति का पाठ तो पढ़ा ही, साथ-साथ पाञ्चजन्य, राष्ट्रधर्म, दैनिक स्वदेश और वीर अर्जुन जैसे पत्र-पत्रिकाओं के सम्पादन का कार्य भी कुशलता पूर्वक करते रहे।

सर्वतोंमुखी विकास के लिए किए गए योगदान तथा असाधारण कार्यों के लिए 2015 में उन्हें भारत रत्न से सम्मानित किया गया।

राजनीतिक जीवन

वह भारतीय जनसंघ की स्थापना करने वालों में से एक थे और सन् 1968 से 1973 तक वह उसके राष्ट्रीय अध्यक्ष भी रह चुके थे। सन् 1952 में उन्होंने पहली बार लोक सभा चुनाव लड़ा, परन्तु सफलता नहीं मिली। लेकिन उन्होंने हिम्मत नहीं हारी और सन् 1957 में बलरामपुर (जिला गोण्डा, उत्तर प्रदेश) से जनसंघ के प्रत्याशी के रूप में विजयी होकर लोक सभा में पहुंचे। सन् 1957 से 1977 जनता पार्टी की स्थापना तक वे बीस वर्ष तक लगातार जनसंघ के संसदीय दल के नेता रहे। मोरारजी देसाई की सरकार में सन् 1977 से 1979 तक विदेश मंत्री रहे और विदेशों में भारत की छवि बनायी।

1980 में जनता पार्टी से असन्तुष्ट होकर इन्होंने जनता पार्टी छोड़ दी और भारतीय जनता पार्टी की स्थापना में मदद की। 6 अप्रैल 1980 में बनी भारतीय जनता पार्टी के अध्यक्ष पद का दायित्व भी वाजपेयी को सौंपा गया। दो बार राज्य सभा के लिए भी निर्वाचित हुए। लोकतंत्र के सजग प्रहरी अटल बिहारी वाजपेयी ने सन् 1996 में प्रधानमंत्री के रूप में देश की बागडोर संभाली। 19 अप्रैल 1998 को पुनः प्रधानमंत्री पद की शपथ ली और उनके नेतृत्व में 13 दलों की गठबन्धन सरकार ने पांच वर्षों में देश के अन्दर प्रगति के अनेक आयाम छुए।

सन् 2004 में कार्यकाल पूरा होने से पहले भयंकर गर्मी में सम्पन्न कराए गए लोक सभा चुनावों में भारतीय जनता पार्टी के नेतृत्व वाले राष्ट्रीय जनतांत्रिक गठबन्धन (एन.डी.ए.) ने वाजपेयी के नेतृत्व में चुनाव लड़ा और भारत उदय

(अंग्रेजी में इण्डिया शाइनिंग) का नारा दिया। इस चुनाव में किसी भी पार्टी को बहुमत नहीं मिला। ऐसी स्थिति में वामपंथी दलों के समर्थन से कांग्रेस ने भारत की केंद्रीय सरकार पर कायम होने में सफलता प्राप्त की और भारतीय जनता पार्टी विपक्ष में बैठने को मजबूर हुई।

प्रधानमंत्री के रूप में अटल का कार्यकाल

भारत को परमाणु शक्ति सम्पन्न राष्ट्र बनाना

अटल सरकार ने 11 और 13 मई 1998 को पोखरण में पांच भूमिगत परमाणु परीक्षण विस्फोट करके भारत को परमाणु शक्ति संपन्न देश घोषित कर दिया। इस कदम से उन्होंने भारत को निर्विवाद रूप से विश्व मानचित्र पर एक सुदृढ वैश्विक शक्ति के रूप में स्थापित कर दिया। यह सब इतनी गोपनीयता से किया गया कि अति विकसित जासूसी उपग्रहों व तकनीक से संपन्न पश्चिमी देशों को इसकी भनक तक नहीं लगी। यही नहीं इसके बाद पश्चिमी देशों द्वारा भारत पर अनेक प्रतिबंध लगाए गए लेकिन वाजपेयी सरकार ने सबका दृढ़तापूर्वक सामना करते हुए आर्थिक विकास की ऊंचाईयों को छुआ।

पाकिस्तान से संबंधों में सुधार की पहल

19 फरवरी 1999 को सदा-ए-सरहद नाम से दिल्ली से लाहौर तक बस सेवा शुरू की गई। इस सेवा का उद्‌घाटन करते हुए प्रथम यात्री के रूप में वाजपेयी जी ने पाकिस्तान की यात्रा करके नवाज शरीफ से मुलाकात की और आपसी संबंधों में एक नयी शुरुआत की।

कारगिल युद्ध

कुछ ही समय पश्चात् पाकिस्तान के तत्कालीन सेना प्रमुख परवेज मुशर्रफ की शह पर पाकिस्तानी सेना व उग्रवादियों ने कारगिल क्षेत्र में घुसपैठ करके कई पहाड़ी चोटियों पर कब्जा कर लिया। अटल सरकार ने पाकिस्तान की सीमा का उल्लंघन न करने की अंतर्राष्ट्रीय सलाह का सम्मान करते हुए धैर्यपूर्वक किंतु ठोस कार्यवाही करके भारतीय क्षेत्र को मुक्त कराया। इस युद्ध में प्रतिकूल परिस्थितियों के कारण भारतीय सेना को जान माल का काफी नुकसान हुआ और पाकिस्तान के साथ शुरु किए गए संबंध सुधार एक बार फिर शून्य हो गए।

स्वर्णिम चतुर्भुज परियोजना

भारत भर के चारों कोनों को सड़क मार्ग से जोड़ने के लिए स्वर्णिम चतुर्भुज परियोजना (अंग्रेजी में—गोल्डन क्वाड्रिलेट्रल प्रोजैक्ट या संक्षेप में जी.क्यू. प्रोजैक्ट) की शुरुआत की गई। इसके अंतर्गत दिल्ली, कलकत्ता, चेन्नई व मुम्बई को राजमार्गों से जोड़ा गया। ऐसा माना जाता है कि अटल जी के शासनकाल में भारत में जितनी सड़कों का निर्माण हुआ इतना केवल शेरशाह सूरी के समय में ही हुआ था।

वाजपेयी सरकार के अन्य प्रमुख कार्य

- एक सौ साल से भी ज्यादा पुराने कावेरी जल विवाद को सुलझाया।
- संरचनात्मक ढांचे के लिए कार्यदल, सॉफ्टवेयर विकास के लिए सूचना एवं प्रौद्योगिकी कार्यदल, विद्युतीकरण में गति लाने के लिए केंद्रीय विद्युत नियामक आयोग आदि का गठन किया।
- राष्ट्रीय राजमार्गों एवं हवाई अड्डों का विकास; नई टेलीकॉम नीति तथा कोंकण रेलवे की शुरुआत करके बुनियादी संरचनात्मक ढांचे को मजबूत करने वाले कदम उठाए।
- राष्ट्रीय सुरक्षा समिति, आर्थिक सलाह समिति, व्यापार एवं उद्योग समिति भी गठित की।
- आवश्यक उपभोक्ता सामग्रियों की कीमतें नियन्त्रित करने के लिए मुख्यमन्त्रियों का सम्मेलन बुलाया।
- उड़ीसा के सर्वाधिक गरीब क्षेत्र के लिए सात सूत्रीय गरीबी उन्मूलन कार्यक्रम शुरू किया।
- आवास निर्माण को प्रोत्साहन देने के लिए अर्बन सीलिंग एक्ट समाप्त किया।
- ग्रामीण रोजगार सृजन एवं विदेशों में बसे भारतीय मूल के लोगों के लिए बीमा योजना शुरू की।
- सरकारी खर्चे पर रोजा इफ्तार शुरू किया।

ये सारे तथ्य सरकारी विज्ञप्तियों के माध्यम से समय समय पर प्रकाशित होते रहे हैं।

व्यक्तिगत जीवन

वाजपेयी अपने पूरे जीवन अविवाहित रहे। उन्होंने लंबे समय से दोस्त राजकुमारी कौल और बी.एन. कौल की बेटी नमिता भट्टाचार्य को उन्होंने दत्तक पुत्री के रूप में स्वीकार किया। राजकुमारी कौल की मृत्यु वर्ष 2014 में हो चुकी है। अटल जी के साथ नमिता और उनके पति रंजन भट्टाचार्य रहते थे।

मांस और अल्कोहल को छोड़ने वाले शुद्धवादी ब्राह्मणों के विपरीत, वाजपेयी को व्हिस्की और मांस का शौकीन माना जाता था। वह हिंदी के एक प्रसिद्ध कवि थे। उनके प्रकाशित कार्यों में कैदी कविराई कुंडलियां शामिल हैं, जो 1975-77 आपातकाल के दौरान कैद किए गए कविताओं का संग्रह और अमर आग हैं। अपनी कविता के संबंध में उन्होंने लिखा, "मेरी कविता युद्ध की घोषणा है, हारने के लिए एक निर्वासन नहीं है। यह हारने वाले सैनिक की निराशा की ड्रमबीट नहीं है लेकिन युद्ध योद्धा की जीत होगी। यह निराशा की इच्छा नहीं है लेकिन जीत का हलचल चिल्लाओं।"

कवि के रूप में अटल

अटल बिहारी वाजपेयी राजनीतिज्ञ होने के साथ-साथ एक कवि भी थे। मेरी इक्यावन कविताएं अटल जी का प्रसिद्ध काव्य संग्रह है। वाजपेयी जी को काव्य रचनाशीलता एवं रसास्वाद के गुण विरासत में मिले हैं। उनके पिता कृष्ण बिहारी वाजपेयी ग्वालियर रियासत में अपने समय के जाने-माने कवि थे। वे ब्रजभाषा और खड़ी बोली में काव्य रचना करते थे। पारिवारिक वातावरण साहित्यिक एवं काव्यमय होने के कारण उनकी रगों में काव्य रक्त-रस अनवरत घूमता रहा है। उनकी सर्व प्रथम कविता ताजमहल थी। इसमें श्रृंगार रस के प्रेम प्रसून न चढ़ाकर "एक शहंशाह ने बनवा के हसीं ताजमहल, हम गरीबों की मोहब्बत का उड़ाया है मजाक" की तरह उनका भी ध्यान ताजमहल के कारीगरों के शोषण पर ही गया। वास्तव में कोई भी कवि हृदय कभी कविता से वंचित नहीं रह सकता।

अटल जी ने किशोर वय में ही एक अद्भुत कविता लिखी थी—"हिन्दू

तन-मन हिन्दू जीवन, रग-रग हिन्दू मेरा परिचय", जिससे यह पता चलता है कि बचपन से ही उनका रुझान देश हित की तरफ था।

राजनीति के साथ-साथ समष्टि एवं राष्ट्र के प्रति उनकी वैयक्तिक संवेदनशीलता आद्योपान्त प्रकट होती ही रही है। उनके संघर्षमय जीवन, परिवर्तनशील परिस्थितियां, राष्ट्रव्यापी आंदोलन, जेल-जीवन आदि अनेक आयामों के प्रभाव एवं अनुभूति ने काव्य में सदैव ही अभिव्यक्ति पायी। विख्यात गजल गायक जगजीत सिंह ने अटल जी की चुनिंदा कविताओं को संगीतबद्ध करके एक एल्बम भी निकाला था।

मृत्यु

वाजपेयी को 2009 में एक दौरा पड़ा था, जिसके बाद वह बोलने में असक्षम हो गए थे। उन्हें 11 जून 2018 में किडनी में संक्रमण और कुछ अन्य स्वास्थ्य समस्याओं की वजह से अखिल भारतीय आयुर्विज्ञान संस्थान (एम्स) में भर्ती कराया गया था, जहां 16 अगस्त 2018 को शाम 5:05 बजे उनकी मृत्यु हो गयी। उनके निधन पर जारी एम्स के औपचारिक बयान में कहा गया–

"पूर्व प्रधानमंत्री अटल बिहारी वाजपेयी ने 16 अगस्त 2018 को शाम 5:05 बजे अंतिम सांस ली। पिछले 36 घंटों में उनकी तबीयत काफी खराब हो गई थी। हमने पूरी कोशिश की पर आज उन्हें बचाया नहीं जा सका।"

उन्हें अगले दिन 17 अगस्त को हिंदू रीति रिवाज के अनुसार उनकी दत्तक पुत्री नमिता कौल भट्टाचार्या ने उन्हें मुखाग्नि दी। उनका समाधि स्थल राजघाट के पास शान्ति वन में बने स्मृति स्थल में बनाया गया है। उनकी अंतिम यात्रा बहुत भव्य तरीके से निकाली गयी। जिसमे प्रधानमंत्री नरेंद्र मोदी समेत सैंकड़ों नेतागण पैदल चलते हुए गंतव्य तक पहुंचे। वाजपेयी के निधन पर भारत भर में सात दिन के राजकीय शोक की घोषणा की गयी। अमेरिका, चीन, बांग्लादेश, ब्रिटेन, नेपाल और जापान समेत विश्व के कई राष्ट्रों द्वारा उनके निधन पर दुःख जताया गया।

अटल जी की अस्थियों को देश की सभी प्रमुख नदियों में विसर्जित किया गया।

अटल जी की प्रमुख रचनाएं

उनकी कुछ प्रमुख प्रकाशित रचनाएं इस प्रकार हैं–

- रग-रग हिन्दू मेरा परिचय
- मृत्यु या हत्या
- अमर बलिदान (लोक सभा में अटल जी के वक्तव्यों का संग्रह)
- कैदी कविराय की कुण्डलियां
- संसद में तीन दशक
- अमर आग है
- कुछ लेख–कुछ भाषण
- सेक्युलर वाद
- राजनीति की रपटीली राहें
- बिन्दु बिन्दु विचार
- मेरी इक्यावन कविताएं।

पुरस्कार

- 1992–पद्‌म विभूषण
- 1993–डी.लिट् (कानपुर विश्वविद्यालय)
- 1994–लोकमान्य तिलक पुरस्कार
- 1994–श्रेष्ठ सासंद पुरस्कार
- 1994–भारत रत्न पंडित गोविंद वल्लभ पंत पुरस्कार
- 2015–डी.लिट् (मध्य प्रदेश भोज मुक्त विश्वविद्यालय)
- 2015–"फ्रेंड्स ऑफ बांग्लादेश लिबरेशन वार अवॉर्ड", (बांग्लादेश सरकार द्वारा प्रदत्त)
- 2015–भारतरत्न से सम्मानित।

जीवन के कुछ प्रमुख तथ्य

- आजीवन अविवाहित रहे।
- वे एक ओजस्वी एवं पटु वक्ता (ओरेटर) एवं सिद्ध हिन्दी कवि भी हैं।
- परमाणु शक्ति सम्पन्न देशों की संभावित नाराजगी से विचलित हुए बिना उन्होंने अग्नि-दो और परमाणु परीक्षण कर देश की सुरक्षा के लिए साहसी कदम भी उठाए।
- सन् 1998 में राजस्थान के पोखरण में भारत का द्वितीय परमाणु परीक्षण किया जिसे अमेरिका की सी.आई.ए. को भनक तक नहीं लगने दी।
- अटल सबसे लम्बे समय तक सांसद रहे हैं और जवाहरलाल नेहरू व इंदिरा गांधी के बाद सबसे लम्बे समय तक गैर कांग्रेसी प्रधानमंत्री भी। वह पहले प्रधानमंत्री थे जिन्होंने गठबन्धन सरकार को न केवल स्थायित्व दिया अपितु सफलतापूर्वक संचालित भी किया।
- अटल ही पहले विदेश मंत्री थे जिन्होंने संयुक्त राष्ट्र संघ में हिन्दी में भाषण देकर भारत को गौरवान्वित किया था।

अटल जी की टिप्पणियां

चाहे प्रधानमंत्री के पद पर रहे हों या नेता प्रतिपक्ष; बेशक देश की बात हो या क्रान्तिकारियों की, या फिर उनकी अपनी ही कविताओं की; नपी-तुली और बेवाक टिप्पणी करने में अटल जी कभी नहीं चूके। यहां पर उनकी कुछ टिप्पणियां दी जा रही हैं।

- "भारत को लेकर मेरी एक दृष्टि है–ऐसा भारत जो भूख, भय, निरक्षरता और अभाव से मुक्त हो।"
- "क्रान्तिकारियों के साथ हमने न्याय नहीं किया, देशवासी महान क्रान्तिकारियों को भूल रहे हैं, आजादी के बाद अहिंसा के अतिरेक के कारण यह सब हुआ।"
- "मेरी कविता जंग का ऐलान है, पराजय की प्रस्तावना नहीं। वह हारे हुए सिपाही का नैराश्य-निनाद नहीं, जूझते योद्धा का जय-संकल्प है। वह निराशा का स्वर नहीं, आत्मविश्वास का जयघोष है।"

वाजपेयी-युग की विदेश नीति

अटल बिहारी वाजपेयी अक्सर कहा करते थे कि दोस्त बदले जा सकते हैं मगर पड़ोसी नहीं।

वाजपेयी जी ने शीत युद्धोत्तर काल में अमेरिका, इजराइल और पूर्वी एशिया से अपने संबंधों को और बेहतर किया जिससे भारतीय हितों के दायरों में और भी इजाफा हुआ। यह उनकी दूरदर्शिता और सफल कूटनीतिज्ञता को दर्शाता है।

अटल बिहारी वाजपेयी जी के नेतृत्व में मई 1998 में परमाणु बमों का सफल परीक्षण करने के बाद से भारत परमाणु शक्ति संपन्न देशों की सूची में शामिल हो गया। यह देश के लिए एक अविस्मरणीय समय था जिसके बाद विश्व पटल पर एक नए और ऐतिहासिक भारत का उदय हुआ।

हालांकि उस समय के भारतीय नीति-निर्धारकों को इस बात का आभास हो गया था कि परमाणु अस्त्र और प्रक्षेपास्त्रों की बढ़ती चुनौतियों का सामना करने के लिए भारत को विश्वसनीय भयादोहन क्षमता (क्रेडिबल मिनिमम डिटरेंस) को विकसित करना चाहिए।

यह इसलिए भी जरूरी था क्योंकि चीन के सहयोग से परमाणु हथियार बना रहे पाकिस्तान ने गौरी मिसाइल का सफलतापूर्वक प्रयोग कर लिया था। पाकिस्तान के सूचना मंत्री मुशाहिद हुसैन, गौरी मिसाइल के विकास को 'दक्षिण एशिया में शक्ति संतुलन का प्रयास' बता रहे थे। गौरी के अलावा पाक 'गजनवी मिसाइल' पर भी काम कर रहा था। वहीं चीन-पाकिस्तान की सांठ-गांठ के अलावा अमेरिका और जापान समेत कई पश्चिमी देश भारत पर कंप्रेहैंसिव न्यूक्लियर-टेस्ट-बैन ट्रीटी (सीटीबीटी) पर साइन करने के लिए दबाव डाल रहे थे।

परमाणु शक्ति संपन्न देशों के संभावित नाराजगी से विचलित हुए बिना वाजपेयी जी ने अग्नि शृंखला के और परीक्षण कर देश की सुरक्षा के लिए मजबूत कदम उठाए। उन्होंने इस बात को स्पष्ट कर दिया कि वह अंतर्राष्ट्रीय दबाव के चलते नीतियों को नहीं बदलेंगे। उन्होंने कहा कि खतरा आने से पहले ही उसकी तैयारी होनी चाहिए।

हालांकि उस समय के भारतीय नीति-निर्धारकों को इस बात का आभास हो गया था कि परमाणु अस्त्र और प्रक्षेपास्त्रों की बढ़ती चुनौतियों का सामना करने के

लिए भारत को विश्वसनीय भयादोहन क्षमता (क्रेडिबल मिनिमम डिटरेंस) को विकसित करना चाहिए।

अटल बिहारी वाजपेयी अक्सर कहा करते थे कि दोस्त बदले जा सकते हैं मगर पड़ोसी नहीं। वह हमेशा भारत के पड़ोसी देशों के साथ अच्छे संबंधों की वकालत किया करते थे लेकिन सुरक्षा की कीमत पर नहीं। कुछ इसी सोच के साथ वर्ष 1999 में न्यूयॉर्क में अटल जी और पाकिस्तान के प्रधानमंत्री नवाज शरीफ के बीच एक मीटिंग के बाद दिल्ली-लाहौर के बीच बस सेवा शुरू की गई। कहा जाता है कि बस सेवा का सुझाव वाजपेयी जी का ही था जिससे दोनों देशों के लोग सीमा-पार स्थित अपने रिश्तेदारों से मिलने जुलने के लिए आ जा सकते हैं। अर्थात भारत-पाकिस्तान मित्रता का आधारभूत प्रयास किया और खुद उस बस में बैठकर दिल्ली से लाहौर गए लेकिन पाकिस्तान को हमेशा की तरह यह बात रास नहीं आयी। इधर अटल बिहारी वाजपेयी दोस्ती की इबारत लिख रहे थे तो उधर पाकिस्तान ने कारगिल जंग की पूरी तैयारी कर ली थी। लाइन ऑफ कंट्रोल के पास कारगिल सेक्टर में आतंकियों के भेष में पाकिस्तानी सेना कई भारतीय चौकियों पर कब्जा कर चुके थे लेकिन जैसे ही भारत को पता चला तो हमारे जांबाज सैनिकों ने पाकिस्तान को एक बार फिर मुंहतोड़ जवाब दिया और कारगिल में विजय पताका लहरा दी। एक बार फिर अटल बिहारी वाजपेयी के नेतृत्व का लोहा दुनिया ने माना।

वर्ष 2003 में अटल बिहारी वाजपेयी की चीन यात्रा के दौरान भारत और चीन ने एक समझौते पर हस्ताक्षर किए जिसमें व्यापार और आपसी रिश्ते बढ़ाने पर जोर दिया गया है। इसके अलावा इसमें तिब्बत को चीन का हिस्सा माना गया और दूसरी ओर चीन ने परोक्ष रूप से सिक्किम को भारत का अंग मान लिया।

वाजपेयी जी के शासनकाल के दौरान अमेरिकी सोच में हुए बदलाव को क्लिंटन की यात्रा में साफ तौर से देखा जा सकता है। दोनों देशों ने एक संयुक्त बयान भारत-अमेरिकी संबंध–21वीं शताब्दी की एक परिकल्पना पर हस्ताक्षर किए एवं विगत की शंकाओं को दूर करने तथा विश्व के दो सबसे बड़े लोकतंत्र के बीच अपेक्षाकृत अधिक घनिष्ठ और गुणात्मक रूप से नए संबंध बनाने के लिए द्विपक्षीय संबंधों में एक नई उपयोगी दिशा देने के लिए रूपरेखा पर सहमत हुए। इस दौरान दोनों नेताओं ने एक विजन स्टेटमेंट पर भी हस्ताक्षर किए। राष्ट्रपति

क्लिंटन की भारत यात्रा से भारत-अमेरिका के बीच वैश्विक सामरिक सहयोग के नए युग का सूत्रपात हुआ।

अमेरिका और इजराइल जैसे नए सहयोगी जुटाने और पुराने दोस्त रूस के साथ रणनीतिक साझेदारी की नींव रखने वाली अटल सरकार की ही सोच थी। उन्होंने भारत-अमेरिका संबंधों के साझे प्रयासों की दिशा में नैसर्गिक गठजोड़ की प्रकृति को पहचाना था।

वाजपेयी जी ने अपनी नेतृत्व कुशलता से सिर्फ विदेशी नीतियों में ही नहीं बल्कि घरेलू नीतियों में भी कई सारे सुधार किए। वाजपेयी जी ने सौ साल से ज्यादा लंबित पड़े रहे कावेरी जल विवाद को सुलझाने का अभूतपूर्व प्रयास किया। इसके अलावा उनके द्वारा शुरू किए गए स्वर्णिम चतुर्भुज योजना, राजकोषीय उत्तरदायित्व और बजट प्रबंधन अधिनियम, दूरसंचार क्रांति, पीएसयू का निजीकरण और सर्व शिक्षा अभियान की सराहना आज भी होती है।

अमेरिका और इजराइल जैसे नए सहयोगी जुटाने और पुराने दोस्त रूस के साथ रणनीतिक साझेदारी की नींव रखने वाली अटल सरकार की ही सोच थी। उन्होंने भारत-अमेरिका संबंधों के साझे प्रयासों की दिशा में नैसर्गिक गठजोड़ की प्रकृति को पहचाना था।

अपनी उत्कृष्ट बुद्धि कौशल के जरिए भारतीय नीतियों के सुधार के संबंध में नरसिंहाराव की गढ़ी बुनियाद पर भव्य इमारत तैयार की और वे खुश किस्मत भी थे क्योंकि डॉ. मनमोहन सिंह ने उनकी विदेश नीति के अहम पहलुओं को आगे जारी रखा।

बुनियादी रुप से अटल बिहारी वाजपेयी विदेश नीति के शिल्पकार थे जो चीन, पाकिस्तान एवं अन्य राष्ट्रों के साथ संबंधों को सुधारने के लिए बेहद सजग, सचेत एवं गंभीर रहा करते थे। ये इनके व्यावहारिक सूझ-बूझ और रणनीतिक दृष्टिकोण का ही नतीजा था कि अन्य राष्ट्रों को भारत के प्रति सकारात्मक प्रतिक्रिया देने के लिए मजबूर होना पड़ता था। वाजपेयी जी को भारतीय विदेश नीति में सिद्धांत, संयम और संकल्प का पालन करने वाले एक समावेशी व्यक्तित्व के रूप में याद किया जाएगा।

❖❖❖

15

एच.डी. देव गौड़ा
(H.D. Deve Gowda)

एच.डी. देव गौड़ा

भारत के ग्यारहवें प्रधानमंत्री

कार्यकाल : 1 जून 1996 से 21 अप्रैल 1997

जन्म : 18 मई 1933, हरदनहल्ली, ब्रिटिश भारत

पिता का नाम : श्री दोडे गौड़ा

माता का नाम : श्रीमति देवम्मा

जीवन संगिनी : श्रीमति चेन्नम्मा देव गौड़ा

बच्चे : एच.डी. कुमार स्वामी, एच.डी. रेवन्ना, एच.डी. शैलजा एच.डी. रमेश

पेशा : राजनेता

राजनीतिक दल : जनता दल (सेक्युलर)

हरदनहल्ली डोडेगौडा देवगौडा (जन्म 18 मई 1933) भारत के ग्यारहवें प्रधानमंत्री हैं। उनका कार्यकाल सन् 1996 से 1997 तक रहा। इसके पूर्व 1994 से 1996 तक वे कर्नाटक राज्य के मुख्यमंत्री भी रहे।

प्रारंभिक जीवन और शिक्षा

गौड़ा का जन्म 18 मई 1933 को हॉलनसारिपीली तालुक के एक गांव में हुआ था, जो कि मैसूर के पूर्व साम्राज्य (अब हसन, कर्नाटक में) का एक

वोक्कालिगा जाति परिवार है, जिसे भारत सरकार द्वारा अन्य पिछड़ा वर्ग के रूप में वर्गीकृत किया गया है। उनके पिता दोडे गौड़ा एक किसान थे और मां, देवम्मा थी।

शिक्षा तथा राजनीति

1950 के दशक के अंत में उन्होंने एल.वी. पॉलिटेक्निक, हसन से सिविल इंजीनियरिंग में डिप्लोमा अर्जित किया। अपनी जवानी में, गौड़ा ने अपने पिता की खेती में मदद की।

सिविल इंजीनियरिंग डिप्लोमा धारक, श्री देवेगौड़ा 20 साल की उम्र में अपनी पढ़ाई पूरी करने के बाद राजनीति में आ गए, 1953 में वे कांग्रेस पार्टी में शामिल हुए और 1962 तक इसके सदस्य बने रहे। एक मध्यम वर्गीय कृषि परिवार के गौड़ा ने किसान के जीवन की कठिनाइयां देखी थीं इसीलिए उन्होंने किसानों, वंचित और शोषित वर्ग के लोगों को उनका अधिकार दिलाने के लिए आवाज उठाई।

लोकतांत्रिक व्यवस्था के निचले तबके से संबंध रखने वाले श्री देवेगौड़ा ने धीरे-धीरे राजनीतिक ऊंचाइयां हासिल की। अन्जनेया सहकारी सोसायटी के अध्यक्ष और होलेनारासिपुरा के तालुक तहसील विकास बोर्ड के सदस्य के रूप में उन्होंने लोगों के मन में अपने लिए एक अलग स्थान बनाया।

उन्होंने हमेशा एक ऐसे समाज का सपना देखा जहां असमानताओं के लिए कोई जगह न हो। 28 साल की उम्र में गौड़ा निर्दलीय के रूप में चुनाव लड़े और 1962 में वे कर्नाटक विधान सभा के सदस्य बन गए। विधान सभा में वक्ता के रूप में उन्होंने सभी को प्रभावित किया। होलेनारसिपुर निर्वाचन क्षेत्र से वे लगातार चौथी (1967-1971); पांचवी (1972-1977) और छठी (1978-1983) विधान सभाओं के लिए चुने गए।

मार्च 1972 से मार्च 1976 तक और नवंबर 1976 से दिसंबर 1977 तक विधान सभा में विपक्ष के नेता के रूप में उन्होंने ख्याति प्राप्त की।

श्री देवेगौड़ा ने 22 नवंबर 1982 को छठी विधान सभा की सदस्यता छोड़ दी। सातवीं और आठवीं विधान सभा के सदस्य रहने के दौरान उन्होंने लोक

निर्माण और सिंचाई मंत्री के रूप में कार्य किया। सिंचाई मंत्री के रूप में उन्होंने कई सिंचाई परियोजनाएं शुरू की। 1987 में उन्होंने सिंचाई के लिए अपर्याप्त धन आवंटन का विरोध करते हुए मंत्रिमंडल से इस्तीफा दे दिया।

स्वतंत्रता और समानता के समर्थक गौड़ा को 1975-76 में केंद्र सरकार की नाराजगी का सामना करना पड़ा एवं उन्हें आपातकाल के दौरान गिरफ्तार कर लिया गया था। श्री देव गौड़ा ने इस समय का उपयोग अपने अध्ययन कार्य के लिए किया ताकि अपने ज्ञान का विस्तार किया जा सके। उनके अध्ययन एवं इस अवधि के दौरान जेल में बंद भारतीय राजनीति के अन्य दिग्गजों से हुई उनकी बातचीत से उनके व्यक्तित्व और दृष्टिकोण में परिवर्तन आया। जेल से बाहर आने के बाद वे परिपक्व और दृढ संकल्प वाले व्यक्ति के रूप में सामने आए।

1991 में वे हसन लोक सभा निर्वाचन क्षेत्र से सांसद के रूप में चुने गए। श्री गौड़ा ने राज्य की समस्याओं, विशेष रूप से किसानों की समस्याओं के निवारण में महत्त्वपूर्ण भूमिका निभाई। उन्होंने किसानों की दुर्दशा के बारे में संसद में स्पष्ट रूप से अपने विचार व्यक्त किए जिसके लिए सभी ने उनकी प्रशंसा की। संसद और इसके संस्थानों की प्रतिष्ठा और गरिमा बनाए रखने के लिए भी सभी ने उनकी खूब प्रशंसा की।

श्री देवेगौड़ा राज्य स्तर पर दो बार जनता पार्टी के अध्यक्ष बने। 1994 में वे जनता दल के अध्यक्ष बने। 1994 में राज्य में जनता दल की जीत के सूत्रधार वही थे। वे जनता दल के नेता चुने गए और 11 दिसम्बर 1994 को वे कर्नाटक के 14वें मुख्यमंत्री बने। इसके बाद उन्होंने रामनगर विधान सभा क्षेत्र से चुनाव लड़ा और भारी बहुमत से जीत हासिल की।

राजनीति में उनके अनुभव और निचले तबके के लोगों तक उनकी अच्छी पहुंच ने राज्य की समस्याओं से निपटने में उनकी मदद की। उनकी राजनीतिक विलक्षणता की झलक सभी ने फिर से तब दिखी जब उन्होंने हुबली के ईदगाह मैदान का मुद्दा उठाया। यह अल्पसंख्यक समुदाय का मैदान था जो हमेशा से ही राजनीतिक विवाद का मुद्दा रहा था। श्री देवगौड़ा ने सफलतापूर्वक इस मुद्दे का शांतिपूर्ण समाधान निकला।

जनवरी 1995 में श्री देवेगौड़ा स्विट्जरलैंड के दौरे पर गए जहां उन्होंने अंतर्राष्ट्रीय अर्थशास्त्रियों के फोरम में भाग लिया। यूरोपीय और मध्य पूर्वी देशों के

उनके दौरे उनके एक समर्पित राजनेता होने का प्रमाण देते हैं। श्री गौड़ा अपने सिंगापुर दौरे के दौरान राज्य के लिए आवश्यक विदेशी निवेश लाए जो उनके व्यावसायिक कौशल को दिखाता है।

1970 के बाद से सभी ने राजनीति और इसकी प्रक्रियाओं में उनके अत्यधिक व्यस्तता पर कटाक्ष किया। श्री गौड़ा के अनुसार, उनकी राजनीति लोगों के लिए है और उनसे घिरे रह कर और उनके लिए कार्य कर के ही उन्हें खुशी मिलती है।

1989 में कर्नाटक में हुए विधान सभा चुनाव में जनता दल को 222 में से केवल 2 सीटें मिलीं जो पार्टी के लिए एक करारी हार थी। श्री गौड़ा के लिए भी यह उनके करियर की पहली असफलता थी जहां उन्हें दोनों निर्वाचन क्षेत्रों (जहां से वे चुनाव लड़ रहे थे) में हार का सामना करना पड़ा। अतः यह कहा जा सकता है कि वे राजनीतिक क्षेत्र की अस्थिरता से अनजान नहीं हैं।

इस हार ने उनके खोये हुए सम्मान और सत्ता पाने की उनकी इच्छा तथा अपनी राजनीतिक शैली को फिर से जांचने के लिए प्रेरित किया। उन्होंने दिल्ली और कर्नाटक में अपने प्रतिद्वंदियों से अपने कड़वे रिश्ते को अलग रखते हुए उनके साथ मैत्री संबंध स्थापित किया। श्री गौड़ा एक सरल जीवन जीने वाले मुखर और प्रभावी व्यक्ति हैं।

राजनीति में आने से पहले श्री गौड़ा साधारण निर्माण कार्य लेने वाले ठेकेदार थे। सात वर्ष निर्दलीय के रूप में कार्य करने से उन्हें दलीय राजनीति समझने में आसानी हुई। अपने कार्य के प्रति लगनशील श्री गौड़ा विधानमंडल पुस्तकालय में पुस्तक और पत्रिकाएं पढ़ा करते थे। वर्ष 1967 के चुनाव में फिर से चुने जाने पर उनमें आत्मविश्वास का संचार हुआ और 1969 में कांग्रेस के विभाजन के बाद वे श्री निजलिंगप्पा के नेतृत्व वाले तत्कालीन सत्ताधारी कांग्रेस दल में शामिल हो गए। 1971 में लोक सभा चुनाव में कांग्रेस की हार ने श्री गौड़ा को बड़ा अवसर प्रदान किया। वह उस समय एक सशक्त विपक्ष नेता के रूप में उभरे जब पूरे देश में इंदिरा गांधी की लहर थी।

श्री दोड़े गौड़ा और श्रीमती देवाम्मा के पुत्र श्री देव गौड़ा को कृषि संबंधी अपनी साधारण पृष्ठभूमि पर गर्व है। उनका विवाह श्रीमती चेन्नम्मा से हुआ था।

उनके 4 पुत्र एवं 2 पुत्रियां हैं जिनमें से एक पुत्र कर्नाटक में विधायक और दूसरे लोक सभा के सदस्य हैं।

राजनीतिक कैरियर

कांग्रेस पार्टी में

गौड़ा 1953 में भारतीय राष्ट्रीय कांग्रेस पार्टी में शामिल हुए और 1962 तक एक सदस्य बने रहे। उस अवधि के दौरान, वह हॉलनसारिपुरा के अंजनेय सहकारी सोसायटी के अध्यक्ष रहे और बाद में होलनारसिपुरा के तालुक विकास बोर्ड के सदस्य बने।

1962 में, गौड़ा एक स्वतंत्र उम्मीदवार के रूप में हॉलनारसिपुरा निर्वाचन क्षेत्र से कर्नाटक विधान सभा में चुने गए। बाद में, वह उसी निर्वाचन क्षेत्र से 1962 से 1989 तक लगातार छह बार विधान सभा में निर्वाचित हुए। कांग्रेस के विभाजन के दौरान उन्होंने कांग्रेस (ओ) में शामिल होकर मार्च 1972 से मार्च 1976 तक विधान सभा में विपक्ष के नेता के रूप में कार्य किया। नवंबर 1976 से दिसंबर 1977 तक आपातकाल (1975-77) के दौरान, उन्हें बैंगलोर सेंट्रल जेल में कैद किया गया था।

जनता पार्टी में

गौड़ा जनता पार्टी की राज्य इकाई के दो बार राष्ट्रपति थे। उन्होंने 1983 से 1988 तक रामकृष्ण हेगड़े की अध्यक्षता में कर्नाटक की जनता पार्टी सरकार में मंत्री के रूप में सेवा की। वह 1994 में जनता दल की राज्य इकाई के अध्यक्ष बने और 1994 में विधान सभा चुनाव में पार्टी की जीत के पीछे प्रेरणा शक्ति थी। वह दिसंबर में कर्नाटक के 14वें मुख्यमंत्री के रूप में शपथ ग्रहण करने वाले रामनगर से चुने गए।

जनवरी 1995 में, गौड़ा ने स्विट्ज़रलैंड का दौरा किया और अंतर्राष्ट्रीय अर्थशास्त्रियों के फोरम में भाग लिया। सिंगापुर के लिए उनका दौरा, जहां उन्होंने राज्य को ज्यादा आवश्यक विदेशी निवेश अर्जित किया तथा अपने व्यापारिक कौशल को साबित कर दिया।

एक प्रधानमंत्री के रूप में

1996 के आम चुनावों में, पी.वी. नरसिम्हा राव की अध्यक्षता वाली कांग्रेस पार्टी निर्णायक रूप से हार गई लेकिन कोई अन्य पार्टी सरकार बनाने के लिए पर्याप्त सीटें नहीं जीत पाई। तब संयुक्त मोर्चा (गैर-कांग्रेस और गैर-भाजपा क्षेत्रीय पार्टियों का एक समूह) ने कांग्रेस के समर्थन से केंद्र में सरकार बनाने का फैसला किया, तब देवगौड़ा को अप्रत्याशित रूप से सरकार का नेतृत्व करने के लिए चुना गया और वह भारत के 11वें प्रधानमंत्री बने। उन्होंने 1 जून 1996 को भारत के प्रधानमंत्री के रूप में पदभार ग्रहण किया और 11 अप्रैल 1997 तक जारी रहे। इसके अलावा, वह संयुक्त मोर्चा की संचालन समिति के अध्यक्ष थे, नीतिगत सत्ता के सभी घटकों की नीति बनाने वाली सर्वोच्च संस्था।

जनता दल (सेक्युलर)

जनता दल (सेक्युलर) अपनी जड़ें जयप्रकाश नारायण द्वारा स्थापित जनता पार्टी में वापस लाती है जो 1977 के राष्ट्रीय चुनावों के लिए एक ही बैनर के तहत सभी विपक्षी पार्टियों को एकजुट करती हैं।

1988 में छोटे विपक्षी पार्टियों के साथ जनता पार्टी के विलय पर जनता दल का गठन हुआ था। 1989 में जब उन्होंने राष्ट्रीय मोर्चा सरकार का नेतृत्व किया, तब विश्वनाथ प्रताप सिंह जनता दल से भारत के पहले प्रधानमंत्री बने। बाद में देवेगौड़ा और इंदर कुमार गुजराल भी थे 1996 और 1997 के क्रमशः संयुक्त मोर्चा (यूएफ) गठबंधन सरकारों के प्रधानमंत्री बने।

1999 में, जब पार्टी के कुछ वरिष्ठ नेताओं ने भारतीय जनता पार्टी (भाजपा) के साथ-साथ एनडीए में हाथ मिला लिया तो पार्टी कई गुटों में विभाजित हुई। स्वर्गीय मधु दंडवते सहित कई नेताओं ने देवेगौड़ा के नेतृत्व में जनता दल (सेक्युलर) गुट में हिस्सा लिया, जो इस गुट के राष्ट्रीय अध्यक्ष बने।

1999 के आम चुनावों में उन्हें हराया गया लेकिन 2002 में कनकपुरा उपचुनाव जीतने के बाद वापसी हुई।

2004 में कर्नाटक में हुए चुनावों में जनता दल (सेक्युलर) ने 58 सीटें जीतीं और राज्य में सत्ताधारी गठबंधन का हिस्सा बनने के साथ उनकी पार्टी की

किस्मत को पुनरुद्धार देखा। बाद में, पार्टी ने भाजपा से हाथ मिला लिया और 2006 में एक वैकल्पिक सरकार बनाई। उनके पुत्र एच.डी.डी. कुमारस्वामी राज्य में बीजेपी-जद (एस) गठबंधन सरकार के नेतृत्व में 20 महीने तक थे। 2008 के राज्य चुनावों में, पार्टी ने खराब प्रदर्शन किया और सिर्फ 28 सीटों पर जीत हासिल की लेकिन दक्षिण कर्नाटक में एक महत्त्वपूर्ण ताकत रही है।

सामाजिक-आर्थिक विकास और भारत की समृद्ध सांस्कृतिक विरासत के पुरजोर समर्थक श्री एच.डी. देवेगौड़ा का जन्म 18 मई 1933 को कर्नाटक के हासन जिले के होलेनारासिपुरा तालुक के हरदनहल्ली गांव में हुआ था।

❖❖❖

16

इन्द्र कुमार गुजराल
(Indra Kumar Gujral)

भारत के बारहवें प्रधानमंत्री

इन्द्र कुमार गुजराल

कार्यकाल : 21 अप्रैल 1997 से 19 मार्च 1999

जन्म : 4 दिसंबर 1919, झेलम, पाकिस्तान

मृत्यु : 30 नवंबर 2012, गुडगांव, हरियाणा

पिता का नाम : श्री अवतार नारायण गुजराल

माता का नाम : श्रीमति पुष्पा गुजराल

जीवन संगिनी : श्रीमति शीला गुजराल

बच्चे : नरेश गुजराल, विशाल गुजराल

पेशा : राजनेता, राजनयिक दूत

राजनीतिक दल : जनता दल

इन्द्र कुमार गुजराल (जन्म–4 दिसम्बर 1919, झेलम - मृत्यु–30 नवम्बर 2012, गुड़गांव, हरियाणा) भारतीय गणराज्य के 12वें प्रधानमंत्री थे। उन्होंने भारतीय स्वतंत्रता संग्राम में सक्रिय रूप से हिस्सा लिया और 1942 के भारत छोड़ो आंदोलन के दौरान वे जेल भी गए। अप्रैल 1997 में भारत के प्रधानमंत्री बनने से पहले उन्होंने केंद्रीय मंत्रिमंडल में विभिन्न पदों पर काम किया। वे संचार मंत्री, संसदीय कार्य मंत्री, सूचना प्रसारण मंत्री, विदेश मंत्री और आवास मंत्री जैसे

महत्त्वपूर्ण पदों पर रहे। राजनीति में आने से पहले उन्होंने कुछ समय तक बीबीसी की हिन्दी सेवा में एक पत्रकार के रूप में भी काम किया था।

1975 में जिन दिनों वे इंदिरा गांधी सरकार में सूचना एवं प्रसारण मंत्री थे उसी समय यह बात सामने आयी थी कि 1971 के चुनाव में इंदिरा गांधी ने चुनाव जीतने के लिए असंवैधानिक तरीकों का इस्तेमाल किया है। इंदिरा गांधी के बेटे संजय गांधी ने उत्तर प्रदेश से ट्रकों में भरकर अपनी मां के समर्थन में प्रदर्शन करने के लिए दिल्ली में लोग इकट्ठे किए और इन्द्र कुमार गुजराल से दूरदर्शन द्वारा उसका कवरेज करवाने को कहा। गुजराल ने इसे मानने से इन्कार कर दिया क्योंकि संजय गांधी को कोई सरकारी ओहदा प्राप्त नहीं था। बेशक वे प्रधानमंत्री के पुत्र थे। इस कारण से उन्हें सूचना एवं प्रसारण मंत्रालय से हटा दिया गया और विद्याचरण शुक्ल को यह पद सौंप दिया गया। लेकिन बाद में उन्हीं इंदिरा गांधी की सरकार में मास्को में राजदूत के तौर पर गुजराल ने 1980 में सोवियत संघ के द्वारा अफगानिस्तान में हस्तक्षेप का विरोध किया। उस समय भारतीय विदेश नीति में यह एक बहुत बड़ा बदलाव था। उस घटना के बाद ही आगे चलकर भारत ने सोवियत संघ द्वारा हंगरी और चेकोस्लोवाकिया में राजनीतिक हस्तक्षेप का विरोध किया।

व्यक्तिगत जीवन

गुजराल के पिता का नाम अवतार नारायण और माता का पुष्पा गुजराल था। उनकी शिक्षा दीक्षा डी.ए.वी. कॉलेज, हैली कॉलेज ऑफ कामर्स और फॉर्मन क्रिश्चियन कॉलेज लाहौर में हुई। अपनी युवावस्था में वे भारतीय स्वतंत्रता आंदोलन में शरीक हुए और 1942 के "अंग्रेजों भारत छोड़ो" अभियान में जेल भी गए।

हिन्दी, उर्दू और पंजाबी भाषा में निपुण होने के अलावा वे कई अन्य भाषाओं के जानकार भी थे और शेरो-शायरी में काफी दिलचस्पी रखते थे। गुजराल की पत्नी शीला गुजराल का निधन 11 जुलाई 2011 को हुआ। उनके दो बेटों में से एक नरेश गुजराल राज्य सभा सदस्य है और दूसरा बेटा विशाल है। गुजराल के छोटे भाई सतीश गुजराल एक विख्यात चित्रकार तथा वास्तुकार भी है।

आरंभिक जीवन

इन्द्र कुमार गुजराल का जन्म 4 दिसंबर 1919 को झेलम के एक कस्बे में हुआ था। यह स्थान पहले अविभाजित पंजाब के अंतर्गत आता था, लेकिन

वर्तमान में पाकिस्तान में है। वह अवतार निरंजन गुजराल और पुष्पा गुजराल के बड़े पुत्र थे। उनका जन्म स्वतंत्र सेनानियों के परिवार में हुआ था और उनके अभिभावकों ने पंजाब में स्वतंत्रता की लड़ाई में सक्रियता से भाग लिया था। भारत छोड़ो आंदोलन के दौरान 1942 में उन्हें जेल जाना पड़ा। उन्होंने अपनी स्कूली शिक्षा कस्बे से ही पूरी की। आगे की पढ़ाई फोरमैन क्रिश्चियन कॉलेज और कॉलेज की पढ़ाई हैली कॉलेज ऑफ कॉमर्स से पूरी की। 26 मई 1945 को लाहौर में उन्होंने अपनी कॉलेज मित्र और कवि शीला भसीन से शादी कर ली। विशाल गुजराल और नरेश गुजराल उनके दो पुत्र हैं।

गुजराल के पिता का नाम अवतार नारायण और माता का पुष्पा गुजराल था। उनकी शिक्षा दीक्षा डी.ए.वी. कालेज, हैली कॉलेज ऑफ कामर्स और फॉर्मन क्रिश्चियन कॉलेज लाहौर में हुई। अपनी युवावस्था में वे भारतीय स्वतंत्रता आंदोलन में शरीक हुए और 1942 के "अंग्रेजो भारत छोड़ो" अभियान में जेल भी गए। हिन्दी, उर्दू और पंजाबी भाषा में निपुण होने के अलावा वे कई अन्य भाषाओं के जानकार भी थे और शेरो-शायरी में काफी दिलचस्पी रखते थे। गुजराल की पत्नी शीला गुजराल का निधन 11 जुलाई 2011 को हुआ। उनके दो बेटों में से एक नरेश गुजराल राज्य सभा सदस्य है और दूसरा बेटा विशाल है। गुजराल के छोटे भाई सतीश गुजराल एक विख्यात चित्रकार तथा वास्तुकार भी है।

उन्होंने राजनीतिक जीवन की शुरुआत अपने कॉलेज के दिनों से की। वह लाहौर छात्रसंघ के सदस्य थे और संघ के अध्यक्ष भी बने। इसके साथ ही वह कम्यूनिस्ट पार्टी का हिस्सा बन गए। अपनी बेसिक शिक्षा पूरी करने तक वह कम्यूनिस्ट पार्टी कार्ड धारी सदस्य बन गए थे। 1976-1981 तक उन्होंने यूएसएसएसआर भारत के राजदूत के तौर पर सेवाएं दीं। 1980 में गुजराल कांग्रेस पार्टी छोड़कर जनता दल में शामिल हो गए। वी.पी. सिंह के कार्यकाल में वह 1989-1990 तक विदेश मंत्री बने। इसके बाद 1996 में एच.डी. देवगौड़ा सरकार में यही जिम्मेदारी फिर निभाई।

इस दौरान भारत ने पड़ोसी देशों के साथ अपने रिश्ते बेहतर करने का प्रयास किया। इसके अलावा गुजराल को इंडियन काउंसिल ऑफ साउथ एशियन को-ऑपरेशन का अध्यक्ष भी बनाया गया तथा 1996 में राज्य सभा के नेता बने। उन्होंने राजनीतिक जीवन की शुरुआत अपने कॉलेज के दिनों से की। वह लाहौर छात्रसंघ के सदस्य थे और संघ के अध्यक्ष भी बने। श्री गुजरात ने परोक्ष रूप से

भारतीय स्वतंत्रता संग्राम में भी भाग लिया। भारत छोड़ो आंदोलन के दौरान 1942 में उन्हें जेल जाना पड़ा।

जिस समय उनका जन्म हुआ, देश के चारों ओर अंग्रेजों का भीषण दमनचक्र चल रहा था। जैसे-जैसे श्री गुजराल बड़े होते गए उनकी आंखे अंग्रेजों के देशवासियों पर होने वाले अत्याचारों को देख-देखकर व्याकुल होती रही। उनके हृदय में अपने देशवासियों के प्रति कोमल भावनाएं समय-समय पर प्रस्फुटित होती रहती थी, जिनका वे अक्सर प्रकृतिकरण भी करते रहते थे।

श्री गुजराल ने भारत के राजदूत के रूप में भी सफलतापूर्वक कार्य किया। वे 1976 से लेकर 1980 तक सोवियत संघ में भारत के राजदूत के पद पर कार्यरत रहे। जब 1989-90 में श्री विश्वनाथ प्रताप सिंह की केंद्र में सरकार बनी तो श्री इन्द्र कुमार गुजराल को देश का विदेशी प्रभार सौंपा गया। विदेश मंत्री के रूप में उन्होंने उल्लेखनीय कार्य किए। 1996-97 में श्री एच.डी. देवगौड़ा के नेतृत्व वाले केंद्र सरकार में भी श्री गुजराल को विदेश मंत्री का कार्यभार सौंपा गया। श्री इन्द्र कुमार गुजराल ने भारतीय विदेश नीति का सही अर्थों में उत्तरदायित्व निभाया। इसके अलावा गुजराल को इंडियन काउंसिल ऑफ साउथ एशियन को-ऑपरेशन का अध्यक्ष भी बनाया गया तथा 1996 में राज्य सभा के नेता बने।

शिक्षा

श्री गुजराल बचपन से ही कुशाग्र बुद्धि के थे। उनकी शिक्षा भी उच्च ही रही। उन्होंने डी.ए.वी. कॉलेज जो, कि अब गवर्नमेंट इस्लामिन कॉलेज से प्रसिद्ध है, कॉमर्स हैली कॉलेज और फॉर्मर क्रिस्चियन कॉलेज लाहौर से अपनी पढ़ाई पूरी की। गुजराल कला प्रेमी तथा कला के धनी व्यक्ति थे। उन्हें कविता लिखने का शौक था। जितनी अच्छी वे हिंदी जानते थे, उतनी ही अच्छी उर्दू भी बोलते एवं समझते थे। वे मौलाना आजाद यूनिवर्सिटी में चांसलर के पद पर भी रहे, जहां उन्हें उनके भाषा प्रेम के लिए उनकी मृत्यु के बाद भी सराहा गया। श्री गुजराल ने "मैटर्स ऑफ डिस्क्रेशन–एक आत्मकथा" (Matters of Discretion : An Autobiography') लिखी, जिसमें उन्होंने अपनी जन्म से लेकर भारत विभाजन तथा उनके भारत आने एवं उनके राजनीतिक सफर को चित्रित किया है।

1992 में लालू प्रसाद के सहयोग से वे फिर राज्य सभा में दाखिल हुए। जब 1996 में जनता दल की सरकार केंद्र में आई, तब श्री गुजराल पुनः बाह्य मंत्री

नियुक्त किए गए। वे इस पद पर 1997 तक रहे। 1996 के चुनाव के बाद जनता दल, समाजवादी पार्टी, डीएमके, टीडीपी, एजीपी, INC, बाएं दल (4 पार्टी), तमिलनाडु कांग्रेस और maharashtrawadi gomantak पार्टी ने मिलकर यूनाइटेड फ्रंट बनाया। यूनाइटेड फ्रंट 13 पार्टियों का संयोजन था। इस दौरान श्री एच.डी. देवेगौड़ा प्रधानमंत्री थे। अप्रैल 1997 में एच.डी. देवगौड़ा सरकार लोक सभा में 158 मत के साथ विश्वास मत हासिल करने में असफल हो गई। इसके बाद श्री इन्द्र कुमार गुजराल को सरकार का जिम्मा सौंपा। फिर कांग्रेस की सरकार आने पर उन्होंने सबसे पहली बार 21 अप्रैल 1997 को प्रधानमंत्री के रूप में शपथ ली।

एक आम सहमती वाले उम्मीदवार के रूप में गुजराल प्रधानमंत्री बने थे, जिस सूची में लालू प्रसाद यादव और मुलायम सिंह यादव का भी साथ था, बाहर से गुजराल की सरकार को INC का सहारा था। अपने कार्यकाल के प्रारंभिक सप्ताहों में, सेंट्रल ब्यूरो ऑफ इन्वेस्टीगेशन ने राज्य मुख्यमंत्री लालू प्रसाद यादव पर चारा घोटाले में मुकदमा चलाने की जिम्मेवारी भी उन्हें दी थी। गुजराल के अनुसार लालू प्रसाद यादव मुकदमे से भागने की कोशिश कर रहे थे जबकि अधिकारिक सूत्रों के अनुसार यादव मुकदमे से नहीं भाग रहे थे।

परिणामस्वरूप यादव के मुख्यमंत्री के पद से इस्तीफा देने की मांग जनता और दूसरी राजनीतिक पार्टियां करने लगी थी। यूनाइटेड फ्रंट और तेलगु देशम पार्टी के नेता चंद्रबाबू नायडू और कम्युनिस्ट पार्टी ऑफ इंडिया के जनरल सेक्रेटरी हरिकिशन सिंह सुरजीत ने यादव और दूसरे राष्ट्रीय जनता दल सदस्यों के इस्तीफे की मांग की, और ऐसा ही जनता दल के सदस्य शरद यादव, एच.डी. देवगौड़ा और रामविलास पासवान का भी कहना था।

उनकी सरकार का एक और विवादग्रस्त निर्णय 1997 में उत्तर प्रदेश में राष्ट्रपति शासन की अनुमति देना था। उत्तर प्रदेश में कल्याण सिंह के नेतृत्व वाली बीजेपी सरकार को इस निर्णय से काफी हताशा हुई। जबकि राष्ट्रपति के.आर. नारायण ने भी उनकी इस राय पर हस्ताक्षर करने से मना कर दिया था और उन्होंने सरकार को भी वापिस पुनर्विचार करने के लिए भेज दिया। इलाहाबाद हाई कोर्ट ने भी उत्तर प्रदेश में राष्ट्रपति शासन के खिलाफ ही निर्णय दिया था।

इन्द्र कुमार गुजराल विदेश नीति के विशेषज्ञ थे। इसी कारण पड़ोसी देश पाकिस्तान के साथ संबंध सुधारने के लिए उन्होंने कड़े और महत्त्वपूर्ण कदम

उठाए। प्रधानमंत्री गुजराल के कार्यकाल में देश आर्थिक संकट से जूझ रहा था। इन्होंने आर्थिक विकास के लिए सकारात्मक योजनाएं बनाईं। भले ही यह अपेक्षाकृत सफल ना हो पाए हों, लेकिन वह अपने उद्देश्य के प्रति पूरे ईमानदार थे जिसके परिणामस्वरूप यह प्रयास काफी हद तक असरदार रहे। केंद्रीय सरकार अस्थिर होने के कारण नौकरशाही में भ्रष्टाचार अपने चरम पर था।

इन्द्र कुमार गुजराल ने मुख्य रूप से नौकरशाहों पर अंकुश लगाने का काम किया। अपने राजनैतिक जीवन में वह पूर्णतः ईमानदार और अपने दायित्वों के प्रति समर्पित रहे। इनकी गिनती उन प्रधानमंत्रियों में की जाती है जिन्होंने प्रधानमंत्री पद की गरिमा को सदैव बनाए रखा।

श्री गुजराल के माता-पिता स्वतंत्रता सेनानी थे जिन्होंने पंजाब के स्वतंत्रता संग्राम में भाग लिया था। वर्ष 1931 में 11 वर्ष की उम्र में श्री गुजराल ने स्वतंत्रता संग्राम में भाग लिया जिसमें पुलिस ने उनको झेलम में युवा बच्चों के आंदोलन का नेतृत्व करने के लिए गिरफ्तार कर लिया और बर्बरता से पीटा। 1942 में भारत छोड़ो आंदोलन के दौरान उन्हें फिर से गिरफ्तार किया गया।

भारत के प्रधानमंत्री बनने से पहले श्री गुजराल 1 जून 1996 से विदेश मंत्री रह चुके थे और 28 जून 1996 को उन्होंने जल संसाधन मंत्रालय का अतिरिक्त प्रभार संभाला। वह वर्ष 1989-90 में जल संसाधन मंत्री थे। 1976 से 1980 तक यूएसएसआर में भारत के राजदूत (मंत्रिमंडल स्तर) रहे और 1967 से 1976 तक उन्होंने निम्नलिखित मंत्रिस्तरीय पदों का कार्यभार संभाला–

- संचार एवं संसदीय मामलों के मंत्री।
- सूचना, प्रसारण तथा संचार मंत्री।
- निर्माण एवं आवास मंत्री।
- सूचना एवं प्रसारण मंत्री।
- योजना मंत्री।

ग्रहण किए गए संसदीय पद

इन्द्र कुमार जून 1996 से राज्य सभा के नेता रहे। अप्रैल 1993 से 1996 तक संसद की वाणिज्य और टेक्सटाइल की स्थायी समिति के अध्यक्ष; अप्रैल 1996

तक विदेश मामलों की स्थायी समिति के सदस्य; 1964 से 1976 और 1989 से 1991 तक संसद के सदस्य; 1992 में बिहार राज्य सभा के सदस्य; याचिका समिति, लोक लेखा समिति, राज्य सभा की नियम संबंधी समिति; राज्य सभा की अधीनस्थ विधान समिति; राज्य सभा की सामान्य प्रयोजन समिति के सदस्य रहे।

अन्य महत्त्वपूर्ण पद

इन्द्र कुमार भारतीय दक्षिण एशियाई सहकारिता परिषद के अध्यक्ष; पूंजीगत योजना निगरानी समिति के सदस्य; रक्षा अध्ययन एवं विश्लेषण (आईडीएसए) संस्थान के पूर्व अध्यक्ष; उर्दू के प्रोत्साहन (गुजराल समिति) संबंधी सरकारी समिति के अध्यक्ष; 1959 से 1964 तक नई दिल्ली नगरपालिका परिषद के उपाध्यक्ष; लाहौर छात्र संघ के अध्यक्ष; पंजाब छात्र महासंघ के महासचिव; कलकत्ता, श्रीनगर और दिल्ली में संयुक्त मोर्चा विपक्षी दल सम्मेलन के संयोजक और प्रवक्ता रहे।

अंतर्राष्ट्रीय प्रतिनिधिमंडल

वह 1996 में हुई संयुक्त राष्ट्र संघ की महासभा के भारतीय प्रतिनिधिमंडल के राजनेता; 1995 में जिनेवा में हुए मानव अधिकार संयुक्त राष्ट्र अधिवेशन के भारतीय प्रतिनिधिमंडल के नेता; 1990 में हुई संयुक्त राष्ट्र महासभा के भारतीय प्रतिनिधिमंडल के नेता; 1990 में संयुक्त राष्ट्र संघ के आर्थिक विकास पर हुए विशेष सत्र के भारतीय प्रतिनिधिमंडल के नेता; 1994 और 1995 में संयुक्त राष्ट्र संघ के भारतीय प्रतिनिधिमंडल के सदस्य; 1977 में शिक्षा और पर्यावरण पर यूनेस्को में हुए सम्मेलन में भारतीय प्रतिनिधिमंडल के नेता; 1970, 1972 और 1974 में यूनेस्को के अधिवेशन में भारतीय प्रतिनिधिमंडल के स्थापन्न नेता; 1973 में पेरिस में यूनेस्को द्वारा मनुष्य और नई संचार प्रणालियों पर आयोजित संगोष्ठी के अध्यक्ष; 1995 में बुकारेस्ट में हुए अंतर संसदीय संघ सम्मेलन के प्रतिनिधि; 1994 में हुए कनाडा राष्ट्र मंडल संसदीय संघ सम्मेलन के प्रतिनिधि; 1967 में कैनबरा (ऑस्ट्रेलिया) में हुई अंतर संसदीय संघ की बैठक के प्रतिनिधि; 1974 में पर्यावरण पर स्टॉकहोम में हुए संयुक्त राष्ट्र के अधिवेशन में भारतीय प्रतिनिधिमंडल के स्थापन्न नेता; 1975 में गैबॉन, कैमरून, कोंगो, चौड और मध्य अफ्रीका के लिए भारत के विशेष दूत; 1966 में गणराज्य मलावी के उद्घाटन के लिए भारत के विशेष दूत; 1961 में बुल्गारिया में विशेष दूत; श्रीलंका, भूटान, मिस्र और सूडान के

राजनीतिक दौरे पर केंद्रीय मंत्री; भारतीय दक्षिण एशियाई सहकारिता परिषद के अध्यक्ष; 1961 में हुए एशियाई रोटरी सम्मेलन के उपाध्यक्ष रहे।

सामाजिक संगठन

श्री गुजराल नारी निकेतन न्यास एवं जालंधर (पंजाब) के ए.एन. गुजराल मेमोरियल स्कूल के अध्यक्ष; भारत पाक मैत्री संस्था के अध्यक्ष; दिल्ली कला थिएटर के संस्थापक एवं अध्यक्ष; लोक कल्याण समिति के उपाध्यक्ष; 1960 में दिल्ली के रोटरी क्लब के अध्यक्ष; 1961 में एशियाई रोटरी सम्मेलन के उपाध्यक्ष रहे।

विशेष रुचि

श्री गुजराल राष्ट्रीय एवं अंतर्राष्ट्रीय मामलों तथा थिएटर पर लेखन-कार्य और समीक्षा करते थे।

लम्बी बीमारी के बाद निधन

गुजराल लम्बे समय से डायलिसिस पर चल रहे थे। 19 नवम्बर 2012 को छाती में संक्रमण के बाद उन्हें हरियाणा स्थित गुड़गांव के एक प्राइवेट अस्पताल में भर्ती कराया गया। जहां इलाज के दौरान ही उनकी हालत गिरती चली गयी। 27 नवम्बर 2012 को वे अचेतावस्था में चले गए। काफी कोशिशों के बाद भी उन्हें बचाया नहीं जा सका। आखिरकार 30 नवम्बर 2012 को उनकी आत्मा ने उनका शरीर छोड़ दिया। उनके निधन का समाचार मिलते ही लोक सभा व राज्य सभा स्थगित हो गयी और इस अवसर पर राष्ट्रीय शोक की घोषणा के साथ भारत के राष्ट्रपति एवं प्रधानमंत्री ने शोक व्यक्त किया।

जनता के दर्शनार्थ उनका पार्थिव शरीर उनके सरकारी आवास 5 जनपथ नई दिल्ली में रखा गया। 1 दिसम्बर 2012 को दोपहर बाद 3 बजे उनकी अंत्येष्टि शान्ति वन और विजय घाट के मध्यवर्ती क्षेत्र "स्मृति स्थल" पर पूरे राजकीय सम्मान के साथ की गयी।

गुजराल की अंतयेष्टि में भारत के राष्ट्रपति प्रणव मुखर्जी, प्रधानमंत्री मनमोहन सिंह, कांग्रेस अध्यक्ष सोनिया गांधी, वरिष्ठ भाजपा नेता लालकृष्ण आडवाणी, अरुण जेटली सहित अनेक हस्तियां शामिल हुईं।

❖❖❖

17

डॉ. मनमोहन सिंह
(Dr. Manmohan Singh)

भारत के तेरहवें प्रधानमंत्री

डॉ. मनमोहन सिंह

कार्यकाल : 22 मई 2004 से 23 मई 2014

जन्म : 26 सितंबर 1932, गाह, पाकिस्तान

पिता का नाम : श्री गुरुमुख कौर

माता का नाम : श्रीमति अमृत कौर

जीवन संगिनी : श्रीमति गुरचरण कौर

बच्चे : उपिन्दर सिंह, अमृत सिंह, दमन सिंह

पेशा : अर्थशास्त्री, नौकरशाह, शिक्षक, समाजसेवी, राजनेता

राजनीतिक दल : भारतीय राष्ट्रीय कांग्रेस

पुरस्कार : पद्म विभूषण, एडम स्मिथ पुरस्कार

मनमोहन सिंह (जन्म–26 सितंबर 1932) भारत गणराज्य के 13वें प्रधानमंत्री बने। साथ ही साथ वे एक अर्थशास्त्री भी हैं। लोक सभा चुनाव 2009 में मिली जीत के बाद वे जवाहरलाल नेहरू के बाद भारत के पहले ऐसे प्रधानमंत्री बन गए हैं, जिनको पांच वर्षों का कार्यकाल सफलतापूर्वक पूरा करने के बाद लगातार दूसरी बार प्रधानमंत्री बनने का अवसर मिला है। इन्हें 21 जून 1991 से 16 मई 1996 तक पी वी नरसिंह राव के प्रधानमंत्रित्व काल में वित्तमंत्री के रूप में किए गए आर्थिक सुधारों के लिए भी श्रेय दिया जाता है।

संक्षिप्त जीवनी

मनमोहन सिंह का जन्म ब्रिटिश भारत (वर्तमान पाकिस्तान) के पंजाब प्रान्त में 26 सितम्बर, 1932 को हुआ था। उनकी माता का नाम अमृत कौर और पिता का नाम गुरुमुख सिंह था। देश के विभाजन के बाद सिंह का परिवार भारत चला आया। यहां पंजाब विश्वविद्यालय से उन्होंने स्नातक तथा स्नातकोत्तर स्तर की पढ़ाई पूरी की। बाद में वे कैम्ब्रिज विश्वविद्यालय गए। जहां से उन्होंने पी.एच.डी. संपूर्ण की। तत्पश्चात् उन्होंने आक्सफोर्ड विश्वविद्यालय से डी.फिल. भी किया। उनकी पुस्तक इंडियाज एक्सपोर्ट ट्रेंड्स एंड प्रोस्पेक्ट्स फॉर सेल्फ सस्टेंड ग्रोथ भारत की अंतर्मुखी व्यापार नीति की पहली और सटीक आलोचना मानी जाती है। डॉ. सिंह ने अर्थशास्त्र के अध्यापक के तौर पर काफी ख्याति अर्जित की। वे पंजाब विश्वविद्यालय और बाद में प्रतिष्ठित दिल्ली स्कूल ऑफ इकोनॉमिक्स में प्राध्यापक रहे। इसी बीच वे संयुक्त राष्ट्र व्यापार और विकास सम्मेलन सचिवालय में सलाहकार भी रहे और 1987 तथा 1990 में जेनेवा में साउथ कमीशन में सचिव भी रहे। 1971 में डॉ. सिंह भारत के वाणिज्य एवं उद्योग मंत्रालय में आर्थिक सलाहकार के तौर पर नियुक्त किए गए। इसके तुरन्त बाद 1972 में उन्हें वित्त मंत्रालय में मुख्य आर्थिक सलाहकार बनाया गया। इसके बाद के वर्षों में वे योजना आयोग के उपाध्यक्ष, रिजर्व बैंक के गवर्नर, प्रधानमंत्री के आर्थिक सलाहकार और विश्वविद्यालय अनुदान आयोग के अध्यक्ष भी रहे हैं। भारत के आर्थिक इतिहास में हाल के वर्षों में सबसे महत्त्वपूर्ण मोड़ तब आया जब डॉ. सिंह 1991 से 1996 तक भारत के वित्तमंत्री रहे। उन्हें भारत के आर्थिक सुधारों का प्रणेता माना गया है। आम जनमानस में ये साल निश्चित रूप से डॉ. सिंह के व्यक्तित्व के इर्द-गिर्द घूमता रहा है। डॉ. सिंह के परिवार में उनकी पत्नी श्रीमती गुरशरण कौर और तीन बेटियां हैं।

राजनीतिक जीवन

1985 में राजीव गांधी के शासन काल में मनमोहन सिंह को भारतीय योजना आयोग का उपाध्यक्ष नियुक्त किया गया। इस पद पर उन्होंने निरन्तर पांच वर्षों तक कार्य किया, जबकि 1990 में यह प्रधानमंत्री के आर्थिक सलाहकार बनाए गए। जब पी वी नरसिंहराव प्रधानमंत्री बने, तो उन्होंने मनमोहन सिंह को 1991 में अपने मंत्रिमंडल में सम्मिलित करते हुए वित्त मंत्रालय का स्वतंत्र प्रभार

सौंप दिया। इस समय डॉ. मनमोहन सिंह न तो लोक सभा और न ही राज्य सभा के सदस्य थे। लेकिन संवैधानिक व्यवस्था के अनुसार सरकार के मंत्री को संसद का सदस्य होना आवश्यक होता है। इसलिए उन्हें 1991 में असम से राज्य सभा के लिए चुना गया।

मनमोहन सिंह ने आर्थिक उदारीकरण को उपचार के रूप में प्रस्तुत किया और भारतीय अर्थव्यवस्था को विश्व बाजार के साथ जोड़ दिया। डॉ. मनमोहन सिंह ने आयात और निर्यात को भी सरल बनाया। लाइसेंस एवं परमिट गुजरे जमाने की चीज हो गई। निजी पूंजी को उत्साहित करके रुग्ण एवं घाटे में चलने वाले सार्वजनिक उपक्रमों हेतु अलग से नीतियां विकसित कीं। नई अर्थव्यवस्था जब घुटनों पर चल रही थी, तब पी.वी. नरसिम्हा राव को कटु आलोचना का शिकार होना पड़ा। विपक्ष उन्हें नए आर्थिक प्रयोग से सावधान कर रहा था। लेकिन श्री राव को मनमोहन सिंह पर पूरा यकीन था। मात्र दो वर्ष बाद ही आलोचकों के मुंह बंद हो गए और उनकी आंखें फैल गईं। उदारीकरण के बेहतरीन परिणाम भारतीय अर्थव्यवस्था में नजर आने लगे थे और इस प्रकार एक ग़ैर राजनीतिज्ञ व्यक्ति जो अर्थशास्त्र का प्रोफेसर था, का भारतीय राजनीति में प्रवेश हुआ ताकि देश की बिगड़ती अर्थव्यवस्था को पटरी पर लाया जा सके।

पद

सिंह पहले पंजाब यूनिवर्सिटी और बाद में दिल्ली स्कूल ऑफ इकोनॉमिक्स में प्रोफेसर के पद पर थे। 1971 में मनमोहन सिंह भारत सरकार की कॉमर्स मिनिस्ट्री में आर्थिक सलाहकार के तौर पर शामिल हुए थे। 1972 में मनमोहन सिंह वित्त मंत्रालय में चीफ इकॉनॉमिक अडवाइजर बन गए। अन्य जिन पदों पर वह रहे, वे हैं—वित्त मंत्रालय में सचिव, योजना आयोग के उपाध्यक्ष, भारतीय रिजर्व बैंक के गवर्नर, प्रधानमंत्री के सलाहकार और विश्वविद्यालय अनुदान आयोग के अध्यक्ष। मनमोहन सिंह 1991 से राज्य सभा के सदस्य हैं। 1998 से 2004 में वह राज्य सभा में विपक्ष के नेता थे। मनमोहन सिंह ने प्रथम बार 72 वर्ष की उम्र में 22 मई 2004 से प्रधानमंत्री का कार्यकाल आरम्भ किया, जो अप्रैल 2009 में सफलता के साथ पूर्ण हुआ। इसके पश्चात् लोक सभा के चुनाव हुए और भारतीय राष्ट्रीय कांग्रेस की अगुवाई वाला संयुक्त प्रगतिशील गठबंधन पुनः विजयी हुआ

और सिंह दोबारा प्रधानमंत्री पद पर आसीन हुए। प्रधानमंत्री मनमोहन सिंह की दो बार बाईपास सर्जरी हुई है। दूसरी बार फरवरी 2009 में विशेषज्ञ शल्य चिकित्सकों की टीम ने अखिल भारतीय आयुर्विज्ञान संस्थान में इनकी शल्य-चिकित्सा की। प्रधानमंत्री सिंह ने वित्तमंत्री के रूप में पी. चिदम्बरम को अर्थव्यवस्था का दायित्व सौंपा था, जिसे उन्होंने कुशलता के साथ निभाया। लेकिन 2009 की विश्वव्यापी आर्थिक मंदी का प्रभाव भारत में भी देखने को मिला। परन्तु भारत की बैंकिंग व्यवस्था का आधार मजबूत होने के कारण उसे उतना नुकसान नहीं उठाना पड़ा, जितना अमेरिका और अन्य देशों को उठाना पड़ा है। 26 नवम्बर 2008 को देश की आर्थिक राजधानी मुंबई पर पाकिस्तान द्वारा प्रायोजित आतंकियों ने हमला किया। दिल दहला देने वाले उस हमले ने देश को हिलाकर रख दिया था। तब सिंह ने शिवराज पाटिल को हटाकर पी. चिदम्बरम को गृह मंत्रालय की जिम्मेदारी सौंपी और प्रणव मुखर्जी को नया वित्त मंत्री बनाया।

मनमोहन की विवेक शून्य विदेश निति

मनमोहन सिंह वर्ष 2004 से 2014 तक भारत के प्रधानमंत्री रहे। मनमोहन सिंह ने अपनी विवकेशून्यता के कारण इन वर्षों में भारतीय विदेश नीति को पूरी तरह से गर्त में पहुंचा दिया। आज भारत विश्व के हर मोर्चे पर असफल है तो उसके लिए मनमोहन सिंह की तथाकथित विदेश नीति ही जिम्मेदार है। भारत की स्थिति यह है कि जहां एक ओर उसके पड़ोसियों से अनबन है, वहीं दूसरी ओर विश्व शक्तियां आए दिन भारत के आत्म-सम्मान को ठेस पहुंचाती हैं। सवाल यह उठता है कि क्या मनमोहन सरकार की कोई विदेश नीति थी?

क्या आपने ऐसे प्रधानमंत्री का नाम सुना है, जो संभावित सवालों के जवाब तक रटकर पत्रकार सम्मेलन में जाता हो। मनमोहन सिंह ऐसा करते थे। अगर मनमोहन सिंह इतने ही विवेक शून्य रहे तो भला भारत के इस प्रधानमंत्री से विदेश नीति के मसले पर किसी तरह की नीतिगत सुदृढता की क्या कल्पना की जा सकती है। उनके लिए यहां तक कहा जा रहा है कि भारत की कोई विदेश नीति है ही नहीं। नेहरू के बाद मनमोहन सिंह दूसरे प्रधानमंत्री हैं, जो इस पद पर दस साल तक विराजमान रहें। प्रधानमंत्री बदलते रहे, लेकिन दुर्भाग्यवश भारत की विदेश नीति से संबंधित कोई सिद्धांत आज तक नहीं बना। मनमोहन ने तो अपने कार्यकाल में विदेश नीति को और भी गर्त में पहुंचा दिया। मनमोहन सिंह के

कुनबे में एक से बढ़कर एक क्षत्रप रहे। पूर्व विदेश मंत्री एस.एम. कृष्णा ने संयुक्त राष्ट्र में अपने लिखित भाषण की जगह किसी दूसरे देश के विदेश मंत्री का भाषण पढ़ दिया। नए विदेश मंत्री सलमान खुर्शीद को पता था कि सरकार चंद महीनों की ही है, इसलिए बहुत कुछ करने की गुंजाइश नहीं है। वे अक्सर विदेश दौरों पर ही रहते, लेकिन नतीजा सिर्फ मनमोहन सिंह की अकर्मण्य विदेश नीति के कारण भारत आज खुद वैश्विक मानचित्र पर अपनी पहचान खो बैठा। यही कारण है कि आज उत्तर में नेपाल से लेकर दक्षिण में मालदीव तक और पूरब में बांग्लादेश से लेकर पश्चिम में अफगानिस्तान तक भारत का पड़ोसी इलाका राजनीतिक अस्थिरता और बदलाव के दौर से या तो गुजर चुका है या गुजर रहा है।

मनमोहन ने अपने शासनकाल में अमेरिका का सर्वाधिक 10 बार दौरा किया। बड़ी बात यह है कि इतने अधिक दौरों के बाद भी अमेरिका भारत की तुलना में पाकिस्तान के अधिक करीब रहा और बहुत चालाकी से भारतीय बाजार का दोहन भी किया है। अपने अमेरिकी दौरे में मनमोहन ने पाकिस्तान को आतंकवाद का केंद्र बताया था। बदले में संयुक्त वक्तव्य में शरीफ और ओबामा ने भारत को बचपना छोड़ने और कश्मीर पर बातचीत करने की नसीहत दे डाली। देवयानी खोबरागडे के मामले ने अमेरिका के साथ हमारे संबंधों की पोल खोल ही दी है। एक वह समय था, जब भारत के तत्कालीन प्रधानमंत्री अटल बिहारी वाजपेयी ने बिना अमेरिका की धमकियों की परवाह किए परमाणु परीक्षण किया और विश्व जनमानस को यह भलीभांति समझा दिया कि भारत को कोई भी देश कमजोर न आंके।

प्रधानमंत्री की असफलता

- चीन के दौरे पर कई बार गए, लेकिन सीमा विवाद जैसे का तैसा।
- अन्य मुद्दों पर भी गतिरोध बरकरार।
- अमेरिका के दौरे पर 10 बार गए, लेकिन अमेरिका भारत के बदले पाकिस्तान को ज्यादा तरजीह देता रहा है।
- श्रीलंका, पाकिस्तान, मालदीव, नेपाल, थाईलैंड, बांग्लादेश, म्यांमार, अफगानिस्तान जैसे पड़ोसियों से तनाव बरकरार रहा।

- संयुक्त राष्ट्र का दौरा भी खूब किया, लेकिन भारत को सुरक्षा परिषद की स्थाई सदस्यता नहीं दिला सके।
- अधिकांश विदेशी दौरों पर विश्व समुदाय को विश्वास में नहीं ले सके कि भारत में वैश्विक नेतृत्व का गुण है।
- 26/11 के दोषियों पर कडो कार्रवाई के लिए पाकिस्तान पर वैश्विक दबाव नहीं बना सके और न ही आतंकवाद पर भारत की चिंता से पाकिस्तान को अवगत करा सके।
- अफ्रीकी और लातिन अमेरिकी देशों के महत्त्व को नहीं समझ सके।

मनमोहन कहते हैं कि उनकी सरकार की सबसे बड़ी उपलब्धि अमेरिका से परमाणु करार है। क्या मनमोहन उस करार के बारे में बखान कर रहे हैं, जिस करार को अंजाम देकर हमने अपने परमाणु-कार्यक्रमों की स्वायत्ता खो दी। मनमोहन सिंह को यह नहीं भूलना चाहिए कि इस करार के कारण अमेरिकियों को हमने अपनी परमाणु-परिधि में घुसने का अधिकार दे दिया। परमाणु दुर्घटना के मौके पर हमने अमेरिकी शर्तों को भी मान लिया। इस करार के कारण भारत-ईरान गैस पाइपलाइन प्रभावित हुई कई दूसरे विकासशील देशों के साथ कृषि और जलवायु परिवर्तन जैसे मुद्दों पर भी इसका असर हुआ, क्योंकि ये देश सोचते हैं कि भारत के अमेरिका का अधीनस्थ साझेदार बन जाने से इनके हितों के साथ समझौता हुआ है। इन सब के बावजूद अभी तक अमेरिकी परमाणु-सौदा कारगर होना भी शुरू नहीं हुआ है। यह है मनमोहन सरकार की सबसे बड़ी विदेश नीति की सफलता, जिसे लेकर पिछले दिनों वे पत्रकारों के सम्मेलन में तारीफ करते नहीं थक रहे थे। पिछले दस वर्षों में अपने पड़ोस में पल रही अराजकता को भी मनमोहन सरकार टकटकी लगाए देखती रही। यही कारण है कि भारत के प्रति पाकिस्तान के दिलो-दिमाग में न तो डर बढ़ा और न ही प्रेम। कमजोर मनमोहन के इरादों और उनकी कायर सरकार के बारे में पाकिस्तान के नेताओं को पता चल गया है। वे समझते हैं कि इस सरकार से बात करने का कोई फायदा नहीं है। यही कारण है कि कभी पाकिस्तानी सैनिक हमारे सैनिकों का सिर कलम कर अपने साथ ले जाते हैं तो कभी सिर काटकर विडियो बनाते हैं तो कभी जेल में ही नृशंस हत्या कर देते। सीमा पर आतंकवाद हावी रहा और शरीफ तालिबान के नुमाइंदे बने फिर रहे हैं। उनके दौर में पाकिस्तान चीन और श्रीलंका के साथ एक

ऐसा गठबंधन तैयार किया, जो भारत को घेरने में निर्णायक भूमिका निभाए। इस तरह से पाकिस्तान अपने नापाक हरकतों को अंजाम देता रहता है और हम पाक प्रधानमंत्री नवाज शरीफ की खिदमत में छप्पन भोग परोसते रहे और इस मेहमाननवाजी के बदले में नवाज शरीफ मनमोहन को देहाती औरत की उपाधि देते हैं। मतलब साफ है मनमोहन सिंह के 10 वर्षों के शासनकाल में पाकिस्तान सभी मोर्चों पर सफल रहा है और भारत पूरी तरह से विफल। मनमोहन सिंह और चीनी प्रधानमंत्री ली काचियांग के बीच कई दौर की मुलाकात हुईं हर बार चीन ने दोनों देशों के बीच सहयोग और दोस्ताना संबंध बनाए रखने के लिए अपनी प्रतिबद्धता जताई। भारत और चीन ने सीमा रक्षा सहयोग सहित विश्वास बहाली के लिए कई समझौते भी किए, लेकिन मनमोहन सरकार के चीनी विशेषज्ञ सीमा विवाद से निपटने में ज्यादा काबिलियत नहीं दिखा सके। आर्थिक मसले पर निर्यात की वस्तुओं को भी बढ़ाने में भारत सरकार असफल रही। साल 2014 भारत और चीन के बीच 67 अरब डॉलर का व्यापार हुआ और 2015 तक 100 अरब डॉलर तक के व्यापार का लक्ष्य है, लेकिन समस्या ये है कि व्यापार संतुलन भारत के पक्ष में नहीं है। पिछले सालों में भारत के खिलाफ व्यापारिक घाटा 41 अरब डॉलर का था, जिससे भारत को काफी चिंता रही। चीनी प्रधानमंत्री ने इस असंतुलन को दूर करने का वादा किया था, लेकिन इस वादे पर आज तक अमल नहीं हुआ है। सही मायने में देखा जाए तो मनमोहन सरकार के 10 वर्ष चीन के साथ सीमा पर तनाव और उसे सुलझाने की कवायद में ही गुजर गया और समस्या जस की तस बनी रही।

पूर्व प्रधानमंत्रियों से सबक नहीं लिया

- जब संसद में बड़े और महत्त्वपूर्ण निर्णय लिए जा रहे हों और जब देश आंतरिक कठिनाइयों से गुजर रहा हो तो ऐसे में प्रधानमंत्री का विदेश दौरे पर जाना कहीं से भी तर्कसंगत नहीं है। ऐसा करना प्रधानमंत्री द्वारा अपनी जिम्मेदारियों से मुंह मोड़ने के समान है।
- नेहरू, इंदिरा गांधी और अटल बिहारी वाजपेयी अपने प्रधानमंत्रित्व काल में संसद सत्र के दौरान कभी विदेश दौरे पर नहीं गए।
- जब गुजरात में दंगा हुआ तो देश के आंतरिक हालात को देखते हुए तत्कालीन प्रधानमंत्री अटल बिहारी वाजपेयी ने अपना विदेश दौरा रद्द

कर दिया था और उस समय के विदेश मंत्री यशवंत सिन्हा को ऑस्ट्रेलिया भेजा था।

पैसे खर्च होते रहे, मनमोहन सिंह घूमते रहे

- 2012 में जी-20 और रियो प्लस 20 सम्मेलनों में भाग लेने के लिए प्रधानमंत्री मनमोहन सिंह सात दिन की यात्रा पर मेक्सिको और ब्राजील गए, जहां 26.94 करोड रुपये खर्च हुआ।
- परमाणु सुरक्षा सम्मेलन, ब्रिक सम्मेलन और इब्सा सम्मेलनों में भाग लेने के लिए प्रधानमंत्री 2010 में अमेरिका और ब्राजील गए। उनके इस यात्रा पर कुल खर्च आया 22.7 करोड रुपया।
- अटल बिहारी वाजपेयी अपने 5 साल के कार्यकाल में कुल 35 विदेश दौरे किए, जिस पर कुल खर्च आया 185 करोड रुपया।
- मनमोहन अमेरिकी दौरे पर गए, ओबामा से उनकी मुलाकात औपचारिकता मात्र बन कर रह गई और वे ओबामा से कुछ भी हासिल नहीं कर पाए, जबकि आतंकवाद सहित कई बिन्दु ऐसे थे, जिस पर भारत के लिए अमेरिका का समर्थन और विश्वास जरूरी था।

अफगानिस्तान भारत का अच्छा मित्र हो सकता था, लेकिन मनमोहन सरकार की अफगानिस्तान पर कोई स्टैंड नहीं होने के कारण इस देश की गुत्थी उलझती ही रही और भारत सरकार है कि अमेरिकी इशारे के बिना दो कदम नहीं चल सकी। मनमोहन सरकार की अपनी कोई पहल नहीं है। मनमोहन सिंह की जगह अगर कोई दूसरा साहसी प्रधानमंत्री होता तो वह अफगानिस्तान को भारत-पाक मैत्री का सेतु बना सकता था।

मालदीव की आबादी मात्र साढ़े तीन लाख है। जब राजीव गांधी प्रधानमंत्री थे, उस समय श्रीलंका से आए अस्सी तमिल अतिवादियों ने मालदीव के तत्कालीन राष्ट्रपति मॉमून अब्दुल गयूम की सत्ता पलटने का प्रयास किया था, जिसे राजीव गांधी ने ऑपरेशन कैक्टस के माध्यम से विफल कर दिया था। इससे अच्छी भारतीय कूटनीति क्या हो सकती थी, लेकिन आज मनमोहन सिंह

मूकदर्शक बन कर अबला की तरह मालदीव की ओर देख रहे हैं, जो बेहद शर्मनाक है। मनमोहन सिंह से पहले भारत के इतिहास में ऐसा कमजोर प्रधानमंत्री कभी नहीं हुआ होगा, जो तमिल पार्टियों के डर से कोलंबो नहीं गए। श्रीलंका के मसले पर ऐसा कर के मनमोहन ने विवेकशून्य होने का परिचय दिया। श्रीलंका अपने विवेक से काम नहीं कर रहा है, बल्कि इसके पीछे चीन और पाकिस्तान की रणनीति काम कर रही है। आने वाले दिनों में यह सम्भव है कि अभी तक जो आतंकवाद काश्मीर और नेपाल की तरफ से रिसकर आ रहा था, अब श्रीलंका की तरफ से आ सकता है। मनमोहन ने कोलकाता सरकार के दबाव में आकर बांग्लादेश सरकार से जल-संधि स्थगित कर दिया था। मनमोहन सरकार की ऐसी दब्बू विदेश नीति भला किस समस्या का समाधान करेगी।

भारत के प्रति नेपाल का रवैया निराशाजनक रहा है। नए साल पर नेपाल के भूतपूर्व नरेश ज्ञानेंद्र परिवार समेत भारत आए हुए थे, लेकिन मनमोहन सरकार से कुछ अच्छे करने की आशा बेकार ही है। चीन चाहता था कि भारत की पकड़ नेपाल पर ढ़िली हो जाए। यही कारण है कि चीन नेपाल में भारत विरोधी माहौल तैयार करने में लगा हुआ है। कोसी नदी के बाढ़ का मामला हो या पशुपतिनाथ मंदिर का मामला, नेपाल भारत की ओर अब आशा भरी निगाहों से नहीं देखता। जिस तरह से चीन नेपाल में माओवाद को बढ़ावा दे रहा है, उससे भारत का परेशान होना स्वाभाविक है। चीन 1962 में भारत से युद्ध के बाद नेपाल को अपने सामरिक हितों के लिए महत्त्वपूर्ण मानने लगा, इसीलिए वह नेपाल को भारी पैमाने पर हथियारों की सप्लाई करता रहा है। माओवादी यह मानते हैं कि नेपाल की गरीबी का मुख्य कारण भारत है। नेपाल धीरे-धीरे चीन की गिरफ्त में आ रहा है और मनमोहन सरकार आज तक इस सत्य को समझ नहीं सकी। भारत सरकार इन वर्षो में नेपाल की जनता को विश्वास में लेकर कोई रणनीति नहीं बना सकी। भारत को चाहिए था कि सुनियोजित तरीके से नेपाल को अपने प्रभाव में रखे और चीन के नेपाल पर प्रभाव को कम करे, लेकिन यह सब मनमोहन सरकार नहीं कर सकी।

मनरेगा से लेकर सूचना का अधिकार तक कई शानदार उपलब्धियां

नरम दिखने वाले मनमोहन सिंह ने भारत-अमेरिका परमाणु समझौते पर कड़ा रूख अपनाया था।

मनमोहन सिंह को एक शालीन और मितभाषी नेता के तौर पर जाना जाता है। भारतीय राजनीति में उनकी गिनती सबसे साफ छवि के नेताओं में की जाती है। प्रधानमंत्री के तौर पर मनमोहन सिंह के दस साल के कार्यकाल के दौरान देश ने ऐसी उपलब्धियां हासिल की, जो आज भी आम जनों के लिए लाभकारी साबित हो रही हैं।

आर्थिक उदारीकरण के जनक

नब्बे के दशक के शुरुआत में देश की अर्थव्यवस्था की हालत खराब थी। देश का राजकोषीय घाटा 8.5 प्रतिशत के आसपास था। इसे कम करना सरकार के लिए एक बड़ी चुनौती थी। तब के प्रधानमंत्री पी.वी नरसिम्हा राव ने अनुभवी अर्थशास्त्री मनमोहन सिंह को राजनीति में उतारा और राज्यसभा का सदस्य बनाकर देश का वित्त मंत्री बनाया। वित्त मंत्री बनते ही मनमोहन सिंह ने अर्थव्यवस्था में क्रांतिकारी सुधार करना शुरू कर दिया। समाचार वेबसाइट एनडीटीवी के मुताबिक महज एक साल के भीतर उन्होंने राजकोषीय घाटे को कम करके 5.9 प्रतिशत के स्तर पर ला दिया। मनमोहन सिंह ने 1991 से 1996 तक वित्त मंत्री के अपने कार्यकाल के दौरान उदारीकरण को लागू कर देश की अर्थव्यवस्था को नई राह दी। उन्होंने लाइसेंस राज का खात्मा किया, जिससे देश में विदेशी निवेश के मामले में अभूतपूर्व वृद्धि हुई।

शिक्षा का अधिकार कानून

मनमोहन सिंह की सरकार को बड़ी उपलब्धियों में शिक्षा का अधिकार कानून भी शामिल है। समाचार वेबसाइट लाइव हिन्दुस्तान के मुताबिक यूपीए-2 में इसे मौलिक अधिकार को मान्यता दी गई 1 अप्रैल 2010 के बाद देश में 6 से लेकर 14 साल के सभी बच्चों को मुफ्त शिक्षा अनिवार्य कर दी गई इस योजना के आने से देश के लाखों बच्चों की शिक्षा की गारंटी सरकार ले रही है।

सूचना का अधिकार

आरटीआई यानि सूचना का अधिकार अधिनियम भी मनमोहन सिंह की बड़ी उपलब्धियों में से एक है। यूपीए-1 सरकार ने इसे 12 अक्टूबर 2005 में लागू किया गया। इसे सरकारी दफ्तर में भ्रष्टाचार रोकने का एक कारगर कदम

माना गया। इसके मुताबिक कोई भी भारतीय नागरिक सरकारी रिकॉर्ड और कागजों में दर्ज सूचना प्राप्त कर सकता है।

मनरेगा यानी रोजगार की गारंटी

एनडीटीवी के मुताबिक मनमोहन सिंह की सरकार ने न्यूनतम रोजगार की गारंटी देने के लिए साल 2005 में नेशनल रूरल इंप्लॉयमेंट गारंटी एक्ट यानि नरेगा को लागू किया। साल 2010 में इसका नाम बदलकर महात्मा गांधी नेशनल रूरल इंप्लॉयमेंट गारंटी एक्ट कर दिया गया। इस योजना के अनुसार सभी नागरिकों को साल में कम से कम सौ दिन के रोजगार की गारंटी सरकार देगी।

डायरेक्ट बेनिफिट ट्रांसफर

सरकारी योजनाओं का लाभ आम लोगों के खाते तक सीधे पहुंचाने के लिए मनमोहन सिंह की सरकार ने डीबीटी यानि डायरेक्ट बेनिफिट ट्रांसफर योजना को लागू किया। इससे बिचौलियों की भूमिका खत्म हो गई।

इंडियन एक्सप्रेस के अनुसार अमेरिका परमाणु समझौते के समय मनमोहन सिंह ने अपनी मजबूती का परिचय तब दिया, जब उनके ही सरकार में शामिल लेफ्ट दलों ने उनसे अमेरिका के साथ यह डील नहीं करने का दबाव बनाया। लेकिन, मनमोहन सिंह ने राष्ट्रीय सुरक्षा और अंतरराष्ट्रीय साख को ध्यान में रखते हुए अमेरिका के साथ यह डील की। इस समझौते के कारण लेफ्ट पार्टियों ने यूपीए का दामन छोड़ दिया, जिसके बाद समाजवादी पार्टी और बहुजन समाजवादी पार्टी के गठबंधन के बाद मनमोहन सिंह की सरकार चलती रही।

मनमोहन सिंह ने अपने कार्यकाल के दौरान पड़ोसी देश पाकिस्तान के साथ भी दोस्ताना रिश्ता बनाए रखा।

व्यक्तिगत उपलब्धियां

प्रधानमंत्री बनने से पहले मनमोहन सिंह देश के कई महत्त्वपूर्ण पदों को संभाल चुके थे। इंडियन एक्सप्रेस के मुताबिक 1972 में वे वित्त मंत्रालय के मुख्य आर्थिक सलाहकार रहे। इसके बाद वे वित्त मंत्रालय के सचिव, भारतीय रिजर्व बैंक के गवर्नर, प्रधानमंत्री के सलाहकार और विश्वविद्यालय चयन आयोग के अध्यक्ष रह चुके हैं।

पुरस्कार

मनमोहन सिंह कई राष्ट्रीय और अंतरराष्ट्रीय पुरस्कारों से भी नवाजे जा चुके हैं। साल 1987 में उन्हें देश का प्रतिष्ठित पद्म विभूषण पुरस्कार दिया गया। 1995 में उन्हें इंडियन साइंस कांग्रेस का जवाहर लाल नेहरू जन्म शताब्दी पुरस्कार दिया गया। 1993 और 1994 वित्त मंत्री के तौर पर उनके शानदार कार्यकाल के लिए एशिया मनी अवार्ड दिया गया। 1993 में वित्त मंत्रालय के बेहतर काम के कारण ही उन्हें यूरो मनो अवार्ड भी दिया गया। इससे पहले 1956 में उन्हें कैंब्रिज विश्वविद्यालय ने एडम स्मिथ पुरस्कार दिया था।

आर्थिक सुधार

देश के प्रधानमंत्री बनने से पहले डॉ. मनमोहन सिंह, पूर्व प्रधानमंत्री नरसिम्हा राव सरकार में वित्त मंत्री थे। उन्होनें यह पद वर्ष 1991 में संभाला था। उस समय देश का राजकोषीय घाटा सकल घरेलू उत्पाद यानि जीडीपी के 8.5 प्रतिशत के आसपास था। जिसे तब के वित्त मंत्री डॉ. मनमोहन सिंह जी ने 5.9 प्रतिशत पर लाने में कामयाब रहे थे। डॉक्टर सिंह द्वारा लागू किए सुधार कार्यक्रमों के बाद डूबती हुई अर्थव्यवस्था ने वह मुकाम हासिल कर लिया कि उसे पीछे मुड़कर नहीं देखना पड़ा। इस आर्थिक क्रांति में इन्होंने ही ग्लोबलाइजेशन की शुरूआत की थी। 1991 से 1996 के बीच उनके द्वारा किए गए आर्थिक सुधारों की जो रूपरेखा, नीति और ड्राफ्ट तैयार किया, उसकी दुनिया भर में प्रशंसा की जाती है। भारत के पूर्व प्रधानमंत्री डॉ. मनमोहन सिंह जी ने आर्थिक उदारीकरण को बाकायदा एक ट्रीटमेंट के तौर पर पेश किया और देश की अर्थव्यवस्था को विश्व बाजार से जोड़ने के बाद आयात और निर्यात के नियम भी आसान किए। लाइसेंस और परमिट गुजरे वक्त की बात होकर रह गई घाटे में चलने वाले पीएसयू के लिए अलग से नीतियां बनाईं।

रोजगार गारंटी योजना

देश के युवाओं को बेरोजगारी से उभारने के लिए रोजगार गारंटी योजना की शुरूआत और सफलता का श्रेय इन्हीं को जाता है। जिसमें वर्ष में 100 दिन का रोजगार और न्यूनतम दैनिक मजदूरी 100 रूपए तय की गई। इस योजना को राष्ट्रीय ग्रामीण रोजगार गारंटी योजना (नरेगा) कहा जाता था, लेकिन 2 अक्टूबर

2009 को इसका नाम बदला गया। इसकी खास बात यह भी है कि इसके तहत पुरुषों और महिलाओं के बीच किसी भी भेदभाव की अनुमति नहीं है। इसलिए, पुरुषों और महिलाओं को समान वेतन भुगतान किया जाना चाहिए। सभी वयस्क रोजगार के लिए आवेदन कर सकते हैं। ग्रामीण विकास मंत्रालय के अंतर्गत आने वाली मनरेगा योजना मनमोहन सिंह जी के कार्यकाल में शुरू की गई थी। जिसके तहत यदि सरकार काम देने में नाकाम रहती है तो आवेदक बेरोजगारी भत्ता पाने के हकदार होंगे। रोजगार गारंटी योजना दुनिया की सबसे बड़ी पहल में से एक है. इसकी शुरूआत 2 फरवरी 2006 को 200 जिलों में की गई थी। जिसे 2007-2008 में अन्य 130 जिलों में फैलाया गया। 1 अप्रैल 2008 तक इसे भारत के सभी 593 जिलों में इसे लागू कर दिया गया। 2006-2007 में परिव्यय 110 अरब रुपए था, जो 2009-2010 में तेजी से बढ़ते हुए 391 अरब रुपए हो गया था जो कि 2008-2009 बजट की तुलना में राशि में 140% वृद्धि दर्ज की गई थी।

आधार कार्ड योजना

पूर्व पीएम मनमोहन सिंह की आधार योजना की तारीफ संयुक्त राष्ट्र ने भी की थी। यूएन की ओर से बयान जारी कर कहा गया था कि आधार स्कीम भारत की बेहतरीन स्कीम है। जैसा कि हम और आप देख ही रहे हैं कि वर्तमान पीएम मोदी की सरकार में आधार संख्या को यूनिक नंबर होने के चलते विभिन्न कामों में अनिवार्य कर दिया गया है। भारतीय विशिष्ट पहचान प्राधिकरण सन 2009 में मनमोहन सिंह के समय ही गठित किया गया जिसके तहत सरकार की इस बहुउद्देशीय योजना को बनाया गया। देश के हर व्यक्ति को पहचान देने और प्राथमिक तौर पर प्रभावशाली जनहित सेवाएं उस तक पहुंचाने के लिए इसे शुरू किया था। आज पैन नंबर को इससे लिंक करना, आपके मोबाइल नंबर को लिंक करना, बैंक खातों से भी आधार को जोड़ा जाना अनिवार्य हो चुका है। यहां तक कि डेथ सर्टिफिकेट बनवाने के लिए भी आधार की जरूरत अनिवार्य कर दी गई है। पिछले दिनों केंद्रीय मंत्री कह चुके हैं कि सरकार ड्राइविंग लाइसेंस के लिए भी आधार को जल्द ही अनिवार्य कर सकती है। 28 जनवरी 2009 को नोटिफिकेश जारी करके इसके लिए जो कार्यालय तैयार किया गया उसमें 115 अधिकारियों और स्टाफ की कोर टीम थी।

इंडो-यूएस न्यूक्लियर डील

साल 2005 में गठबंधन सरकार के तमाम प्रेशर के बीच भारत ने इंडो यूएस न्यूक्लियर डील को अंजाम दिया। इस डील को अंजाम देने के बाद भारत न्यूक्लियर हथियारों के मामले में एक पावरफुल राष्ट्र बनकर उभरा। उस वक्त यूएस में जॉर्ज बुश प्रेजिडेंट हुआ करते थे। इस डील के तहत यह सहमति बनी थी कि भारत अपनी अर्थव्यवस्था की बेहतरी के लिए सिविलियन न्यूक्लियर एनर्जी पर काम करता रहेगा, जो भारतीय इतिहास में मील का पत्थर साबित हुआ।

शिक्षा का अधिकार

मनमोहन सिंह के कार्यकाल में ही राइट टु एजुकेशन यानी शिक्षा का अधिकार अस्तित्व में आया। इसके तहत 6 से 14 साल के बच्चे को शिक्षा का अधिकार सुनिश्चित किया गया। कहा गया कि इस उम्र के बच्चों को मुफ्त और अनिवार्य शिक्षा दी जाएगी।

आरबीआई के गवर्नर और यूजीसी के अध्यक्ष भी रहे

साल 1985 में राजीव गांधी के शासन काल में मनमोहन सिंह को भारतीय योजना आयोग के उपाध्यक्ष रहे और 1990 में प्रधानमंत्री के आर्थिक सलाहकार बनाए गए। जब पीवी नरसिंम्हा राव प्रधानमंत्री बने, तो उन्होंने मनमोहन सिंह को 1990 में अपने मंत्रिमंडल में वित्त मंत्रालय का स्वतंत्र प्रभार सौंप दिया। इसके अलावा वह वित्त मंत्रालय में सचिव, योजना आयोग के उपाध्यक्ष, भारतीय रिजर्व बैंक के गवर्नर, प्रधानमंत्री के सलाहकार और विश्वविद्यालय अनुदान आयोग (यूजीसी) के अध्यक्ष भी रह चुके हैं।

यूपीए सरकार की 9 वर्षों की 9 उपलब्धियां तथा 9 विफलताएं

प्रधानमंत्री मनमोहन सिंह की यूपीए सरकार का नौ वर्षों का सफर काफी उतार-चढ़ाव भरा कहा जा सकता है। इस दौरान देश ने आर्थिक से लेकर राजनीतिक मोर्चे पर गंभीर चुनौतियों का सामना किया। आइए जानते हैं कि नौ साल में किन नौ मोर्चों पर यूपीए सरकार रही सफल और कहां रही नाकाम।

उपलब्धियां

1. देश को स्थिर सरकार—यूपीए-2 के दौरान कई ऐसे मौके आए, जब लगा कि मनमोहन सरकार खतरे में है और उसके लिए सदन में बहुमत बचा पाना मुश्किल होगा। इस दौरान तृणमूल कांग्रेस और डीएमके जैसे बड़े घटक दलों ने यूपीए का साथ छोड़ दिया। घोटालों और भ्रष्टाचार के मुद्दों पर सरकार संसद में लगातार विपक्ष के निशाने पर रही, फिर भी नंबर गेम में वह हमेशा आगे बनी रही। ऐसे में बहुमत बचाए रख पाना एक बड़ी उपलब्धि कही जाएगी।

2. जनकल्याण योजनाएं—सरकार ने सब्सिडी को गलत हाथों में जाने से बचाने के लिए डायरेक्ट बेनिफिट स्कीम की शुरुआत की। शुरुआती दौर में देश के 43 जिलों में लाभार्थियों को सीधे उनके बैंक खातों में सरकारी सहायता और लाभ पहुंचाया गया। गांवों के लोगों के लिए नेशनल रूरल हेल्थ मिशन व शहर के लोगों के लिए नेशनल अर्बन हेल्थ मिशन जैसी कल्याणकारी योजनाओं को मंजूरी दी गईं महिलाओं और अल्पसंख्यकों के हित में भी कई फैसले लिए गए।

3. चुनावी कामयाबियां—भ्रष्टाचार और महंगाई के मोर्चे पर लगातार विपक्ष के निशाने पर रहने के बावजूद यूपीए को इस दौरान चुनावी कामयाबियां भी मिलीं। हिमाचल प्रदेश, उत्तराखंड और कर्नाटक में हुए विधानसभा चुनावों में यूपीए ने प्रमुख विपक्षी दल भाजपा के हाथों से सत्ता छीन ली। इतना ही नहीं, इस दौरान जनहित से जुड़े कई अहम मुद्दों पर सरकार के खिलाफ शुरू हुए देशव्यापी जन आंदोलनों से शांतिपूर्वक निपटने में भी सरकार कामयाब रही और आंदोलन ठंडे पड़ गए।

4. मंदी का कम असर—वैश्विक मंदी के ऐसे दौर में, जब दुनिया के कई देशों में आर्थिक संकट काफी गहरा हो गया, भारत की अर्थव्यवस्था के विकास की रफ्तार 6 फीसदी के आसपास बनी रही। यह रफ्तार बहुत संतोषजनक भले नहीं हो, पर वैश्विक मंदी की स्थिति को देखते हुए कारोबार जगत को राहत देकर और अन्य उपायों के जरिये भारतीय बाजार को धराशायी होने से बचाए रखना सरकार की उपलब्धि मानी जाएगी।

5. सामाजिक-आर्थिक प्रगति—कांग्रेस के नेतृत्व वाली यूपीए सरकार इस बात का भी श्रेय ले सकती है कि जनता की सामाजिक-आर्थिक प्रगति के लिहाज

से इसने कई महत्त्वपूर्ण कानून बनाए। सूचना का अधिकार, शिक्षा का अधिकार, मल्टीब्रांड रिटेल को एफडीआई के लिए खोलना, बीमा, नागरिक उड्डयन आदि में विदेशी निवेश की इजाजत देना इस सरकार के महत्पूर्ण फैसले रहे।

6. खाद्य सुरक्षा विधेयक—सरकार खाद्य सुरक्षा बिल पारित कराकर आम जनता को राहत पहुंचाना चाहती थी, पर संसद में विपक्ष के हंगामे के कारण ऐसा नहीं हो सका। इस बिल के तहत देश की 67 फीसदी आबादी को हर महीने 5 किलो अनाज प्रति व्यक्ति के हिसाब से मार्केट से कम दाम पर दिया जाएगा। बिल में कहा गया कि 3 रुपये प्रति किलो के हिसाब से चावल और 2 रुपये प्रति किलो के हिसाब से गेहूं और बाकी अनाजों को 1 रुपये प्रति किलो के आधार पर देश की 75 फीसदी ग्रामीण आबादी और 50 फीसदी शहरी आबादी को दिया जाएगा।

7. शिक्षा का अधिकार कानून—6 से 14 वर्ष के सभी बच्चों को मुफ्त व अनिवार्य शिक्षा देने के उद्देश्य से 1 अप्रैल 2010 को केंद्र सरकार ने शिक्षा का अधिकार अधिनियम बनाया। इसे संयुक्त प्रगतिशील गठबंधन सरकार की सबसे बड़ी उपलब्धि कहा जा सकता है। सरकार द्वारा लागू शिक्षा का अधिकार कानून के तहत देश में 14 लाख स्कूलों में 20 करोड़ बच्चों को निःशुल्क शिक्षा दी जा रही है।

8. मल्टीब्रांड रिटेल में एफडीआई—यूपीए सरकार ने मल्टीब्रांड रिटेल में 51 प्रतिशत एफडीआई को मंजूरी दी। सरकार के इस अहम फैसले के बाद रोजगार के नए असवर खुलेंगे। वहीं इस धंधे में बिचौलिए कम होंगे और किसानों को उनकी फसल की अच्छी कीमत मिल सकेगी। साथ ही रोजमर्रा की जरूरतों की चीजों की सप्लाई बेहतर होगी और यह चीजें सस्ते दामों में उपलब्ध होंगी।

9. सूचना का अधिकार—सूचना का अधिकार अधिनियम 12 अक्टूबर, 2005 को लागू हुआ। भारत में भ्रष्टाचार को रोकने और समाप्त करने के लिए इसे बहुत ही प्रभावी कदम बताया जाता है। इस नियम के द्वारा भारत के सभी नागरिकों को सरकारी रिकॉर्ड और प्रपत्रों में दर्ज सूचना को देखने और उसे प्राप्त करने का अधिकार प्रदान किया गया।

विफलताएं

1. भ्रष्टाचार से शर्मसार—यूपीए-2 सरकार शुरू से ही भ्रष्टाचार और घोटालों के आरोपों से घिरी रही। टूजी स्पेक्ट्रम, कॉमनवेल्थ गेम्स घोटाले, आदर्श

सोसाइटी घोटाला, कोयला खदानों की बंदरबांट और रेलवे में घूसखोरी जैसे कई अहम मामलों में न केवल यूपीए सरकार को लगातार शर्मिंदगी झेलनी पड़ी, बल्कि कई मंत्रियों के इस्तीफे के साथ कुछ को जेल की हवा भी खानी पड़ी।

2. संसद में कम काम–15वीं लोकसभा को ऐतिहासिक रूप से अब तक के सबसे कम कामकाज के लिए भी याद किया जाएगा। सरकार अहम मुद्दों पर विपक्ष के साथ तालमेल बिठा पाने में नाकाम रही, जिसका नतीजा ठप संसद के रूप में सामने आया। हालांकि सरकार इसके लिए विपक्ष को जिम्मेवार ठहरा रही है, लेकिन विपक्ष का कहना है कि बड़े-बड़े घोटाले सामने आने के बाद बहस से कुछ भी हासिल नहीं होता।

3. महंगाई बेलगाम–बेकाबू बढ़ती महंगाई पर लगाम लगाने की यूपीए-2 सरकार की तमाम कोशिशें नाकाफी साबित हुईं। इस दौरान जहां थोक मूल्यों पर आधारित महंगाई 7 फीसदी के आसपास बनी रही, वहीं उपभोक्ता वस्तुओं की महंगाई दर दो अंकों में रही। इससे जरूरी वस्तुओं के दाम बढ़ने के कारण आम लोगों की मुश्किलें काफी बढ़ गईं डीजल, पेट्रोल और एलपीजी की महंगाई ने उनकी परेशानियों को और बढ़ाया।

4. पीएम पर भी आंच–यूपीए-1 के दौरान लोगों की यही आस थी कि सरकार के मुखिया मनमोहन सिंह ईमानदार हैं। लेकिन यूपीए-2 के दौरान भ्रष्टाचार के आरोपों की आंच उन तक भी पहुंची। जहां ए. राजा ने कहा कि फैसले की जानकारी पीएम को थी, वहीं कोलगेट घोटाले में भी आंच पीएमओ तक पहुंची। मंत्रियों के भ्रष्टाचार पर फैसले लेने में देरी के कारण भी प्रधानमंत्री की किरकिरी हुई।

5. मनरेगा की चमक पड़ी फीकी–कैग ने सरकार की सबसे महत्त्वाकांक्षी योजना मनरेगा को धांधली और अनियमितताओं का पिटारा करार दिया। अमल में लापरवाही, मानकों में ढील और निगरानी प्रणाली में खामियां गिनाते हुए कैग ने मनरेगा में 13 हजार करोड़ की गड़बड़ियों का खुलासा किया। 2252.43 करोड़ रुपये से ऐसे अवैध कार्य शुरू कराए गए, जो मनरेगा में मान्य ही नहीं थे। आधा दर्जन से ज्यादा राज्यों में 4.33 लाख जॉब कार्ड बिना फोटो लगे मिले। 30 फीसदी से अधिक मजदूरों को देर से और निर्धारित मजदूरी से कम भुगतान किया गया।

6. सीबीआई का दुरुपयोग—कोयला घोटाले के मामले में कानून मंत्री अश्वनी कुमार और दो अफसरों की सीबीआई के निदेशक से मुलाकात आखिरी बूंद साबित हुई, जिससे सरकार का घड़ा भर गया। सुप्रीम कोर्ट ने सरकार की खिंचाई करते हुए सीबीआई को पिंजड़े में कैद तोते के समान भी कह डाला। सीबीआई की स्वायत्तता के मामले ने इतना तूल पकड़ा कि सरकार के पास अब कानून बनाने के अलावा कोई चारा नहीं है।

7. कुशल नेतृत्व की कमी का आरोप—देश प्रधानमंत्री से कुशल नेतृत्व की उम्मीद करता है, पर मनमोहन सिंह पर कुशल नेतृत्व देने में नाकाम साबित होने के आरोप भी लगते रहे। आम आदमी के कल्याण के नाम पर सत्ता में दोबारा आई यूपीए सरकार जनविरोधी होती चली गई।

8. आंतरिक समस्याएं—देश की आंतरिक समस्याओं को हल करने में भी यूपीए-2 सरकार विफल रही। कश्मीर से लेकर उत्तर-पूर्व तक की समस्याओं को हल करने के लिए सरकार कोई सार्थक पहल नहीं कर पाई। उत्तर-पूर्व के हालात पहले के मुकाबले अधिक विस्फोटक हो गए। असम अब भी जातीय हिंसा के मुहाने पर है, वहां हिंसा रोकने की ठोस पहल नहीं हुई कश्मीर समस्या के स्थाई समाधान की दिशा में सरकार ने कोशिश ही नहीं की। उसी तरह नक्सलवाद की समस्या भी पहले की तुलना में जटिल हुई।

9. महिलाओं के प्रति यौन हिंसा—देश में कई मानवाधिकार समूहों ने यूपीए सरकार पर महिलाओं के खिलाफ यौन हिंसा के मामले कम करने में असफल रहने और अभिव्यक्ति की स्वतंत्रता को प्रतिबंधित करने का आरोप भी लगाया। सरकार पर आरोप लगते रहे कि लंबे समय से चल रही इस उत्पीडन् की प्रथा, भ्रष्टाचार और साजिश करने वालों की जिम्मेदारी तय करने में हो रही कमी के कारण मानवाधिकार उल्लंघन हुए।

भ्रष्टाचार, महंगाई से जनता पिछले कई सालों से त्रस्त है। जनता को यह देन कांग्रेस की अगुवाई वाली यूपीए सरकार की है। जितने जानदार तरीके से आज से दस साल पहले कांग्रेस को अगुवाई में यूपीए यानी संयुक्त प्रगतिशील गठबंधन ने देश की बागडोर संभाली थी, उतने ही जोरदार तरीके से जनता अब इसे नकारने का मन बना चुकी है। कमजोर नेतृत्व, हर मोर्चे में विफलता और त्वरित निर्णय न ले पाने का तमगा आज यूपीए के माथे पर दमक रहा है।

गलत नेता का चुनाव

कांग्रेस अध्यक्ष सोनिया गांधी ने 2004 के चुनाव में जीत के बाद खुद प्रधानमंत्री नहीं बनकर अपने वफादार टेक्नोक्रैट डॉ. मनमोहन सिंह को पीएम का पद दे दिया। कांग्रेस ने बजाय एक मजबूत नेता चुनने के एक मजबूर नेता चुना, वह भी इसलिए ताकि सभी महत्त्वपूर्ण नियुक्तियों और नीतियों में सोनिया का दखल बना रहे। प्रधानमंत्री डॉ. मनमोहन सिंह एक विचारक और विद्वान माने जाते हैं। सिंह को उनके परिश्रम, कार्य के प्रति बौद्धिक सोच और विनम्र व्यवहार के कारण अत्यधिक सम्मान दिया जाता है, लेकिन बतौर एक कुशल राजनीतिज्ञ उन्हें कोई सहज नहीं स्वीकार करता। इनके अलावा यदि कांग्रेस प्रशासनिक निपुणता के अलावा राजनैतिक निपुणता वाले को सत्ता सौंपती तो आज की स्थिति कुछ और होती। यूपीए ने जिस नेता को बागडोर सौंपी हैं, अक्सर उनके शासन के दौरान यह नजर आता रहा कि वह कुछ छिपा रहे हैं।

उम्मीदों पर सिर्फ बयान

भ्रष्टाचार, महंगाई से पिछले कई सालों से जूझ रही जनता की उम्मीदों पर यूपीए सरकार की ओर से केवल बयान ही बयान फेरे गए। आम जनता महंगाई का कोई तोड़ तलाशने के लिए कहती तो दिग्गज मंत्री यह कहकर अपना पल्ला झाड़ लेते कि आखिर हम क्या करें। हमारे पास कोई अलादीन का चिराग तो है नहीं। जिस जनता ने इन्हें चुनकर भेजा है, उन्हें बस यही सुनकर काम चलाना पड़ता कि उनके प्रतिनिधियों के पास कोई जादुई छड़ी नहीं है, जिसे घुमा दिया और सारी समस्याएं दूर हो जाए।

आंदोलन के प्रति असंवदेनशीलता

देश में बढ़ती अराजकता के खिलाफ यूपीए कार्यकाल के दौरान हुए जन आंदोलनों (मसलन अन्ना आंदोलन और निर्भया आंदोलन) को समझने में महानुभाव असफल रहे। इस बात को तो कांग्रेस सरकार के एक कद्दावर मंत्री भी मान चुके हैं। एक बार पत्रकारों के साथ बातचीत में वित्तमंत्री पी. चिदंबरम ने माना था कि 2010-11 सबसे कठिन दिन थे। उन्होंने माना कि हमसे कई भूलें हुईं, हमारा लोगों से तालमेल टूट गया था। इसकी वजह यह है कि 2010-11 में दिल्ली और देश के अन्य हिस्सों में भ्रष्टाचार के विरोध में प्रदर्शन हो रहे थे, उस

समय लोगों के गुस्से और बदलते हालातों को यूपीए सरकार सही तरीके से समझ नहीं सकी। 2014 के नतीजे इसका नतीजा होंगे।

जनता के प्रति लापरवाही

सोनिया सरकार के हर मंत्री पर यह आरोप लगता रहा है कि उनका देश की जनता के लिए रवैया उदासीन भरा रहा है। रक्षा मंत्री एके एंटनी ने संसद में एक ऐसा बयान दिया कि जिससे जनता और देश दोनों शर्मसार हो गए। पुंछ में पांच भारतीय सैनिकों की हत्या पर एंटनी ने कहा था कि हमलावर पाकिस्तानी सेना की वर्दी पहने हुए थे, जबकि रक्षा मंत्रालय ने साफ कहा था कि हमलावरों के साथ पाक सैनिक भी थे। पाक को दोषमुक्त बताने वाले इस बयान पर जमकर हंगामा मचा था। निर्भया कांड में यूपीए की चेयरपर्सन सोनिया गांधी ने 'रेप जैसे जघन्य अपराध पर बयान नहीं कार्यवाही होनी चाहिए' जैसे बयानों ने जनता के प्रति कांग्रेसियों की लापरवाही को साफ तौर पर उजागर किया है।

बड़े आयोजनों पर बड़े सवाल

जितने बड़े लोग, उतने बड़े काम। आजाद भारत का सबसे बड़ा खेल समारोह कांग्रेस सरकार के ही कार्यकाल में हुआ, जिसमें जमकर नेताओं और अधिकारियों ने लूट मचाई। भ्रष्टाचार की वजह से यह सबसे बड़े घोटाले में तब्दील हो गया है। कॉमनवेल्थ गेम्स के नाम पर हर तरफ लूट मची। ऐसा लग रहा कि देश में खेल का नहीं लूट का महोत्सव मनाया जा रहा है। इसके अलावा और भी कई दिग्गजों के बड़े कामों ने बड़े नाम किए। चाहे वह 2जी घोटाला हो जिसमें महज 45 मिनट में 1.76 लाख करोड़ रुपये लूट गए या फिर कोयला घोटाला हो, जिसमें राजनैतिक धुरंधरों के चेहरों पर कालिख पोत दी। जितने ठेके कांग्रेस सरकार के दौरान लिए गए उन सबमें लूट खसोट मची और जमकर सवाल उठे।

सीबीआई के दुरुपयोग का आरोप

श्री सिंह की कांग्रेस सरकार अपने दस सालों के कार्यकाल में हमेशा सीबीआई के दुरुपयोग के लिए विपक्षियों के निशाने में आती रही। जहां इस सरकार को अपनी सत्ता जाती दिखी वहीं इसने सीबीआई का पत्ता चल दिया। फिर चाहे वह सपा सुप्रीमो मुलायम सिंह यादव हों या फिर डीएमके नेता स्टालिन। यूपीए सरकार से समर्थन

वापस लेने के तुरंत बाद सीबीआई की ओर से द्रमुक नेता एमके स्टालिन के आवास पर छापा मारा गया था, जिसे जानकार बदले की कार्रवाई के रूप में देख रहे हैं। जहां भगवा पार्टी के अध्यक्ष राजनाथ सिंह भी समय समय पर इशरतजहां मुठभेड़ मामले की सीबीआई की जांच को लेकर कांग्रेस पर निशाना साधते रहे हैं वहीं भ्रष्टाचार के खिलाफ बिगुल बजा सरकार की चूलें हिलाने वाले अन्ना हजारे भी कांग्रेस पर सीबीआई दुरुपयोग के आरोप मढ़ते रहे हैं।

युवा जोश को साथ लाने में नाकामयाब

राजनैतिक जानकारों की मानें तो यूपीए सरकार युवाओं से काफी दूर रही। इस सरकार ने इन्हें साथ लेकर चलने की नहीं सोची जबकि इसके उलट इसकी विरोधी पार्टी बीजेपी इन्हें ही अपनी ताकत मान रही है। 18 से 22 साल के करीब 14.93 करोड़ नौजवान 2014 के आम चुनाव में पहली बार वोट देने वाले थे। इन युवाओं के लिए रोजगार का मुद्दा और इसकी चिंता सबसे महत्त्वपूर्ण रही, जिसमें कांग्रेस सरकार पूरी तरह विफल रही। इन चुनावों में बेरोजगारी अहम मुद्दा रहा। देश के अधिकांश युवजनों की कांग्रेस उपाध्यक्ष राहुल गांधी की कथनी-करनी में जमीन आसमान के अंतर से मोहभंग की स्थिति है। युवराज राहुल गांधी की आक्रामक भाषण शैली भी युवा वोट बैंक को सम्मोहित नहीं कर पाई है। केंद्रीय कृषि मंत्री शरद पवार ने पिछले साल यह माना था कि नाराज युवा, नए मतदाता विधानसभा चुनावों में कांग्रेस की हार का कारण है। मंत्री ने यह भी स्वीकार किया कि नई पीढ़ी ऐसे नेता चाहती है जो फैसले लें और आम आदमी के हितों के लिए नीतियां बनाएं।

तकनीकी उपयोग से परहेज

अपने मुख्य विपक्षी दल बीजेपी के मुकाबले कांग्रेस पार्टी तकनीकी के उपयोग में 2014 के आम चुनाव में काफी पीछे रही। इस बात को कांग्रेस पार्टी के कई नेताओं ने भी स्वीकारा। कई नेताओं का कहना है कि उनकी सरकार ने बहुत अच्छा काम किया, लेकिन उसका प्रचार नहीं किया जा सका। राहुल गांधी के करीबी नेताओं ने पिछले दिनों कई टीवी इंटरव्यू में यह बात कही है। बताया जाता है कि कांग्रेस ने राहुल गांधी की इमेज बनाने के लिए करीब पांच सौ करोड़ रुपये खर्च किए लेकिन कवरेज के मामले में ये आम आदमी पार्टी के अरविंद केजरीवाल की भी बराबरी नहीं कर पाए।

खराब चुनावी रणनीति

2014 के लोकसभा चुनावों में अपने मुख्य विपक्षी दल भारतीय जनता पार्टी के मुकाबले कांग्रेस की चुनावी रणनीति बेहद कमजोर रही। बीजेपी जहां पिछले पांच सालों से इस रणनीति पर जी जान से जुटी थी वहीं कांग्रेस इस विषय में सिर्फ हवा में रहकर ही काम कर रही थी। यूपीए सरकार के टॉप फाइव मंत्रियों में से एक ने खुद हाल में यह माना कि 2009 में बेंगलुरु को छोड़कर कांग्रेस शहरों से मुख्य रूप से जीती थी। कई पिछड़े राज्य जहां यूपीए सरकार ने गरीबी उन्मूलन कार्यक्रम पर विशेष जोर दिया, वहां से उसे अधिक वोट नहीं मिल पाए थे। ग्रामीण क्षेत्रों से उसके प्रत्याशी कम जीते बजाय शहरी चुनाव क्षेत्रों के। इन बदली स्थिति को देखने के बावजूद उपयुक्त नीतियों को सूत्रबद्ध करने की दिशा में पार्टी पर्याप्त सचेत नहीं हो सकी और वह हाथ पर हाथ धरे बैठे रही। कांग्रेस सरकार के समय हुए घोटालों और असफलताओं को बीजेपी ने जमकर भुनाया।

जीवन के महत्त्वपूर्ण पड़ाव

- 1957 से 1965–चंडीगढ़ स्थित पंजाब विश्वविद्यालय में अध्यापक।
- 1969-1971–दिल्ली स्कूल ऑफ इकोनॉमिक्स में अंतर्राष्ट्रीय व्यापार के प्रोफेसर।
- 1976–दिल्ली के जवाहरलाल नेहरू विश्वविद्यालय में मानद प्रोफेसर।
- 1982 से 1985–भारतीय रिजर्व बैंक के गवर्नर।
- 1985 से 1987–योजना आयोग के उपाध्यक्ष।
- 1990 से 1991–भारतीय प्रधानमंत्री के आर्थिक सलाहकार।
- 1991–पी.वी. नरसिंह राव के नेतृत्व वाली कांग्रेस सरकार में वित्तमंत्री।
- 1991–असम से राज्य सभा के सदस्य।
- 1995–दूसरी बार राज्य सभा सदस्य।
- 1996–दिल्ली स्कूल ऑफ इकोनॉमिक्स में मानद प्रोफेसर।

- 1999—दक्षिण दिल्ली से लोक सभा का चुनाव लड़ा लेकिन हार गए।
- 2001—तीसरी बार राज्य सभा सदस्य और सदन में विपक्ष के नेता।
- 2004—भारत के प्रधानमंत्री।

इसके अतिरिक्त उन्होंने अंतर्राष्ट्रीय मुद्रा कोष और एशियाई विकास बैंक के लिए भी काफी महत्त्वपूर्ण काम किया है।

पुरस्कार एवं सम्मान

सन 1987 में उपरोक्त पद्‌म विभूषण के अतिरिक्त भारत के सार्वजनिक जीवन में डॉ. सिंह को अनेकों पुरस्कार व सम्मान मिल चुके हैं जिनमें प्रमुख हैं—

- 2002—सर्वश्रेष्ठ सांसद।
- 1995 में इण्डियन साइंस कांग्रेस का जवाहरलाल नेहरू पुरस्कार।
- 1993 और 1994 का एशिया मनी अवार्ड फॉर फाइनेन्स मिनिस्टर ऑफ द ईयर।
- 1994 का यूरो मनी अवार्ड फॉर द फाइनेन्स मिनिस्टर ऑफ द ईयर।
- 1956 में कैम्ब्रिज विश्वविद्यालय का एडम स्मिथ पुरस्कार।

डॉ. सिंह ने कई राष्ट्रीय व अंतर्राष्ट्रीय संगठनों में भारत का प्रतिनिधित्व किया है। अपने राजनैतिक जीवन में वे 1991 से राज्य सभा के सांसद तो रहे ही, 1998 तथा 2004 की संसद में विपक्ष के नेता भी रह चुके हैं।

विवाद और घोटाले

2-जी स्पेक्ट्रम घोटाला

टूजी स्पेक्ट्रम घोटाला, जो स्वतंत्र भारत का सबसे बड़ा वित्तीय घोटाला है उस घोटाले में भारत के नियंत्रक एवं महालेखा परीक्षक की रिपोर्ट के अनुसार एक लाख छिहत्तर हजार करोड़ रुपये का घपला हुआ है। इस घोटाले में विपक्ष के भारी दवाव के चलते मनमोहन सरकार में संचार मंत्री ए. राजा को न केवल अपने पद से इस्तीफा देना पड़ा, अपितु उन्हें जेल भी जाना पडा। केवल इतना ही नहीं,

भारतीय उच्चतम न्यायालय ने इस मामले में प्रधानमंत्री सिंह की चुप्पी पर भी सवाल उठाया। इसके अतिरिक्त टूजी स्पेक्ट्रम आबंटन को लेकर संचार मंत्री ए. राजा की नियुक्ति के लिए हुई पैरवी के संबंध में नीरा राडिया, पत्रकारों, नेताओं और उद्योगपतियों से बातचीत के बाद डॉ. सिंह की सरकार भी कटघरे में आ गयी थी।

कोयला आबंटन घोटाला

मनमोहन सिंह के कार्यकाल में देश में कोयला आबंटन के नाम पर करीब 26 लाख करोड़ रुपये की लूट हुई और सारा कुछ प्रधानमंत्री की देखरेख में हुआ क्योंकि यह मंत्रालय उन्हीं के पास था।

इस महाघोटाले का राज है कोयले का कैप्टिव ब्लॉक, जिसमें निजी क्षेत्र को उनकी मर्जी के मुताबिक ब्लॉक आवंटित कर दिया गया। इस कैप्टिव ब्लॉक नीति का फायदा हिंडाल्को, जेपी पावर, जिंदल पावर, जीवीके पावर और एस्सार आदि जैसी कंपनियों ने जोरदार तरीके से उठाया। यह नीति खुद प्रधानमंत्री मनमोहन सिंह की दिमाग की उपज थी।

❖❖❖

18

नरेन्द्र मोदी
(Narender Modi)

भारत के चौहदवें प्रधानमंत्री

श्री नरेन्द्र मोदी

कार्यकाल : 26 मई 2014 से अब तक

जन्म : 17 सितंबर 1950, वड़नगर, गुजरात

पिता का नाम : श्री दामोदरदास मूलचंद मोदी

माता का नाम : श्रीमति हीराबेन

जीवन संगिनी : श्रीमति जशोदाबेन मोदी

पेशा : राजनेता, कवि

राजनीतिक दल : भारतीय जनता पार्टी

पुरस्कार : यू.ए.ई. का सर्वोच्च नागरिक सम्मान

नरेन्द्र दामोदरदास मोदी (जन्म–17 सितम्बर 1950) 2014 से भारत के 14वें प्रधानमंत्री तथा वाराणसी से सांसद हैं। वे भारत के प्रधानमंत्री पद पर आसीन होने वाले स्वतंत्र भारत में जन्मे प्रथम व्यक्ति हैं। इससे पहले वे 7 अक्तूबर 2001 से 22 मई 2014 तक गुजरात के मुख्यमंत्री रह चुके हैं। मोदी भारतीय जनता पार्टी (भाजपा) एवं राष्ट्रीय स्वयंसेवक संघ (आर.एस.एस.) के सदस्य हैं।

वडनगर के एक गुजराती तेली परिवार में पैदा हुए, मोदी ने अपने बचपन में चाय बेचने में अपने पिता की मदद की, और बाद में अपना खुद का स्टाल

चलाया। आठ साल की उम्र में वे आर.एस.एस. से जुड़े, जिसके साथ एक लंबे समय तक संबंधित रहे। स्नातक होने के बाद उन्होंने अपने घर में छोड़ दिया। मोदी ने दो साल तक भारत भर में यात्रा की, और कई धार्मिक केंद्रों का दौरा किया। 1969 या 1970 में वे गुजरात लौटे और अहमदाबाद चले गए। 1971 में वह आर.एस.एस. के लिए पूर्णकालिक कार्यकर्ता बन गए। 1975 में देश भर में आपातकाल की स्थिति.के दौरान उन्हें कुछ समय के लिए छिपना पड़ा। 1985 में वे बीजेपी से जुड़े और 2001 तक पार्टी पदानुक्रम के भीतर कई पदों पर कार्य किया, जहां से वे धीरे धीरे भाजपा में सचिव के पद पर पहुंचे।

गुजरात भूकंप 2001, (भुज में भूकंप) के बाद गुजरात के तत्कालीन मुख्यमंत्री केशुभाई पटेल के असफल स्वास्थ्य और खराब सार्वजनिक छवि के कारण नरेंद्र मोदी को 2001 में गुजरात का मुख्यमंत्री नियुक्त किया गया। मोदी जल्द ही विधायी विधान सभा के लिए चुने गए। 2002 के गुजरात दंगों में उनके प्रशासन को कठोर माना गया है, इस दौरान उनके संचालन की आलोचना भी हुई। हालांकि सुप्रीम कोर्ट द्वारा नियुक्त विशेष जांच दल (एसआईटी) को अभियोजन पक्ष की कार्यवाही शुरू करने के लिए कोई सबूत नहीं मिला। मुख्यमंत्री के तौर पर उनकी नीतियों को आर्थिक विकास को प्रोत्साहित करने के लिए श्रेय दिया गया।

उनके नेतृत्व में भारत की प्रमुख विपक्षी पार्टी भारतीय जनता पार्टी ने 2014 का लोक सभा चुनाव लड़ा और 282 सीटें जीतकर अभूतपूर्व सफलता प्राप्त की। एक सांसद के रूप में उन्होंने उत्तर प्रदेश की सांस्कृतिक नगरी वाराणसी एवं अपने गृहराज्य गुजरात के वडोदरा संसदीय क्षेत्र से चुनाव लड़ा और दोनों जगह से जीत दर्ज की। उनके राज में भारत का प्रत्यक्ष विदेशी निवेश एवं बुनियादी सुविधाओं पर खर्च तेजी से बढ़ा। उन्होंने अफसरशाही में कई सुधार किए तथा योजना आयोग को हटाकर नीति आयोग का गठन किया।

इससे पूर्व वे गुजरात राज्य के 14वें मुख्यमंत्री रहे। उन्हें उनके काम के कारण गुजरात की जनता ने लगातार 4 बार (2001 से 2014 तक) मुख्यमंत्री चुना। गुजरात विश्वविद्यालय से राजनीति विज्ञान में स्नातकोत्तर डिग्री प्राप्त नरेन्द्र मोदी विकास पुरुष के नाम से जाने जाते हैं और वर्तमान समय में देश के सबसे लोकप्रिय नेताओं में से हैं।। माइक्रो-ब्लॉगिंग साइट ट्विटर पर भी वे सबसे ज्यादा फॉलोअर (405 करोड़, जनवरी 2019) वाले भारतीय नेता हैं। उन्हें 'नमो' नाम से

भी जाना जाता है। टाइमपत्रिका ने मोदी को पर्सन ऑफ द ईयर 2013 के 42 उम्मीदवारों की सूची में शामिल किया है।

अटल बिहारी वाजपेयी की तरह नरेन्द्र मोदी एक राजनेता और कवि हैं। वे गुजराती भाषा के अलावा हिन्दी में भी देश प्रेम से ओत-प्रोत कविताएं लिखते हैं।

निजी जीवन

नरेन्द्र मोदी का जन्म तत्कालीन बॉम्बे राज्य के महेसाना जिला स्थित वडनगर ग्राम में हीराबेन मोदी और दामोदरदास मूलचन्द मोदी के एक मध्यम-वर्गीय परिवार में 17 सितम्बर 1950 को हुआ था। वह पैदा हुए छह बच्चों में तीसरे थे। मोदी का परिवार 'मोध-घांची-तेली' समुदाय से था, जिसे भारत सरकार द्वारा अन्य पिछड़ा वर्ग के रूप में वर्गीकृत किया जाता है। वह पूर्णत–शाकाहारी हैं। भारत पाकिस्तान के बीच द्वितीय युद्ध के दौरान अपने तरुणकाल में उन्होंने स्वेच्छा से रेलवे स्टेशनों पर सफर कर रहे सैनिकों की सेवा की। युवावस्था में वह छात्र संगठन अखिल भारतीय विद्यार्थी परिषद में शामिल हुए थे। उन्होंने साथ ही साथ भ्रष्टाचार विरोधी नव निर्माण आंदोलन में हिस्सा लिया। एक पूर्णकालिक आयोजक के रूप में कार्य करने के पश्चात् उन्हें भारतीय जनता पार्टी में संगठन का प्रतिनिधि मनोनीत किया गया। किशोरावस्था में अपने भाई के साथ एक चाय की दुकान चला चुके मोदी ने अपनी स्कूली शिक्षा वड़नगर में पूरी की। उन्होंने आर.एस.एस. के प्रचारक रहते हुए 1980 में गुजरात विश्वविद्यालय से राजनीति विज्ञान में स्नातकोत्तर परीक्षा दी और एम.एस.सी. की डिग्री प्राप्त की।

अपने माता-पिता की कुल छः सन्तानों में तीसरे पुत्र नरेन्द्र ने बचपन में रेलवे स्टेशन पर चाय बेचने में अपने पिता का भी हाथ बंटाया। बड़नगर के ही एक स्कूल मास्टर के अनुसार नरेन्द्र हालांकि एक औसत दर्जे का छात्र था, लेकिन वाद-विवाद और नाटक प्रतियोगिताओं में उसकी बेहद रुचि थी। इसके अलावा उसकी रुचि राजनीतिक विषयों पर नयी-नयी परियोजनाएं प्रारम्भ करने की भी थी।

13 वर्ष की आयु में नरेन्द्र की सगाई जसोदा बेन चमन लाल के साथ कर दी गयी और जब उनका विवाह हुआ, तब वह मात्र 17 वर्ष के थे। फाइनेंशियल

एक्सप्रेस की एक खबर के अनुसार पति-पत्नी ने कुछ वर्ष साथ रहकर बिताए। परन्तु कुछ समय बाद वे दोनों एक दूसरे के लिए अजनबी हो गए क्योंकि नरेन्द्र मोदी ने उनसे कुछ ऐसी ही इच्छा व्यक्त की थी। जबकि नरेन्द्र मोदी के जीवनी-लेखक ऐसा नहीं मानते। उनका कहना है–

"उन दोनों की शादी जरूर हुई परन्तु वे दोनों एक साथ कभी नहीं रहे। शादी के कुछ बरसों बाद नरेन्द्र मोदी ने घर त्याग दिया और एक प्रकार से उनका वैवाहिक जीवन लगभग समाप्त-सा ही हो गया।"

पिछले चार विधान सभा चुनावों में अपनी वैवाहिक स्थिति पर खामोश रहने के बाद नरेन्द्र मोदी ने कहा कि अविवाहित रहने की जानकारी देकर उन्होंने कोई पाप नहीं किया। नरेन्द्र मोदी के मुताबिक एक शादीशुदा के मुकाबले अविवाहित व्यक्ति भ्रष्टाचार के खिलाफ जोरदार तरीके से लड़ सकता है क्योंकि उसे अपनी पत्नी, परिवार व बाल-बच्चों की कोई चिन्ता नहीं रहती। हालांकि नरेन्द्र मोदी ने शपथ पत्र प्रस्तुत कर जसोदाबेन को अपनी पत्नी स्वीकार किया है।

प्रारम्भिक सक्रियता और राजनीति

नरेन्द्र जब विश्वविद्यालय के छात्र थे तभी से वे राष्ट्रीय स्वयंसेवक संघ की शाखा में नियमित जाने लगे थे। इस प्रकार उनका जीवन संघ के एक निष्ठावान प्रचारक के रूप में प्रारम्भ हुआ उन्होंने शुरुआती जीवन से ही राजनीतिक सक्रियता दिखलायी और भारतीय जनता पार्टी का जनाधार मजबूत करने में प्रमुख भूमिका निभायी। गुजरात में शंकर सिंह वाघेला का जनाधार मजबूत बनाने में नरेन्द्र मोदी की ही रणनीति थी।

अप्रैल 1990 में जब केंद्र में मिली जुली सरकारों का दौर शुरू हुआ, मोदी की मेहनत रंग लायी, जब गुजरात में 1995 के विधान सभा चुनावों में भारतीय जनता पार्टी ने अपने बलबूते दो तिहाई बहुमत प्राप्त कर सरकार बना ली। इसी दौरान दो राष्ट्रीय घटनायें और इस देश में घटीं। पहली घटना थी सोमनाथ से लेकर अयोध्या तक की रथयात्रा जिसमें आडवाणी के प्रमुख सारथी की भूमिका में नरेन्द्र का मुख्य सहयोग रहा। इसी प्रकार कन्याकुमारी से लेकर सुदूर उत्तर में स्थित कश्मीर तक की मुरली मनोहर जोशी की दूसरी रथ यात्रा भी नरेन्द्र मोदी की ही देखरेख में आयोजित हुई। इसके बाद शंकर सिंह वाघेला ने पार्टी से त्यागपत्र दे

दिया, जिसके परिणामस्वरूप केशुभाई पटेल को गुजरात का मुख्यमंत्री बना दिया गया और नरेन्द्र मोदी को दिल्ली बुलाकर भाजपा में संगठन की दृष्टि से केंद्रीय मंत्री का दायित्व सौंपा गया।

1995 में राष्ट्रीय मंत्री के नाते उन्हें पांच प्रमुख राज्यों में पार्टी संगठन का काम दिया गया, जिसे उन्होंने बखूबी निभाया। 1998 में उन्हें पदोन्नत करके राष्ट्रीय महामंत्री (संगठन) का उत्तरदायित्व दिया गया। इस पद पर वह अक्टूबर 2001 तक काम करते रहे। भारतीय जनता पार्टी ने अक्टूबर 2001 में केशुभाई पटेल को हटाकर गुजरात के मुख्यमंत्री पद की कमान नरेन्द्र मोदी को सौंप दी।

गुजरात के मुख्यमंत्री के रूप में

2001 में केशुभाई पटेल (तत्कालीन मुख्यमंत्री) की सेहत बिगड़ने लगी थी और भाजपा चुनाव में कई सीट हार रही थी। इसके बाद भाजपा के राष्ट्रीय अध्यक्ष मुख्यमंत्री के रूप में मोदी को नए उम्मीदवार के रूप में रखते हैं। हालांकि भाजपा के नेता लालकृष्ण आडवाणी, मोदी के सरकार चलाने के अनुभव की कमी के कारण चिंतित थे। मोदी ने पटेल के उप मुख्यमंत्री बनने का प्रस्ताव ठुकरा दिया और आडवाणी व अटल बिहारी वाजपेयी से बोले कि यदि गुजरात की जिम्मेदारी देनी है तो पूरी दें अन्यथा न दें। 3 अक्टूबर 2001 को यह केशुभाई पटेल के जगह गुजरात के मुख्यमंत्री बने। इसके साथ ही उन पर दिसम्बर 2002 में होने वाले चुनाव की पूरी जिम्मेदारी भी थी।

2001-02

नरेन्द्र मोदी ने मुख्यमंत्री का अपना पहला कार्यकाल 7 अक्टूबर 2001 से शुरू किया। इसके बाद मोदी ने राजकोट विधान सभा चुनाव लड़ा। जिसमें कांग्रेस पार्टी के आश्विन मेहता को 14,728 मतों से हराया।

नरेन्द्र मोदी अपनी विशिष्ट जीवन शैली के लिए समूचे राजनीतिक हलकों में जाने जाते हैं। उनके व्यक्तिगत स्टाफ में केवल तीन ही लोग रहते हैं, कोई भारी-भरकम अमला नहीं होता। लेकिन कर्मयोगी की तरह जीवन जीने वाले मोदी के स्वभाव से सभी परिचित हैं इस नाते उन्हें अपने कामकाज को अमली जामा पहनाने में कोई दिक्कत पेश नहीं आती। उन्होंने गुजरात में कई ऐसे हिन्दू मन्दिरों को भी ध्वस्त करवाने में कभी कोई कोताही नहीं बरती जो सरकारी कानून कायदों

के मुताबिक नहीं बने थे। हालांकि इसके लिए उन्हें विश्व हिन्दू परिषद जैसे संगठनों का कोपभाजन भी बनना पड़ा, परन्तु उन्होंने इसकी रत्ती भर भी परवाह नहीं की; जो उन्हें उचित लगा करते रहे। वे एक लोकप्रिय वक्ता हैं, जिन्हें सुनने के लिए बहुत भारी संख्या में श्रोता आज भी पहुंचते हैं। कुर्ता-पायजामा व सदरी के अतिरिक्त वे कभी-कभार सूट भी पहन लेते हैं। अपनी मातृभाषा गुजराती के अतिरिक्त वह हिन्दी में ही बोलते हैं।

मोदी के नेतृत्व में 2012 में हुए गुजरात विधान सभा चुनाव में भारतीय जनता पार्टी ने स्पष्ट बहुमत प्राप्त किया। भाजपा को इस बार 115 सीटें मिलीं।

गुजरात के विकास की योजनाएं

मुख्यमंत्री के रूप में नरेन्द्र मोदी ने गुजरात के विकास के लिए जो महत्त्वपूर्ण योजनाएं प्रारम्भ कीं व उन्हें क्रियान्वित कराया, उनका संक्षिप्त विवरण इस प्रकार है–

- पंचामृत योजना–राज्य के एकीकृत विकास की पंचायामी योजना।
- सुजलाम् सुफलाम्–राज्य में जलस्रोतों का उचित व समेकित उपयोग, जिससे जल की बर्बादी को रोका जा सके।
- कृषि महोत्सव–उपजाऊ भूमि के लिए शोध प्रयोगशालाएं।
- चिरंजीवी योजना–नवजात शिशु की मृत्युदर में कमी लाने हेतु।
- मातृ-वन्दना–जच्चा-बच्चा के स्वास्थ्य की रक्षा हेतु।
- बेटी बचाओ–भ्रूण-हत्या व लिंगानुपात पर अंकुश हेतु।
- ज्योतिग्राम योजना–प्रत्येक गांव में बिजली पहुंचाने हेतु।
- कर्मयोगी अभियान–सरकारी कर्मचारियों में अपने कर्तव्य के प्रति निष्ठा जगाने हेतु।
- कन्या कलावाणी योजना–महिला साक्षरता व शिक्षा के प्रति जागरुकता।
- बालभोग योजना–निर्धन छात्रों को विद्यालय में दोपहर का भोजन।

मोदी का वनबन्धु विकास कार्यक्रम

उपरोक्त विकास योजनाओं के अतिरिक्त मोदी ने आदिवासी व वनवासी क्षेत्र के विकास हेतु गुजरात राज्य में वनबन्धु विकास हेतु एक अन्य दस सूत्री कार्यक्रम भी चला रखा है जिसके सभी 10 सूत्र निम्नवत हैं–

- पांच लाख परिवारों को रोजगार।
- उच्चतर शिक्षा की गुणवत्ता।
- आर्थिक विकास।
- स्वास्थ्य।
- आवास।
- साफ स्वच्छ पेय जल।
- सिंचाई।
- समग्र विद्युतीकरण।
- प्रत्येक मौसम में सड़क मार्ग की उपलब्धता।
- शहरी विकास।

श्यामजी कृष्ण वर्मा की अस्थियों का भारत में संरक्षण

नरेन्द्र मोदी ने प्रखर देशभक्त एवं आर्यसमाज के संस्थापक स्वामी दयानंद सरस्वती के शिष्य श्यामजी कृष्ण वर्मा व उनकी पत्नी भानुमती की अस्थियों को भारत की स्वतंत्रता के 55 वर्ष बाद 22 अगस्त 2003 को स्विस सरकार से अनुरोध करके जिनेवा से स्वदेश वापस मंगाया और माण्डवी (श्यामजी के जन्म स्थान) में क्रान्ति-तीर्थ के नाम से एक पर्यटन स्थल बनाकर उसमें उनकी स्मृति को संरक्षण प्रदान किया। मोदी द्वारा 13 दिसम्बर 2010 को राष्ट्र को समर्पित इस क्रान्ति-तीर्थ को देखने दूर-दूर से पर्यटक गुजरात आते हैं। गुजरात सरकार का पर्यटन विभाग इसकी देखरेख करता है।

आतंकवाद पर मोदी के विचार

18 जुलाई 2006 को मोदी ने एक भाषण में आतंकवाद निरोधक अधिनियम जैसे आतंकवाद-विरोधी विधान लाने के विरूद्ध उनकी अनिच्छा को लेकर भारतीय प्रधानमंत्री मनमोहन सिंह की आलोचना की। मुंबई की उपनगरीय रेलों में हुए बम विस्फोटों के मद्देनजर उन्होंने केंद्र सरकार से राज्यों को सख्त कानून लागू करने के लिए सशक्त करने की मांग की। उनके शब्दों में–

"आतंकवाद युद्ध से भी बदतर है। एक आतंकवादी के कोई नियम नहीं होते। एक आतंकवादी तय करता है कि कब, कैसे, कहां और किसको मारना है। भारत ने युद्धों की तुलना में आतंकी हमलों में अधिक लोगों को खोया है।"

नरेंद्र मोदी ने कई अवसरों पर कहा था कि यदि भाजपा केंद्र में सत्ता में आई, तो वह सन् 2004 में उच्चतम न्यायालय द्वारा अफजल गुरु को फांसी दिए जाने के निर्णय का सम्मान करेगी। भारत के उच्चतम न्यायालय ने अफजल को 2001 में भारतीय संसद पर हुए हमले के लिए दोषी ठहराया था एवं 9 फरवरी 2013 को तिहाड़ जेल में उसे फांसी पर लटकाया गया।

विवाद एवं आलोचनाएं

2002 के गुजरात दंगे

27 फरवरी 2002 को अयोध्या से गुजरात वापस लौट कर आ रहे कारसेवकों को गोधरा स्टेशन पर खड़ी ट्रेन में मुसलमानों की हिंसक भीड़ द्वारा आग लगा कर जिन्दा जला दिया गया। इस हादसे में 59 कारसेवक मारे गए थे। रोंगटे खड़े कर देने वाली इस घटना की प्रतिक्रिया स्वरूप समूचे गुजरात में हिन्दू-मुस्लिम दंगे भड़क उठे। मरने वाले 1180 लोगों में अधिकांश संख्या अल्पसंख्यकों की थी। इसके लिए न्यूयॉर्क टाइम्स ने मोदी प्रशासन को जिम्मेवार ठहराया। कांग्रेस सहित अनेक विपक्षी दलों ने नरेन्द्र मोदी के इस्तीफे की मांग की। मोदी ने गुजरात की दसवीं विधान सभा भंग करने की संस्तुति करते हुए राज्यपाल को अपना त्यागपत्र सौंप दिया। परिणामस्वरूप पूरे प्रदेश में राष्ट्रपति शासन लागू हो गया। राज्य में दोबारा चुनाव हुए जिसमें भारतीय जनता पार्टी ने मोदी के नेतृत्व में विधान सभा की कुल 182 सीटों में से 127 सीटों पर जीत हासिल की।

अप्रैल 2009 में भारत के उच्चतम न्यायालय ने विशेष जांच दल भेजकर यह जानना चाहा कि कहीं गुजरात के दंगों में नरेन्द्र मोदी की साजिश तो नहीं। यह विशेष जांच दल दंगों में मारे गए कांग्रेसी सांसद ऐहसान जाफरी की विधवा जाकिया जाफरी की शिकायत पर भेजा गया था। दिसम्बर 2010 में उच्चतम न्यायालय ने एस. आई. टी. की रिपोर्ट पर यह फैसला सुनाया कि इन दंगों में नरेन्द्र मोदी के खिलाफ कोई ठोस सबूत नहीं मिला है।

उसके बाद फरवरी 2011 में टाइम्स ऑफ इंडिया ने यह आरोप लगाया कि रिपोर्ट में कुछ तथ्य जानबूझ कर छिपाए गए हैं और सबूतों के अभाव में नरेन्द्र मोदी को अपराध से मुक्त नहीं किया जा सकता। इंडियन एक्सप्रेस ने भी यह लिखा कि रिपोर्ट में मोदी के विरुद्ध साक्ष्य न मिलने की बात भले ही की हो किन्तु अपराध से मुक्त तो नहीं किया। द हिन्दू में प्रकाशित एक रिपोर्ट के अनुसार नरेन्द्र मोदी ने न सिर्फ इतनी भयंकर त्रासदी पर पानी फेरा अपितु प्रतिक्रिया स्वरूप उत्पन्न गुजरात के दंगों में मुस्लिम उग्रवादियों के मारे जाने को भी उचित ठहराया।भारतीय जनता पार्टी ने मांग की कि एस. आई. टी. की रिपोर्ट को लीक करके उसे प्रकाशित करवाने के पीछे सत्तारूढ़ कांग्रेस पार्टी का राजनीतिक स्वार्थ है इसकी भी उच्चतम न्यायालय द्वारा जांच होनी चाहिए।

सुप्रीम कोर्ट ने बिना कोई फैसला दिए अहमदाबाद के ही एक मजिस्ट्रेट को इसकी निष्पक्ष जांच करके अविलम्ब अपना निर्णय देने को कहा। अप्रैल 2012 में एक अन्य विशेष जांच दल ने फिर ये बात दोहरायी कि यह बात तो सच है कि ये दंगे भीषण थे परन्तु नरेन्द्र मोदी का इन दंगों में कोई भी प्रत्यक्ष हाथ नहीं। 7 मई 2012 को उच्चतम न्यायालय द्वारा नियुक्त विशेष जज अंतर्राष्ट्रीय्रन ने यह रिपोर्ट पेश की कि गुजरात के दंगों के लिए नरेन्द्र मोदी पर भारतीय दण्ड संहिता की धारा 153 ए(1) (क) व (ख), 153 बी(1), 166 तथा 505(2) के अंतर्गत विभिन्न समुदायों के बीच वैमनस्य की भावना फैलाने के अपराध में दण्डित किया जा सकता है। हालांकि रामचन्द्रन की इस रिपोर्ट पर विशेष जांच दल (एस.आई. टी.) ने आलोचना करते हुए इसे दुर्भावना व पूर्वाग्रह से परिपूर्ण एक दस्तावेज बताया।

26 जुलाई 2012 को नई दुनिया के सम्पादक शाहिद सिद्दीकी को दिए गए एक इण्टरव्यू में नरेन्द्र मोदी ने साफ शब्दों में कहा–"2004 में मैं पहले भी कह

चुका हूं, 2002 के साम्प्रदायिक दंगों के लिए मैं क्यों माफी मांगू? यदि मेरी सरकार ने ऐसा किया है तो उसके लिए मुझे सरे आम फांसी दे देनी चाहिए।" मुख्यमंत्री ने गुरुवार को नई दुनिया से फिर कहा—"अगर मोदी ने अपराध किया है तो उसे फांसी पर लटका दो। लेकिन यदि मुझे राजनीतिक मजबूरी के चलते अपराधी कहा जाता है तो इसका मेरे पास कोई जवाब नहीं है।"

यह कोई पहली बार नहीं है जब मोदी ने अपने बचाव में ऐसा कहा हो। वे इसके पहले भी ये तर्क देते रहे हैं कि गुजरात में और कब तक गुजरे जमाने को लिए बैठे रहोगे? यह क्यों नहीं देखते कि पिछले एक दशक में गुजरात ने कितनी तरक्की की? इससे मुस्लिम समुदाय को भी तो फायदा पहुंचा है।

लेकिन जब केंद्रीय कानून मंत्री सलमान खुशीद से इस बावत पूछा गया तो उन्होंने दो टूक जवाब दिया—"पिछले बारह वर्षों में यदि एक बार भी गुजरात के मुख्यमंत्री के खिलाफ एफ.आई.आर. दर्ज नहीं हुई तो आप उन्हें कैसे अपराधी ठहरा सकते हैं? उन्हें कौन फांसी देने जा रहा है?"

बाबरी मस्जिद के लिए पिछले 45 सालों से कानूनी लड़ाई लड़ रहे 92 वर्षीय मोहम्मद हाशिम अंसारी के मुताबिक भाजपा में प्रधानमंत्री पद के उम्मीदवार नरेन्द्र मोदी के प्रान्त गुजरात में सभी मुसलमान खुशहाल और समृद्ध हैं। जबकि इसके उलट कांग्रेस हमेशा मुस्लिमों में मोदी का भय पैदा करती रहती है।

सितंबर 2014 की भारत यात्रा के दौरान ऑस्ट्रेलिया के प्रधानमंत्री टोनी एबॉट ने कहा कि नरेंद्र मोदी को 2002 के दंगों के लिए गुजरात के मुख्यमंत्री के तौर पर जिम्मेदार नहीं ठहराना चाहिए क्योंकि वह उस समय मात्र एक 'पीठासीन अधिकारी' थे जो 'अनगिनत जांचों' में पाक साफ साबित हो चुके हैं।

2014 लोक सभा चुनाव

प्रधानमंत्री पद के उम्मीदवार

गोआ में भाजपा कार्यसमिति द्वारा नरेन्द्र मोदी को 2014 के लोक सभा चुनाव अभियान की कमान सौंपी गयी थी। 13 सितम्बर 2013 को हुई संसदीय बोर्ड की बैठक में आगामी लोक सभा चुनावों के लिए प्रधानमंत्री पद का उम्मीदवार घोषित कर दिया गया। इस अवसर पर पार्टी के शीर्षस्थ नेता लालकृष्ण आडवाणी

मौजूद नहीं रहे और पार्टी अध्यक्ष राजनाथ सिंह ने इसकी घोषणा की। मोदी ने प्रधानमंत्री पद का उम्मीदवार घोषित होने के बाद चुनाव अभियान की कमान राजनाथ सिंह को सौंप दी। प्रधानमंत्री पद का उम्मीदवार बनाए जाने के बाद मोदी की पहली रैली हरियाणा प्रान्त के रिवाड़ी शहर में हुई।

एक सांसद प्रत्याशी के रूप में उन्होंने देश की दो लोक सभा सीटों वाराणसी तथा वडोदरा से चुनाव लड़ा और दोनों निर्वाचन क्षेत्रों से भारी मतों से विजयी हुए।

लोक सभा चुनाव 2014 में मोदी की स्थिति

न्यूज एजेंसीज व पत्रिकाओं द्वारा किए गए तीन प्रमुख सर्वेक्षणों ने नरेन्द्र मोदी को प्रधानमंत्री पद के लिए जनता की पहली पसन्द बताया था।एसी वोटर पोल सर्वे के अनुसार नरेन्द्र मोदी को पीएम पद का प्रत्याशी घोषित करने से एनडीए के वोट प्रतिशत में पांच प्रतिशत के इजाफे के साथ 179 से 220 सीटें मिलने की सम्भावना व्यक्त की गयी। सितम्बर 2013 में नीलसन होल्डिंग और इकोनॉमिक टाइम्स ने जो परिणाम प्रकाशित किए थे उनमें शामिल शीर्षस्थ 100 भारतीय कार्पोरेट्स में से 74 कारपोरेट्स ने नरेन्द्र मोदी तथा 7 ने राहुल गांधी को बेहतर प्रधानमंत्री बतलाया था। नोबल पुरस्कार विजेता अर्थशास्त्री अमर्त्य सेन मोदी को बेहतर प्रधानमंत्री नहीं मानते ऐसा उन्होंने एक इंटरव्यू में कहा था। उनके विचार से मुस्लिमों में उनकी स्वीकार्यता संदिग्ध हो सकती है जबकि जगदीश भगवती और अरविन्द पानगढ़िया को मोदी का अर्थशास्त्र बेहतर लगता है। योग गुरु स्वामी रामदेव व मुरारी बापू जैसे कथावाचक ने नरेन्द्र मोदी का समर्थन किया।

पार्टी की ओर से पीएम प्रत्याशी घोषित किए जाने के बाद नरेन्द्र मोदी ने पूरे भारत का भ्रमण किया। इस दौरान तीन लाख किलोमीटर की यात्रा कर पूरे देश में 437 बड़ी चुनावी रैलियां, 3-बड़ी सभाएं व चाय पर चर्चा आदि को मिलाकर कुल 5827 कार्यक्रम किए। चुनाव अभियान की शुरुआत उन्होंने 26 मार्च 2014 को मां वैष्णो देवी के आशीर्वाद के साथ जम्मू से की और समापन मंगल पांडे की जन्मभूमि बलिया में किया। स्वतंत्रता प्राप्ति के पश्चात् भारत की जनता ने एक अद्भुत चुनाव प्रचार देखा। यही नहीं, नरेन्द्र मोदी के नेतृत्व में भारतीय जनता पार्टी ने 2014 के चुनावों में अभूतपूर्व सफलता भी प्राप्त की।

परिणाम

चुनाव में जहां राष्ट्रीय जनतांत्रिक गठबंधन 336 सीटें जीतकर सबसे बड़े संसदीय दल के रूप में उभरा वहीं अकेले भारतीय जनता पार्टी ने 282 सीटों पर विजय प्राप्त की। कांग्रेस केवल 44 सीटों पर सिमट कर रह गयी और उसके गठबंधन को केवल 59 सीटों से ही सन्तोष करना पड़ा। नरेन्द्र मोदी स्वतंत्र भारत में जन्म लेने वाले ऐसे व्यक्ति हैं जो सन 2001 से 2014 तक लगभग 13 साल गुजरात के 14वें मुख्यमंत्री रहे और भारत के 14वें प्रधानमंत्री बने।

एक ऐतिहासिक तथ्य यह भी है कि नेता-प्रतिपक्ष के चुनाव हेतु विपक्ष को एकजुट होना पड़ेगा क्योंकि किसी भी एक दल ने कुल लोक सभा सीटों के 10 प्रतिशत का आंकड़ा ही नहीं छुआ।

भाजपा संसदीय दल के नेता निर्वाचित

20 मई 2014 को संसद भवन में भारतीय जनता पार्टी द्वारा आयोजित भाजपा संसदीय दल एवं सहयोगी दलों की एक संयुक्त बैठक में जब लोग प्रवेश कर रहे थे तो नरेन्द्र मोदी ने प्रवेश करने से पूर्व संसद भवन को ठीक वैसे ही जमीन पर झुककर प्रणाम किया जैसे किसी पवित्र मन्दिर में श्रद्धालु प्रणाम करते हैं। संसद भवन के इतिहास में उन्होंने ऐसा करके समस्त सांसदों के लिए उदाहरण पेश किया। बैठक में नरेन्द्र मोदी को सर्वसम्मति से न केवल भाजपा संसदीय दल अपितु एनडीए का भी नेता चुना गया। राष्ट्रपति ने नरेन्द्र मोदी को भारत का प्रधानमंत्री नियुक्त करते हुए इस आशय का विधिवत पत्र सौंपा।

वडोदरा सीट से इस्तीफा दिया

नरेन्द्र मोदी ने 2014 के लोक सभा चुनाव में सबसे अधिक अंतर से जीती गुजरात की वडोदरा सीट से इस्तीफा देकर संसद में उत्तर प्रदेश की वाराणसी सीट का प्रतिनिधित्व करने का फैसला किया और यह घोषणा की कि वह गंगा की सेवा के साथ इस प्राचीन नगरी का विकास करेंगे।

प्रधानमंत्री के रूप में

नरेन्द्र मोदी का 26 मई 2014 से भारत के 14वें प्रधानमंत्री का कार्यकाल राष्ट्रपति भवन के प्रांगण में आयोजित शपथ ग्रहण के पश्चात् प्रारम्भ हुआ। मोदी के साथ 45 अन्य मन्त्रियों ने भी समारोह में पद और गोपनीयता की शपथ ली।

प्रधानमंत्री नरेन्द्र मोदी सहित कुल 46 में से 36 मन्त्रियों ने हिन्दी में जबकि 10 ने अंग्रेजी में शपथ ग्रहण की। समारोह में विभिन्न राज्यों और राजनीतिक पार्टियों के प्रमुखों सहित सार्क देशों के राष्ट्राध्यक्षों को आमंत्रित किया गया। इस घटना को भारतीय राजनीति की राजनयिक कूटनीति के रूप में भी देखा जा रहा है।

सार्क देशों के जिन प्रमुखों ने समारोह में भाग लिया उनके नाम इस प्रकार हैं।

- अफगानिस्तान — राष्ट्रपति हामिद करजई
- बांग्लादेश — संसद की अध्यक्ष शिरीन शर्मिन चौधरी
- भूटान — प्रधानमंत्री शेरिंग तोबगे
- मालदीव — राष्ट्रपति अब्दुल्ला यामीन अब्दुल गयूम
- मॉरिशस — प्रधानमंत्री नवीनचन्द्र रामगुलाम
- नेपाल — प्रधानमंत्री सुशील कोइराला
- पाकिस्तान — प्रधानमंत्री नवाज शरीफ
- श्रीलंका — प्रधानमंत्री महिन्दा राजपक्षे

ऑल इण्डिया अन्ना द्रविड़ मुनेत्र कड़गम (अन्ना द्रमुक) और राजग का घटक दल मरुमलार्ची द्रविड़ मुनेत्र कझगम (एमडीएमके) नेताओं ने नरेन्द्र मोदी सरकार के श्रीलंकाई प्रधानमंत्री को आमंत्रित करने के फैसले की आलोचना की। एमडीएमके प्रमुख वाइको ने मोदी से मुलाकात की और निमंत्रण का फैसला बदलवाने की कोशिश की जबकि कांग्रेस नेता भी एमडीएमके और अन्ना द्रमुक आमंत्रण का विरोध कर रहे थे। श्रीलंका और पाकिस्तान ने भारतीय मछुवारों को रिहा किया। मोदी ने शपथ ग्रहण समारोह में आमंत्रित देशों के इस कदम का स्वागत किया।

इस समारोह में भारत के सभी राज्यों के मुख्यमंत्रियों को आमंत्रित किया गया था। इनमें से कर्नाटक के मुख्यमंत्री, सिद्धारमैया (कांग्रेस) और केरल के मुख्यमंत्री, उम्मन चांडी (कांग्रेस) ने भाग लेने से मना कर दिया। भाजपा और

कांग्रेस के बाद सबसे अधिक सीटों पर विजय प्राप्त करने वाली तमिलनाडु की मुख्यमंत्री जयललिता ने समारोह में भाग न लेने का निर्णय लिया जबकि पश्चिम बंगाल के मुख्यमंत्री ममता बनर्जी ने अपनी जगह मुकुल रॉय और अमित मिश्रा को भेजने का निर्णय लिया।

वड़ोदरा के एक चाय विक्रेता किरण महिदा, जिन्होंने मोदी की उम्मीदवारी प्रस्तावित की थी, को भी समारोह में आमन्त्रित किया गया। अलवत्ता मोदी की मां हीराबेन और अन्य तीन भाई समारोह में उपस्थित नहीं हुए, उन्होंने घर में ही टीवी पर लाइव कार्यक्रम देखा।

भारतीय अर्थव्यवस्था के लिए महत्त्वपूर्ण उपाय

- भ्रष्टाचार से संबंधित विशेष जांच दल की स्थापना।
- योजना आयोग की समाप्ति की घोषणा।
- समस्त भारतीयों के अर्थव्यवस्था की मुख्य धारा में समावेशन हेतु प्रधानमंत्री जन धन योजना का आरम्भ।
- रक्षा उत्पादन क्षेत्र में विदेशी निवेश की अनुमति।
- 45% का कर देकर काला धन घोषित करने की छूट।
- सातवें केंद्रीय वेतन आयोग की सिफारिशों की स्वीकृति।
- रेल बजट प्रस्तुत करने की प्रथा की समाप्ति।
- काले धन तथा समान्तर अर्थव्यवस्था को समाप्त करने के लिए 8 नवम्बर 2016 से 500 तथा 1000 के प्रचलित नोटों को अमान्य करना।

भारत के अंतर्राष्ट्रीय संबंध

- शपथ ग्रहण समारोह में समस्त सार्क देशों को आमंत्रण।
- सर्वप्रथम विदेश यात्रा के लिए भूटान का चयन।
- ब्रिक्स सम्मेलन में नए विकास बैंक की स्थापना।

- नेपाल यात्रा में पशुपतिनाथ मंदिर में पूजा।
- अमेरिका व चीन से पहले जापान की यात्रा।
- पाकिस्तान को अंतर्राष्ट्रीय जगत में अलग-थलग करने में सफल।
- जुलाई 2017 में इजराइल की यात्रा, इजराइल के साथ संबंधों में नए युग का आरम्भ।
- 2019 में जम्मू कश्मीर से आर्टिकल 370 और 35ए को हटाकर उसे केंद्र शासित प्रदेश बनाना तथा लद्दाख को भी केंद्र शासित प्रदेश बनाना।

सूचना प्रौद्योगिकी

स्वास्थ्य एवं स्वच्छता

भारत के प्रधानमंत्री बनने के बाद 2 अक्टूबर 2014 को नरेन्द्र मोदी ने देश में साफ-सफाई को बढ़ावा देने के लिए स्वच्छ भारत अभियान का शुभारम्भ किया। उसके बाद पिछले साढ़े चार वर्षों में मोदी सरकार ने कई ऐसी पहले की जिनकी जनता के बीच खूब चर्चा रही। स्वच्छता भारत अभियान भी ऐसी ही पहलों में से एक हैं। सरकार ने जागरुकता अभियान के तहत लोगों को सफाई के लिए प्रेरित करने की दिशा में कदम उठाए। देश को खुले में शौच मुक्त करने के लिए भी अभियान के तहत प्रचार किया। साथ ही देश भर में शौचालयों का निर्माण भी कराया गया। सरकार ने देश में साफ सफाई के खर्च को बढ़ाने के लिए स्वच्छ भारत चुंगी (सेस) की भी शुरुआत की।

स्वच्छ भारत मिशन का प्रतीक गांधी जी का चश्मा रखा गया और साथ में एक 'एक कदम स्वच्छता की ओर' टैग लाइन भी रखी गई।

स्वच्छ भारत अभियान के सफल कार्यान्वयन हेतु भारत के सभी नागरिकों से इस अभियान से जुड़ने की अपील की। इस अभियान का उद्देश्य पांच वर्ष में स्वच्छ भारत का लक्ष्य प्राप्त करना है ताकि बापू की 150वीं जयंती को इस लक्ष्य की प्राप्ति के रूप में मनाया जा सके। स्वच्छ भारत अभियान सफाई करने की दिशा में प्रतिवर्ष 100 घंटे के श्रमदान के लिए लोगों को प्रेरित करता है।

प्रधानमंत्री ने मृदुला सिन्हा, सचिन तेंदुलकर, बाबा रामदेव, शशि थरूर, अनिल अम्बानी, कमल हसन, सलमान खान, प्रियंका चोपड़ा और तारक मेहता का उल्टा चश्मा की टीम जैसी नौ नामचीन हस्तियों को आमंत्रित किया कि वे भी स्वच्छ भारत अभियान में अपना सहयोग प्रदान करें। लोगों से कहा गया कि वे सफाई अभियानों की तस्वीरें सोशल मीडिया पर साझा करें और अन्य नौ लोगों को भी अपने साथ जोड़ें ताकि यह एक शृंखला बन जाए। आम जनता को भी सोशल मीडिया पर हैश टैग–My Clean India लिखकर अपने सहयोग को साझा करने के लिए कहा गया।

एक कदम स्वच्छता की ओर–मोदी सरकार ने एक ऐसा रचनात्मक और सहयोगात्मक मंच प्रदान किया है जो राष्ट्रव्यापी आंदोलन की सफलता सुनिश्चित करता है। यह मंच प्रौद्योगिकी के माध्यम से नागरिकों और संगठनों के अभियान संबंधी प्रयासों के बारे में जानकारी प्रदान करता है। कोई भी व्यक्ति, सरकारी संस्था या निजी संगठन अभियान में भाग ले सकते हैं। इस अभियान का उद्देश्य लोगों को उनके दैनिक कार्यों में से कुछ घंटे निकालकर भारत में स्वच्छता संबंधी कार्य करने के लिए प्रोत्साहित करना है।

स्वच्छता ही सेवा–प्रधानमंत्री नरेन्द्र मोदी ने 15 सितम्बर 2018 को 'स्वच्छता ही सेवा' अभियान आरम्भ किया और जन-मानस को इससे जुड़ने का आग्रह किया। राष्ट्रपिता महात्मा गांधी के 150 जयंती वर्ष के औपचारिक शुरुआत से पहले 15 सितम्बर से 2 अक्टूबर तक स्वच्छता ही सेवा कार्यक्रम का बड़े पैमाने पर आयोजन किया जा रहा है। इससे पहले मोदी ने समाज के विभिन्न वर्गों के करीब 2000 लोगों को पत्र लिख कर इस सफाई अभियान का हिस्सा बनने के लिए आमंत्रित किया, ताकि इस अभियान को सफल बनाया जा सके।

विदेश नीति के मोर्चे पर नरेन्द्र मोदी

नरेन्द्र मोदी ने अपने शपथ समारोह में सार्क नेताओं को न्यौता देकर संकेत दे दिए थे कि उनकी विदेश नीति कैसी हो सकती है। मोदी सार्क देशों पर अपनी पकड़ मजबूत बनाना चाहते हैं। भूटान और नेपाल की यात्रा भी इसी कड़ी का हिस्सा माना जा रहा है। नवाज शरीफ को बुलाकर उन्होंने पाक की ओर दोस्ती का हाथ तो बढ़ाया, लेकिन पाक के साथ विदेश सचिव स्तरीय वार्ता रद्द कर जानकारों को चौंका भी दिया। उन्होंने इससे जाहिर कर दिया कि वे कड़े फैसले भी ले

सकते हैं। इसके साथ ही चीन, अमेरिका के साथ संबंधों में समन्वय कायम करना भी उनके लिए बड़ी चुनौती रही। हालांकि यह तो आने वाला वक्त ही बताएगा कि एनडीए सरकार की विदेश नीति का ऊंट किस करवट बैठेगा।

जब हम प्रधानमंत्री नरेन्द्र मोदी के नेतृत्व में भारत की विदेश नीति के निर्धारण की बात करते हैं तो हमें पंडित जवाहर लाल नेहरू की संसद में कही इस बात पर गौर कर लेना चाहिए। उनका कहना था—'अंततः विदेश नीति आर्थिक नीति का परिणाम होती है। हमने अब तक कोई रचनात्मक आर्थिक योजना अथवा आर्थिक नीति नहीं बनाई है....जब हम ऐसा कर लेंगे....तब ही हम इस सदन में होने वाले सभी भाषणों से ज्यादा अपनी विदेश नीति को निर्धारित कर पाएंगे।' इससे एक महत्त्वपूर्ण बिंदु का संकेत मिलता है कि भारत की विदेश नीति, हमारे देश की आर्थिक स्थिति पर निर्भर करती है। इसकी विशेषता एक निरंतरता है और इसमें किसी भी समय पर आमूलचूल परिवर्तन (रैडिकल चेंजेस) देखने को नहीं मिलते हैं।

आमूलचूल परिवर्तन नहीं—अगर हम आधुनिक भारत के इतिहास पर सरसरी निगाह डालें तो यह स्पष्ट हो जाएगा कि मात्र सरकारें बदलने से भारत की विदेश नीति की व्यापक रूपरेखा या ढांचे में कभी भी बहुत अधिक बदलाव नहीं आया है। इसलिए हम एक प्रश्न पर विचार कर सकते हैं कि भारत की विदेश नीति का प्रमुख उद्देश्य परंपरागत रूप से क्या रहा है? इसका सीधा सा अर्थ है कि भारत एक सुरक्षित और स्थिर क्षेत्रीय पर्यावरण चाहता है क्योंकि इसके बिना भारतीय जनता की निरंतर आर्थिक वृद्धि को ऊपर ले जाना संभव नहीं होगा। इसलिए स्वतंत्रता के बाद से ही भारत सरकार का यह प्रथम उद्देश्य रहा है और तब से ही यह भारत की विदेश नीति का मूलाधार रहा है।

लेकिन, पिछले दो दशक के दौरान भारत की बढ़ती आर्थिक और सैन्य ताकत के चलते देश की सरकारों ने विदेश नीति को नया आकार देने के लिए ठोस कदम उठाए हैं। पर इसके साथ यह भी देखा गया है कि पूर्व में यूपीए शासन के दौरान विदेश नीति को अप्रभावी रूप में भी पाया गया है और बाहरी सुरक्षा चुनौतियों का माकूल जवाब नहीं दिया गया है। वर्ष 2014 के आम चुनावों में भाजपा को स्पष्ट बहुमत मिला और इसके नेता नरेन्द्र मोदी ने देश की सत्ता संभाली। भारत की समूची विदेश नीति में जहां कुछ बदलावों की उम्मीद की जा

सकती है तो भाजपा ने अपने चुनाव घोषणा पत्र में कहा था कि देश की सरकार सदियों पुरानी अपनी 'वसुधैव कुटुम्बकम' की परम्परा के जरिए कुछ बदलावों को लाने की कोशिश करेगी।

भाजपा के घोषणा पत्र में कहा गया था कि भारत को अपने सहयोगियों का एक संजाल (नेटवर्क) विकसित करना चाहिए। आतंकवाद को लेकर जीरो टॉलरेंस की नीति होगी और क्षेत्र में नए भू-सामरिक खतरों का सामना करने के लिए 'नो फर्स्ट यूज' (पहले हमला न करने की) परमाणु नीति की समीक्षा होगी। मोदी को जितना बहुमत मिला है, लोगों की उनसे उतनी ही ज्यादा उम्मीदें हैं। भाजपा का पिछला रिकॉर्ड और मोदी के आर्थिक मोर्चे पर काम करने वाले नेता और एक कट्टरपंथी राष्ट्रवादी छवि के चलते देश के लोग अधिक सक्रिय विदेश नीति की उम्मीद करते हैं।

मोदी के नेतृत्व में भारत को पता है कि केवल स्थायी और ऊंची आर्थिक वृद्धि दर के बल पर भारत, चीन के साथ एशिया के पॉवर गैप को भर सकता है। इसका अर्थ यह भी है कि भारतीय अर्थव्यवस्था से भ्रष्टाचार, लालफीताशाही और घटिया बुनियादी सुविधाओं को समाप्त करना ही होगा। इस बात की संभावना है कि भारत, रूस के साथ मजबूत संबंध बनाए रखना चाहेगा। नई दिल्ली और मॉस्को के बीच सहयोग का एक लम्बा इतिहास रहा है, जो कि शीत युद्ध के शुरूआती वर्षों से शुरू हुआ था।

रूस और चीन के समीकरण बदले—हालांकि कारोबार और निवेश के लिहाज से रूस बहुत महत्त्वपूर्ण नहीं रह गया है, लेकिन वह आज भी भारत का प्रमुख शस्त्र आपूर्तिकर्ता देश है और मोदी इस रिश्ते में बदलाव नहीं करना चाहेंगे। जबकि चीन को आमतौर पर भारत का प्रमुख भू-सामरिक विरोधी माना जाता है। इस दृष्टिकोण में भी कोई बदलाव नहीं हुआ है, लेकिन फिर भी पिछले दो दशकों के बीच चीजों में बहुत बदलाव हुआ है। आज चीन, भारत का मुख्य कारोबारी सहयोगी भी है इसलिए सभी कुछ सुरक्षा और युद्ध के लिहाज से ही नहीं सोचा जा सकता है।

अब रूस भी चीन का प्रमुख शस्त्र आपूर्तिकर्ता देश है और रूस की ऊर्जा से चीन के कल कारखाने चल रहे हैं। दोनों ही देशों के बीच तीस वर्षीय गैस

आपूर्ति समझौता हुआ है जो कि अरबों डॉलर का है। इसलिए समझा जा सकता है कि रूस, चीन के लिए कितना महत्त्वपूर्ण सहयोगी बन गया है।

चीन से मुकाबला लेकिन—जब चीन की बात आती है तो हमें सोचना होगा कि आर्थिक और सैन्य दृष्टि से भारत कमजोर है और मोदी कितने ही बड़े राष्ट्रवादी क्यों ना हों और उन्होंने दूसरे दलों के नेताओं की इस बात को लेकर कितनी ही आलोचना की हो कि वे चीन के दुस्साहस को अनदेखा कर रहे हैं, लेकिन खुद मोदी भी पेइचिंग से लड़ाई मोल लेना नहीं चाहेंगे। चीन को एक वैश्विक शक्ति उसकी आर्थिक ताकत के कारण माना जाता है और इस कारण से मोदी चाहेंगे कि भारतीय अर्थव्यवस्था मजबूत हो। अर्थव्यवस्था उनका टॉप एजेंडा इसलिए भी रहेगी क्योंकि ज्यादातर भारतीयों ने उन्हें इसलिए चुना है कि वे गरीबों की हालत में सकारात्मक परिवर्तन लाएंगे। इसलिए वे चाहेंगे कि देश के गरीब वर्ग की माली हालत में सुधार हो।

पाकिस्तान को लेकर असमंजस बरकरार

टकराव का नाम पाकिस्तान—मोदी की विदेश नीति की सबसे महत्त्वपूर्ण चिंता पाकिस्तान रहेगा लेकिन वह भी इस्लामाबाद के साथ नाटकीय रूप से सख्त रुख अपनाने के पक्ष में नहीं होंगे। वे पहले ही लोगों को अपने शपथग्रहण में पाक प्रधानमंत्री नवाज शरीफ को आमंत्रित कर चौंका चुके हैं, लेकिन वे यह बात भलीभांति समझते हैं कि पाकिस्तान के साथ लगातार होने वाले टकरावों के कारण वे देश की अर्थव्यवस्था पर अधिक ध्यान नहीं दे सकेंगे। अगर पाकिस्तान के साथ लड़ाई होती है तो यह परमाणु युद्ध में भी बदल सकती है, लेकिन आतंकवादी हमले ऐसा विषय हैं जिनके कारण उन पर बहुत ज्यादा दबाव होगा। उन्हें निर्णयात्मक होना होगा क्योंकि उन्हें आतंकवादियों को संदेश भी देना होगा कि वे भारत में गड़बड़ी फैलाने से बाज आएं। यह बात उनकी अपील का प्रमुख हिस्सा होगी।

हालांकि शपथ समारोह में शरीफ को बुलाने वाले मोदी ने पाकिस्तान के मामले में यूटर्न भी लिया है। उन्होंने पाक उच्चायुक्त के अलगाववादियों से मिलने के बाद सचिव स्तरीय वार्ता रद्द कर कड़ा और बड़ा फैसला भी लिया है।

इसराइल से सीख—मोदी के नेतृत्व में इसराइल के साथ संबंध मजबूत होंगे। आमतौर पर भाजपा और विशेष रूप से मोदी इसराइल के बड़े प्रशंसक हैं और वे मानते हैं कि भारत की परम्परागत रूप से फिलीस्तीन समर्थक नीति से भी

भारत को अरब जगत में बहुत कम सद्‌भावना मिली है। इसी तरह अरब देश महत्त्वपूर्ण अवसरों पर भारत के खिलाफ पाकिस्तान का समर्थन करते रहे हैं।

मोदी दो बार इसराइल की यात्रा कर चुके हैं और वे इसकी आर्थिक और तकनीकी प्रगति के बड़े प्रशंसक हैं। वे इसराइल के साथ अधिक आर्थिक सहयोग और आतंकवाद पर खुफिया जानकारी साझा करने की नीति को तरजीह देंगे। एक शस्त्र आपूर्तिकर्ता देश के रूप में इसराइल, रूस का स्थान नहीं ले सकता है, लेकिन भारत पहले से ही इसराइली हथियारों का एक बड़ा ग्राहक है। भारत, इसराइल से और अधिक हथियार और विशेष रूप से ड्रोन विमान खरीदना चाहेगा।

भारत और अमेरिका–चीन के खतरे से बचने के लिए भारत और अमेरिका के बीच किसी संधि की बात करना एक अतिशयोक्ति ही होगी। वर्षों से नई दिल्ली और वॉशिंगटन निरंतर रूप से प्रतिरक्षा सहयोग को बढ़ाते रहे हैं और यह स्थिति चलती रहेगी, लेकिन अब कोई भी देश नहीं चाहता है कि दोनों के बीच कोई लम्बी स्थायी संधि हो। पर जिस देश के साथ मोदी सुरक्षा संबंधों को बढ़ाना चाहते हैं, वह है जापान। कांग्रेस ने दोनों देशों के बीच संबंधों की बुनियाद रखी और भाजपा इसे बढ़ाएगी। जनवरी में भारत के गणतंत्र दिवस समारोह में जापानी प्रधानमंत्री शिंजो आबे को मुख्य अतिथि बनाया गया था। मोदी ने अपने शपथ ग्रहण समारोह में भी उन्हें बुलाया था। भारत एक ऐसी एशियाई ताकत है, जो कि जापान की न्यूनतम रक्षा नोति में बदलाव से भी हतोत्साहित नहीं है।

जापान एक नया करीबी साथी–मोदी सरकार चाहती है कि चीन के पूर्वी हिस्से में उसका एक मजबूत साथी हो और वह इस भूमिका के लिए जापान को सभी तरह से उचित पाती है। अपनी आर्थिक और तकनीकी ताकत के चलते जापान समुचित भी है क्योंकि टोक्यो और नई दिल्ली चीन को एक बड़ी सुरक्षा समस्या समझते हैं। भारत एक ओर एशियाई देश, ताइवान, के साथ अपने संबंध मजबूत रखना चाहेगा क्योंकि यह चीन के क्षेत्रीय दावों और मंशा को लेकर सशंकित रहता है। विदित हो कि कुछ समय पहले ही दक्षिण चीन महासागर में दोनों देशों के बीच झड़पें हुई हैं।

लेकिन, विदेश नीति के मोर्चे पर मोदी से और भी बड़े परिवर्तनों की इच्छा रखने वालों को निराशा हाथ लगेगी। हालांकि मोदी मानते हैं कि भारत एक वैश्विक ताकत है लेकिन देश यह दर्जा तब तक हासिल नहीं कर सकेगा जब

तक कि वह आर्थिक मोर्चे पर अपनी मजबूती नहीं दर्शाता है। इसलिए अगर मोदी कोई बड़े परिवर्तन करते हैं तो वे देश के घरेलू मोर्चे पर करने होंगे, विदेशी मोर्चे पर नहीं।

लुक ईस्ट पर ध्यान—संभवतः इसी कारण से गुट निरपेक्षता और सामरिक स्वायत्तता की नीति को छोड़कर भारत ने तय किया है कि वह विदेश नीति संबंधी कोई वादे नहीं करेगा। भारत चाहता है कि उसकी विदेश नीति प्रमुख रूप से आर्थिक हितों पर आधारित हो और यह आर्थिक हित उसे पश्चिमी देशों के साथ जाने की बजाय पूर्व की ओर देखने की नीति (लुक ईस्ट पॉलिसी) का समर्थन करते हैं। इस बात को अमेरिकी और यूरोपीय लोग भी मानते हैं कि वैश्विक अर्थव्यवस्था का भावी इंजन एशिया और प्रशांत महासागर के देश होंगे। अमेरिका भी एशिया प्रशांत क्षेत्र में अपनी मौजूदगी को मजबूत बनाने के लिए बेचैन है क्योंकि वह हाल में यूक्रेन में रूसी दखलंदाजी को रोकने में सफल नहीं हुआ है।

इसी तरह मध्यपूर्व में अशांति बनी हुई और इस इलाके में अमेरिका एक सीमित हस्तक्षेप ही करना चाहता है क्योंकि इराक, लीबिया, सीरिया और पहले भी अन्य देशों में होम करते यह अपने हाथ जला बैठा है। एशिया में वह भारत को एक क्षेत्रीय ताकत के तौर पर स्थापित करना चाहता है, लेकिन इस क्षेत्र में भारत अपने को कहां तक फंसाए, यह उसकी विदेश नीति से अलग भी हो सकता है।

यह कहना गलत ना होगा कि बिल क्लिंटन और जॉर्ज डब्ल्यू. बुश के कार्यकाल में भारत और अमेरिका के बीच विभिन्न परमाणु समझौतों पर हस्ताक्षर किए गए, लेकिन राष्ट्रपति ओबामा के कार्यकाल में भारत-अमेरिकी संबंधों पर पाला पड़ गया। भारतीय राजनयिक देवयानी खोबरागड़े के साथ अमेरिकी व्यवहार और अमेरिका द्वारा मोदी को बार-बार वीजा देने से इनकार करना यह बताने के लिए पर्याप्त है कि भारत-अमेरिकी संबंधों में रुग्णता कितनी गहरे तक समाई हुई थी। लेकिन मोदी के अमेरिकी दौरे पर इस तरह की बातें उनके आचरण को प्रभावित नहीं करेंगी।

कुछ विश्लेषकों का मानना है कि भारत, विश्व में चीन के प्रभुत्व वाली विश्व व्यवस्था (वर्ल्ड ऑर्डर) की बजाय अमेरिका के प्रभुत्व वाली विश्व व्यवस्था को पसंद करेगा, लेकिन इसके बावजूद अफगानिस्तान को स्थिर देखने की चाहत में अमेरिका वहां भारतीय हितों को पाकिस्तान की तुलना में नजरअंदाज करता रहा

है। इसलिए भारत 1990 के दशक के शुरुआत में बनाई गई लुक ईस्ट नीति को बढ़ाने को अधिक महत्त्वपूर्ण समझता है।

चीन को मोदी से उम्मीदें

हालांकि चीन को आमतौर पर भारत का प्रमुख सामरिक प्रतियोगी माना जाता है, लेकिन चीन को मोदी से उम्मीदें हैं कि वे दोनों देशों के आर्थिक हितों को बढ़ाने का काम करेंगे। मोदी जहां देश की अर्थव्यवस्था और बुनियादी सुविधाओं के क्षेत्र में आमूलचूल परिवर्तन चाहते हैं वहीं चीन अपने निवेश को भारत में बढ़ाने के मौके का इंतजार कर रहा है। चीन अभी भी भारत का सबसे बड़ा कारोबारी सहयोगी है और इस कारण से भारत-चीन सहयोग की वकालत की जा रही है। हालांकि मोदी चीन के साथ पारस्परिक तौर पर लाभदायक और स्थिर स्थिति को बनाना चाहेंगे ताकि चीन का पाकिस्तान के साथ सहयोग सीमित किया जा सके।

उल्लेखनीय है कि चीन में भी भारत की कई कंपनियां निवेश कर रही हैं। नरेंद्र मोदी के सामने भारत और चीन के संबंधों को लेकर जो सबसे बड़ी चुनौती है वह है दोनों देशों का सीमा विवाद। चीन, अरुणाचल प्रदेश को अपना हिस्सा बताता रहा है और इसके अलावा भारत के सीमा क्षेत्र में चीनी सैनिक कई बार कैंप लगा चुके है। ब्राजील में दोनों के बीच कई मुद्दों पर बातचीत भी हुई थी और शी चिनपिंग के साथ अपनी द्विपक्षीय वार्ता को मोदी ने बेहद सफल करार दिया था।

दोनों नेताओं के बीच जहां मुलाकात के लिए 40 मिनट की समय सीमा तय थी, लेकिन यह मुलाकात करीब 80 मिनट तक चली थी। इस दौरान सीमा विवाद से लेकर द्विपक्षीय व्यापार और ब्रिक्स बैंक जैसे तमाम मुद्दों पर बात हुई दोनों पक्ष सीमा संबंधी विवाद को सुलझाने के लिए 17 दौर की विशेष प्रतिनिधि स्तर की वार्ता कर चुके हैं, लेकिन बातचीत आगे ही बढ़ती जाती है और इसका कोई ठोस नतीजा सामने नहीं आता है। क्योंकि जहां भारत का कहना है कि यह विवाद 4057 किलोमीटर की वास्तविक नियंत्रण रेखा से जुड़ा हुआ है वह चीन का दावा है कि यह केवल अरुणाचल प्रदेश के 2000 किलोमीटर क्षेत्र तक सीमित है, जिसे वह दक्षिणी तिब्बत बताता है। इसका अर्थ यह है कि चीन की निगाह अरुणाचल प्रदेश पर है, जिसे वह येन केन प्रकारेण हथियाने की कोशिशें करता रहेगा।

प्रधानमंत्री मोदी जापान से नजदीकी बढ़ाने की कोशिश में है। जापान भी भारत से व्यापारिक रिश्तों को मजबूत करना चाहता है। विदित हो कि जापान भारत में उसी पैमाने पर निवेश करना चाहता है जैसा कि 80-90 के दशक में उसने चीन में किया था। अब चीन के साथ तनातनी के माहौल में जापान भारत में एक कारगर विकल्प देख रहा है। जापान अच्छी तरह जानता है कि भारत में उसके निवेश से जापान की आर्थिक व्यवस्था में सुधार संभव है।

मोदी को जुलाई के पहले हफ्ते में जापान टूर पर जाना था लेकिन उससे पहले जापानी उद्योग जगत ने भारत के सामने कुछ मांगें रख दीं। जापानी अपने उद्योग प्रतिनिधियों, स्टाफ के लिए वीजा पॉलिसी को उदार बनाने और वहां के वकीलों को भारत में काम करने की इजाजत देने की मांग कर रहे हैं ताकि जापानी निवेशकों और पेशेवर लोगों का भारत पर भरोसा गहरा हो सके। संभावना है कि इस मामले में दोनों देश मिलकर कोई रास्ता निकालेंगे।

मोदी को दोनों ही, अमेरिका और रूस के साथ रिश्तों को मजबूत बनाने और दोनों को एक साथ साधने की चुनौती है। अमेरिका मोदी से मिलने के लिए उतावला है और इसी के परिणामस्वरूप जो देश उन्हें वीजा नहीं दे रहा था, उसके राष्ट्रपति बराक ओबामा ने उन्हें अमेरिका आने का न्योता दिया। दोनों देशों के बीच कारोबारी साझेदारी बढ़ाने के संकेत देने के लिए ओबामा ने 26 मई, 2014 के बाद से अब तक अपने दो उच्चस्तरीय मंत्रियों को भारत भेजा जबकि स्वयं मोदी की अमेरिका यात्रा 30 सितंबर में हुई।

दोनों देशों के बीच रणनीतिक वार्ता की जमीन तैयार करने के लिए अमेरिकी विदेश मंत्री जॉन केरी ने भी मोदी को अमेरिका आने का न्योता दिया। दूसरी तरफ रूस भी भारत के साथ होते प्रगाढ़ संबधों को लेकर खुशी जता चुका है। प्रधानमंत्री ने रूस के राष्ट्रपति पुतिन के साथ मुलाकात के दौरान उन्होंने रूस के साथ रक्षा, ऊर्जा क्षेत्रों में विशेष रणनीतिक साझेदारी को व्यापक बनाने की बात कही है। उन्होंने राष्ट्रपति पुतिन की आगामी दिसंबर में होने वाली उनकी भारत यात्रा के दौरान कुडनकुलम परमाणु बिजली संयंत्र का दौरा करने के लिए आमंत्रित किया। विदित हो कि तमिलनाडु के कुडनकुलम में परमाणु बिजली संयंत्र रूस के सहयोग से स्थापित किया गया है।

बांग्लादेश, श्रीलंका से संबंध

मोदी के लिए एक बड़ी चुनौती बांग्लादेश, श्रीलंका जैसे देशों को भारत के करीब लाने की भी है। भारत और बांग्लादेश के बीच चला आ रहा समुद्री सीमा विवाद भी खत्म हो गया है। संयुक्त राष्ट्र के एक न्यायाधिकरण ने विवादित क्षेत्र का लगभग 80 फीसदी हिस्सा बांग्लादेश को देने का फैसला किय है। फैसले के तहत दोनों देशों के बीच विवाद में फंसे बंगाल की खाड़ी के 25000 वर्ग किलोमीटर के इलाके का 19500 किमी का क्षेत्र बांग्लादेश को दिया गया और करीब छह हजार किमी का क्षेत्र भारत के हिस्से में आया है। दूसरी तरफ भारत ने श्रीलंका से रिश्ते सुधारने के लिए नाराज तमिल लोगों को मनाने की कोशिश करने का आग्रह किया है। विदित हो कि मोदी के शपथ ग्रहण समारोह में तमिल श्रीलंका के राष्ट्रपति महिंदा राजपक्षे की उपस्थिति दोनों देशों के रिश्ते को बेहतर होते रिश्ते का सबूत है और उम्मीद की जाती है कि राजपक्षे तमिलों के घावों पर मरहम लगाने की जरूरत को समझेंगे और इस दिशा में वांछित कदम उठाएंगे।

अपनी छाप छोड़ने की कोशिश–प्रधानमंत्री मोदी अपनी कथनी के साथ-साथ अपनी करनी से देश के लोगों पर अपनी छाप छोड़ने की कोशिश करते हैं। पिछले माह जब वे ब्राजील में ब्रिक्स देशों के सम्मेलन से वापस लौट रहे थे और उनके विमान में ईंधन भरने के लिए फ्रेंकफर्ट में तीन घंटों के लिए रुके। तब उन्होंने अपने अधिकारियों से कहा कि रात में कोई फाइव स्टार स्टे नहीं होगा। मोदी के साथ होटल तक केवल दो अधिकारी गए और मोदी ने होटल में स्नान किया। डेलीगेशन के बाकी अधिकारी लाउंज में बैठकर अपने लैपटॉप पर मीटिंग के ब्रीफ बनाते रहे।

उनके साथ नेपाल जाने वाले प्रतिनिधिमंडल में केवल पचास लोग ही थे। उल्लेखनीय है कि जब मार्च में पूर्व प्रधानमंत्री मनमोहनसिंह ने म्यांमार की राजधानी नेपीदा की यात्रा की थी तब उनके साथ 90 लोग शामिल थे। मनमोहन की यात्रा पर विदेश मंत्री सलमान खुर्शीद साथ होते थे, लेकिन मोदी के बोइंग बिजनेस जेट में विदेश मंत्री सुषमा स्वराज साथ नहीं होती हैं। मनमोहन के सुरक्षा अधिकारियों की संख्या भी 21 तक रही है। जब उनकी विदेश यात्रा होती तो पीएमओ में आईएएस भी प्रधानमंत्री के दल में शामिल होते, लेकिन मोदी के साथ ऐसा नहीं होता है। जिस आदमी की जरूरत होती है, केवल वही उनके डेलीगेशन का हिस्सा होता है।

पूर्व प्रधानमंत्री वाजपेयी के समय में भी यही हाल था, लेकिन मोदी 'नो ननसेंस बिजनेस' पसंद करते हैं। मोदी ने एक और परम्परा डाली है कि वे अपने प्रत्येक विदेशी दौरे की जानकारी सरकार के सभी हिस्सों को उपलब्ध कराते हैं ताकि सभी को जानकारी हो कि यात्रा से क्या हासिल हुआ और क्या नहीं। मोदी को नेपाल में एक अरब डॉलर की मदद की घोषणा करनी थी। पिछले पांच वर्षों में यह दूसरा मौका है जब भारत ने किसी देश को इतनी बड़ी धनराशि दी।

यूपीए सरकार ने 2010 में शेख हसीना सरकार को एक अरब डॉलर की मदद दी थी, लेकिन बांग्लादेश और नेपाल को दी गई मदद में अंतर था। ढाका को जो मदद दी गई थी वह सशर्त क्रेडिट थी और इसके तहत बांग्लादेश की सरकार को भारतीय कंपनियों को एक अरब डॉलर के आदेश देने थे। लेकिन मोदी ने नेपाल को जो मदद दी थी, उससे नेपाल सरकार जो चाहे कर सकती थी। लेकिन इसका हिसाब-किताब भारतीय अधिकारी भी रखेंगे और इस राशि से संबंधित परियोजनाओं के चरणों के पूरा हो जाने के बाद उन्हें आगे की किश्त की राशि मिलेगी।

मोदी किस तरह विदेश में अपनी बात कहते हैं, इसके एक उदाहरण पर गौर करें। जब बात आई कि मोदी अपने नेपाली समकक्ष को क्या भेंट करेंगे तो कहा जाता है कि मोदी ने 'संविधान' की एक प्रति की मांग की। उल्लेखनीय है कि 'संविधान' एक डॉक्यूमेंट्री ड्रामा है जो कि 11 घंटा लम्बा है और इसे श्याम बेनेगल ने बनाया है। उन्होंने इसे विशेष तौर पर राज्यसभा टीवी के लिए बनाया था। यह भारत के संविधान के निर्माण पर आधारित है। जब मोदी, सुशील कोइराला से मिले तो उन्होंने 'संविधान' की एक प्रति प्रधानमंत्री को और दूसरी प्रति संविधान सभा को भेंट की। यह मोदी का नेपाल की सरकार को बताने का तरीका था कि वे जल्द से जल्द देश का एक संविधान बना लें।

मोदी के पांच साल–विदेश नीति की सफलताएं और कमियां

मई 2014 में, प्रधानमंत्री नरेंद्र मोदी ने अपने दक्षिण एशियाई समकक्षों को अपने शपथ ग्रहण समारोह में आमंत्रित करके अपनी सरकार की विदेश नीति की दिशा का स्पष्ट संकेत दिया था, कि भारत के दक्षिण एशियाई पड़ौसी उसकी राजनयिक प्राथमिकता सूची में कितना महत्त्व रखते हैं। लेकिन पिछले पांच वर्षों में मोदी सरकार के विदेश नीति प्रदर्शन से पता चलता है कि नई दिल्ली ने जहां

घरेलू स्तर पर गलतियां की हैं वही पर बड़ी शक्तियों से निपटने में उसे कुछ सफलताएं भी मिली हैं, जबकि दूर के पड़ोसियों के साथ उसका प्रदर्शन ठीक ठाक ही रहा है।

पड़ौस पहले?

यह स्वीकार करते हुए कि किसी भी देश की विदेश नीति केवल नई सरकार आ जाने से अपने पुराने संबंधों को तोड़ नहीं देती, मोदी सरकार की 'पड़ौस पहले' नीति कांग्रेस के नेतृत्व वाली संयुक्त प्रगतिशील गठबंधन सरकार की दशकों पुरानी नीति के अनुसार ही है, जिसने भारत के पड़ोसियों के साथ दोस्ती पर जोर दिया था। उदाहरण के लिए, बांग्लादेश के साथ द्विपक्षीय संबंध नीति निरंतरता के सबसे सकारात्मक प्रतिनिधि हैं, जहां मोदी सरकार ने अवामी लीग पर अधिक निर्भरता दिखाई है और तीस्ता नदी विवादों से दूरी बनाए रखी है। इसी तरह, अफगानिस्तान के साथ संबंध दोस्ताना ही रहे हैं, जहां आम जनता के सकारात्मक भाव से रिश्तों में बढ़ोतरी तो हुई है पर उन्हें आगे बढ़ने की आवश्यकता पर जोर दिया गया है।

श्रीलंका के साथ मोदी सरकार के संबंध निश्चित रूप से परंपरा से हट कर थे। राजनीतिक रूप से स्थिर मोदी सरकार ने भारत-श्रीलंका संबंधों को सफलतापूर्वक तमिल राजनीति से अलग निकाल कर उन्हें सांस्कृतिक एकता के दायरे में लाया। लेकिन 2015 से भारत-समर्थक मैत्रीपाला सिरीसेना सरकार के सत्ता में होते हुए भी, द्वीप पर भारत चीन की रणनीतिक जगह को कम करने में बहुत सफल नहीं रहा है, जो आशा के विपरीत है। एक अलग राजनीतिक स्थिति में ही सही लेकिन मालदीव में भी ऐसा ही हुआ है। बीजिंग से मित्रता रखनी वाली अब्दुल्ला यमीन सरकार धीरे-धीरे चीन की आर्थिक सहायता पर और निर्भर होती जा रही है जिस कारण भारत की रणनीतिक जगह कम हो गई है पर भारत ने इस कार्रवाई का कोई उत्तर नहीं दिया है। श्रीलंका में हाल ही में हुए चुनाव के साथ, जिसमें पूर्व राष्ट्रपति महिंदा राजपक्षे और यमीन की राजनीतिक पहल को समर्थन मिला, ऐसा लगता है कि दोनों देश नई दिल्ली के प्रभाव से बाहर निकल रहे हैं।

नेपाल और पाकिस्तान इस क्षेत्र में मोदी की सबसे बढ़ी असफलताओं को रेखांकित करते हैं। पाकिस्तान के साथ संबंध सख्त गतिरोध में फंसे हैं, शायद 2008 के मुंबई हमलों के बाद से सबसे बुरे। सर्जिकल स्ट्राइक, 2016 के अपने स्वतंत्रता

दिवस के भाषण में मोदी का बलूचिस्तान का उल्लेख, और जिस तरह सरकार ने कुलभूषण जाधव विवाद से निपटने की कोशिश की इसके कुछ कारण हो सकते हैं। नेपाल के साथ, 2015 के भूकंप के बाद मोदी की मदद और समर्थन के होते हुए भी, नेपाल के नए संविधान ने काठमांडू और नई दिल्ली के बीच दरार पैदा कर दी, और मधेसी नाकाबंदी के कारण यह दरार और भी चौड़ी हो गई लेकिन अब संबंधों में सुधार आया है, पर पिछले कुछ वर्षों से संकेत मिलता है कि नेपाल में भारत का प्रभाव कम हो रहा है और चीन भारत की जगह लेने को इच्छुक है।

कुल मिलाकर, अपने दक्षिण एशियाई पड़ोसियों के साथ मोदी सरकार ने पिछली सरकार की नीतियां ही निभाई हैं और कई पड़ोसियों के साथ द्विपक्षीय जमीन खो दी है।

विस्तारित पड़ौस–एशिया पर ध्यान

मॉरीशस और सेशेल्स के द्वीप देशों की यात्रा और हिंद महासागर रिम एसोसिएशन के साथ संबंध बनाने के अलावा, मोदी सरकार ने हिंद महासागर क्षेत्र (आईओआर) में एक मजबूत नींव बना ली है। ऊर्जा, सामरिक, और आर्थिक मानों में ये दौरे महत्त्वपूर्ण थे और इन दौरों ने हिंद महासागर में भारत की समुद्री भूमिका पर जोर दिया। आईओआर में नई दिल्ली की विदेश नीति को एक विशेष प्रोत्साहन मिला जब जनवरी 2016 में विदेश मंत्रालय में एक अलग आईओआर डिवीजन की स्थापना हुई। पर यह प्रारंभिक उत्साह अल्पकालिक था क्योंकि या तो विदेश नीति में इन देशों की चर्चा नहीं हुई या फिर सरकार के कार्यकाल के दूसरे भाग में इन देशों की ओर स्पष्ट रणनीतिक दृष्टि नहीं थी।

मोदी की पहल से दक्षिण-पूर्व एशिया में भारत की 'एक्ट ईस्ट' नीति में नयापन और सामरिक गंभीरता आई, जो 1990 के दशक की नीति का पुनर्जागरित रूप है। यह केवल नाम का परिवर्तन नहीं है एक्ट ईस्ट दक्षिण-पूर्व एशिया के साथ व्यापार और निवेश संबंधों को बढ़ाने में भारत की उत्सुकता को दर्शाती है। लेकिन सार्थक प्रयासों के बाद भी, भारत-आसियान व्यापार अभी भी अस्वस्थ है और संपर्क बढ़ाने के प्रयासों में भी ज्यादा आगे नहीं बढ़े हैं।

द्विपक्षीय स्तर पर, मोदी की विदेश नीति को भारत के विस्तारित पड़ौस के भीतर एक बड़ी सफलता और एक बड़ी असफलता प्राप्त हुईं सफलता यह कि

भारत के जापान के साथ संबंध गहरे हुए और 2014 में बढ़ कर 'विशेष सामरिक एवं वैश्विक साझेदारी' तक पहुंच गए। मोदी और उनके समकक्ष शिन्जो आबे के बीच व्यक्तिगत भाईचारे द्वारा परिभाषित निर्बाध समन्वय, अवसंरचना सहयोग, परमाणु ऊर्जा और टेक्नोलॉजी के क्षेत्र में महत्त्वपूर्ण प्रगति मोदी सरकार की उपलब्धियों को रेखांकित करते हैं।

सब से बड़ी असफलता यह थी कि चीन के साथ संबंधों को कैसे संभाला जाए इस बात सम्भ्रम बना रहा। यद्यपि शुरुआत में सहयोग के संकेत थे, लेकिन मोदी के अधिकांश कार्यकाल में बीजिंग से निपटने में मुकाबले की भावना बनी रही और भारत ने चीन के सामने ताकत का प्रदर्शन अपनाया। यही डोकलाम गतिरोध में हुआ, चीन-पाकिस्तान आर्थिक गलियारे पर चिंताओं के कारण भारत ने बेल्ट और रोड फोरम को छोड़ दिया, और चीन पर नजर बनाए रखने के साथ, अमेरिका, जापान और ऑस्ट्रेलिया के साथ चतुर्भुज सहयोग स्थापित करने के लिए वार्ता में भाग लिया। लेकिन मोदी ने हाल ही में चीन के साथ संबंधों को सुधारने के लिए वुहान में राष्ट्रपति शी जिनपिंग के साथ एक अनौपचारिक शिखर सम्मेलन में भाग लिया, मोदी सरकार ने अधिकारियों को एक निर्देशन दिया कि वे भारत में निर्वासन में रहने वाले तिब्बतियों की 60 वीं वर्षगांठ के उत्सव को न मनाएं। इसके बाद जो कुछ हुआ वह यह दर्शाता है कि भारत की चीन की नीति अस्पष्ट है, और यह आगे चल कर भारत के लिए हानिकारक हो सकता है।

महान शक्तियों के साथ संबंध—रूस और अमेरिका

मोदी सरकार की सबसे बड़ी विदेशी नीति सफलताएं भारत के बाहरी संबंधों के बाहरीतम सांद्र चक्र में देखी गई हैं। 2014 से, प्रशासन बड़ी शक्तियों के साथ सक्रिय रूप से संबंध बढ़ाने में लगा हुआ है, और कुछ अर्थों में, गुट निरपेक्ष नीति से दूर भी हुआ है।

यह विशेष रूप से भारत-अमेरिका रणनीतिक साझेदारी के मामले में सफल रहा, जहां द्विपक्षीय भागीदारी के मामले में दोनों पक्षों ने इतिहास के बोझ को उतार फेंका और रक्षा सहयोग, आधारभूत लौजिस्टिकल समझौतों और भारत-प्रशांत क्षेत्र में सहयोग सहित कई मुद्दों पर सामान्य समझ पर पहुंचने में प्रगति दिखाई। दोनों पक्षों के बीच संबंध साझा हितों के कारण बढ़े हैं और आशा है कि भविष्य में भी ऐसा ही चलता रहेगा।

लेकिन रूस के साथ संबंध बिगड़ गए हैं क्योंकि भू-राजनीतिक गतिशीलता में बदलाव के कारण भारत अमेरिका संबंध घनिष्ठ हुए हैं, विशेष रूप से रक्षा मामलों में, और चीन और पाकिस्तान के संबंध बढ़े हैं।

2019 और भविष्य

मोदी सरकार की विदेश नीति के पिछले चार वर्ष इसलिए याद किए जाएंगे कि विदेश में विस्तारित भारतीय भूमिका के लिए उत्साह रहा, सांस्कृतिक कूटनीति की भूमिका बढ़ी, विश्व के नेताओं के साथ मोदी की व्यक्तिगत दोस्ती रही और भागीदारों के साथ मिलकर अपने सामान्य हितों को अपने लाभ के लिए उपयोग करने में अधिक सक्रियता दिखाई। बीजेपी सरकार के हालिया राजनीतिक प्रदर्शन को देख कर ऐसा लगता है कि 2019 में एनडीए के लिए फिर से रास्ता साफ हो रहा है। विदेश नीति के क्षेत्र में, इसका मतलब महान शक्ति के साथ संबंधों को मजबूत करने और मोदी सरकार के पांचवें वर्ष से अधिक विस्तारित पड़ौस पर ध्यान केंद्रित करने में निरंतरता हो सकता है। पर क्या दक्षिण एशियाई पड़ोसियों के साथ संबंधों में गिरावट जारी रहेगी या फिर सरकार इस प्रवृत्ति को दूर करने का कोई विकल्प चुनेगी, यह अभी देखना बाकी है।

चुनाव का परिणाम

राष्ट्रीय गठबंधन 336 सीटें जीतकर सबसे बड़े दल के रूप में उभरा और भारतीय जनता पार्टी ने उनमे से 282 सीटों की जीत हांसिल की और कांग्रेस कुल 44 सीटों पर सिमट कर रह गयी और उसके गठबंधन को केवल 15 सीटों से ही संतोष करना पड़ा।

नरेंद्र मोदी स्वतंत्र भारत में जन्म लेने वाले ऐसे व्यक्ति हैं जो सन् 2001 से 2014 तक लगभग 13 साल गुजरात के 14 वें मुख्यमंत्री रहे और हिंदुस्तान के 15वे प्रधानमंत्री बने।

नेता प्रतिपक्ष चुनाव हेतु विपक्ष को एकजुट होना ही पड़ेगा क्योंकि किसी भी एक दल ने कुल लोकसभा सीटों के 10 प्रतिशत का आंकड़ा भी नहीं छुआ।

प्रधानमंत्री नरेन्द्र मोदी का शपथ ग्रहण समारोह

20 मई 2014 को संसद भवन में आयोजित भाजपा संसदीय दल एवं सहयोगी दलों की एक संयुक्त बैठक में जब लोग आ रहे थे तब मोदी जी ने

अन्दर पैर रखने से पहले संसद भवन को जमीन से छूकर प्रणाम किया जैसे कि मंदिर में घुसने से पहले लोग मंदिर की सीढ़ियों को छूते हैं।

संसद भवन में पहले कभी ऐसा किसी ने नहीं किया और ये सभी के लिए एक सीख है। उस बैठक में मोदी को न केवल भाजपा संसदीय दल अपितु एनडीए का भी नेता चुना गया।

राष्ट्रपति ने नरेंद्र मोदी जी को भारत का 15वां प्रधानमंत्री नियुक्त करते हुए इसका विधिवत पत्र सौंपा। सोमवार 26 मई 2014 को नरेंद्र मोदी ने प्रधानमंत्री पद की शपथ ली।

रक्षा नीति

भारतीय सशस्त्र बलों को आधुनिक बनाने एवं उनका विस्तार करने के लिए मोदी के नेतृत्व वाली नई सरकार ने रक्षा पर खर्च को बढ़ा दिया है। सन् 2015 में रक्षा बजट 11% बढ़ा दिया गया। सितम्बर 2015 में उनकी सरकार ने समान रैंक समान पेंशन (वन रैंक वन पेन्शन) की बहुत लम्बे समय से की जा रही मांग को स्वीकार कर लिया।

मोदी सरकार ने पूर्वोत्तर भारत के नागा विद्रोहियों के साथ शान्ति समझौता किया जिससे 1950 के दशक से चला आ रहा नागा समस्या का समाधान निकल सके।

- 29 सितम्बर, 2016 को नियंत्रण रेखा के पार सर्जिकल स्ट्राइक।
- सीमा पर चीन की मनमानी का कड़ा विरोध और प्रतिकार (डोकलाम विवाद 2017)।

घरेलू नीति

- हजारों एन.जी.ओ. का पंजीकरण रद्द करना।
- अलीगढ़ मुस्लिम विश्वविद्यालय को 'अल्पसंख्यक विश्वविद्यालय' न मानना।
- तीन बार तलाक कहकर तलाक देने के विरुद्ध निर्णय और अंत में तीन तलाक पर संसद में बिल पारित करवाकर उसे खत्म करना।

- जवाहर लाल नेहरू विश्वविद्यालय दिल्ली में राष्ट्रविरोधी गतिविधियों पर लगाम।

मन की बात

देश की आम जनता की बात जाने और उन तक अपनी बात पहुंचाने के लिए नरेंद्र मोदी ने 'मन की बात' कार्यक्रम की शुरुआत की। इस कार्यक्रम के माध्यम से मोदी ने लोगों के विचारों को जानने की कोशिश की और साथ ही साथ उन्होंने लोगों से स्वच्छता अभियान सहित विभिन्न योजनाओं से जुड़ने की अपील की।

अन्य

70 वर्ष से अधिक उम्र के सांसदों एवं विधायकों को मंत्रिपद न देने का कड़ा निर्णय।

ग्रन्थ

नरेन्द्र मोदी के बारे में–

- कुशल सारथी नरेन्द्र मोदी (लेखक–डॉ. भगवान अंजनीकर)।
- दूरदृष्टा नरेन्द्र मोदी (पंकज कुमार) (हिंदी)।
- नरेंद्र मोदी का राजनीतिक सफर (तेजपाल सिंह धामा) (हिंदी)।
- नरेन्द्र मोदी–एक आश्वासक नेतृत्व (लेखक–डॉ. रविकांत पागनीस, शशिकला उपाध्ये)।
- नरेन्द्र मोदी–एक झंझावात (लेखक–डॉ. दामोदर)।
- Narendra Modi : The Man the Times (लेखक–निलंजन मुखोपाध्याय)।
- Modi's World : Expanding Sphere of Influence (लेखक–सी. राजा मोहन)।
- स्पीकिंग द मोदी वे (लेखक विरेंदर कपूर)।
- स्वप्नेर फेरावाला (बंगाली, लेखक–पत्रकार सुजित रॉय)।

- नरेन्द्रायण—व्यक्ती ते समष्टी, एक आकलन (मूल मराठी लेखक डॉ. गिरीश दाबके)।
- नरेन्द्र मोदी—एका कर्मयोग्याची संघर्षगाथा (लेखक—विनायक आंबेकर)।

नरेन्द्र मोदी द्वारा रचित

- सेतुबन्ध—राष्ट्रीय स्वयंसेवक संघ के नेता लक्ष्मणराव इनामदार की जीवनी के सहलेखक (2001 में)।
- आंख आ धन्य छे (गुजराती कविताएं)।
- कर्मयोग।
- आपातकाल में गुजरात (हिंदी)।
- एक भारत श्रेष्ठ भारत (नरेंद्र मोदी के भाषणों का संकलन; संपादक प्रदीप पंडित)।
- ज्योतिपुंज (आत्मकथन—नरेंद्र मोदी)।
- सामाजिक समरसता (नरेंद्र मोदी के लेखों का संकलन)।
- एक्जाम वॉरियर्स (अंग्रेजी)।

सम्मान और पुरस्कार

- अप्रैल 2016 में नरेन्द्र मोदी सउदी अरब के उच्चतम नागरिक सम्मान 'अब्दुलअजीज अल सऊद के आदेश' (The Order of Abdulaziz Al Saud) से सम्मानित किए गए हैं।
- जून 2016 में अफगानिस्तान के राष्ट्रपति अशरफ गनी ने भारतीय प्रधानमंत्री नरेंद्र मोदी को अफगानिस्तान के सर्वोच्च नागरिक पुरस्कार अमीर अमानुल्ला खान अवॉर्ड से सम्मानित किया।
- सितम्बर 2018—'चैंपियंस ऑफ द अर्थ अवार्ड'—प्रधानमंत्री नरेन्द्र मोदी को यह सम्मान अंतर्राष्ट्रीय सौर गठबंधन और एक ही बार इस्तेमाल किए जाने वाले प्लास्टिक से देश को मुक्त कराने के संकल्प के लिए दिया गया।

संयुक्त राष्ट्र पर्यावरण कार्यक्रम ने एक बयान जारी कर कहा है कि—

इस साल के पुरस्कार विजेताओं को आज के समय के कुछ बेहद अत्यावश्यक पर्यावरणीय मुद्दों से निपटने के लिए साहसी, नवोन्मेष और अथक प्रयास करने के लिए सम्मानित किया जा रहा है।' नीतिगत नेतृत्व की श्रेणी में फ्रांस के राष्ट्रपति एमैनुअल मैक्रों और नरेंद्र मोदी को संयुक्त रूप से इस सम्मान के लिए चुना गया है।

- 4 अप्रैल, 2019—संयुक्त अरब अमीरात ने अपने देश का 'ऑर्डर ऑफ जयेद' नामक सर्वोच्च नागरिक पुरस्कार प्रदान किया।
- 12 अप्रैल, 2019—रूस ने अपने सर्वोच्च नागरिक सम्मान 'सेंट ऐण्ड्रू ऑर्डर' से सम्मानित किया।

वैश्विक छवि

- 2014—फोर्ब्स पत्रिका में विश्व के शक्तिशाली व्यक्तियों में 14वां स्थान।
- 2015—विश्व के शक्तिशाली व्यक्तियों में 9वां स्थान फोर्ब्स पत्रिका के सर्वे में।
- 2016—विश्व प्रसिद्ध फोर्ब्स पत्रिका में विश्व के शक्तिशाली व्यक्तियों में मोदी का 9वां स्थान।

❖❖❖